중범위이론

동서양 사상이론에 기초한 중국사연구

本書受到"中國社會科學基金Chinese Fund for the Humanities and Social Sciences 資助"(17WZS006)

이 도서는 중국 정부의 중화학술번역사업에 선정되어 중국사회과학기금(Chinese Fund for the Humanities and Social Sciences)의 지원을 받아 번역 출판되었습니다.(17WZS006)

중범위이론

동서양 사상이론에 기초한 중국사연구

양녠췬楊念群 저
임향란·김태철 역 / 우상렬 감수

學古房

이 책의 제목을 처음 접했을 때는 동양사상과 서양사상을 비교하여 그 가운데 위치한 이론을 소개하는 단순한 내용일 것으로 생각했다. 그러나 번역을 하면서 이미 갖추어진 이론을 소개하는 단순한 내용은 아니었다는 것을 알게 되었다. 저자가 주목한 것은 동서양의 사상적 측면에서 구축된 여러 가지 이론을 중국의 근대사에 적용하여 비교 분석하고, 이를 통해 나타나는 각 이론의 장단점을 열거하였다. 또한, 이를 토대로 당시 중국의 형상을 좀 더 정확하게 묘사하기 위한 새로운 틀을 구축하는 것에 목적을 두고 있다.

2001년에 출간된 이 책의 저자는 현재 런민대학人民大學 청사연구소淸史硏究所 부소장이자 박사 지도교수인 양녠췬楊念君 교수다. 그는 일찍이 『유학 지역화의 근대적 형태: 3대 지식인 집단의 상호 작용의 비교 연구儒學地域化的近代形態: 三大知識群體互動的比較硏究』를 통해서 유학이 지역별로 전파되어 그 지역 지식인계층에 미친 지식의 전승과 행위에 대한 영향에 관하여 연구하였으며, 『환자의 재구성: 중서의학의 충돌에서 본 공간정치再造"病人": 中西醫衝突下的空間政治』에서는 중국사에서 '공간'의 의미를 어떻게 새로 정의할 것인가의 문제를 다루면서, 근대 시기 중국의 변혁이라는 과정에서 정치가 문화에 미친 미시적 통제작용과 '공간'의 관계에 주목하였다.

그는 과거로부터 지금까지 이루어진 중국학과 중국사연구의 현황을

5

나타내고 있으며, 그 중 청말민초淸末民初[1] 시기로부터 이루어진 중국 근대사와 관련된 내용을 중점적으로 다루고 있다. 저자는 서양에서 진행된 연구현황과 중국 국내에서 이루어진 연구현황을 비교하는 방식으로 서술하고 있으며, 각 장은 해당 분야의 이론 및 가설을 소개하고 분석과 비판을 진행하는 내용으로 구성되어 있다. 이어서 중국학과 관련하여 동서양의 학자들에게서 제시된 이론, 가설, 연구법, 서술법 등을 시대적으로 나열하고 그 개념들을 구축하고 있는 요소들의 역학관계를 설명함과 더불어, 각각의 이론들을 중국사에 적용하여 진행되었던 연구 및 내부와 외부에서 작용한 현상들에 대한 저자 자신의 견해를 제기하고 있다.

이 책은 새로운 연구의 틀을 구축하고자 하는 저자의 목적을 확고하게 나타내고 있다. 그래서 기존의 틀을 타파하고자 시도하는 내용이 주를 이루고 있는데, 이 때문에 기존의 틀을 통해 연구를 진행해 왔던 연구자들에게서 수많은 반박과 비판을 받을 수밖에 없다. 그래서 이 책의 내용에서는 실제로 양녠췬 자신의 견해를 강하게 피력하는 함축적이고 논쟁적인 요소를 포함하고 있다. 다만, 이는 원저서의 내용을 그대로 번역한 것일 뿐, 그에 대한 역자 본인의 견해 혹은 생각은 일절 개입되지 않은 것임을 분명하게 밝히고자 하며, 해당 부분의 내용을 원인으로 역자의 사고 및 사상체계를 오해하는 상황이 발생하지 않기를 바란다.

이 책의 번역은 중국 사회과학원에서 시행한 2017년도 중국 학술서 외국어 번역 프로젝트의 하나로서 여러 준비단계를 거쳐 2018년 4월부터 본격적으로 시작되었다. 번역 진행에 있어서 본인의 전공 분야와

---

1) 청나라 말기에서 중화민국 초기의 시기.

거리가 있고 중국학 및 중국사연구에 대한 이론적 기초가 충분하지 못한 상태였기 때문에, 본격적인 번역을 시작하기에 앞서 관련 학문에 대한 기초지식을 습득하였다. 지금도 밤낮으로 참고서적들에서 뿜어져 나오는 문자 속에 파묻혀 살았던 그때의 기억이 생생하다. 이를 토대로 내용상에 등장하는 자료의 출처를 찾고 문맥의 의미를 다시 확인하며, 좀 더 쉬운 문장으로 표현하고자 노력했지만, 번역에는 아직도 미진한 부분이 남아있다고 생각한다. 비록, 조금은 부끄러운 번역이지만 중국의 근대사를 이해할 수 있는 한 부분으로 조금이나마 도움이 되기를 바란다. 내용상 존재하는 오류 및 오역에 관련된 의견이 제기된다면, 낮은 자세에서 그 조언을 받아들일 준비가 되어있으며, 이를 통해 역자 본인도 조금 더 성장하는 기회로 삼고자 한다. 이 책을 번역하면서 역자 본인도 잘 알지 못했던 분야의 지식을 쌓을 수 있었고 흥미를 갖게 될 수 있었던 좋은 경험이자 기회였다고 생각한다. 마지막으로 이 책이 출판되기까지 많은 도움을 주신 여러 동료 선생님들과 함께 고생하고 수고해 준 분들 모두에게 감사의 말씀을 올리고 싶다.

2019년 7월 25일
역자로부터

서론

"역사란 어디에 쓰이는 것인가요?"라는 아들의 갑작스러운 질문에 대해 그토록 오랜 시간 역사연구를 해온 프랑스 아날학파의 거장 마르크 블로크Marc Bloch는 대답을 주저하였다. 이내 그가 마음을 가라앉힌 후 아들에게 답했던 내용은 서양인들에게는 당연하였고, 중국인에게는 불편할 뿐만 아니라 심지어 충격적인 것이었다. 블로크는 사실 자신에게 있어서, "역사란 어디에 쓰이는 것인가?"라는 질문을 언제나 잘못된 질문으로 취급해 왔다. 역사란 개인에게는 매혹적인 취미이며, 그 흥미로운 취미가 조성될 수 있는 원천일 뿐, 유용성의 여부와 관련이 없기 때문이었다.

역사는 독특한 아름다움을 가지고 있다. 그것은 수 천 년을 이어 온 사상이 마치 수만 리로 전파되는 것과 같이, 온갖 아름다운 자태로 사람들을 현혹하여 다른 학문보다 사람들의 상상력을 강하게 자극한다.[1]

역사의 기능에 대한 블로크의 열정적인 연역演繹은 진리를 추구하는 실증적인 환상에서 벗어나 단순한 취미로 지식을 추구할 수 있도록, 전문적인 역사라는 무미건조한 문장 위에 시적 상상력을 불어 넣을 수 있게 만들었다. 필자는 블로크의 저서인 『Apologie Pour I'Histoire ou Metier d'Historien』을 비록 오래전에 읽었지만, 그가 역사를 향해 던졌던 경고는 지금도 생생하게 기억난다.

> 우리는 역사학에 존재하는 시적인 의미가 사라지지 않도록 주의해야 한다. 또한, 시대적인 흐름에 주의를 기울여야 할 뿐만 아니라, 그것을 감지할 수도 있어야 한다. 어떤 사람들은 역사가 시적인 의미를 갖추어야 한다는 것에 의구심을 드러내며 불편해한다. 만약 누군가 역사에 감정적인 요소를 첨가하는 것이 이지적理智的이지 않다고 생각한다면, 오히려 그 사고방식이 곧 이지적이지 않은 발언이 될 것이다.[2]

역사란, 사람의 마음을 감동하게 할 수 있는 탄성과도 같다. 역사학이 단지 사회적 기능을 수행하는 데 있어서 필요한 톱니바퀴일 뿐인지, 혹은 개인의 정신적 깨달음을 위한 지혜의 요람인지를 판단해야 한다면, 물론 경계가 분명히 다른 두 가지의 해답이 필요할 것이다. 서양 역사학자들의 눈에 비친 역사학은 언제나 개인의 감정과 상상력을 표현하는 출발점이자 도착점으로 인식되었다. 역사가 진정한 가치를 구현해 내기 위해서는 통속적인 곡조를 통해 보편적인 상징으로 승화되어야 하며, 그 속에 얼마나 심오하고 아름다운 세계가 담겨 있는지를 보여주어야 한다. 이를 위해 위대한 예술적 재능과 고도의 관점에서 이루어진 창조적인 안목이 필요하다. 니체Friedrich W. Nietzsche는 이것을 '장인'과 '기술자', 그리고 '학자'와 '거장巨匠'으로 구분하였다.

> 누구도 위대한 역사학자 또는 예술가임과 동시에 천박한 사람이 될 수 없다. 또한, 역사학에 관한 각종 재료를 융합하는 완벽한 기술자가 위대한 역사학자가 될 수도 없다. 다만, 그렇다고 해서 그들을 무시해서

도 안 될뿐더러 그들을 위대한 역사학자들과 혼동해서도 안 된다. 왜냐하면, 그들은 장인과 그의 수제자의 관계처럼 서로에게 꼭 필요한 대상이기 때문이다. 이러한 기술자들은 박식하다 하더라도 위대한 거장이 될 수 없다. 왜냐하면, 한 사람에게서 박식함과 천박함은 항상 동전의 앞면과 뒷면처럼 공존하고 있기 때문이다.[3]

블로크와 니체의 관점에서 역사를 예술로 만드는 일은 개인이 선택한 출발점에서 시작된다는 의미로 표현되었다. "역사는 어디에 쓰이는 것인가요?"라는 질문이 다수를 향한 질문이라고 가정해 보면, 이에 대해 역사학자들은 단순히 개인의 예술적 상상력에서 논리를 전개하는 것이 아닌, 반드시 사회적 수요의 기능적인 측면에서 역사학이 자리매김해야 한다고 답할 것이다. 그렇다면 이런 다수를 향한 질문에서 역사의 의미를 어떻게 구현해야 하는가? 이점에 대해서는 다섯 가지의 명제로 요약이 가능하다.

1. 역사학은 문화가 저장된 용기容器이다.
'문화의 여러 형태가 실질적인 현실에서도 이어져야 한다'라는 가치의 내면에는 역사학의 판단과 해석이 필요하다. 이는 말은 쉽지만 실천하기는 매우 어려운 일이다. 이는 역사학자들이 문화의 가치를 보존하기 위해서, 현실적 이익을 가진 사람과의 이해관계를 형성하기 쉽지 않고 그 결과는 종종 갈등으로 인한 충돌로 끝날 수밖에 없기 때문이다.

2. 역사학은 사회발전의 법칙을 탐구하는 학문이다.
이는 가장 주류적인 견해로써, 현재의 모든 해석은 큰 틀과 흐름에서 이러한 기능론機能論과 연관되어 있으며, 20세기 이후 출현한 진화론과 목적론의 철학적 토대로 깊게 자리 잡게 되었다.

3. 역사학은 자치資治의 원천이다.

이것은 전통적인 명제로써, 예로부터 중국의 역사학은 자치라는 전통과 맞물려 있었다. 자치란, 역사학을 단순히 정부의 정책과 자료의 해석으로만 정의하는 것이 아니라, 자족적 판단력과 해석능력을 지녔음을 의미한다. 그러나 현재 진행되고 있는 연구 상황을 보면 중국의 역사학은 아직 이 문제를 해결하지 못하고 있다.

4. 역사학은 사회현상의 거울이다.

투경설透鏡說은 다소 시대착오적이라고 할 수 있다. 이는 중국의 역사학이 아직도 시대의 잘못된 폐단을 비판하는 단계에만 머물러 있기 때문이며, 만약 역사적 반성에 관한 기본적인 흐름이 계속 지금의 수준에서 멈춰있게 된다면, 아마 역사는 과거의 단순한 뉴스거리로 전락할 것이다. 진정한 성찰이란, 우리가 현실을 인식하는 태도를 어떻게 바꿀 수 있느냐에 달려 있으며, 본래의 자체적인 역사해석이 취하고 있는 기본적인 입장과 인식의 틀을 되짚어 보고, 이러한 입장과 각종 사회현상, 정치적 지배력 사이의 복잡한 연관성을 탐구하는 것 등을 포함한 것이다. 이는 역사문제를 생각하는 전제임과 동시에, 역사평론가와 같은 지식인들이 등장할 수 있는 동력이자 그 원천이다.

5. 역사학은 개인의 심미적 도구이다.

이는 블로크와 니체가 역사연구의 출발점으로 삼았던 명제로써, 이때부터 역사는 상상과 개성으로 가득 찬 화려한 서술방식으로 표현되기 시작하였다. 반면, 이 명제는 중국 역사학자들이 가장 금기시하는 것이기도 하다. 이 표현방식을 통하여, 통치 역사에 대한 개인적인 동기를 역사적 사건과 규칙적인 서술법에 좀 더 다양하게 포함하고자 하는 것이다.

위에 나열된 다섯 가지 정의는 사실 방법론적인 측면에서 보았을 때, 현재의 전체적인 역사학의 상황을 개괄하기에는 무리가 있으며, 단지 간단하게 묘사된 투박한 조감도라는 의미에서 역사연구에 관한 기본적인 태도를 정리한 것일 뿐이라고 할 수 있다. 즉, 헤아릴 수 없이 많은 구체적인 방법과 인지의 준칙이 분산되어 그 관련성에 대한 높낮이의 차이만이 존재하는 것이다. 이러한 태도들은 의도적으로 명제를 설정하고 칭송하거나 의도적으로 기피 혹은 배제하는 대부분의 중국 역사학자들의 태도와 비슷하다. 본 내용에서 역사연구에 임하는 학자들의 태도 혹은 방법을 토론할 때, 중국 역사학자들이 어떠한 태도로 통치의 역사를 연구하는지, 또 무의식적으로 혹은 의도적으로 어떤 기본적인 입장과 선택을 꺼리는지를 우선하여 가려내도록 하겠다.

대부분의 중국 역사학자들은 중국의 전통 관념과 근대 사조思潮라는 두 가지 측면의 영향으로 인하여, 역사의 변천에 관한 탐구와 전통적인 자치의 계승 및 책임이라는 역사적 관점에서 그 의미를 깊게 새기고 있다. 전자는 혁명사革命史의 서술법과 근대화서술법을 탄생시켰고 여전히 이와 같은 틀의 제약을 받는 사회사社會史와 문화사文化史 연구법을 파생시켰다. 후자는 전통적으로 역사란 마땅히 당시의 정치적 상황과 기본원칙을 조화시켜야 한다는 태도를 고수하고자 하는 것이다. 위에서 분류한 다섯 가지의 명제 중, 네 번째와 다섯 번째는 기본적으로 근대 중국의 역사학자가 가진 관점과 상당한 거리감이 있는 명제이다. 근대사의 서술에 있어서 반성과 성찰을 언급하고는 있지만, 발언을 통해 겨냥한 대상은 사실 오랜 시간 각인되어 온 그들 자신의 인식체계와 전제조건을 포함하고 있지 않은 것이다. 이를테면, 전통적인 혁명사 서술법과 근대화 서술법에서 발생한 오류 및 다른 역사적 현상에 대하여 의도적으로 진행한 오독誤讀이라는 두 가지 문제를 들 수 있다. 특히, 이러한 서술법을 통해 은폐된 내용은 당시 권력의 지배 관계 및 정치적 상황과 관련이 있기 때문이다. 그래서 이러한 반성은 어쩌면 단지 기존의 정치적 해석의 틀이라는 범위 내에서의 제한적인 사고思考에 불과하며, 흡사 정책에 대한 역사적 검증 및 설명이 단계에서 연구의 보조적인 형태로 자주 사용될 수 있다.

역사의 의미에 대한 마지막 정의인 '개인의 심미적 도구로서의 역사'라는 관점은 현재 중국의 역사학에서 일절 찾아볼 수 없다. 중국 국내에서 말하는 역사연구란, 각자의 개인적인 심미관審美觀을 근거로 하여 다뤄질 수 없으며, 최소한 전문적인 내용을 포함하고 있어야 하는 것으로 정의하고 있기 때문이다. 이러한 원인으로 중국의 많은 역사서는 그 옛날 사마천司馬遷과 같은 아름다운 표현방식을 느끼기 어려워졌고 역사적 인물들은 쉽게 거대한 시대적 배경이라는 흐름에 의하여 재포장되어 역사라는 완성품을 위한 일개 부품으로 취급되었다. 중국은 수년간 하향식 연구전략을 지향해 왔으며, 역사학자들의 이러한 태도를 변화시킬 수 있다면, 과거 상위 지식인 계층을 중심으로 하는 역사관을 평범한 서민들의 일상생활에 관한 이야기로 전환할 수 있을 것이다.

현재 진행되고 있는 사회사연구 및 문화사연구들은 대부분 정치적 사건에 초점을 맞춘 방식으로 진행되고 있다. 이는 마치 무대 위에서 특별한 개성이 없는 연기자가 그저 가면만 바꿔가며 연기하는 삼류 연극과 같다. 사실 이러한 문제점에 대하여 학자들은 연구를 진행할 역사적 증거 혹은 흔적으로 작용할만한 자원 혹은 유물의 부족을 원인으로 들고 있지만, 역사학자 자신의 나태함이 원인이라는 견해도 있다. 필자는 각자의 사고방식을 바꾸지 않으면 수많은 역사적 자원이 눈앞에 있더라도, 절대 눈에 들어오지 못할 것으로 생각한다. 지금 가장 중요한 것은 어떻게 하면 역사의 대서사라는 텅 빈 구조물 속에서 당시 실제 생활상에 가까운 조각들을 발견하고 조립하여 올바른 형상으로 채워 넣느냐 하는 것이다.

인류의 발견을 촉진하기 위해서는 어떻게 해야 하는가, 또 역사적 사료史料를 해석할 때 그 의미를 어떻게 조합하고 재배치해야 하는가에 대한 문제는 역사학자들의 피할 수 없는 과제로 남아있다. 이에 관해 필자는 미국의 사회학자 머튼R. K. Merton이 제시한 중범위이론 Middle range theory을 토대로 중국의 역사연구를 다시 진행하고 저서의 내용을 통해 재분석하고자 한다. 중국사의 연구를 진행할 때 중범위이론이 미치는 영향을 간략하게 두 가지 정도로 정리해 보겠다.

첫째, 장대한 역사에 관한 구구절절한 서술방식에서 벗어날 수 있다. 지금까지 역사를 문장으로 서술할 때, 그 폭은 넓었지만 섬세하지 않았고 이로 인해 인물 중심의 서술이 아닌 당시에 발생한 사건 혹은 시대적 흐름에 관해서만 서술이 진행됐다. 이러한 차갑고 기호학적인 서술방식을 탈피할 수 있다.

둘째, 줄곧 기록된 사실만을 조합하는 연구 방식을 고집했던 역사학계의 태도에 변혁을 가져올 수 있다. 역사학자 대다수는 해석, 창조, 사고라는 관념이 없이, 오로지 진리를 추구하는 것만을 목적으로 하여, 자유로운 추론을 억제하고 심오한 내용에만 집중해 연구를 진행하다 보니, 천편일률千篇一律적인 결론을 도출하는 역사학자로 전락할 수밖에 없었다. 니체는 이러한 사학자들을 향해 '공장에서 양산되는 조립식 역사학자'라고 희롱하기도 했다.

특별한 이론적 배경이 없이 수집된 사료는 사건의 진실에 대해 소홀해질 수밖에 없다. 그 결과, 중요시해야 하는 사료와 그렇지 않은 사료에 대한 정확한 구분이 이루어지지 않게 된다. 설사, 사소한 부분이라 하더라도 간과하지 않고, 좀 더 깊이 파고드는 것에 의미가 있는 것이다. 사실 현재 중국의 역사학계에서는 '진리 탐구'라는 전통적인 역사연구법이 주를 이루고 있는데, 이는 거시적인 서사 배경을 토대로만 이루어진 것이기 때문에 문제가 될 수 있다.

객관적인 사실에 관한 연구가 특정한 사회적 상위계층을 중심으로 진행되면, 연구자의 시야가 제한되어, 수집한 사료가 특정 계층의 역사를 강조하는 요소로 구성될 수밖에 없다. 이렇게 되면 능동적인 연구가 아닌 수동적인 연구가 진행될 수밖에 없을 뿐더러, 이를 통해 하위계층의 사회를 상위계층의 정치적 관점 혹은 사회적 관점으로 서술하는 오류를 범하게 된다. 이러한 내용은 독자에게 당시의 사회구조와 상황에 대한 잘못된 인식을 초래할 수 있다.

한편, 미국의 중국학자들은 중범위이론을 활용하여 중국사를 해석하는 방법에 조예가 깊고 그에 따른 경험도 지속해서 쌓아왔다. 본문에서는 이러한 해석을 토대로 지금까지 진행되었던 전통적인 연구 방식의 득과 실에 대해 말해 보고자 한다. 미국의 이론 학계는 유럽식 사상의 최전선이라고 일컬어 질만큼 유럽식 사상을 빠르게 흡수하고 급속히 발전시켜 왔으며, 문제해결에 구체적이고 탁월한 능력을 발휘해 왔다. 이러한 시스템은 서구권 국가의 사회이론을 연구할 때 상당히 적합할 뿐만 아니라, 역사적 언어 환경의 배경에 따라 변칙적으로 적용할 수 있다는 장점이 있다. 하지만 이러한 연구 방식은 유럽 중심주의Eurocentrism에 사로잡힐 가능성이 크기 때문에 많은 비판을 받기도 한다. 비판적인 부분은 잠시 논외로 하고 먼저 전자에서 나타난 장점에 대해서 간단하게 알아보겠다.

첫째, 중범위이론은 패턴의 전환이 불규칙적이기 때문에 다소 복잡하게 받아들여질 수 있지만, 그 구성에는 강한 반성의 능력이 동반되어 있다. 예를 들어, 미국에서 '제1호 중국 전문가'라고 일컬어지는 하버드대학의 존 킹 페어뱅크John K. Fairbank 교수는 『China's response to the West』[2]에서 서양세계의 영향이라는 충격에 대해 중국에서 일어난 반응과 관련된 이론[3](이하 '충격 - 반응론'으로 칭함)을 제시하였는데, 냉전적 서술법을 바탕으로 한 지역사地域史 연구의 측면에서 보면, 미국의 중국학자들이 이해와 평가에 존재하는 균형문제를 어떠한 방식으로 이해하였는가에 대하여 알아볼 수 있다. 이는 중국 역사에 접근하기 위한 중요한 방법이며, 이를 통해 본질을 추구함에 한 걸음 더 나아갈 수 있는 바탕이 된다. 둘째, 미국의 중국학계는 지속적인 사회이론의 발전과 부흥을 통하여 중범위이론의 분석능력을 강화해 왔으며, 이를 통해 사료의 선별과 선택이라는 측면에서 변혁을 이루었다. 지금까지 주류 역사학의 범위를 벗어나 있던 비주류의 사료들이 속속 그 대열에 합류되기 시작하였고 이러한 기류가 점점 확장되고

---

2) John K. Fairbank, 『China's response to the West』, Harvard Univ Press, 1954.

3) 유럽으로부터의 충격과 중국의 반응Impact and response에 관한 이론. 송宋나라 시기부터 중국의 경제 및 사회적 발전이 정체되었고 이러한 사회에 아편전쟁의 충격이 가해지자 이것에 대한 반응으로 중국 사회가 변화되었다는 이론. 이러한 변화는 양무운동洋務運動과 같은 긍정적 변화일 수도 있고 톈진교안天津教案 사건과 같은 부정적 변화일 수도 있다.

있다. 비록 아직은 상위계층의 역사가 하위계층을 대신하는 구조의 연구 방식이 주를 이루고 있지만, 고고학계의 연구 성과와 하위계층 신분에 관한 연구가 일궈낸 성과는 역사가 가진 풍부하고 다양한 모습을 여지없이 보여주고 있다.

사실 필자는 미국에서의 중국학 논평만이 아닌, 일본에서의 중국학 및 중국 국내의 역사교육이론을 전제로 하여 비교와 대조를 진행하고자 하며, 이를 통해 중국의 역사학자들이 중범위이론을 연구할 가능성을 열어놓자는 것에 의의를 두고 있다. 또한, 필자는 현재 중국의 역사학계와 서양의 중국학계가 소통할 때 다소 어려움이 존재하고 있음을 발견하였다. 이와 관련하여 여러 복잡한 원인이 있다고는 하지만, 그 중에서 중국 국내의 역사학계가 중범위이론을 재해석 및 개념화하여 자체적인 시스템을 만들지 못했던 것이 가장 큰 원인이라고 생각한다. 이 시스템을 활용하여 새로운 사회이론을 빠르게 흡수 및 전환하여 현지화시킬 수 있는 원활하고 개방적인 시야를 가져야 한다고 생각한다. 이러한 점이 수반되지 않는다면 양측은 앞으로 서로 소통할 수 있는 전제를 찾기가 어려워질 것이다. 예를 들어, '중국은 봉건사회를 왜 이렇게 오랫동안 지속하였는가?' 혹은 '중국에서 자본주의는 언제 어떻게 시작되었는가'와 같은 문제는 거시적인 해석구조만으로는 충분히 설명되지 않기 때문이다.

본문의 내용은 언어 환경과 그에 대한 논평을 교차시키는 방법으로 집필되었다. 중국 역사학의 전통적인 연구 방식과 미국의 중국학(일부는 일본의 중국학연구 내용을 포함함) 연구의 기본개념 및 명제의 변천 과정을 비교하여, 그 특징을 표현하고 가치를 평가하는 내용이 주를 이루고 있다. 동시에 미국 중국학계의 사고방식 및 연구 방식을 토대로 하여, 현재 중국사를 연구할 때 탁상공론卓上空論이 아닌, 여러 가지 문제점과 제약적인 요소를 실질적으로 돌파할 수 있는 중립적인 방법을 시도하고자 한다. 이는 상당수의 구체적인 연구 자료를 기초로 함과 동시에 다양한 명제의 축적으로 말미암아 완성이 가능한 것이다. 본 저서의 가장 중요한 또 다른 목적은 사료를 수집함에 따라 나타난 익숙한 이론과 유형의 지배적 작용에 대하여 더욱 면밀하게 돌아보고 이와 관련된 사회적 요소의 상호 작용에 대한 평가를 시도하는 것에 있다. 더불어 이후의 구체적인 사학연구와 이론구축의 긴밀한 소통을 위해서 토론할 수 있는 장을 여는 것에 그 의미를 두고 있기도 하다.

마지막으로 본 저서는 전문적인 종합 논술 저서가 아닌, 중범위이론의 구축과 관련된 연구 자료에 관해 서술하고 있다는 점을 강조하고 싶다. 내용상, 빠진 부분 혹은 오류가 있다면 성심성의껏 조언을 받을 준비가 되어있다.

저자 주석

[1] Marc Bloch, 『Apologie Pour I'Histoire ou Metier d'Historien』, 上海社會科學院出版社, 1992, 10쪽.

[2] Marc Bloch, 『Apologie Pour I'Histoire ou Metier d'Historien』, 上海社會科學院出版社, 1992, 10쪽.

[3] Friedrich W. Nietzsche, 『Vom Nutzen und Nachteil der Historie für das Leben』, 上海民族出版社, 2000, 50-51쪽.

제1장
현대사연구에서의 "전통관" 기원과 반성

1. "국민사학관"의 발흥과 현대 국가의 건립

필자는 20세기 이후부터 형성된 중국의 역사이론과 명제에 대한 전면적인 평가가 아닌, '문제의식'의 맥락에서 각 역사해석의 틀이 어떠한 차이를 보이는가를 중심으로 분석을 진행하고자 한다. 즉, 각 시대의 사회적 언어와 사상적 지배의 상황에서 나타난 문제의식의 해법을 모색해 보자는 것이다. 또한, 그렇게 누적되어 온 문제들에서 나타나는 양면성에 대해, 근대적 이념의 통제하에서 어떠한 효과를 달성해 낼 수 있는가와 그 효과에서 나타난 보편성을 분석하고 현재 중국의 문제를 해결하기 위한 가능성이 있는지 검토해 보고자 한다. 오로지 방법론이라는 관점에서 역사학의 변화와 사회적 논리를 결합하여 득과 실을 따져 보는 것만으로는 부족하며, 다양한 해석 방법이 없이 중국 사회가 직면한 여러 문제에 존재하는 갈등상황을 무시하게 된다면, 앞으로의 중국사연구에 관한 발전방향을 가늠할 수 없게 될 것이다. 중국의 역사에서 나타난 근대성과 의식의 형성은 민족 국가의 구조적인 선택과정에서 매우 중요한 부분을 차지하고 있다. 역사학 혁명의 대부라고 일컬어지는 사상가 양계초梁啓超는 전통적인 역사학에서 나타난 문제의 원인에 대하여 아래와 같이 논하였다.

> 조정의 존재만 알았지 국가의 존재는 알지 못하였고, 개인의 정의를 위해 집단을 무시하였으며, 과거의 사실만을 진술할 뿐, 지금 당장 눈앞에 놓인 사안은 신경도 쓰지 않았고 표면적 사실에 집중한 탓에 그 안에 내재 된 정신은 보지 못하였다.[1]

이는 새롭게 진행되는 역사학연구가 국가의식의 계몽을 이루기 위한 시발점의 의미가 있다는 점을 강조한 것이다. 즉, 일반 민중에 대한 국민적 인식의 확립은 역사학이 가진 역할에 영향을 주는 위대한 첫걸음이었지만, 근대 역사학과 전통 역사학의 근본적인 인식을 명확하게 구분하여야만 비로소 중국이 세계에서 확고한 위치를 확보할 수 있다는 견해이다. 또한, 그는 『중국 역사연구법中國歷史研究法』을 편찬하여 새로운 역사학의 개념을 제시하고 세계사의 틀에서 중국인이 차지하고 있는 정확한 위치를 탐구하는 것에 중점을 두었다. 이는 문명의 기원에 관한 탐구 및 민족의 정체성을 확립해야 하며, 계급제도와 경제적 조건을 구성하는 형식 및 세계 문화와의 교류와 더불어 내외부적인 조사를 통해 이루어져야 한다는 것을 의미한다.[2] 그 중, 당시 그가 신사학新史學의 구축으로 말미암아 지금까지 정립되어 온 각종 내부연구는 국민을 위한다는 명목하에 진행된 과도한 설명이라고 비판하며, 내부연구의 합리성에 대해 재조사가 이루어져야 한다고 주장한 내용은 상당히 주목할 만하다. 그는 또한 정치사상가의 관점에서 중국을 세계적인 민족 국가의 표준으로 삼고 거시적인 관점에서 역사를 고찰하기도 하였다. 이러한 고찰을 통하여 기존의 전통 역사학은 과도하게 중앙 정부의 시스템에 집중되어 있던 황제의 교과서이었기 때문에, 결국 이하론夷夏論이 출현하게 되었다는 결론을 도출하였고, 이를 원인으로 중국의 문화 공동체에 대한 인식은 서양 자본주의국가와 근대적인 관계를 구축함에서 충분한 질서가 잡히지 못하였다고 주장하였다. 따라서 중국의 민족의식과 국가의식에 대한 경계를 구축하는 것은 국민의 신분과 계층을 확립하는 중요한 요소이자 국민의 신분과 의식을 연결하는 일종의 매개체로 작용할 수도 있으며, 당시의 민족과 국가에 대한 일종의 정치적 명제의 역사적 표현이라는 견해였지만, 사실 그에 적합한 해석 기준은 끝내 확립하지 못하였다. 각 계층의 경계 구축과 민족의 자주 의식 등의 역사적 개념은 청淸나라 말기부터 현재까지의 민족과 국가를 구축하는 하나의 틀로써 정치 및 사회운동에 대한 필수적인 요소로 작용하였고 정치적 목적을 가지고 사회적 동원을 위해 여론을 조성하는 표현으로 자리 잡게 되었다. 양계초는 정치적 맥락에서 역사적 근원과 특징을 따져 현대 사회를 비판하는 효과를 발휘하기도 하였는데, 정치인이자 학자라는 자신의 역할을 통하여 20세기 초엽에 발생한 여러 개혁과 사회운동 사이에 존재하는 수많은 명제의 관계를 가감 없이 보여주기도 하였다.

중국 근대사학의 형성과정과 더불어 고대의 제국이 근대의 민족 국가로 전환되는 과정에는 사회적 운동이라는 공통점이 존재한다. 이점에 관한 연구를 진행할 때 갈등 관계가 야기되기도 하였는데, 심지어 이러한 갈등은 정치적 발언권의 직접적 표현 혹은 대변의 형식으로 나타났다. 양계초가 구축했던 신사학은 중국이 근대 국가로 전환되는 시기인 청나라 말기의 역사적 경계선을 규정할 수 있었을 뿐만 아니라, 국제화를 통하여 자본주의의 확산으로 말미암아 국가 간의 경계가 허물어질 수 있다는 문제의식도 해결할 수 있었다. 후자는 1930년 시기 뉴욕주립대학의 중국학자인 로저Roger V. Des forges 교수가 한 가지 분석 방법을 통해 제시한 사회사社會史 해석법이다.

로저 교수는 이러한 분석법을 제시할 때 중국의 대외 관계와 관련하여 중국에서 발전한 중국, 아시아에서 발전한 중국, 세계 속에서 발전하는 중국이라는 세 가지 단계로 나누어 분석하고자 하였다.

첫째, 중국에서 발전한 중국은 은殷나라[1]의 융성기부터 후한後漢 시기까지의 단계를 말하며, 이 시기의 중국의 문화는 특정된 영역 내에서 발전해 왔다.

둘째, 아시아에서 발전한 중국은 후한 시기부터 명明나라 말기까지의 단계로써, 이 시기의 중국은 주변의 많은 인접 국가들과 친밀한 관계를 유지하고 있었다. 그 예로 남북조南北朝 시기에 인도에서 전파된 불교의 영향을 받았던 점을 들 수 있는데, 북쪽 이민족의 잦은 침략으로 불교가 토착화되는 과정에서 새로운 형태인 선종禪宗[2]이 출현하게 되었다.

셋째, 세계 속에서 발전하는 중국은 명나라 말기부터 현재까지의 단계를 말하며, 근대화된 서양문화의 압박을 받게 되는 시기이기도 하다. 중국은 17세기의 기독교 전파를 포함하여 19세기의 마르크스식 사회주의에 이르기까지 여러 방면에 걸쳐 서양으로부터 지속적인 영향을 받아 왔다. 일찍이 개방을 통해 서구화된 일본 및 미국과 소련으로부터 많은 사상이 대거 중국으로 유입되었고 이를 토대로 중국 내에

---

1) 상商이라고 불리기도 함.
2) 참선으로 자신의 본성을 구명하여 깨달음의 묘경妙境을 터득하고, 부처의 깨달음을 교설敎說뿐만이 아닌, 이심전심을 통하여 중생의 마음에 전하고자 함을 종지宗旨로 삼는 불교의 종파.

서는 자체적으로 문화의 재구축을 이루어 나가게 되었다. 여기서 로저는 19세기와 20세기에 나타난 중국의 시대적 상황을 대전환大轉換의 시기가 아닌, 내부적으로 대강화大强化를 이루었던 시기라고 결론지었다.[3]

그는 또한 위의 각 단계에는 통일, 영웅, 동란動亂, 집권, 민중이라는 다섯 가지의 요소가 주기적으로 순환되고 있으며, 이러한 순환이 반복됨에 따라 점점 시간은 단축되고 영역은 광대해져 갈 것이라고 주장하였다. 이러한 견해에는 중국 역사의 복잡성을 지나치게 생략한 억지스러운 생각일 수도 있다. 다만, 주목해야 할 것은 세계의 역사 속에서 자리 잡은 중국인의 위치에 따라 중국의 역사를 관찰하는 관점은 계속 변화해 나갈 것이며, 이를 통해 역사를 바라보는 시야 또한 지속해서 변화되어 간다는 점이다.

지금의 시기는 로저가 구분한 세 가지 단계 중, '세계 속에서 발전하는 중국'이라는 세 번째 단계라고 볼 수 있다. 현재 중국의 역사학자들은 자기 주도적인 의식이 쇠퇴를 거듭하고 있으며, 서양의 발전모델을 참고하여 자신만의 도덕적 기준을 구축함에 따라, 점차 세계사의 총체적인 시스템에 녹아들어 가고 있다.[4] 중국의 전통적 본위本位를 중시하면서도 '아시아에서 발전한 중국'이라는 선행단계에 존재하는 특성을 상실시키고 있다. 이점에 대해 일본의 학자들과 비교해 보면 확실한 차이점을 알 수 있다. 서양의 문화로 잠식되어가는 흐름 속에서도 일본의 근대사 학자들은 아시아의 가치에 대한 역사적 발굴을 이루어 내고 있으며, 이를 힘 있게 제창해 나갔다. 하지만 지리적인 확장성을 목표로 하는 학계의 상황과 그에 따른 중국의 관념에 대한 관계는 본질적인 의미와 방식에서 일치되지 않는 차이점이 존재하고 있다.

임마누엘 월러스타인Immanuel Wellerstein은 자신이 구축한 세계체제론world system theory[3]을 기초로 근대 중국의 국가적 관계를 분석하였다. 그는 중국과 세계체제의 관계에 대하여 혼합incorporation과 주변화peripheralization 구조에 부합하고 있다고 설명하였다.[5] 혼합이란, 자본주의라는 세계체제에 속하지 않은 국가 및 지역이 점진적으로 융합되고 잠식되어 간다는 것을 의미하고, 주변화란, 세계체제에 속하지 않은 새로운 국가와 지역에 대해 확장성을 이용하여 포용하고 그들의 공간과 위치적 여건을 잡아주는 것을 뜻한다. 그는 여기서 자본주의 체제가 아시아 국가로 유입되는 과정과 그 강도는 실질적인 정치 질서와 경제 질서가 맞물려 돌아가는 과정에 관계가 있으며, 자본주의는 단지 경제 질서의 한 측면일 뿐이라고 설명하였다. 영국의 사회학자인 앤써니 기든스Anthony Giddens는 월러스타인의 이론에 대해서 정치와 경제 제도의 영역을 강조함과 동시에 사회조직과 사회의 변천 과정 간에 존재하는 공간적 특징도 중시하는 이론이라고 평가하였다. 중국사연구의 측면에서 보면, 중국의 지식인계층이 자본주의 체제로부터 정치 질서와 경제 질서에 관련된 이론을 받아들였던 점에서 명확한 시차가 존재하였다는 것을 알 수 있다. 즉, 청나라 말기부터 제1차 세계대전까지의 기간, 중국의 지식인계층이 직면하고 있었던 문제는 민족과 국가라는 개념을 기존의 제국 형태의 정치 질서에서 근대 자본주의의 적합한 정치 질서로 전환해 나가는 것이었다. 그 전환 시기에 필요했던 것은 근대 국가의 탄생을 과거의 국가들과 완벽하게 독립된

---

3) 사회과학과 역사학의 다양한 전통에 근거하여 사회 변동의 거시 구조를 밝히려는 접근방법. 자본주의로 결합 되어 그 경제적 역할에 따라 중심, 준 주변, 주변의 3층 구조의 틀 위에 경제구조와 정치구조의 국가 간 시스템을 추가한 이론.

정치적 체제가 아닌, 과거로부터 지속해서 이어져 내려 온 전통적 국가체제였다. 즉, 전통적으로 말하는 국가의 주권이란, 완전한 자치가 아닌 합법적인 상호제약을 의미하는 것이다.[6] 이러한 점은 현재 중국의 역사학자들이 중국의 문명과 사회 형성에 관한 평가를 진행할 때 지대한 영향을 미치고 있다. 또한, 그 영향으로 인하여, 근대 국가의 개념을 형성하는 토대로 국가 간의 정치 질서형성에 대해 논할 때, 중국학자들은 상당히 민감한 관점을 가지고 있다.

제1차 세계대전 이후, 중국에서는 5.4운동五四運動이 일어나게 되는데, 당시 중국의 사상계에서는 근대 국가라는 이념의 중요한 전환점을 맞게 된다. 이 시기 중국의 국제관계에 대하여 급진론急進論을 주장했던 학자들은 근대 국가의 형성이 자주적 민족성의 행위가 아닌 평등한 교류의 구조를 구축하는 데 있어 제약을 받지 않는다고 인식하였다. 근대 국가는 세계자본주의 권력체제의 영향을 지속해서 받을 수밖에 없었는데, 그 영향으로 인해 결국 정치 질서의 결정권을 쟁취하기 위한 전쟁이 발발할 뿐만 아니라, 경제 질서의 유입을 통해 제재의 빗장이 풀어지고 내부적으로 사회적 측면의 불균형이 야기되기도 하였다. 이러한 자본주의의 일체화에 내포된 목적은 경제적 독점이라는 권력 확산을 토대로 각 국가 간에 존재하는 모든 경계를 허물어 하나의 세계를 형성하는 것이다.[7] 이에 대해 20세기 초, 양계초와 진독수陳獨秀 등 국가주의를 지지하였던 중국의 사상가들은 정치 질서를 위하여 선거 정당을 조직하고 상위계층의 민주적 정책과 상호제약의 원칙을 구축하여 대중들에게 근대 국가체제에 충성을 다하여야 한다고 주장하였다. 그렇지 않을 시, 서구세력의 경제적 침략을 막을 수 없을 뿐만 아니라, 내부적으로 세계자본주의 체제가 권력 통치의 간접적인 도구가 되어 각 계층의 국민에게 불평등한 상황을 초래할 것이라고 덧붙였다. 진독수를 비롯하여 이대소李大釗, 이달李達 등의 초기 공산당원들은 경제적 변동이라는 현상이 각 국가가 내부적으로 안고 있는 개별적인 문제가 아닌, 세계적인 범위에서 나타나는 모두의 문제라고 지적하기도 하였다. 사회주의 사조思潮에 대해 반감을 품고 있던 양계초는 사회주의 제도가 중국에서 시행될 수 없는 이유에 대하여 노동자계층의 부족과 자본주의의 세계화가 미치는 영향이 크기 때문이라고 주장하였다.[8]

10월 혁명 혹은 볼셰비키 혁명4)으로 알려진 러시아의 두 번째 혁명은 통상적인 국가적 혁명이 아닌 사회적 혁명이라고 말할 수 있다. 마르크스주의Marxism가 전파됨에 따라 지식인계층에서는 공간적 의식의 전환이 급속도로 발전하게 되었다. 역사학의 방법론적인 입장에서 국가형성에 대한 개념을 세계적인 범위의 정치경제 발전과 연동시킨 관점으로 보게 되면, 중국의 역사는 세계 역사발전의 일부일 뿐이며, 근대화의 이념을 내포하고 있는 역사라고 할 수 있다.[9] 당시의 중국 사회는 경계선의 구축 및 민족사관民族史觀으로 대두되었던 초기 사학계의 주장에서 경계선의 용해溶解를 통해 세계사관世界史觀으로 접어드는 단계였다.

근대화의 의미를 지닌 사회사관社會史觀의 형성은 세계자본주의 사조가 중국 사회에 유입되면서 등장한 신지식新知識과 밀접한 관계가 있다. 중국의 초기 근대 사회에 국민의식을 형성시켰던 신사학과 달리, 사회사관은 사회의 혁명대상을 선택하고 정의하면서 그 효과를 발

---

4) 1917년 2월 혁명에 이은 러시아혁명의 두 번째 단계이다. 10월 혁명十月革命은 블라디미르 레닌의 지도하의 볼셰비키Bolshevik들에 의해 이루어졌으며, 마르크스 사상Marxism에 기반을 둔 20세기 최초이자, 세계 최초의 공산주의 혁명이다.

휘하였고 실제로 사회적 혁명과 발언에 있어서 부분적인 요소로 작용하였다. 혁명의 대상으로 봉건세력 혹은 자본주의를 겨냥한 점에 대하여 사상가들의 수많은 의견과 주장이 제기되었는데, 그 중 진독수는 중국의 혁명대상을 자본주의를 향한 공격과 비판에 두고 있었으며, 서양 자본주의 사회에서 나타난 일부 현상을 중국의 농촌 지역에 적용하여, 그에 대한 비판을 준비하는 전략적 지표로 삼기도 하였다. 이는 제1차 세계대전 이후, 세계 자본주의의 경제 질서가 재구축됨에 있어서 노사분규勞使紛糾를 발생시키는 원인으로 작용하기도 하였다. 또한, 그는 계속된 세계 자본주의의 유입이 중국 국내의 상품경제가 농민사회의 경제구조를 지배하게 되는 주요한 갈등 요인으로 작용하였으며, 자본주의는 농민을 억압하고 그들의 살점을 뜯어먹을 뿐만 아니라 농민의 농노화農奴化를 진행하게 하고 있다고 강하게 비판하였다. 이러한 점으로 미루어 볼 때, 당시 중국의 혁명대상은 봉건세력이 아닌 자본주의 그 자체와 그에 해당하는 계층이었다는 것을 알 수 있다. 봉건제도는 일찍이 붕괴하여 그 흔적만 남아있었을 뿐, 혁명대상으로써의 가치는 사라진 것이다. 즉, 봉건주의와 자본주의라는 사상적 개념은 당시 대중을 현혹하기 위한 일종의 정치적 도구로써 활용되었을 뿐이며, 이를 토대로 이루어진 사회사에 관한 연구는 객관적 실증의 학술이 아닌, 단순히 정치적 입장을 표현하는 장으로 전락했다고 볼 수 있다.[10] 반면 진독수와 반대 의견을 가지고 있었던 학자들은 단순한 선동을 위한 사회사 연구가 아닌, 농민 위주의 사회혁명을 근거로 하여 역사적인 해석과 주장을 펼쳐나가기도 하였다.

2. 사회사의 서술법과 세계체제와의 관련성

5.4운동 이후, 근대식 교육기관에서 양성된 사회사연구자들은 대부분 급진적인 정치적 신분을 가지고 있었는데, 그에 따라서 각종 사회사와 관련된 학술회의는 교육기관이 아닌 사회운동가와 사상가에 의해 주최되었으며, 회의 내용은 구체적인 정치적 행동 및 정치적 신분상의 의식을 함양시키는 형식으로 진행될 수밖에 없었다. 이는 기본적으로 고증을 통해 역사를 서술하는 실증주의적 서술방식과 상당한 차이점이 있는 것이다. 당시, 사회사서술의 핵심은 사회적 개념과 역사의 보편적인 언어를 어떻게 효과적으로 연결하는가에 있었으며, 또한 사회를 국가적인 차원의 제약과 세계라는 무대에서 어떻게 표현할 것인가에 관한 연구를 진행하여 대중들에게, 앞으로 발생할 사회운동에 대한 직접적인 제시가 가능한가를 판단하는 것이었다. 이러한 기대를 한 몸에 받는 역사학자의 관점에서 중국 사회사의 연구 목적은 자연적으로 일어난 역사적 진화의 특징을 탐구하는 것이 아닌, 역사적 기원으로 시작하여 중국 사회가 세계사의 발전 구도라는 거대한 무대 위에서 어떠한 근대적 담론을 구축해 나가는가에 대한 과정을 점진적으로 통합시켜 나가기 위한 고찰에 두고 있었다.

당시의 구체적인 연구사례를 살펴보면, 대부분 역사학자가 중국과 세계의 역사적 관련성을 지나치게 강조하고 있다는 점을 알 수 있다. 1930년 시기 사회사논전社會史論戰이 진행되었는데, 이는 마르크스의 역사발전단계론5)을 바탕으로 노예제사회와 봉건제 사회를 중국사의

---

5) 일반적으로 '5단계론'을 의미하며, 생산 양식을 기준으로 하여 '원시공산제 - 노예제 - 봉건제 - 자본주의 - 공산주의'의 순으로 발전한다고 보고, 각 시대의 성격을 생산수단과의 관계 속에서 구체적으로 규정한 이론.

어느 시기에 위치시킬 것인가에 대한 논쟁이었다. 마르크스주의를 추종하는 역사학자들은 모두 사회의 일반적인 발전 규칙이 역사연구를 진행하는 중요한 조건이라고 강조하였다. 즉, 중국의 역사발전에서 내포하고 있는 특수성은 모두 이러한 보편성을 위해서 존재한다는 것이다. 역사적 특수성에 대한 표현은 기본적으로 시간의 신축성과 공간의 확장성을 기준으로 이루어져야 하고 전체적인 틀을 벗어나지 않는 범위 내에서 해석이 진행되어야 하며, 연구 목적 및 역사적 사실이라는 구조에 반드시 부합되어야 한다. 이와 관련하여 판원란範文瀾과 궈머뤄郭沫若가 봉건제 사회의 발생 시기를 규정할 때 의견의 차이를 보였던 점을 예로 들 수 있다. 궈모뤄는 전국시대戰國時代부터 봉건제 사회가 시작되었다고 주장한 것에 반해, 판원란은 그보다 이른 동주東周 시기의 춘추시대春秋時代부터 봉건제 사회가 시작되었다고 주장하였다. 다만, 그들은 시기에 대한 의견의 차이만이 있을 뿐, 봉건제 사회라는 사회적 특징과 관련한 견해는 대부분 일치하였다. 역사학자 젠버짼翦伯贊은 역사학자들에게 공간상의 이주移住와 전체적인 역사와의 관계를 연구할 때, 각 지역에 관련된 특별한 법칙도 동시에 연구하여야 한다고 주장하였다.[11] 각 지역이 고유하게 가지고 있는 특별한 법칙이란, 특정 민족의 역사에 대한 구체적인 내용을 구성하는 중요한 요소로써, 소규모 민족의 발전 성향이 세계사의 거대한 발전과 시공간적인 관련성을 가지고 있음을 나타냄과 동시에, 세계사의 세부적인 단계에서 행해진 작용과 관계가 깊다는 것이다.[12] 이러한 공간의 확장성은 민족사民族史의 특정한 서술방식이 전체적인 세계사의 서술적 맥락에 귀납되어 있다는 점을 강조하는 것이다.

1940년대 이전과 이후의 중국 사회사 연구가들에게 나타나는 공통점은 역사적 범주에 대해 분석할 때, 생산성이 아닌 생산 관계를 토대로 하여 진행하였다는 점이다. 허간즈何干之는 트로츠키Trotskii[6] 사상의 영향을 받는지 아닌지를 기준으로 연구 집단을 구분하였다.[13] 그들은 생산 관계의 관점에서만 중국의 사회적 질서를 철저히 분석할 수 있다고 믿었으며, 그와 동시에 근대적 언어 환경에서 자본주의 세력의 유입 수준을 고려하여 생산 관계에서 나타나는 일반적인 불평등성不平等性과 부정의성不正義性에 대해 심층적인 분석이 이루어져야 한다고 논했다. 이러한 주장은 곧 혁명의 사회적 동원을 일으키기 위한 이론적 지렛대로서 작용할 수 있다는 것을 의미한다. 반면, 타이완臺灣의 사회학자 타오시성陶希聖은 생산력 발전에 대한 분석을 통하여 이미 봉건사회가 사라진 상태에서 상업적 자본주의의 발달이 이루어졌다고 주장하였는데, 이는 특수주의特殊主義[7] 이론을 통한 역사해석 방법의 시발점이 되었다.

1930년부터 이루어진 전통적 사회사연구는 수많은 경험연구를 통하여 다양한 해석들이 축적됐으나, 그 상당 부분은 역사발전 단계론을 토대로 하는 세계사의 서술방식에 중국의 사회사가 어떻게 부합될 수 있는가에 관해서는 명확한 결론을 내놓지 못하였으며, 지금까지도 이

---

6) 레온 트로츠키Leon Trotskii, 본명은 브론슈타인Leib Davidovich Bron-stein, 러시아혁명 당시의 기회주의자, 반혁명분자 등으로 알려져 있다.

7) 파슨즈T. Parsons가 전근대적 사회 행동을 이해하기 위하여 제시하고 있는 사회관계 유형변수類型變數 중의 하나로 전근대적前近代的 사회에서 지배적으로 표출되는 사회관계의 행동 양식이자 보편주의에 대치되는 개념이다. 어떤 특정한 사회관계를 어떤 특정한 사람에게만 적용하는 기준이나 준거準據에 따르는 것으로, 대상자를 그가 차지하고 있는 지위나 신분, 또는 위치에 따라 차별 있게 취급하는 것을 위주로 하는 사회관계의 행동 양식이다. 흔히 족벌주의族閥主義, nepotism나 연고주의緣故主義, favoritism는 특수주의가 우세한 경우에 나타나는 사회현상이다.

점에 관한 지속적인 연구가 진행되고 있다. 궈머뤄는 그가 집필한『중국고대사회 연구中國古代社會研究』에서 중국 사회사의 발전단계에 대하여 중국 사회사와 중국의 사회혁명 및 분단이라는 상황을 대조시켜 서술하였다. 예를 들어, 은주殷周(은나라와 주나라) 시기는 노예제에 대한 혁명의 시기, 주진周秦(주나라와 진나라) 시기는 봉건제에 대한 혁명의 시기, 청나라 말기는 자본주의에 대한 혁명의 시기에 해당한다고 논하였다. 그는 더욱이 앞서 말한 역사발전 단계론을 따르기 위해서 자신의 주장과 관련하여 유리한 역사자료를 수집하였고, 그 틀에 맞추어 근거를 조합하였다. 즉, 중국의 역사적 맥락 속에 존재하는 문제점들을 역사발전 단계론에 끼워 맞춰 보완한 셈인 것이다. 궈머뤄는 주周나라의 사회를 봉건제 사회로 규정하게 된다면 마르크스의 이론과 공식에 부합되지 못한다고 주장하며 아래와 같이 덧붙였다.

> 씨족사회제도의 붕괴 후, 외부적인 영향이 존재하지 않는 경우, 그 다음 사회의 단계는 반드시 노예제사회일 것이다. 즉, 이 노예제사회는 국가가 탄생하는 단계이며, 이후의 봉건제 사회로 넘어가게 된다. 본인은 주나라의 역사 중, 전반부인 서주시기를 노예제사회로 인식하였다. 만일 서주시기를 봉건제 사회의 시작이라는 견해를 주장하는 사람이 있다면, 이는 *탁고개제托古改制적인 관점이며 허위적인 역사, 허무맹랑한 전설, 수천 년을 걸쳐 내재화 된 전통이라는 관념에 구속되어 버린 어리석은 생각일 뿐이다.[14]   *옛사람의 도를 빌려 현실을 개혁하려는 방법

마르크스가 1895년에 발표한 『정치경제학비판政治經濟學批判』8)의

---

8) Kritik der politischen Ökonomie. 총 여섯 편으로 이루어진 마르크스의 정치경제학 비판 서적.

서문에는 "동양적, 고전적, 봉건적 그리고 지금의 자본가 계급의 생산방법이란, 경제사회를 형성해 나가는 발전단계로 볼 수 있다"라고 기술되어 있다.[15] 중국의 역사학계에서는 마르크스가 정의한 동양 사회 Asiatic Society의 내용에 관하여 연구가 진행되었고, 그러던 중 오해와 오역誤譯이 발생하는 사건이 일어나게 되었다. 실제로 마르크스는 동양 사회를 세계적 사회발전의 보편성에 대한 목적으로 인식한 적이 없었을 뿐만 아니라, 중국과 인도를 포함한 전체적인 동양 사회를 서양 사회와 비교하여 다른 성질을 가진 침체 된 사회로써 인식하고 있었다. 마르크스와 엥겔스Friedrich Engels는 아시아 대륙에 있는 각 국가의 사회에 관하여 실증적인 연구 경험이 없었으며, 단지 초기 유럽의 동양학자들이 해석했던 고대 전통사회의 자료들을 참고만 했을 뿐이었다. 동양 사회에 대한 그 자료들의 핵심적인 관점은 다음과 같다.

아시아 대륙의 동양 사회란, 역사의 흐름에서 발전해 온 촌락 단위의 지역공동체 구조가 수공업과 농업을 통하여 자급자족하는 폐쇄적 구조로 통합되어 이루어졌다. 그들은 외부의 문화를 배척하고 자체적으로 모든 것을 처리하고 해결해 왔으며, 전쟁 및 자연재해 등과 같은 사회적 교란과 붕괴의 위험이 다분한 외부적인 요인도 발생하였지만, 당시의 동양 사회는 국가영토의 지배자가 누구인지 그리고 그의 신분이 무엇인지에 관해서 중시하는 구조가 아닌 촌락 혹은 마을의 단위로 이루어졌기 때문에 외부적인 변화에 대하여 구태의연舊態依然하게 존재해 올 수 있었다. 하지만 강 유역에서 발전해 온 동양 사회는 비를 이용한 농업기술이 발달하여, 대규모의 관개농업으로 발전하였으므로 이에 대한 국가와 정부의 관리와 제어가 필요하였으며, 이러한 사회구조에서는 사유재산私有財産이라는 권리 개념이 존재할 수 없었다.

마르크스와 엥겔스는 아시아 대륙의 전통적인 사회가 계속된다면 절대 변화를 이룰 수 없을 것이기 때문에 사상과 문화를 포함한 강한 외부적 충격 혹은 영향을 주어야만 그 전통을 변화시킬 수 있고 내부의 폐쇄적인 사회양상을 종결시킬 수 있다고 믿었다. 마르크스는 영국이 인도를 점령했을 당시 〈뉴욕 데일리New york daily Tribune〉를 통하여 '영국은 동양 사회의 경제 기초를 무너뜨리고 그들의 야만적 전통 문명인 공동체 사회를 파괴해 아시아 대륙에서 가장 크고 유일한 사회적 혁명을 성공시켰다.'라고 전했다.[16]

이는 동양 사회체제의 붕괴는 필연적으로 발생해야 하며, 이를 토대로 아시아 대륙에서 서구식 사회제도가 구축될 수 있는 물리적인 기초가 될 수 있다는 것이다. 마르크스는 서양문명이 동양문명보다 우월하고 우수하다고 여겼는데, 그 예로 영국이 인도를 식민지화할 때, 과거 인도를 통치했던 터키인, 타타르족 그리고 무굴제국의 사람들처럼 인도의 문화에 쉽게 동화되지 않은 이유를 영국의 발전 수준이 인도의 문명보다 우수했기 때문이며, 문화적인 영향을 일절 받지 않았던 것이라고 주장하였다.[17]

중국학자 비트포겔Karl A. Wittfogel은 마르크스의 주장을 빌어, 토지 사유제의 부재 및 국가의 치수관개治水灌漑사업을 중국 사회의 기초적 요인으로 삼아 수력관개이론水力灌漑理論9)을 정립하였다. 물론 마르크스가 동양 사회를 분석할 때 나타난 유럽 중심주의의 경향은 현재 많은 비판과 토론의 대상이 되고 있다. 더불어, 당시의 그가 정확한 역사적 자료들을 기초로 하여 동양 사회의 구조적인 형태를 철저하게

---

9) '동양적 전제주의'라는 중국사의 특수성을 설명하기 위하여 주장한 이론으로 중국의 전제주의를 지탱하는 방법을 수리사업에서 도출하였다.

연구할 기회도 없었으며, 그가 주장한 대부분 내용도 근대 시기가 아닌 고대 사회의 전통적인 내용을 바탕으로 하고 있었기 때문에 그 한계에서 벗어날 수 없을 것이다. 필자는 마르크스가 인식하였던 동양 사회의 개념과 그와 반대의 관점에 서 있었던 학자들의 역사관이라는 두 가지 관점에 대하여 담화분석談話分析10)의 형식을 통해 해석을 진행하고자 한다.

궈모뤄와 비트포겔은 마르크스가 인식했던 동양 사회의 개념에 대하여 서로 다르게 이해하고 있었는데, 두 사람의 차이점은 각각의 서로 다른 논역論域에서 중국어와 영어의 해석오류로 인해 발생하였다. 궈모뤄는 마르크스의 역사발전단계론을 바탕으로 하여 동양 사회의 위치를 규정할 때, 스탈린Joseph Stalin이 주장한 사회발전의 진화형식을 참고하였는데, 이는 마르크스가 주장했던 생산방식의 발전과 교체에 따라서 사회의 발전 형태를 정의해야 한다는 내용과 차이가 있다. 사실 사회의 형태와 생산방식은 엄연히 다른 것인데, 궈모뤄는 사회의 형태는 여러 생산방식과 경제형식의 결합체라고 주장한[18] 마르크스의 견해에 대하여 자신의 독자적인 분석결과를 통해 아래와 같은 이견을 제시하였다.

마르크스가 말하는 '아시아'란, 고대 원시 공동체 사회를 일컬으며, '고대'는 그리스와 로마의 노예제도를 뜻한다. '봉건'이란, 중세 유럽의 경제적 동업조직체 및 정치적 표현의 봉건 제후를 의미하며, 또한 '근대 자산계층'이란 현재 자본주의제 사회를 의미하는 것이다.[19]

---

10) Discourse Analysis. 구조언어학에 있어 담화로 문장 이하의 단위를 분석하는 이론. 해리스Z.S.Harris의 변형이론은 담화분석의 한 수단으로 출발한 것으로 담화분석은 문장과 문장의 관계와 문형文型을 고려함으로써 행해진다.

그가 말한 사회발전의 진화 단계는 중국의 역사 속에서도 분명히 존재해왔다. 서주이전의 시기를 '아시아' 원시공동체사회라고 할수 있고, 서주이후의 시기는 고대희랍의 노예시대와 상당하며, 동주이후 특히 진나라 이후에야 제대로 봉건사회에 들어서게 되었다.[20]

하지만 궈모뤄는 마르크스가 '아시아'라고 정의한 용어의 개념을 잘못 이해하고 있었다. '아시아 사회'라는 개념은 중국 사회를 일컫는 특별한 표현 방법일 뿐이며, 서유럽 사회의 발전단계에 맞춰 비교분석을 한 것이 아닌, 동양 사회의 장기적인 경제침체상태를 해석하기 위한 용어였다. 마르크스는 공동체 사회의 토지 소유제가 중국에서 사라진 이유를 생산경제의 기초적인 변화가 부실했기 때문이라고 인식하였으며,[21] 레닌Vladimir Lenin도 마찬가지로 1911년 시기 중국의 사회제도에 관한 '아시아의 사회제도'라는 특수성과 침체성을 강조하는 용어로 사용하였다. 마르크스는 중국 사회의 극단적인 침체상태의 원인을 자본주의 이전 봉건사회의 가장식家長式[11] 상품생산 및 단계분화에서 나타나는 특징에 있다고 보았으며,[22] 레닌도 역시 '아시아'를 역사발전단계론의 한 단계에 해당하는 일환이 아닌, 단지 중국의 경제침체상황의 특징을 표현하는 용어로써 사용하였다.

반면 비트포겔은 『동양적전제주의Oriental Despotism』라는 저서를 통하여, 마르크스와 레닌 등이 정의한 '아시아 사회'의 의미를 정확하게 이해하고 적용하였다. 그는 중국의 역사를 묘사할 때, 무소불위無所不爲의 중앙집권적 통치체제를 기초로 하여 엄격한 통제와 광범위한 사

---

11) 고대 촌락사회제도의 잔재. 진한秦漢 시기 이후에 민락지가 형성된 지역에 명문가 지주들이 위치한 해당 지역의 노인을 통치하는 방법. 귀민貴民에 대해서는 특혜를 주고 일반 민중은 속박하는 봉건사상의 통치풍습.

회적 동원을 통하여, 그 기본체제의 지속적인 전개를 유지하는 침체된 사회로 표현하였다. 역사학계에서는 이러한 비트포겔의 해석을 두고 마르크스주의와 반대되는 이론모델로서 명시하고 있지만, 사실 '아시아 사회'의 역사성에 관한 그의 연구는 마르크스가 동양 사회의 특징을 판단했던 입장과 같은 것이었다. 여기서 비트포겔이 표현하고자 하는 중점적인 방향은 마르크스주의의 반감反感이 아닌 스탈린주의를 반대하고자 하는 것이다. 궈모뤄와 마르크스가 동양 사회를 해석했던 방법에는 이론적인 차이가 있지만, 결론적으로 이러한 주장들이 당시의 사회적 동원을 가능케 하였고, 그로 인하여 혁명을 일으킬 수 있었다는 점에 중점을 두어야 한다. 그 혁명에 있어서 역사학은 정치적 담화를 구축하는 역할을 하게 된다.

5단계론으로 불리는 역사발전단계론은 강력한 이데올로기적 해석과 공리주의功利主義[12]에 입각한 정치적 특성을 내포하고 있다. 1949년 이후, 중국사학계에서는 그 방향성을 바로 잡기 위해 목적론이라는 구조의 범위를 넘지 않는 선에서, 현실정치가 역사해석이라는 과정에 미치는 작용을 약화하고자 하는 움직임이 일어나게 된다. 젠보짠은 당시의 상황에서, 역사적 사실을 무리하게 각 시대에 끼워 맞추려 했던 과거의 행동에 대하여 반성하며 아래와 같이 말했다.

> 당시, 현실과 정치를 결합하기 위하여, 많은 사람이 과거의 역사적 인물과 사건에 관하여 연구를 경솔히 하였고 심지어 해당 인물과 시대적 사건을 같게 치부시키기도 하였다. 사실, 그렇게 하지 않는다면 그 무리

---

12) Utilitarianrism. 19세기 중반 영국에서 나타난 사회사상으로 가치판단의 기준을 효용과 행복의 증진에 두어 '최대 다수의 최대 행복' 실현을 윤리적 행위의 목적으로 본 사상. 공리성utility을 가치판단의 기준으로 한다.

에서 퇴출당하게 될 것만 같았고 이로 인해 결국에는 역사과학의 의미를 점점 잃었던 것 같다. 나는 해방 이전부터 역사적인 사건을 인용하여 현재 상황을 비유하는 방법으로 반동분자들을 공격하였다. 실은 이런 방법은 사람들에게 현실정치를 이해시키는 일말의 영향도 줄 수 없었고, 그에 대한 인식마저 모호하게 만들었다. 과거의 역사를 현재의 역사에 억지로 끼워 맞추려 하는 자, 현재의 역사를 과거의 역사에 투영시켜 왜곡하려 하는 자, 이 둘 모두는 이미 역사주의자가 아니다.[23]

하지만 역사주의歷史主義에 대한 그의 입장은 중국 역사학자들이 '역사발전단계론'이라는 시스템에서 벗어날 수 있도록 영향을 미치지는 못하였다. 그는 고대의 사회진화론과 근대의 사회진화론에 대하여 엄격하게 구분하여 강조하였다.

진화관進化觀은 역사의 각 단계가 기본적으로 가지고 있는 경제적 법칙과 계층들 간의 관계, 정치제도 및 이념까지의 모든 설명이 이루어져야 한다. 역사의 각 단계에 존재하는 변혁의 과정을 반드시 설명해야 한다.[24]

이후, 역사주의와 관련된 수많은 토론이 이루어졌지만, 여전히 그 본질이 가지고 있는 규칙성에 대한 담론은 정치적 표현을 위한 전략적 도구로 전락하였다.

3. 미국에서의 중국학 "세계관"과 중국역사학과의 관계

중국 국내의 역사학 연구 추세와 비교해 보았을 때, 특히 미국의 중국학연구는 세계체제와 역사적 관련성이 있다는 것을 알 수 있다. 미국의 중국학연구는 전통한학傳統漢學의 울타리에서 벗어나 새로운 시각을 통하여 연구를 진행하고자 하는 반反전통한학의 태도를 보이기 때문이다.[25] 전통한학에서 나타난 중국의 모습은 멘도사J. G. Mendoza가 쓴 『중화대제국사中華大帝國史』13)와 이탈리아 예수회의 선교사인 마테오 리치Matteo Ricci가 16세기 중국에서의 선교활동을 기록한 보고서인 『중국에서의 기독교 포교De Christiana Expeditione apud Sinas』 등과 같이 주로 선교사들의 각종 보고서, 저술, 서신에 기록된 묘사를 통해 인식되는데,[26] 이러한 저작물은 대부분 상상을 토대로 중국의 역사를 구현한 것이라고 말할 수 있다.[27] 이를 토대로 진행된 중국사연구는 서유럽 계몽운동의 여론에도 영향을 미치게 되는데, 프랑스의 계몽사상가인 볼테르Voltaire는 『여러 민족의 풍속에 관한 시론Essais sur les mœurs』에서 수많은 철학자가 중국에서 새로운 도덕관과 물질세계를 발견하였고, 이를 통해 서양의 종교 세력에 대항하였다고 주장하였다.[28] 하지만 팔레스타인 출신의 문학평론가인 에드워드 사이드 Edwrad Said는 중국의 역사는 외부세계의 상상력을 통해 왜곡되었으며, 이러한 상상력은 단지 동양세계에 대한 몽환적인 색채만을 가지고 있을 뿐이라고 논하였다.[29]

19세기 이후, 자본주의의 확장에 따라 서구식 근대화라는 보편적 논리가 점차 중국을 연구하는 학계에 지배적인 영향을 미치게 되었다. 대표적으로 헤겔G. W. F. Hegel이 주장한 '비非서구사회는 본연의 역사가 존재하지 않는다[30]'라는 논단을 기점으로 서양의 중국학계는 다

---

13) Juan González de Mendoza, 『Historia de las Cosas mas notables, ritos y Costumbres del gran Reyno de la China』. 1585(Spain).

시금 중국을 폐쇄적이고 쇠퇴 된 국가로 묘사하기 시작하였다. 그러한 흐름에 대하여 스펜스Jonathan D. Spence는 이러한 중국의 특성은 서양의 현실적 상황과 깊은 관련이 있다고 지적하기도 하였다.[31] 제2차 세계대전 이후 시작된 미국의 중국 연구Chinese Studies는 고전한학연구the Classical Sinology의 분석 방향과 큰 차이를 보인다. 중국에 관한 연구는 미국의 세계화 전략인 지역연구the Regional Studies의 한 부분으로 변모되었으며, 명확한 정치적 혹은 이념적 색채를 지니고 있다. 이러한 특징은 페어뱅크의 연구를 통해서도 알 수 있는데, 그는 『중국 연안의 무역과 외교Trade and Diplomacy on the China Coast』에서 고대 중국의 조공제도朝貢制度와 유가 사상의 근원적 관계에 기초를 두고, 아편전쟁 이후 12년간 이루어진 통상무역협정의 제도적 변천 과정 및 상하이上海 지역에서 재외국적 세무서의 건립을 통하여 조공제도가 근대 시기의 국제사회에서 사라질 운명이었다는 결론을 도출하였다. 더불어 또 다른 저서인 『미국과 중국the United States and China』에서는 집권전통集權傳統과 사회혁명社會革命이라는 대립개념의 관계를 분석하여, 서양세계의 힘이 정체되어있는 중국의 전통을 개선해 나가는 과정에 결정적인 역할을 했다고 밝히기도 하였다. 집권전통은 유교 사상에 편승하여 정부와 법률, 종교, 심지어 인도주의人道主義의 전통에까지 스며들어 중국의 근대화 흐름을 방해하는 요소로 작용하였으며, 이를 원인으로 중국이 근대화에 적응하지 못하였고 결과적으로 사회적 혁명이 야기되었다는 것이다. 즉, 사회혁명은 모두 서양사상의 영향을 받아 형성된 것이며 어떠한 혁명도 중국의 독립적인 사회현상이 아닌, 서양세계 사회발전과정의 연장 선상에서 구성된 부분이며, 태평천국운동太平天國運動, 변법자강운동變法自彊運動, 신해혁명辛亥革命, 신문화운동新文化運動 등의 모든 사건은 전통적 사회구조와 서양사상의 충돌이라는 것을 의미한다고 논하였다.[32] 후대의 학자들은 페어뱅크의 충격 - 반응론Impact-Response Model[14])이 중국의 전통적인 정체성과 사회의 수동적 특성이라는 부정적인 부분을 강조하고 있고 이를 통해 서양세계의 역동성과 발전성이라는 특징을 부각하고자 하는 편향적인 관점의 이론이라고 비판하였다. 이는 중국 사회를 근대화라는 압력에 굴복한 대상으로 치부할 뿐, 중국이 역사적으로 자생적인 변화와 창의력을 가지고 있지 않았다는 것을 의미하기 때문이다. 1950년대 초, 페어뱅크는 매카시즘McCarthyism으로 중국의 이미지를 상실시켰다는 손가락질을 받기도 했지만, 그의 관점은 여전히 미국의 중국학계에서 중국사를 관찰하는 주요한 요소로써 활용되고 있다.

1960년 초, 미국의 중국학계에서는 이렇듯 제도적 발상의 틀을 벗어나고자 하는 움직임이 지속해서 나타나기 시작하였다. 코헨Paul A. Cohen과 같은 당시의 평론가들은 페어뱅크의 분석은 연안 지역의 무역과 관련된 사항에 지나치게 편중되어 있으므로 중국의 내륙지역의 상황을 관찰 범위에 두지 않았고, 중국 내부의 변화를 모두 서양세계와의 충돌이라는 원인으로만 귀결시켜, 중국인 개개인이 이해하고 있는 역사적 진실의 존재 가능성을 무시했다는 점을 비판하였다. 이를 통해, 전통적인 지역사연구가 아닌, 중국을 중심으로 하는 새로운 지역사연구가 주목받기 시작하였고 중국사의 전통 및 발전에 대한 독립적인 인식을 형성하게 되었다. 코헨은 이러한 변화를 내부적 취향과 감정이입이라고 요약하였고 방법론의 시각에서 이러한 변화는 분명히

---

14) 송나라 시기부터 중국의 경제, 사회적 발전이 정체되기 시작하였고, 이러한 사회에 아편전쟁의 충격이 가해지자 이것에 대한 반응으로 중국 사회가 변화되었다는 이론. 이러한 변화는 긍정적 변화와 부정적 변화를 모두 일으킬 수 있음을 주장한다.

인류학의 민족지民族誌15)의 방식에서 영향을 받았다고 하였다. 즉, 역사연구를 강조하는 동시에 연구 대상의 범위 또한 새롭게 설정하여, 복잡한 계층사회라는 큰 그림에 대한 세심한 복원을 통하여 하위계층의 역사에 대한 이해를 심화시킨 것이다. 과거 미국의 중국학 관련 초기 저작물에 존재한 수많은 오류로 인하여 아편전쟁, 중외中外 무역, 포교사업, 일본의 침략과 관련한 중국 근현대사 연구는 아전인수식 발상과 그에 따른 전개에 치중되어 있었다. 청나라 말기에 발생한 많은 개혁에 관련된 언급은 모두 서양세계로부터 시작된 국제적 압력과는 관계없이 내부적 사건으로 다루어지기도 하였다. 예를 들어, 당시의 정치에 대한 논의 혹은 논평을 진행하는 '청의淸議'는 유학자들의 내부논쟁으로 간략하게 기록되어 중국사 내부의 자체적 발전 논리이자 근대화의 표현으로 서술되었다. 코헨은 역사적 사실에 대해 문제를 제기할 시, 시대적 흐름을 주시하는 주관적인 관점에서 이루어져야만 그 의미가 있다고 강조하였다. 또한, 역사발전에 대하여 일방적으로 결집하는 흐름과 반대되는 태도에서 역사 구분의 특징을 해석해야 하므로, 역사발전의 법칙과 공통성을 부인하는 것은 유럽 중심의 이론에서 파생된 산물일 뿐이라고 여겼다.[33] 그의 견해는 1950년부터 1960년대에 이르는 식민지들의 독립 시기에 대한 원인을 서양식 정치체제의 역사적 배경에서 찾고 있으며, 다원화된 문화의 공존이라는 요소를 비서구권 문화의 역사해석에 대한 진정한 의미가 있는 전제조건으로 삼고 있다.

---

15) 현지조사를 토대로 하여 여러 민족의 사회조직 혹은 생활양식 전반에 관한 내용을 체계적으로 기술한 자료. 기술적민족학記述的民族學이라고도 한다. 문화인류학의 한 분야.

미국에서의 중국학 관련 지식을 생산하는 과정에는 그들의 학술적 시스템이 강력한 지배력을 가지고 있는데, 로버트 막스Robert Marks는 1975년에 발행된 학술지인 『모던 차이나Modern China』에서 「The State of the China Field」를 게재하여 미국의 중국학연구에서 발생하는 문제에 대한 흥미로운 분석을 진행하였다. 그는 미국의 중국학에 대해서 '40년 동안 중국사에 대해 어떠한 해석의 틀을 구축하였는가?'가 아닌 '학술적 시스템이 어떻게 지식의 패러다임Paradigm과 영향력을 제한안 Kuhn이 제시했던 게 되었는가?'를 고찰한 것이었다. 그는 토마스 쿤 Thomas Sammual 새로운 의미의 '패러다임'을 통해, 지식은 단순히 축적하는 것에 의미가 있는 것이 아니며 과학적인 방법으로 탐구하는 것에 중점을 두어야 한다고 지적하였다. 더불어, 패러다임의 개념을 받아들이는 학자들은 지식과 재력에 기댈 수 있지만, 받아들이지 않는 학자들은 사회에서 제외될 것이며, 사상의 힘은 제도적 힘과 깊은 관계를 맺고 있다고 논하였다. 이어서, 중국학연구에 관련된 논쟁도 단순한 지식 권력이나 사상의 연관성에 대한 문제가 아닌, 무한한 사고 思考의 영역을 학술적 시스템의 기능과 어떻게 연결하느냐의 관한 문제인 것이며, '충격 - 반응론'에 대한 코헨의 해석과 그를 뒷받침하는 근대화이론은 세계대전 이후 사회과학에 대한 필요성을 느꼈던 미국이 아시아 지역에 대한 정치적, 군사적, 경제적 영향력을 행사하기 위하여 이데올로기적 상황을 구축해 나간 것과 관련이 있다고 지적하였다. 쿤은 패러다임이란 사상체계와 관계가 있을 뿐만 아니라 학술적 시스템과도 관련이 있다고 주장하였다.

'패러다임'의 의미를 이해하기 위해서는 사상적 이념의 구성을 중시해야 할 뿐만 아니라 집단의 구조와 사상의 관계도 중시해야 하며, 이는 곧 학술적 시스템의 기능이 하나의 '패러다임'으로써 채택될 수 있는지를 결정하게 되는 것이다. 자연과학과 달리, 사회과학적인 측면에서 '패러다임'의 변화는 이론적으로 해석할 수 없는 '이상異常'을 탐구하는 과정에서 발생한 것이 아니라, 그 세계의 위기라는 상황을 통해 비롯된 것이다. 사회과학이론은 일반적으로 위기가 도래한 시대를 통해 발생하며, 자연 과학적 '패러다임'의 실행에 대한 책임은 과학자 혹은 그 집단이 감당할 수 있지만, 사회과학의 이론가들은 국가가 그의 보호자가 되거나, 그들이 속한 교육기관, 잡지, 전문가 협회, 교육재단 등의 학술적 제도를 통해 책임이 분화된다. '패러다임'에 대한 문제는 단지 지식권력층만의 문제가 아닌, 실질적으로 행사되는 실제 권력의 문제이다.

필자는 인클로저enclosure16)라는 용어로써 미국의 중국학연구에 대한 견해를 표현하고자 한다. 미국에서 이루어지는 중국학에 관한 연구는 이미 국제관계와 관련된 이론들의 총체적인 틀 아래서 한 부류로 자리 잡게 되었으며, 이후 국제정세에 대한 자신들의 역할을 해석하는 밑거름이 되었다. 여기에는 기본적으로 세 가지 요인이 존재한다. 첫째, 제2차 세계대전으로 말미암아 미국이 중국 역사를 바라보는 시선에 대한 인클로저의 이론적 기초를 다질 수 있었다는 점이다. 둘째, 1940년대 포드Ford 재단의 조직개편을 통하여 학술적 인클로저에 대한 재정적 지원이 가능했다는 점이다. 셋째, 1950년부터 1960년에 이르는 기간을

---

16) 5세기 중엽 이후, 주로 영국에서 지주계급에 의하여, 개활지, 공동토지, 황무지 등을 돌담, 나무, 울타리, 벽, 그 밖의 경계 표시로 둘러싸고 사유지로 삼았던 것을 말한다. 15세기 중엽 이후, 인구증가에 따른 식량 수요의 증가, 가격혁명에 따른 실질적 지대수입의 감소, 특히 모직물제조의 융성에 의한 양모 가격의 등귀騰貴 등의 이유로 인하여, 지주계급은 종래의 농민보유지, 공동토지, 황무지나 구교회령을 비합법적 혹은 폭력적으로 울타리를 치고 사유화했던 사건.

거쳐 고등교육기관의 확장을 통해 설비와 인원을 배치할 수 있는 연구기지가 설립되었다는 점이다. 이렇게 국가와 재단 그리고 고등교육기관의 상호 작용을 사회적 시각으로 보면, 일종의 격리된 혹은 폐쇄적인 학술적 사업이라고 볼 수 있다. 예를 들어, AAS(Association for Asian Studies)[17]는 포드 재단의 경제적인 지원으로 학술적 인클로저의 효과를 발휘할 수 있는 수단으로 자리매김 되었으며, 이를 통하여 그들의 목표와 연구를 방해하는 세력들의 편향적인 행위를 억제하겠다는 것에 목적을 두고 있다.

사회과학의 패러다임은 제도를 통한 권력의 쟁취뿐만이 아닌, 사회적 사상을 주도한다는 의미에도 부합한다. 1960년대 스키너G. W. Skinner를 대표로 하여 중국의 지역시장에서 나타나는 특징에 관한 연구가 진행되었는데, 로버트 막스도 이에 동참하고 집단이 제도를 통하여 보편적인 과학적 모델이 되어가는 방법을 연구하였다. 미국 사회과학계는 패러다임의 작용에 대하여 시장의 사회이론을 행위와 사상의 총체적인 전제조건으로 삼았던 것이 지극히 타당하다고 평가하였다. 이러한 가설은 중국의 사회사 이론에 대한 이견을 억제하는 기능을 하고 있었으며, 미국의 일부 재단이 국가와 군사적 필요성이라는 기초 위에서 학술연구를 독점하게 되었다. 또한, 학술프로젝트의 목표 및 지도자와 학습자의 관계에서 일부 구성원계층이 연구비를 독점하고 있는 상태였으며, 이를 원인으로 지배적인 권력의 범위 내의 연구만이 그들의 동의를 얻을 수 있게 되었다.

결론적으로 패러다임의 사상적 힘만으로는 중국학이라는 연구 분야를 전반적으로 지배할 수 없다. 시장경제에 비유해서 말하자면, 학술

---

17) 미국의 아시아 연구 학회.

적 범위의 시장으로 전달되고 소비되어야 하지만, 절대적인 의미에서의 자율적인 학술시장이란 존재하지 않는 것이므로 단순한 이념적 통제만이 존재로만 유지될 뿐이다. 이 같은 로버트 막스의 시도는 당시의 제도상에서 지배적이었던 주류학계가 주장하는 패러다임에 대하여 위협을 가하기는 어려웠다고 본다.

1950년부터 1980년대까지의 중국사학계는 근대 사회의 문제점에 대하여 집중적으로 연구를 진행하였는데, 그 중 특히 '3대 고조, 8대 운동[18]'이라는 혁명사의 틀을 제시하여 서양 제국주의의 충격이 중국 역사의 진행 과정에 미쳤던 영향에 대해 강조하기 시작하였다. 물론, 그와 별개로 중국 내부에서 일어난 계급적 모순 관계의 고조 및 격화에 따른 사회적 변화도 역사적으로 중요한 요소로 자리 잡고 있었다. 하지만 이는 전자에 의하여 끊임없이 자극을 받아 발생한 것이기도 하다. 이에 대하여 필자는 1980년대 이전의 중국 근대사에 관한 해석의 틀과 페어뱅크의 충격 - 반응론에는 각각 양면성이 존재한다고 생각한다. 두 이론은 모두 서양의 힘이 중국 본토에 미치는 사회적 충격에서 나타나는 특성을 강조하였다는 것이며, 차이점은 단지 기본적인 출발선이 다르다는 것이다. 페어뱅크가 중국의 내부적인 사회변화에서 나타난 주도적 역할의 근거로 삼았던 서양이라는 촉매제는 미국의 전략적 사상에 근거하여 강조했을 뿐, 중국 내부의 변화와는 관계가 없다. 반대로, 중국의 학자들은 외부적인 사회적 충격으로 인하여 전통적인 사회구조가 와해 되었다는 점과 함께 경제적 이익분배의 불균

---

18) 三大高潮, 八大運動. 3대 고조란 태평천국운동, 백일개혁 및 의화단운동, 신해
혁명을 의미하며, 이를 확장한 8대 운동은 아편전쟁, 태평천국운동, 양무운동,
청불전쟁, 중일전쟁, 백일개혁, 의화단운동, 신해혁명을 의미한다.

형으로 발생한 계층 간의 갈등이라는 두 가지의 이중적인 원인을 강조하였다. 이는 페어뱅크의 해석보다 복잡하지만, 지극히 합리적인 분석이라고 생각한다. 그러나 혁명사는 여전히 서양과 관련된 중대한 사안을 기틀로 하고 있으며, 역사적 상황의 원인과 배경이 대부분 서양세계와 관련된 사건들을 중심으로 전개되고 있으므로 충격 - 반응론의 전반적인 흐름과 비슷한 점이 많다. 다만, 페어뱅크는 서양세계로부터 가해진 충격으로 중국 사회에서 근대화 물결이 일어났다는 점을 강조하는 반면, 혁명사의 틀에서는 제국주의가 중국의 전통구조에 미쳤던 파괴성을 강조하는 차이점이 있다. 단, 결론적으로 이 두 가지 견해는 중국의 전통이라는 특성을 정면으로 고찰한 것이라기보다, 기본적으로 그것을 부정적인 요소로 간주하여 비판했다는 공통점이 있다.

1980년 이후, 중국의 개혁개방이 심화 됨에 따라 혁명사의 틀을 둘러싼 정치적 차원의 해석은 점차 근대화에 관한 역사적 묘사와 정의로 전환되었고, 부정적으로 평가되었던 역사가 긍정적인 해석으로 변화되거나 그 반대가 되기도 하였다. 이는 근대화를 이루었던 국가정책의 조정으로 인하여 외부적인 침략으로 분류되었던 일부 역사적 내용이 다시금 긍정적인 평가를 받게 되었다는 것을 의미한다. 대표적인 예로 양무운동洋務運動[19])을 폭동의 측면에 치중했던 내용에서 근대화의 선구적인 운동이라는 긍정적 내용으로 전환하였던 것을 들 수 있다. 하지만 반대로 의화단운동義和團運動[20])에 대한 평가는 근대화 운동의 평가 기준이 달라짐에 따라, 반제운동反帝運動이라는 긍정적 의

---

19) 청나라 말기인 19세기 후반, 서양의 문물을 수용해 부국강병을 이루고자 했던 근대화 운동.
20) 1900년 중국 화베이華北 지역 일대에서 일어난 배외적排外的 농민투쟁.

미에서 봉건우매운동封建愚昧運動이라는 비판적인 의미로 전환되기도 하였다. 근대화 운동의 진보적인 기능을 강조하는 일련의 흐름 속에서 점차 기존의 혁명사는 역사발전에 대한 정치사적인 해석이 약화 되었고 역사적 단계를 정의하는 데 필요한 기준을 모호하게 만들었다는 점을 알 수 있다. 중국의 역사연구는 사회사와 문화사 측면의 연구 추세에 관련된 변화에 초점을 맞추게 되었으며, 뒤이어 실질적인 역사와 근대화 과정 간에 발생한 논리의 타당성 관계라는 논증에 대하여 집중하기 시작하였다. 1980년대 중반, 일반적인 일상생활의 세부적인 부분을 무시했던 사건사事件史와 정치사 중심의 서술방식에 대한 반증으로 문화열文化熱[21]의 사조가 발생하였고 이를 통하여 문화사와 사회사연구가 활력을 찾기 시작하였다. 이러한 흐름은 다소 지역사地域史에 편중된 성향을 보였지만, 중국 중심론Sinocentrism에 대한 미국의 중국학연구와는 다른 방향을 가지고 있다는 것을 알 수 있다. 지역사의 관점으로 이루어진 미국의 중국학연구는 외세의 충격을 출발점으로 하여, 전통과 사회적 요인의 제약에서 발생하는 독특한 의미와 역동적인 측면을 중점적으로 관찰하고 있으며, 특히 전통적 관념이 중국사회의 발전에 미치는 자체적인 영향에 대한 논리를 강조하고 있다. 반면, 당시 중국 국내의 사회사와 문화사연구는 여전히 주로 정치사와 사건사 해석의 연장일 뿐이며, 도리어 좀 더 심화 된 경향을 띠고 있었다.

앞서 논한 바와 같이 1980년대에 이루어진 문화에 관한 전반적인

---

21) 1980년대, 중국의 지식계층 전반에서 일어난 현상으로 서구의 사상과 문화, 선진기술 등의 유입에 따른 중국 사회의 변화와 혼란에 대하여 어떻게 해석하고 대응할 것인가를 연구하고 논의하고자 하였던 사조를 말한다.

성찰은 개혁개방 정책으로 나타난 직접적인 결과이며, 그중 문화사에 관한 서술은 100여 년 동안 중국 내부에서 일어난 변혁과 국제사회의 관계에 대한 기본적인 사고로 응축되어왔다. 사실 이러한 현상은 20세기 초에 양계초가 제시했던 것과 같은 맥락이라고 볼 수 있다. 한편, 지식인계층에서 일어난 근대화의 과정을 보면, 기물器物에서 시작하여 제도를 통해 문화에 이르는 변천 과정을 거치면서, 모호한 태도를 유지하고 있는 것처럼 보인다.[34] 그래서 이러한 과정에 대한 평가는 늘 근대화 과정의 단계적 수준을 기준으로 하여 이루어졌고, 근대화와 관련된 각종 이론적 틀을 반성하는 비판이 아닌, 전통적 측면에 대한 부정적인 평가로 귀결되었다. 이는 당시의 문화사와 사회사연구가 여전히 서구식 근대화라는 보편적인 진전을 목표로 하는 지역적인 관점에서 이루어졌다는 것을 의미하며, 실질적인 해석과 그에 따른 대응능력의 효율적인 모델을 형성하지 못하였음을 드러내는 것이다. 사실, 이러한 문제의 원인은 중국 내의 역사학계가 근대화의 문제에 있어서 존재하는 복잡성에 대한 인식 및 이론적인 준비가 부족했던 것이며, 전통적 사회구조를 재정립할 때 근대화의 과정이 필연적인 절차였다는 점에 대해서만 간략하게 이해하고 있었음을 나타내는 것이다. 이 때문에 전통적 구조가 지속해서 축적되어가는 과정에서 자체적인 에너지가 발휘될 수 있었는가에 대한 의문이 제기되기 시작하였다.

사실 학자들은 일찍이 근대화와 근대성을 다른 개념으로 인식하고 있었는데, 근대화란 주로 서양세계를 중심으로 한 선진문화의 발전양식과 산업적 분업의 실천과정을 가리키며, 제도의 정립을 주된 기능으로 명시하고 있지만, 근대성은 시간적 개념의 진화 혹은 발전의 의미로 인식한 것이었다.[35] 그래서 근대화는 기본국책의 논증과 현대적인 개념에 대한 반성 및 비판이라는 두 가지 측면에서 서로 다른 차원의 문제로 논의될 수 없으며, 서로 혼동되어 사용될 수 없고 상호 대체될 수 없는 개념으로 여겨졌다. 과거 중국 국내에서 진행되었던 역사연구는 정치사가 주를 이루고 있었으며, 대체로 제국주의 침략에 반발하는 순수한 성질의 정치적 입장에서 근대라는 개념을 부정적 의미로 이해하고 있었고 지금의 근대화 과정에 필요한 기초개념으로써 인정되어 왔다. 이는 당시 중국의 상황에 대한 합리적인 해석에 있어서 적절하지 않다고 생각한다. 기든스는 근대성이란 양날의 검과 같으므로, 반드시 생활사와 그 제도에 대한 이중적인 분석법을 만들어야 한다고 주장하였다.[36] 필자도 마찬가지로 중국의 역사학계에서 역사 현상에 대한 합리적인 해석을 도출해 낼 수 있는 이중적인 분석법을 모색해야 한다고 생각한다.

4. 중국사학의 전통적인 연원: "정통관"과 현대의식 패러독스와의 관계

중국 현대 역사학의 탄생과 정립은 세계체제의 확장 및 사회운동의 발전과 밀접한 연관성을 가지고 있다. 또한, 관념사觀念史[22]의 측면에서도 전통 역사학에 내포된 정통론正統論[23]의 강한 영향을 받았다는 점을 알 수 있다. 사실, 근대사학도 마찬가지로 과거의 전통적인 역사학 이론에 대한 비판과 연구를 통하여 새롭게 구축된 역사학의 한 갈

---

22) 관념의 시대적 표현, 보존 및 변화를 다루는 역사연구.
23) 이전 국가의 멸망과 새로운 국가의 창건을 통하여 왕조의 전환, 정권의 교체, 한 국가 내부의 혈연적 혹은 세력 분열이 있는 경우 기존의 국가가 가졌던 정당성을 어느 국가가 계승하고 담보하고 있는지에 대한 역사적, 정치적, 철학적 담론을 진행하는 총체적 이론.

래이다. 하지만 역사적 사실을 서술하는 과정에서 전통적 사고방식을 버리기 어려웠으며, 그에 따라 표면적으로는 근대화서술법으로 묘사를 진행하고 있으나 내부의 핵심요소들은 여전히 전통적인 서술방법으로 표현되고 있는 모순적인 상황을 연출하고 있다. 필자는 과거 정통론의 변천 과정에 대한 고증이 아닌, 방법론의 측면에서 분석을 진행하여 현재 중국 역사학이 직면한 문제를 돌이켜보고자 한다.

관념사의 변화라는 측면에서 보면, 먼저 정통론의 한 갈래인 치통治統이 우선시 되었다는 것을 알 수 있다.[37] 이후 송宋나라 시기까지는 도통道統과 정통正統이 서로 조화를 이루어왔는데, 이 치통에 대하여 『춘추春秋』에는 다음과 같이 기록되어 있다.

> 통기지학統紀之學: 과거부터 현재까지의 내력에 대하여 학습하고,
> 삼통개제三統改制: 하夏, 은殷, 주周 3대의 역사를 이어받아 개혁한다.[38]

이는 한 역사의 흥망성쇠는 거왕擧王, 즉 왕위계승의 정통성에 달려 있다는 의미로써, 정치적인 목적이 상당히 명확한 관념이었다는 것을 알 수 있다. 이러한 정통관념正統觀念은 제왕의 하명下命에 있어서 합리적이고 상세한 논증이라는 주요한 기능을 하며, 한漢나라 시기에 발전을 거듭하고 그 의미를 신장하여 대표적인 역사적 관념으로 자리를 잡게 되었다. 더불어 『위서緯書』24)를 편찬할 때도 그 영향력이 미치게 되는데, '현재의 제왕들은 모두 선대 제왕들의 명을 계승하고 있다'라는 부분은 역사철학적 관점이 가미된 대표적인 예라고 할 수 있다. 그

---

24) 경전의 해석을 통해 기록된 예언서, 위緯는 횡사橫絲로써 종사綜絲를 의미하는 경經에 해설을 부연한 것이다.

중, 전국시대戰國時代 시기 추연騶衍이 주장했던 오덕종시설五德終始
設[25])은 앞서 등장한 삼통개제와의 관계를 공간적으로 통합하는 것에
그치지 않고 덕을 숭상하여 높이 여긴다는 상덕尙德의 이론을 중첩하
여 중국의 역사적 전통 관념을 뒷받침하였다. 이는『춘추』의 내용 중,
덕으로 하늘에 제사를 지낸다는 의미의 전통 관념인 이덕배천以德配
天을 따르고 있다. 중국학 학계의 대가인 라오충이饒宗頤는『대대예기
大戴禮記,〈성덕成德편〉』을 빌어 오덕五德의 순환과 제왕의 즉위 및 승
계에 관한 천법天法과 덕법德法을 분석하였고, 그 도덕적 우월성에 대
하여 아래와 같이 논하였다.

> 덕법德法은 천법天法에 따라 실행하는 것이며, 상덕尙德은 법가法家
> 의 권위를 훼손하는 반대개념이다. 이에 정통한 도교의 도덕관이 정통관
> 념으로써 그 위치를 확립하게 되었다. 제왕적 지위와 시국의 변화는 도
> 덕적 판단의 잣대에 따라야 하며, *덕합천지德合天地는 치통을 보조하는
> 역할이라는 의미로 해석되며 역사관 구조의 가장 근본적인 원칙으로 정
> 립되었다.   * 덕으로 우주를 통일한다.

과거의 정통론은 단지 왕위계승에 관한 상황을 논증하는 것으로 여
겨졌지만, 학자들은 그 기능이 상당히 제한적이고 한계가 있다는 점을
명확하게 인식하고 있었다. 당唐나라 시기 이후의 정통론은 상당히 깊
은 범위에서 향후의 역사관 형성에 영향을 미쳐왔는데, 그 영향은 구
체적으로 두 가지로 나눠 볼 수 있다.

---

25) 천지의 개벽 이래, 왕조는 오행五行의 덕에 의해 흥폐興廢하거나 경질更迭되
며, 그 경질에는 일정한 순서가 있어, 정치가 잘 행해질 때는 서상瑞祥이 나타
난다는 설. 오덕五德은 물은 불과 상극이고, 불은 금金과 상극이라는 것과 같
은 토목금화수土木金火水의 오행상극五行相剋의 순서로 전이轉移된다는 이론.

첫째, 『사기史記』의 「진시황 본기秦始皇本紀」와 「이사 열전李斯列傳」을 보면 일통一統이라는 관념이 기록되어 있다.[39] 일통은 제왕수명帝王受命의 제도를 지원하고 지탱하는 정통의 기본적 역할과 공간적 측면의 이론을 한층 강조한 관념이다. 이는 일종의 예지, 예측과 관련된 관념이라고도 할 수 있으며, 그 절차는 당시의 정치제도와 깊은 관계가 있다. 당나라 이후의 정통론은 제왕의 존엄성을 후대로 이어나가야 한다는 형식적인 대명제보다, 우수한 이치로 민중을 다스리며 혼란을 제어하는 실용적인 관념으로 발전하였다.

둘째, 한나라 시기 이후, 남벌南伐을 통한 영토의 확장과 더불어 이하지변夷夏之變[26]이라는 변화와 관련하여 그 영향을 미쳤다. 이 때문에 왕조마다 황궁이 지어진 수도의 위치가 영토 면적의 균형에 맞지 않게 치우쳐져 있었던 것이며, 지속적인 천도遷都가 이루어진 것이다. 이 점에 대해서 학자들은 정통론이 이민족을 배척하고 제압하여야 한다는 이하론夷夏論에 갇혀 있다고 주장하고 있으며, 이를 바탕으로 계속해서 논쟁이 이루어지고 있다.[40] 또한, 오덕종시설에 부합하는 정통론의 하나인 정윤론正閏論에서도 남북조시기 위진魏晉의 역사를 중국사의 정통성과 관계가 없는 국가로 명시하고 중국사에서 떼어놓기도 하였다. 하지만 이 정윤론은 송나라 시기에 크게 중시되지 않았는데, 그 원인에 대하여 라오충이는 아래와 같이 말했다.

황보식皇甫湜과 구양수歐陽脩 등의 사람에 의해 송나라 시기의 정통론은 공양학公羊學[27] 중심의 *대일통大一統관념으로 전환되었으며, 이

---

26) 한족漢族인 중국인과 변방의 지역민인 이민족吏民族을 구분하고자 하는 사상. 유가儒家의 정통사상.

27) 구경九經 중, 춘추공양전春秋公羊傳을 연구했던 학문.

는 시간적 개념을 공간적 개념으로 완성한 것이라고 볼 수 있다. 그러므로 위진을 중국사에서 떼어놓자고 주장하는 정윤론은 송나라 사람들에게 중시되지 않았다. 여기서 중요한 점은 이 시기가 예측과 예언이 중심이었던 정통론이 실질적인 정치적 기능으로 변환되는 시점이었다는 것이다.   * '하나의 중국'이라는 관념

당나라 시기의 문학가인 진홍陳鴻은 '정통이란, 지속적인 풍자와 비유를 통해 권력의 정통성을 명시시키는 것'이라고 하여, 정통론이 가진 정치적 특징을 명확하게 설명하였다. 또한, 북송北宋의 학자였던 사마광司馬光은 『자치통감資治通鑑, 〈논정윤論正閏〉』에서 정윤론에 대하여 고대와 현재를 구분할 수 있는 분별력이 없으므로, 사람들에게 무시당했던 이론이라고 기술하였으며, 예언이라는 기능에 그쳤던 이전과 달리 정치적 기능으로 정통을 활용해야 한다고 주장하였다.

> 신하 된 도리로서 지금 국가의 흥망성쇠에 대해 아뢰고자 합니다. 백성의 슬픔을 다스리고, 선악을 가려내어 타이르고 훈계하는 것이야말로 *권계勸誡를 위한 길일 것입니다.   *선을 행하고 악을 벌함
> ― 사마광, 『자치통감資治通鑑』, 〈69권〉

이처럼 사마광은 낡은 『춘추』의 서술법28)에서 벗어나기를 주장하였는데, 이는 정통론을 정치적 기능으로 변화시키기 위함이었으며, 이를 통하여 당시의 난세를 평정하고자 하였다.[41] 사실 진홍과 사마광의 주장을 결합한 형태의 정통론은 송나라 후기에 빛을 발하였는데, 송나라 말기의 화가이자 학자로 활약했던 정사초鄭思肖는 그 두 사람의 생

---

28) 객관적인 사실에만 입각하여 기록하는 것을 의미한다. 일명 '춘추직필春秋直筆'이라고도 한다.

각에 동의하며 아래와 같이 말하였다.

> 춘추 이후, 그 역사를 기록해 온 붓은 사람이 마땅히 지켜야 할 큰
> 도리를 알지 못하여, 단지 기록을 위한 도구로만 사용되었다. 기록이 정
> 확하지 않으면 옳은 사람이 옳지 않은 사람으로 탈바꿈될 것이며, 후대
> 의 사람들은 그 사람에 대한 정확한 인식이 불가능해질 것이다.[42]

그의 주장도 마찬가지로 유가 사상에 내포된 도덕적 문화와 결합하
여 이치理致에 맞는 서술방식으로 전환을 이루어야 한다는 것이다. 이
시점에서 정통, 즉 자치資治라는 정치적 기능이 도덕적 기준과 결합
됨에 따라 고대 중국에서 현재에 이르는 모든 역사적 견해는 도덕적
판단을 토대로 하는 시대에 들어서게 되었음을 의미한다. 이는 중국사
에 있어서 지극히 혁명적인 변화였다.

앞서 설명한 정통론의 이력에 따르면, 중국의 전통적 관념에 내포된
의미를 두 가지로 요약할 수 있다. 첫째, 오덕종시설의 순환과 도덕적
철학을 바탕으로 '정통'에 관련된 서술방식에 대하여 논쟁이 이루어졌
다는 점이다. 이로 인하여 고대의 '정통론'에 대한 서술방식에 있어 예
외적인 해석도 포함하게 되었다. 둘째, 정통론의 도통과 치통에 내포
된 도리와 정치라는 요소로 방법론적인 쟁점을 해결하는 것이다. 이후
근대 중국 사회에서 점진적으로 이루어졌던 민족 국가의 건립은 정통
론의 변천과 깊은 관련을 맺고 있다.

신해혁명은 정통론을 구축하고 있는 오덕종시설의 순환론에 입각한
정치형태를 무너뜨렸고 정통을 상세히 해석한 외부기록은 제도를 통
하여 말소시켰다. 양계초의 사학혁명론史學革命論은 이러한 측면을 토
대로 검증이 이루어졌고 학계의 인정을 받았다. 결과적으로 민족 국가
의 구축을 통하여 정치적, 지리적 범위의 일통관一統觀과 이하지변의

관념을 근대적 이념으로 전환했고 서양이론의 영향을 통하여 전통적인 역사연구법에 대한 개념도 수정되기에 이른다. 그러나 방법론적인 관점에서 볼 때, 정통론은 지금도 중국 역사학자들의 의식에 존재한다고 볼 수 있다. 사실 정통론은 『춘추』와 같은 서사 방식에서 벗어나 새로운 서술방식으로 역사를 써내려 올 수 있었던 이론이었으며, 본질주의本質主義 정체론整體論의 원리에 따른 역사기원의 맹신처럼 남아 있는 것이다.

역사를 계속해서 계승하는 것과 도의道義를 전승시키는 것은 중국 역사학계에 존재하는 전통적인 상호 작용으로써, 현재 대부분 역사학자가 이를 등한시하고 있는 듯 보이지만, 사실 특정 역사에 관한 연구를 진행할 때는 무의식적으로 이러한 전통적 관념을 따르고 있다. 즉, 과거의 역사학자들은 연구를 진행하고 역사를 기록할 때, 이러한 철학적 관념을 사고의 중심점으로 하고 있었다. 자오충이는 송나라 시기의 문인들을 예로 들어 자신의 견해를 내놓기도 하였다.

송나라 시기 문인들은 그 철학적 관념을 정통론이라고 하였다. 이는 역사적 체계와 도교 사상의 체계를 궁극적으로 통합한 것이다.[43]

그의 견해는 역사라는 개념이 송나라 이후부터 객관적인 기록의 가치를 상실했으며 이치와 도리를 후대로 운반하기 위한 도구로 변화되었다는 것을 의미한다. 이는 전통적 관념과 많은 상관관계가 있으며 관념사觀念史의 의미상에서도 명확하게 나타난다. 역사가 도리라는 개념과 결합 됨에 따라 그 배타적 기능이 강화되었고, 이를 통하여 평가 절하되거나 형식적 기준에 맞지 않는 역사적 상황은 기록에서 배제되어 버렸다. 하지만 이 좁은 문을 통과하여 기록된 역사서들은 양계초에 의해 황제의 교과서로 비판을 받아 결국 모두 그 가치를 잃게 된 것이다. 그는 역사적 연구 대상을 제한하는 전통역사관에 대해 비판하며, 역사학의 변혁을 이루고자 하였기 때문이다.[44] 또한, 자신의 저서인 『중국 역사연구법』에서 사료史料와 정보의 수집 및 식별이라는 두 가지 갈래를 통하여 연구 대상의 영역을 확장하고자 하였다.

도덕적 기준으로 서술된 역사서는 정의定議의 개념에 심각할 정도로 영향을 미치게 된다. 이 세상에는 진정한 정의가 없이 단지 권리를 통한 옳고 그름이 판단될 뿐이며, 최고 권력인 황제와 그의 종친들의 이야기로만 역사가 기록되었기 때문에 상당히 단조로울 수 있다.[45]

전통적 역사지식의 치명적인 한계에 대하여 그 심각성을 느끼고 있었던 양계초는 『자치통감』에 대한 비평도 멈추지 않았다.

이 책의 본질적 의미는 황제가 읽도록 집필된 것이라는 점이다. 그 내용에는 고대 제왕들의 역사적 상황을 분석한 책략과 지혜를 모두 갖추고 있다. 하지만 꼭 필요한 것은 아니며, 필요에 따라 무시할 수도 있다.[46]

반면, 역사의 철학적 관점에 대해서 『춘추』를 예로 들어, 장단점의 판단은 도덕적 비판과 반성의 잣대로 이루어져야 하고, 역사의 탐구에 앞서 대상의 범위를 확대하여 그 판단을 진행하고자 하였다. 하지만 사실 그 또한 낡은 율법으로 역사적 대상의 옳고 그름만을 구분하였을 뿐, 그 대상의 범위를 확장하는 것에는 아무런 일조도 하지 못하였다. 그는 계속해서 역사학자들의 서술법에 대한 비판을 이어나갔는데, 자신이 연구해온 서법書法을 토대로 하여 작성한 이론서인 『논서법論書法』에서 그 비판적 견해를 강하게 피력하였다.

한두 명의 학자들이 진행한 옳고 그름에 대한 평가는 그들 소수의 개인적인 전문성을 위한 득과 실에만 치중되어 그들과 관련된 집단 혹은 그 무리가 책임을 면할 수 있었다. 세상은 혼란스러워지고 인격에 대한 사람들의 인식은 퇴색되었으며, 곳곳에서 역사학자가 아닌 자들이 판을 치기 시작했다. 이로 볼 때, 본인은 민족의 진화가 쇠퇴의 길을 걷게 되었다고 인식하였고, 그 원인은 결코 한두 명의 탓이 아니라고 보았다. 합리적인 비판으로 진일보를 기대했건만, 오히려 거꾸로 후퇴를 거듭하게 될 줄은 몰랐다.[47]

그는 중국의 역사학자들에게 일어난 병폐의 원인이 도덕적 기준 혹은 서술방식에 국한되어 있는 것이 아니라, 대상에 대한 편협하고 편파적인 시각이라는 관점에 있다고 인식하였다. 개인이라는 틀에서 벗어나 집단을 이루어 함께 집중하는 것이 문제를 해결하는 가장 이로운 방법일 것이며, 선과 악을 판단하는 문제는 역사학의 가치와 무관할 뿐만 아니라, 단지 역사의 발전과정에서 채택된 형식과 상관관계를 이루고 있을 뿐이라는 것이다. 즉, 집단을 잘 관리함과 동시에 적절한 인과관계를 통하여 발전이 이루어진다면 역사도 자연스럽게 관리될 수 있다는 의미이다.

중국의 역사학자들은 개인의 득得과 실失에 집중하여 단체의 공功과 과過를 경시하는 오류를 범하였다. 이는 결국 민중을 선도하고 무리를 다스림에 있어서 발전을 이룩하지 못한 원인이 된 것이다.[48]

그렇다면 이렇게 중국 역사학자들에게 비판적이었던 그가 존경했던 역사적 저서에는 무엇이 있는지도 알아보아야 할 것이다.

역사를 기록하는 서사 방식은 영국의 역사가 에드워드 기번Edward Gi

bbon이 집필한 『로마제국의 쇠망사』[29]의 형식을 본받아야 한다. 그의 서술법은 민족 전체의 지성을 평가하고, 발전과 쇠락의 이유를 분석하는 형식을 띠고 있다. 단, 그 분석은 한 가문의 노예라는 작은 단위에서의 감정에 치중하지 아니하여야 하고, 도덕적인 박애를 전도하여서도 안 되며, 민족의 정신이라는 주관적 입장이 개입되어서도 안 된다.[49]

분명 역사는 그 틀이 지속해서 변화되고 진화하지만, 전통적인 도덕적 판단의 수준으로 연구를 진행하는 것도 그에 못지않게 중요하다는 점을 강조하였다.

양계초가 등장한 이후 역사적 진화론이 크게 성행하게 되었고 근대적 의식을 토대로 한 전통역사관의 구축 및 역사가의 서술방식은 역사학계에서 중요한 문제의식으로 자리 잡게 되었다. 현재의 역사학자들은 도덕적 정의를 찾는 것에 대하여, 역사발전의 과정에서 나타나는 보편적인 지표를 설정하고 그에 따른 서술을 진행하는 형식을 따르고 있다. 이는 집단이 개인을 대신하여 대중적인 역사와 근대화이론이라는 자체적인 꼬리표를 달고 극단적인 흑백논리에 치중하여 서술을 진행하는 방법과 같다. 예를 들어, 보수와 진보, 매국과 애국, 전통과 현대 등 고증할 필요가 없는 요소들도 모두 연구의 대상으로 삼을 수

---

29) 『The History of the Decline and Fall of the Roman Empire』, 영국의 역사가 E.기번이 지은 역사서. 1776~1788년에 전 6권으로 간행된 계몽주의 역사학의 대표적 작품이며, 영문학 사상의 명저로도 꼽힌다. 트라야누스(재위 98~117) 황제 시대에서 시작하여 서로마제국의 멸망, 유스티니아누스 1세(재위 527~565)의 동로마제국 건국, 샤를마뉴(재위 768~814)에 의한 신성로마제국 건국, 투르크의 침입에 의한 비잔틴제국의 멸망까지 약 1,300년간의 역사를 기술하였다. 그리스도교의 확립, 게르만 민족의 이동, 이슬람의 침략, 몽골족의 서정西征, 십자군 원정 등 광범위한 지역에 걸친 사건을 다루어 고대와 근세를 잇는 교량적 역할을 시도한 저서이다.

있다는 것을 의미한다.

역사에 대한 양계초의 서술법은 서양의 역사학 서술방식과 비슷하다. 그는 인과관계에 대한 분석과 사회의 발전이라는 측면을 중요시하였고, 이를 통하여 근대 중국의 역사학계에서 '중국 역사학 혁명의 아버지'라는 호칭을 얻게 되었다. 당시 그의 저서들을 자세히 살펴보면 주로 역사본질주의 혹은 문화본질주의를 토대로 한 논거 형식으로 이루어져 있다는 것을 알 수 있다. 본질주의란, 각 개체는 돌발적인 속성 accidental properties과 정수essence라는 본질적이고 핵심적인 특성이 있다는 이론이며, 양계초는 이러한 본질주의를 주장하는 가장 대표적인 본질주의자이다. 돌발적인 속성은 그 개체의 존재 이유에 있어서 선택 사항이라고 할 수 있는 외부적인 속성을 의미한다. 정수란, 그 개체가 외부적으로 표현되는 모습에 대한 근본적인 특성이다. 역사학자와 철학자들은 이러한 개념과 과학적인 방법을 토대로 하여 대상을 분석하였고, 이를 역사와 문화의 영역으로 옮겨 왔다. 이것이 바로 역사본질주의 혹은 문화본질주의라고 불리는 것이다. 역사본질주의의 특징은 과거의 역사상에 존재했던 일종의 법칙을 찾아서 문화적 본질로 정리한다는 사조이다. 문화란, 사물의 특성과 인간의 특성보다 더욱 깊은 의미가 있으며, 역사적으로 시대마다 그 문화의 정신이 내재 되어있다. 이러한 정신을 분석하고 연구하여야만 역사와 문화의 발전에 대해서 합리적인 설명이 가능하다는 것이다.[50]

역사본질주의와 문화본질주의의 부흥은 서양의 모더니즘Morder-nism[30] 및 근대화의 발전과 함께 조화를 이루어나갔다. '근대철학의

---

30) 근대주의 또는 현대주의라고도 한다. 기존의 리얼리즘과 합리적인 기성 도덕, 전통적인 신념 등을 일체 부정하고, 극단적인 개인주의, 도시 문명이 가져온

아버지'라고 불리는 데카르트Descartes, René로 시작된 모더니즘은 역사를 근대화된 방식으로 포장하여 공감을 일으키는 이론으로 변화하였다. 이 이론은 하나의 근본적인 철학을 내세우고 있는데, 각 시대는 개개인을 포함하고 있는 통일적인 주체이며, 그 주체는 전체를 대표하여 일관성을 가지고 유지되어 나간다는 것이다. 이는 17, 18세기의 계몽사상 혹은 이성과 자본주의의 형식으로 전개되어 현재에 이르렀으며, 지금의 모든 원칙과 사상은 계몽주의적 이성에 깊게 뿌리를 내리고 있다. 이는 앞으로 양은 늘어날 것이지만 변형과 변이變移의 성질을 잃은 상태로 질적인 변화가 없이 끊임없는 반복이 이루어질 뿐이다.[51]

문예사조의 하나이기도 한 모더니즘은 주로 한 시대의 폐쇄적인 자족성自足性을 묘사하고 있다. 하지만 그와 반대로 중국의 정통사관正統史觀은 문화와 역사가 도래한 초기의 도덕적 합리성과 그 당위성에 대해 더 강조하고 있는 사조이다. 중국의 이러한 관념은 일시적이었던 서양의 계몽 시기와 달리 수 천 년의 역사에 걸쳐 이루어진 것이며, 도덕적 자족론自足論을 강조하고 있는 것에 반해, 서양에서는 합리주의적 자족론을 강조해 왔다.[52]

양계초는 서양식 유물론唯物論[31])의 기본지식을 전면적으로 받아들였고, 사회의 진화와 진보는 이성적인 행위라고 강조하였으며, 역사본질주의 하에서 인간의 진화를 위한 공리를 모색하는 것이 역사연구의 목적이라고 주장하였다. 많은 역사서는 오랜 시간에 걸쳐 주관적 사고의 실체를 영구적으로 내포하고 있었는데, 이 점에 관하여 그는 이렇

인간성 상실에 대한 문제의식 등에 기반을 둔 다양한 문예사조의 통칭.

31) 유물론Materialism. 관념론과 대립되는 철학적 입장. 자연물을 포함하여 사회적 존재물이 자신의 의식 밖에 독립하여 존재하고 있으며 자신은 그 가운데에 존재하고 그들과 여러 관계를 맺고서 생활하고 있다는 것.

게 평하였다.

> 과거의 수많은 역사서에는 객관적 요소가 존재하지만, 주관적 요소는 존재하지 않는다. 즉, 역사는 역사가의 식견을 담고 있는 것처럼 보이지만 개인의 도덕적 양심은 내재 되어있지 않은 것이다. 이를 어찌 역사라고 할 수 있겠는가?[53]

이를 본질주의적인 시각에서 보면, 양계초라는 인물은 서양의 합리주의적 계몽사상의 충실한 신봉자로 여겨질 수밖에 없다. 그러나 그의 역사관을 더 깊이 분석해 보면, 전통적인 정통관이 더욱 지배적으로 작용하고 있었음을 알 수 있다. 학자들은 그가 작성한 저서들이 중국의 전통적인 서사 방식인 『춘추』의 필법으로 서술되었다는 점에 대해 의아해한다. 그는 전통적인 방식을 새로운 방식으로 대체하는 것이 아닌, 대상에 따라 약간의 변화를 가미하여 그 범위를 확장한 것이다.[54] 이러한 점으로 미루어 볼 때, 양계초는 서양의 합리주의가 아닌 도덕적 비판이라는 중국의 전통적인 원칙을 따르고 있었다는 점을 알 수 있다.

학자들은 양계초가 영웅사관英雄史觀을 선호하고 인격을 중시하며 양심을 강조하고 있다고 평가한다. 그는 개개인 혹은 집단의 개성이라는 요소를 사회의 전반에서 표현하게 된다면 형形과 질質을 점진적으로 향상할 수 있다고 믿었다. 과거의 중국사는 공자의 유가 사상을 상징하는 집단의 역사라고 볼 수 있고 전국시대의 정치계는 법가사상의 대표 인물인 상앙商鞅의 시대라고 할 수 있으며, 명나라 후기는 양명학陽明學의 창시자인 왕수인王守仁의 시대라고 할 수 있다.[55] 다시 말하자면, 최초의 인격은 그 시대의 정신적 맥락과 주류를 창출하는 것이며, 이는 역사본질주의적 특성이 아닌 문화본질주의적 특성에 가깝다. 양계초는 원세개袁世凱[32)에 대한 역사적 내용을 서술할 때에도 『춘추』의 서사 방식에 따라 서술하였다.

　　위안스카이의 성격에 진정성 혹은 비겁함이 조금이라도 없었다면 중화민국中華民國 시기의 역사가 크게 전환될 수도 있었다고 본다. 그 이유는 자신보다 국가에 더 큰 영향을 주는 그의 성격 때문이다. 역사학자들은 주로 이러한 시대적 상황의 근본적 원인을 역사적 인물의 성향 및 심리 연구를 통하여 탐구한다. 역사적 성인聖人 혹은 영웅이라 칭해지는 인물에 대해서는 그의 덕행과 열정을 관찰하며, 역사적 원흉元兇이라 치부되는 인물에 대해서는 그의 권모술수와 악행을 드러내어 대중에게 전달해 왔다.[56]

　　영웅과 간웅奸雄이라는 기준을 통하여 양계초라는 개인을 분석해 보면, 그에게 근대성 이념近代性理念[33)과 전통적 관념이 동시에 존재하고 있는 모순적인 모습을 보인다는 것을 알 수 있다. 이는 혁명이라는 의식 속에서도 여전히 전통을 지켜야 한다는 의식이 공존하였다는 의미이다. 그에게 역사본질주의라는 사조가 내재 되어있긴 하였지만, 그 깊이와 크기는 서양의 계몽적 합리성과 완전하게 일치된 것은 아

---

32) 중국의 군인, 정치가이다. 교섭통상대신大臣으로 조선에 부임하여 국정을 간섭하고 일본, 러시아를 견제했다. 청일전쟁에 패한 뒤 서양식 군대를 훈련하여 북양군벌의 기초를 마련하고 담사동譚嗣同 등 개혁파를 배반하고 변법운동을 좌절시켰다. 이후 '의화단의 난'을 진압했으며 '신해혁명' 때 청나라 조정의 실권을 잡고 임시총통이 되었고, 이어 스스로 황제라 칭하였다.

33) 근대성의 제반 특징들이 데카당스Décadence(퇴폐)의 특징을 띠고 있다고 생각하는 니체는 「우상의 황혼」에서 민주주의, 사회주의, 아나키즘 등의 사회·정치적 이데올로기, 그리스도교 도덕, 학문, 노동자 계층의 정치적 권력화 등을 그 예로 제시한다.

니며, 도덕적 자족성이라는 중국의 전통적 관념이 지배적인 영향을 미치고 있었음을 알 수 있다. 이러한 양면적인 정치역사전략은 지금까지도 수많은 역사학자에게 중국의 전통적인 요소를 토대로 서양의 진보적인 역사관의 시각에서 비판을 진행하도록 하는 영향을 미치고 있다.

양계초가 주장했던 신사학은 표면적으로 서양의 합리주의라는 옷을 입고 있는 듯 보이지만, 내부적으로는 전통적 관점을 토대로 한 도덕적 비판의 성격을 띠고 있으므로 모순적인 상호갈등이 늘 존재해왔다. 이러한 갈등 관계는 바로 중국과 서양세계가 충돌하는 과정에서 나온 결과라고 볼 수 있다. 양계초는 계속해서 유가 사상의 정통관을 고집하였으며, 이러한 성향은 이미 그의 인성에 뿌리 깊게 각인되어 있었다. 즉, 역사연구에 있어서 정통관이란 중국사의 시작과 그 과정에서 끊임없이 결정적인 영향을 미치고 있었다. 도덕적 관점에서 중국의 정통관과 서양의 합리주의는 많은 공통점을 가지고 있지만, 사실 수많은 차이점도 가지고 있다.

중국의 정통관은 역사적으로 치통과 도통의 상호 작용이며 이를 통해 발현되는 영향력은 깊이 있고 폭발적일 뿐만 아니라, 총체주의 Holism[34]적인 측면과 환원주의Reductionism[35]적인 측면에서도 상당한 기능을 하고 있다.

---

34) 어떤 주어진 체계의 특질을 그 체계를 구성하는 부분들만으로는 전부 규정할 수 없다는 생각을 나타내는 용어로, 하나의 총체로서의 체계는 부분들이 어떻게 기능하는지를 규정한다고 주장하는 사상.
35) 복잡하고 추상적인 사상이나 개념을 단일 레벨의 더 기본적인 요소로부터 설명하려는 입장. 특히 과학철학에서는 관찰할 수 없는 이론적 개념이나 법칙을 직접 관찰이 가능한 경험명제經驗命題의 집합으로 바꾸어 놓으려는 '실증주의적實證主義的 경향'을 가리킨다.

5. 기원신화에 대한 맹신: 현대의식의 함정

고대의 중국에는 사람들의 무리를 구성하는 사회적 이념이 존재하지 않았기 때문에, 그 당시의 역사학도 역대 성인 혹은 사상가들의 도덕적 가치관을 중심으로 구축되었다고 볼 수 있다. 그 내용은 예법의 제도화와 도덕적 사상의 심리적 구조로 이루어져 있으며, 전자는 정치적 이론과 그 실천에 관하여 인륜에 맞는 질서로 변화되었고 후자는 근대 시기의 신유교新儒敎36)적 사상을 통하여 당시 중국인들의 시대정신으로 재구성되었다. 신유교적 사상의 유래와 분화에 관한 내용은 매우 복잡하지만, 그 본질은 인간의 심성心性에 관한 심리주의적 전략으로 구축된 것이다. 신유교적 사상은 유학儒學의 기본이념인 도의道義를 사상의 구체적인 형태로 표현하고 있으나, 제도적 요소와 관련된 부분은 매우 부족하다. 그래서 신유교적 사상을 기초로 한 저서들은 단지 한 가지 사상의 변천에 관한 이야기를 늘어놓고만 있을 뿐, 당시의 정치적 제도의 설계방식에 관한 내용은 일절 서술되지 않았다.[57]

중국은 역사적으로 시대적 흐름 혹은 사회적 붕괴가 이루어지는 시점에 유교의 두 가지 요소를 교차적으로 사용해왔는데, 그 두 가지는 바로 금문경학今文經學의 공양론公羊論과 양명학陽明學의 심성론心性論이다. 공양론은 청나라 초기와 말기에 상주학파常州學派의 공양학公羊學과 강유위康有爲의 사회진화론으로 표현되었고 정치의 혁신을 위한 이론적 토대로 사용되었다. 심성론은 명나라 말기에 부흥했던 이론으로써, 마음은 만물 가운데 가장 맑은 기를 타고난 인간의 신성한 부분이라는 것을 강조하여 인식의 판단과 관련된 중점을 지각知覺의 개

---

36) 도학道學, 주자학朱子學, 양명학陽明學 등을 이르는 말.

념에 두고 있는 이론이다. 심성론의 주요한 요소인 도심道心은 신유교적 사상이 고수해 왔던 도통으로 발전하여 실현되었다.[58]

먼저 강유위를 대표로 하는 공양론에 대해서 알아보자. 공양론은 중국의 근대사학계에서 오랫동안 역사학자들에게 인정을 받아 왔다. 그는 현재의 역사학은 순환론에 편향되어 있으며 진화론적 사고방식이 전혀 없다고 주장하였다. 이러한 주장을 통해 공양론을 토대로 하는 사회제도를 설계해 나갔고, 그 과정에서 역사학의 개혁을 실현하였다. 첫 번째 개혁은 금문경학에서 말하는 공양삼세설公羊三世說[37]의 구성 형식을 현대의 사회발전에 적용할 수 있도록 변형과 수정을 감행했다는 것이다. 두 번째로 그는 자신이 새롭게 구축한 사회의 발전단계에 관한 이론을 통하여 앞서 등장하였던 마르크스의 5단계론과 결합해 거대한 틀 속에서 함께 호흡하면서 근대화와 보편적인 표준에 걸맞게 그 기틀을 다져 나갔다.

강유위는 각 사회적 단계의 발전은 모두 고대의 사회제도에서 발원된 것이며, 이러한 제도는 고대 성인들이 각 시대의 사회발전에 관한 수준 및 변화를 파악하고 예측하여 그를 바탕으로 이루어진 것이라는 점을 강조하였다. 이는 고대의 역사학이란, 성인의 견해에 근거하여 실현된 결과일 뿐이라는 것을 의미한다.

공자는 지난 백세百世로부터 앞으로의 백 세까지 널리 사용할 수 있도록 제도와 규범을 설계하였다. 이는 그가 만인에게 위대한 성인으로 존경받는 이유이다.[59]

---

37) 『춘추春秋』, 「공양전公羊傳」에 등장하는 삼세설三世說. 거란세據亂世 → 승평세升平世 → 태평세太平世로 상향하는 역사발전론을 제시하는 이론.

양계초는 강유위의 발언을 그대로 인용하여 아래와 같이 반박하였다.

공자가 구축한 사상은 앞뒤로 100년, 대략 3세기에 걸친 역사의 모든 변수에 대해 고려한 후 예측한 이론이다. 백 세의 시간적 개념이란 공자가 이룩한 유교 사상의 시작점을 설명하기 위해 설정한 것이다.

현재 강유위를 대상으로 한 근대사연구가 다분히 이루어지고 있다. 하지만 많은 연구자는 그의 주된 논리적 기초인 공양론의 사고방식에 사로잡혀 전통 관념에 편향된 시각으로 연구를 진행하고 있기도 하다. 예를 들어, 일찍이 의화단운동에 관한 많은 연구가 장기간에 걸쳐 진행되고 있었는데, 그에 따른 여러 가지 결론들이 배출되었지만, 그 결론들 사이에는 많은 모순점이 존재하고 있으므로 아직은 모든 사항이 일치되는 최종적인 결론을 내리지 못하고 있다. 그 원인을 분석하기 위해서는 먼저 역사기원의 맹신이라는 측면에서 바라보기 시작해야 한다. 일반론자들은 연구를 진행하기 전에 이미 의화단운동의 발전적 성질에 관련하여 선입견을 품고 가설을 세우고 있었으며, 그렇게 구축된 가설은 두 가지 측면에서 제시되었다. 첫째, 의화단운동의 구성요소는 과거로부터 답습되어온 농민봉기의 전통적인 요소로 이루어졌다는 것이며, 둘째로 의화단운동은 역사적 진보가 이루어진 시기에 나타난 단순한 사건이라는 것이다. 즉, 의화단운동은 과거에 이미 여러 차례 존재해왔던 사회적 현상이 재표현 된 것에 불과하고 그 본질은 일찍이 사전적 의미로 규정되었기 때문에 특별한 사건이 아니라는 것이다. 이에 관한 구체적인 연구를 위해서는 반드시 본질적 타당성을 뒷받침하기 위한 논증이 필요하며, 그 외의 불합리하거나 비합법적인 주장은 논외로 해야 한다. 예를 들면, 중국의 역사학자들은 의식적으로 의화단과 백련교白蓮敎[38)의 근원에 대하여 줄곧 반복적인 조사를 진행하거나, 그 저변에 깔린 시대적 의혹을 제시하고자 하는 경향이 강했으며, 그에 따라 억지스러운 주장을 제기하기도 하였다. 그 이유는 과거의 단순한 농민봉기로 규정해왔던 백련교와 관련된 역사적 근거를 의화단운동과 연결하여, 있고 농민계층의 혁명에 대한 연속성을 증명하고자 했기 때문이다. 하지만 사실상 이러한 역사적 성질은 단지 과거에 설정된 본질적 표현을 반영하는 것에서 끝나야 하며, 구체적인 개별역사에 근거하여 예외적인 결론을 도출해야 한다는 주장은 부적절하다. 이는 표면적으로 보편적인 의의를 지닌 본질주의적 사고방식의 한 사례로 보일 수 있지만, 현지의 언어 환경이라는 측면에서 보면, 의화단운동은 전통적인 역사기원에 대한 맹신이 변형되어 일어난 사건이라고 하는 편이 나을 것이다. 앞서 논했던 공양학 서술법은 역사적 단계에서 이루어진 발전과 관련하여 서술하는 방법이며 자발적인 질서의 형성과정이 아닌, 초기에 실시 된 인위적인 틀을 기초로 하여 역사를 재구성하는 특징을 가지고 있다.[60] 즉, 각 역사적 단계의 본질적인 특징은 모두 과거 성인들에 의해 규정된 것이기 때문에, 후세의 사람들은 그 고대의 규정에 얽매일 필요가 없다고 강조하는 것이다. 하지만 역사연구의 목적은 이러한 본질을 분명하게 드러내는 것일 뿐, 역사적 상황의 변화를 규명하고자 함은 아니다.[61] 의화단운동의 연구는 이러한 역사기원의 맹신이라는 측면에서 볼 때, 공양학 서술법의

---

38) 송宋·원元·명明나라에 걸쳐 성행하였던 신흥종교. 하늘과 땅이 개벽하고 다음 개벽까지의 시기를 나타내는 불교의 겁劫 사상과 미륵 사상이 결합하여 석가모니가 사망한 이후 한 겁이 지나고 새로운 겁이 시작되어 미륵불이 인간 세상으로 내려온다는 사상이다. 불교에서는 이를 사교邪敎라고 하여 배척하였다.

맥락에서 설명이 가능한 것이다.

공양서사는 일반적인 서술법이 아닌, 도덕적 측면에 중점을 두는 형식으로 기록되었으며,[62] 이를 통해 옛 선인들이 고대의 법치제도를 구축하고 확립시켰던 각고의 노력과 사상을 나타내는 특징을 가지고 있다. 다만, 이러한 공양서사는 명나라 말기와 청나라 말기에 양명학의 부흥에 따라 쇠퇴하기 시작하였지만, 한 시기를 누렸던 개성적인 서사 방식으로 역사의 한 획을 그었다는 점은 부정할 수 없다.

심학心學이라고도 불리는 양명학은 근대 시기의 신유가 사상으로 발전하였고 역사관의 구조적인 틀 안에서 자리매김하게 되었다. 신유가 사상은 창조적인 제도에 대한 논의가 아닌, 인간의 심성에 관한 논의를 강조하고 있다. 표면적으로 공양론을 기초로 하고 있지만, 전통적 사상인 도통에 뿌리를 두고 있으며, 이는 역사기원의 발단이 옛 성인들의 결단에 달려 있다는 것에 중점을 두고 있다. 특히 신유가 사상은 시대정신과 민족정신을 강조하고 있는데, 신유학을 창시한 양수명(梁漱溟)은 동서양이 정신적 조화에 대하여 세 가지 유형을 통해 비교 분석하였다. 그가 도출한 결론은 중국의 역사 속에는 제도의 범위를 벗어난 독립적인 정신체계가 공존해 왔으며, 이러한 정신체계는 옛 성인들의 영향을 받았을 뿐만 아니라, 전통적 관습과 사상이 어떠한 상황에 직면하더라도 그 맥을 잇도록 하는 근원적 신념으로서 계승 및 전승됐다는 것이다. 일부 연구자들은 초기 유학의 심성론에 대하여 마음의 도덕적인 본능moral faculty을 마음의 이치적인 본능intellectual faculty보다 더 중시하고 있는 이론이라고 강조하고 있다.[63] 다시 말하자면, 이후에 발전한 각 시기의 여러 시대정신은 도덕적인 평가에서 일종의 공감대를 추구하여야 하고 각 시대적 상황과 부합하여야 하며, 더 나아가서는 역사적 사실에 대한 인식도 도덕적 본능의 근원에서 찾아야 한다는 것이다. 필자는 이러한 전통이 중국의 역사관에 큰 영향을 미쳤기 때문에 현재 이루어지는 역사에 관한 해석 방법 역시 그러하다고 생각한다. 그 예로 의화단운동에 관한 연구를 들 수 있는데, 앞서 이미 언급했듯 의화단운동은 중국사의 거대한 서사의 한 부분을 차지하고 있으며, 그 기원과 본질을 찾기 위한 탐구는 이미 역사연구의 본능적인 요소로 자리 잡게 되었다. 단, 주의해야 할 점은 의화단운동에 대한 평가를 진행할 때, 그 뿌리인 의화단 정신에 관한 연구를 소홀히 해서는 안 된다는 것이다. 의화단운동의 뿌리이자 기원이라고 할 수 있는 의화단 정신에 관한 연구를 소홀히 하게 된다면, 의화단운동에 대한 평가가 한순간에 극단으로 몰려 흑백논리에 빠질 가능성이 크다. 제국주의에 의한 침략의 정당화 논리가 주도적이었던 시기, 의화단운동에서 나타난 극단적인 민족주의를 당시의 시대정신이었던 도덕적 잣대로 판단하게 된다면, 분명 진보적인 운동이었다는 결론이 도출될 것이다. 역사의 거대한 흐름 속에서 근대화라는 중요한 과정으로 진입할 때 나타난 사건들을 시대정신이라는 저울에 올려놓고 평가한다면, 의화단운동이란 '반동', '낙후', '보수'라는 꼬리표를 달고 나서야 저울에서 내려올 수 있을 것이다. 진보와 반동은 진화된 역사관의 이념에서 벗어나, 도덕적 판단이라는 저울 위에서 선과 악의 범주로 식별될 수 있어야 한다. 이와 마찬가지로 양무운동을 '진보 운동'과 '반동 사건'이라는 두 가지 정의 중 하나로 규정하려고 했던 논쟁들도 그 본질을 놓치고 있는 사학계의 어리석음을 극단적으로 보여주는 사례라고 할 수 있다.

　　역사기원에 대해 말할 때, 청나라 중기의 역사학자인 장학성章學誠이 제시한 치사관治史觀이라는 독자적인 역사관점에 대하여 평가하지 않을 수 없다. 양계초의 관점에서 장학성은 정통사론의 선구자라고 볼 수 있으며, 육경六經을 역사서로 정의해야 한다고 주장했던 그의 육경 개사론六經皆史論은 위대한 사학혁명史學革命[39]으로 평가된다. 장학성은 중국의 역사학 관련 이론서인 『문사통의文史通義』의 서두에서 아래와 같이 기술하였다.

> 육경은 모두 사史이다. 옛 관료들은 책을 저술하지 않았고, 사실을 떠나서 이치를 말한 적이 없다. 육경은 고대의 위대한 왕들의 정치를 위한 법전의 목적이 있다. 육경은 고대의 선왕이 제위에 올라 도道를 행하고 세상을 나스렸던 역사이지, 공허한 밀로 내밑겨진 것은 아니다. 그러므로 공자 정도의 성인도 자신의 사상을 말로써 전파했을 뿐 창작물로 집필하지는 않았다. 만약 무지하여 임의로 지었다는 것을 알지 못한다면 특별히 성인을 모방한 의심만이 존재할 뿐만 아니라, 왕의 문장을 빌리고 훔쳤다는 죄를 밝히는 것이니, 어찌 삼가지 않을 수 있겠는가![64]
> - 장학성, 『문사통의文史通義, 내편內篇 1』, 「역교易敎 상上」

육경개사론은 육경을 예언서라는 틀에서 벗어나게 하여, 자치의 기능이라는 체계에 확고하게 정착시키고자 하는 것에 목적을 두고 있다.[65] 이러한 변화는 두 가지 측면에서 후대의 통치방법에 영향을 미쳤다.

첫째, 육경이 역사서로 분류됨에 따라, 본래의 특성인 예측 및 예언이라는 특성은 약화 되었지만, 역사학계 내부의 영향력은 강화되었다. 또한, 옛 성인들이 법률제정에 적용하였던 정치 공학의 원칙도 역사학 분야로 포함되어 사학계에서 지배적인 역할을 하게 되었다. 육경의 원시적인 행동 규범은 각 통치자의 사고방식을 지배적으로 장악하고 있

---

39) 20세기 초에 중국 역사학계에 발생했던 문화 혁명.

었을 뿐만 아니라, 역사의 사회적 분화를 막는 기능을 하고 있었다. 이후, 중국 역사는 전면적으로 자치사資治史의 측면이 두드러졌으며, 기본적으로 '자치'의 관점을 기준으로 하여 문화, 경제, 사회적 분야의 많은 내용에서 불필요한 부분은 제외되었다. 또한, 역사학이 가지고 있는 좁은 의미에서의 정치에 대한 이해와 공리성에 관한 의존적 특성은 현재의 역사연구에서도 쉽게 찾아볼 수 있게 되었다.

둘째, 육경에 포함된 도덕적 전제는 역사학자들이 역사적 가치를 평가할 때 주요하게 작용하는 기준이 되었다. 이로써 수동적인 역사자료가 아닌 거시적인 틀을 통하여 앞으로의 정책을 결정하는 토대가 마련된 것이다. 이러한 도덕적 전제는 특히 진화, 진보, 반동이라는 사회사 영역의 개념을 분석 및 고찰할 때 옳고 그름을 평가하는 방법으로 작용하기도 하였다. 육경개사론은 표면적으로 공양학에 이어 일반적인 역사의 연구 대상이 되었지만, 육경에서 나타난 옛 성인들의 사상은 여전히 후대 역사가들에게 정치 및 도덕적 측면에서 그 영향을 미치고 있다.

6. "복원론"의 세력: 실증주의 오류

중국 역사에 관한 연구 중, 건가乾嘉40)의 시대정신을 계승했던 고증학파考證學派41)는 각 시대의 학자들에게 끊임없이 추앙을 받고 있었으며, 최근에는 중국의 국학國學과 학술부흥의 지주영역으로 자리매김

---

40) 청淸나라의 전반적인 국세가 극에 달하기 전후인 건륭제乾隆帝와 가경제嘉慶帝 시대를 가리킨다.
41) 중국의 명明말·청淸초에 일어난 실증적 고전연구의 학풍 또는 방법.

되었다. 중국사학관의 정통맥락을 기준으로 하여 말하자면, 건가학파乾嘉學派[42]는 분명 후자의 하나이다. 또한, 정치적인 학문이 아닌 진리 추구를 중시하는 학문이라는 점에서 볼 때, 건가학파는 전통적인 정통 관념과 다르다고 볼 수 있다. 하지만 그 연구 대상에 대해 철저히 따져 보면, 여전히 경학經學[43]의 범주를 벗어나지 못하고 있음을 알 수 있다. 중국계 미국인 역사학자인 위잉스餘英時는 청나라 초기에 등장한 건가학파란, 한나라에서 송나라로 왕조가 전환되는 시기에 출현한 도문학道問學[44]과 존덕성尊德性[45]의 맥락에서 유래되었다고 주장하였다. 더불어, 표면적으로는 역사의 진리를 추구하는 것처럼 보이지만, 거시적인 역사론의 구조를 갖추고 있지 않은 상황에서 후세 사람들에게 혼란을 일으켰으며, 전반적으로 경학이라는 전통관을 기초로 하는 하나의 학풍일 뿐이라고 결론지었다.[66]

통상적으로 사학계는 건가학파에 대한 잘못된 인식을 하고 있다. 바로 건가학파에서 채택하였던 도문학의 성향은 심성유학心性儒學의 존덕성과는 다른 차이를 나타내고 있으며, 양명학과 대립하는 역사관을 표방하고 있었기 때문이다. 이는 과학적인 객관성을 추구하는 사회과학자들의 가치자유value-freedom라는 원칙에 상당 부분 부합하고 있다. 심지어 '해방이란 곧 과거로의 회귀인 복고復古를 의미한다.'라는 명제는 16세기 이후 일어난 자연 과학적 방법을 모방하는 인문실증주의

---

42) 건륭제乾隆帝 시기부터 가경제嘉慶帝 시기까지의 유학파의 통칭.
43) 유교 경서經書의 뜻을 해석하거나 천술闡述하는 학문. 경서에 관한 학문 작업의 전부를 포함하는 학문 분야의 명칭이다.
44) 학문을 통하여 선한 덕성을 배양할 것을 주장하는 학문.
45) 인간이 선천적으로 부여받은 선한 덕성을 존중하고 보존할 것을 강조하는 사상이다.

사조와 유사하며, 현재의 학자들 역시 이러한 건가의 경험주의적 연구 방법을 계승하는 것에 열중하고 있다. 실제로 건가학파에서 말하는 경험연구와 서양의 실증주의 사이에 존재하는 가장 큰 차이점은 지식불변성46)을 전제로 하고 있다는 점이다. 이러한 편향된 관점은 이후 경서經書47)의 찬탈을 일으켰으며, 양명학의 전통관에 대한 주관적 왜곡이 일어나게 되는 결과를 불러왔다. 경험주의적 연구의 목적은 어떤 역사의 객관적 존재가 내포한 의의를 증명하는 것이 아니라, 경서의 심오한 대의인 최초의 자족적 타당성을 증명하고자 하는 것에 있다. 청나라 시기의 학자인 전대청錢大聽은 글을 아는 것은 의리義理48)를 배제하고자 하는 것이 아닌, 명시하기 위한 밑거름이라고 주장하였다.

> 문자가 있음에 그 뜻을 해석하는 훈고訓詁가 행해지기 마련이고, 그 훈고에는 도리道理가 존재하지 아니할 수 없다. 훈고는 도리로서 행해지는 것이며, 도리에 어긋난 것은 훈고의 영역 밖의 일이다.[67]

이로 볼 때, 앞서 언급된 복고란, 의리를 추구하는 진실로서의 사상을 의미한다는 것을 알 수 있다.

더불어 양계초는 건가학술로 말미암아 발생한 지식혁명의 결과에 대하여 다음과 같이 논하였다.

---

46) 경전 속에 잠재된 지식정보는 근원적인 상태에서부터 이미 자족성의 성질을 띠고 있으며, 그 타당성은 일절 의심할 여지가 없다는 사상.

47) 옛 성현들이 유교의 사상과 교리를 써 놓은 책. 역경, 서경, 시경, 예기, 춘추, 대학, 논어, 맹자, 중용 등을 통틀어 이른다.

48) 유가 경서의 뜻을 추구하는 학문.

건가학술의 지식혁명으로 말미암아, 그 이후에 진행되는 연구에 있어 모든 경문經文은 걸림돌로 작용할 수 있으며, 더 나아가 모든 경서의 뜻을 의미하는 경의經義도 마찬가지 작용을 할 것이다.[68]

경의에 대한 의구심은 철저하게 해결되지 못하기 때문에 성리학의 경전을 해석할 때도 그에 대한 의구심만 생겨날 뿐이다. 양계초는 청나라 시기의 경학자經學者인 호위胡渭의 저서 『역도명변易圖明辨』에 대하여 아래와 같이 비판하였다.

호위는 '자고로 송나라의 학문은 오로지 송학宋學으로서 연구되어야 하며, 공자의 학문도 오로지 공자학孔子學으로 연구되어야 한다. 이는 올곧게 한 우물을 파야만 의미가 있는 것이며, 함께 연구하면 오히려 퇴보하게 되고 그 진리를 파악하기 어려워질 뿐이다.'[69]라고 주장하였다. 이는 후대의 학자들이 공자가 뜻하고자 했던 진리를 찾기 위해서는 발전된 연구방법을 버리고 다시 과거의 원시적인 방법으로 회귀하여 연구를 진행해야 한다는 것이다.

건가란, 복고를 해방으로 여기는 이학理學이라는 좁은 영역에서의 논쟁일 뿐, 공자학이라는 큰 영역에서의 논쟁이 아니며, 최초의 경의로부터 출발한 지식론에 대한 비평이나 반성은 더더욱 아니라고 반박한 것이었다.

건가학술의 근본적인 취지는 고전 경서중, 뜻이 깊고 추상적인 언사와 취지에 대한 진정한 모습을 복원하는 것일 뿐, 경전에서 말하는 사회의 구성에 대한 설계가 합리적인지 혹은 의심할 만한 가치가 있는지 하는 문제에 관해서 묻는 것이 아니다. 즉, 이러한 경험주의적 연구방법은 중국의 역사에 대한 전통적인 기원을 해석하기 위한 하나의 학술적 방법이라 할 수 있다. 이는 공양서사에서 역사의 가치판단을 위한 본질주의적인 방법과 크게 다르지 않으며, 단지 경전에 대한 이학의 편향적 시각을 비판하는 것일 뿐, 중립적 입장은 아니다. 건가학술의 사료를 처리할 때 역사의 복원은 모두 경전의 가치에 대한 정확한 의미를 인정하는 것을 원칙으로 하고 있다. 이러한 원칙은 중국의 역사학계가 역사문제를 다루는 방식에 큰 영향을 미쳤는데, 이와 같은 시각에서 보면 앞서 논쟁으로 붉어진 의화단운동의 사료는 의화단운동을 일종의 변형된 농민봉기임을 입증하기 위한 사료가 아닌, 의화단이 전통적 미신을 맹신한 조직이라는 점을 검증하기 위한 사료라고 할 수 있다. 모든 경험주의 사상에 영향을 받은 서술은 예쁘게 포장된 결론만을 입증할 것이며, 이러한 측면에서 중국의 역사학은 마치 개연성이 부족한 삼류소설과 같은 이야기로 전락해 버릴 것이다.

또 다른 예를 들자면, 중국의 역사학자들은 자국의 자본주의 맹아資本主義萌芽49)에 대한 존재유무, 봉건사회의 장기적인 지속 가능 원인 등의 문제에 대하여 시종일관 미련을 버리지 못하고 있다. 이렇듯 중도에 포기함이 없이 끝까지 집요하게 이루어지는 고증과 논증은 실제로 처음부터 존재하지도 않았던 신화神話와도 같은 역사에서 자족적 합리성을 설명하고자 하는 강박관념일 뿐이라고 평가하는 학자도 상당 부분 존재한다.[70]

당시 학자들은 앞서 말한 두 가지 논제에 대하여 엄격하게 경계선을 두고 있지 않았으며, 과거의 사료에 존재하고 있는 자본주의의 요소와 각 왕조를 거듭하여 이어진 봉건주의 사회의 연대기에 관련된

---

49) 제국 형태의 봉건주의 국가에서 초기 자본주의국가로 발전하는 대변화의 발단 혹은 시작점. 맹아萌芽란 새싹을 의미한다.

내용을 찾아보는 것에만 집중하고 있었다. 또한, 건가학파에서 제시되었던 가설을 토대로 자본주의와 봉건주의에 관한 비교연구를 진행하였으며, 그 연구 과정에서 많은 결론을 도출하였지만, 시간적 요소, 지역분포의 폭, 사회적 영향의 정도 등에 관한 결론에 대해서는 재차 논증이 필요하다. 왜냐하면, 이는 역사기원에 대한 가설을 기반으로 연구가 이루어져서는 안 되는 부분이기 때문이다. 이학이라는 영역에서 벗어나지 못했던 건가학파의 연구 방식은 역사기원의 진실성을 고찰하거나 의문을 제기하는 측면에서 그 적극성이 부족한 방식이었다. 그들이 자본주의 맹아에 대한 고증작업에서 연구 결론을 미약하게나마 얻어냈을 수도 있었겠지만, 전체적인 맥락에서는 연구의 기본전제에 대한 비판성이 없는 역사학은 과거에 무수히 존재했던 단순한 한 가지 사례로 치부될 것이 명백하기 때문이다. 이렇듯 당시 중국의 고증학계는 줄곧 무의식적으로 전통적인 기조를 반복해 왔을 뿐이었다.

일부 역사학자들은 위 과제에 대하여 당시의 역사적 사실인 본질적 정수에 역사적 해석이 부합되어야 한다는 견해를 가지고 있었다.[71] 이를 통하여 일정한 규칙성을 찾을 수 있다고 주장하였지만, 사실 이는 고증이 불가능한 것이었다. 칼 포퍼Karl R. Popper는 역사에 대하여 아래와 같이 논하였다.

역사란, 약간의 가정을 통하여 시간과 사건을 연결하여 기록되었을 뿐이며 각 역사상의 보편적 법칙을 일정하게 균일화시킬 수 없다. 또한, 역사적 자료는 당시의 시대정신 혹은 시대 상황에 따라 주류가 되었던 사실을 기록할 뿐이며 일반적으로 이러한 자료는 사전에 구상되었던 이론적 사실을 내포하고 있을 뿐이다.[72]

즉, 그는 연결된 다수의 가정은 상호 간에 원천적인 규칙이 존재하지 않기 때문에, 그 의미가 특정 이론의 필요성에 의해서만 결부될 뿐이라는 것이다. 그는 중국의 역사학자들의 권위적인 역사적 해석에 대해서도 다음과 같이 말했다.

그들의 역사적 해석은 단순히 순환적인 내용이 대부분을 차지하고 있으며, 그들이 찾아낸 역사적 증거는 일반적인 해석에 유리한 것일 뿐이다. 이러한 역사적 증거들은 단순히 당시 상황과 사실의 이해관계가 일치된 것이므로 진실한 해석을 위해서는 그 권위적이고 순환적인 거대한 울타리에서 벗어나야만 한다. 하지만 그 울타리에서 벗어날 수가 없었기 때문에 진정한 과거를 기록할 수 있는 역사란 존재할 리가 없으며, 여러 가지 역사를 병렬적으로 이어놓기만 한 설명일 뿐이다. 이는 곧 믿을 만하고 그 의미가 있는 절대적인 해석은 존재하지 않는다는 말이다.[73]

그의 이러한 주장은 고증을 진행할 수 있는 사료가 없는 상황에서 '신화'적인 역사기원의 해석과 검증을 진행하고 있는 학자들에 대한 비판이며, 현재 중국의 고증학계가 나아가야 할 진로에서도 이점에 대한 반성이 필요하다고 볼 수 있다.

위에서 나타난 건가학술의 운명을 통하여 경험주의적 역사연구 및 조사는 복원론을 토대로 이루어질 수 없다는 점을 알 수 있다. 결국, 건가학자들의 사례를 통하여 경험주의적 역사관은 본질적인 의미가 없다는 것을 증명한 것이다. 콜린우드Robin G. Collingwood는 『역사의 관념The idea of History』에서 역사란 과거의 경험experience을 재현하는 것이라고 주장하였다. 여기에서 그가 말하는 경험의 개념은 역사지식에 대한 반성의 이해가 포함된 의미에서의 경험을 말한다.[74] 다시 정리하자면, 역사란 반드시 과거의 경험을 재현하여 이를 통하여 반성이 이루어져야 하며, 역사학의 진보는 과거의 역사적 사실을 단순히 답습하는 것이 아닌 역사적 경험을 재현함과 동시에 반성을 진행하는 능력에 의하여 이루어지는 것이다.

7. "정통관" 속박속의 해탈 가능성: 일종의 추측

필자는 앞서, 정통관념의 영향이 뿌리 깊게 박힌 중국의 역사관에 대한 몇 가지 연구방법을 살펴보았으며, 이에 대하여 비판적인 입장에서 논거를 진행하였다. 현재 중국의 역시학계에 존재하고 있는 문제점을 인식하고, 이를 통하여 역사적 지식에 대한 비판적 가치를 새로운 수준으로 끌어올리기 위하여 어떠한 전략을 가져야 하며, 또 그 전략으로 어떻게 기존의 틀에서 벗어날 수 있는가를 다루어 보고자 한다. 기본적으로 현재 상황에 비추어 볼 때, 다음의 몇 가지 방법이 중국의 역사학을 쇄신할 수 있는 출발점이자 기초로 작용하리라 생각한다.

1) 미셸 푸코Michel Foucault의 고고학적 방법론

사실 이전까지의 역사연구는 일련의 사건과 인물의 발언을 분석하는 것을 기본으로 하여 그 속에 숨겨진 주장이나 주제를 찾아내는 것을 역사연구의 본질로 인식하고 있었다. 하지만 후기구조주의 Structuralism[50]를 대표하는 철학자 미셸 푸코는 앞서 말한 기존의 연구

---

50) 어떤 사물의 의미는 다른 사물들과의 관계에 따라 규정된다는 인식을 전제로 하여, 개인의 행위나 인식 등을 궁극적으로 규정하는 총체적인 구조와 체계에 관한 탐구를 지향한 현대 철학 사상의 한 경향.

방법이 아닌, 역사적 사건이나 발언의 배경에 숨어있는 법칙, 이른바 무의식적인 사회구조를 밝혀내는 것에 주목하였다. 프랑스의 사회학자인 에밀 뒤르켐Emile Durkheim, 미국의 사회학자 탈코트 파슨스Talcott Parsons 등의 일부 사회학자들은 역사가 전환되는 과정에서 나타나는 사회구조에 대한 관찰을 통하여 지역사회의 영역이라는 개념이 종종 지배의 형태를 제한하고 있을 뿐만 아니라, 일단 그것이 특정 단위의 한계를 넘어서게 되면 기능이 변화한다고 인식하고 이를 일종의 분열에 관한 결과일 것이라고 주장하였다.[75] 이러한 분열은 정치, 사회구조, 법률적인 부분의 변화를 결정하며, 이를 토대로 구축된 이성적 인지의 틀은 사회가 분열해 나아가는 것에 대한 변화의 형세와 규율을 파악할 수 없다는 것이다. 또한, 이는 역사기원이라는 존재가 비현실적이거나 현실에 부합되지 않음을 나타낸다. 역사의 정체론整體論을 뒤집고자 하는 푸코는 앞서 논했던 역사기원의 맹신에 대하여 의문을 제기하고 계보학系譜學51)과 고고학적 방법론을 통해 역사연구를 진행해야 한다고 주장하였다. 그는 계보학의 목적에 대하여 아래와 같이 말했다.

사물은 그 외부의 형식에서 주입된 미세한 요소들로 인하여 그 내부의 핵심적인 본질을 잃어가게 된다. 역사연구 또한 이와 마찬가지로 어떠한 결론적인 목적과 목표가 설정되지 않은 무의식의 상황이라는 기초에서 역사적 자료를 다루고 그 안에 존재하는 비연속성을 가진 지점을

---

51) 계보학Genealogy, 특수한 징후들을 만들어내는 힘들에 관한 연구를 말한다. 이는 한 시대의 어떤 담론의 형성과 시대의 변화에 따라 그 담론을 변화하게 하는 조건들 가운데 특히 권력의 작동에 초점을 맞추어 담론을 권력의 차원에서 설명하고자 하는 방법이다.

찾아내어 분석하는 것이다.

그는 역사란 시간적인 흐름에서 새로운 시작과 끝 사이에 존재하는 간격과 그 단면을 통하여 인식되는 것이며, 이러한 인식이 곧 역사기원에 대한 맹신과 역사의 변천 과정에 존재하고 있는 본질에 대한 미련을 버릴 수 있게 해줄 뿐 아니라, 더 나아가서는 총체적인 관념에 대한 인식을 깨뜨릴 수 있다고 주장하였다.

과거의 역사연구는 그 사료가 완전하지 않거나 복원할 수 없다는 관점을 토대로 한 것이 아닌, 역사의 목적론目的論52)이라는 단선적인 틀을 잣대로 하여 진행되었다. 그 원인으로 선행적으로 설정된 목적에 대한 본질적인 특징, 궁극적인 의미, 가치를 강조하기 위해 많은 역사적 사실들이 고의로 축약되었다. 만일 이렇게 터무니없는 과거의 잣대에서 탈피하지 못한다면, 후에 이루어지는 역사적 고증 및 사료의 해석은 모두 무의미한 것일 뿐이다.[76]

푸코는 역사학자들이 철학자의 추상적인 관점이 아닌 의사와 같은 세밀한 시각을 가져야 한다고 비판하였다. 또한, 그는 역사에 대한 심미審美적인 과정은 호의를 가장한 위선적 행동임과 더불어, 아름다움을 가장하여 상대방에게 착각과 혼란을 유도하는 행위라고 지적하였다. 이점에 대하여 그는 역사를 감옥과 병원의 기능에 비유하여 독약과 해독약은 차별화된 지식으로 사용되어야 하지만, 독약과 같은 지식은 잠들어 있던 역사기원의 맹신에 대한 각성과 총체적인 역사관의

---

52) 목적론Teleology, 인간의 행위뿐만 아니라, 세계에서 일어나는 모든 사건과 자연의 현상이 목적에 규정되어 있다는 철학적 태도를 말한다.

허상 및 잔혹성의 구조를 해체시키는 것에 있어서 그 약효를 발휘한다고 하였다.[77]

푸코는 개인이나 자아의 진정한 본성에 관하여, 마치 동성애나 성도착증과 같이 역사적 규범 혹은 이성적 범주라는 울타리 밖에 있는 것일 수 있다고 전하였다. 이는 과거에 배척되었던 역사적 현상에 대한 인식을 정통관이라는 도덕적 관점을 기준으로 판단하지 않아도 된다는 것을 의미한다. 그의 견해를 중국사연구에 적용하게 되면, 상당한 영향력이 발휘될 것이다. 고고학적 방법론은 역사기원에 대한 맹신과 정체론이라는 질병에 백신과도 같은 효과를 발휘할 수 있을 것이다. 학자의 대부분은 중국학을 연구할 때 흔히 중국을 하나의 제국이라는 전체적인 구조로써 관찰하고 있으며, 정통론의 역사관을 영구불변한 도구로써 사용하는 틀에 박힌 연구방법을 고수하고 있다. 비록, 역사의 분열과 통일, 순환과 재현 등은 역사해석에 있어서 상당히 독자적인 체계를 형성해 왔다지만, 중국이라는 거대한 공간적 요소와 그 내부에서 나타나는 소규모의 세부적 요소 간의 차이점은 때때로 정통사관의 불합리성을 증명하고 있기도 하다.

지역적 특징을 가지고 있는 관습법, 사회를 구성하는 민족성의 차이, 유학과 향토의식의 다변적 결합 등은 모두 전통이라는 관념이 일종의 비정체성의 형태를 띠고 있음을 상징하는 것이다. 각 시대의 관료들이 정통관을 토대로 하여 의도적으로 역사를 구축하였기 때문에, 각각의 특징을 가지고 있었던 지역사의 내용은 축약되거나 생략되었다. 이러한 점을 원인으로 각 지역의 의식과 지역기층민의 역사에 대한 문제의식은 분명 통일적인 형태로 인식될 수 없을 것이다. 고고학적 방법론은 기원의 형태로서 역사의 흐름을 지배하고 있는 시대정신과 더불어 고문서에 기록된 식민사상의 폭력성을 배제하고자 하는 이론이다. 즉, 역사적 경험이 인위적으로 구성해 왔던 합리화의 구조에서 탈피하고자 하는 것이기 때문에, 이를 중국사연구에 응용할 수 있게 된다면 오랫동안 지배적으로 자리 잡고 있었던 봉건사회라는 전통적 이념에서 벗어날 수 있다. 그렇게 된다면 앞서 제기되었던 '중국의 봉건사회가 어떻게 그렇게 오랫동안 유지 될 수 있었는가?'라는 질문은 더는 논할 가치가 없는 질문이 되는 것이다.

물론 푸코의 고고학적 방법론은 지리적인 경계의 기준에서 공간상의 차이점을 완전히 반영하고 있지는 않지만, 역사상에 존재하였던 권력의 개념을 나타낼 수는 있다. 또한, 역사의 흐름에서 지역의 근대성modernity[53]과 전통성이라는 두 가지 특성 사이에 작용하는 장력을 이용하여 기존의 정통관이 지배하고 있었던 선형적 공간이념 혹은 지역의 다중적인 공간이념이라는 다각적 이념을 모두 새로운 해석 시스템과 결합시켜 재구성할 수 있다. 이러한 새로운 역사관의 탄생을 계기로 전체적인 공감이 아닌 차이의 비교를 통하여 탐구할 수 있으며, 이는 정통성과 도덕적 판단이 아닌 변칙성과 권력의 분석이라는 점에 중심을 두고 연구가 가능한 것이다.

2) 생활사와 지역사회에 관한 연구

가령 푸코의 고고학적 방법론이 중국의 정통사관 중 하나인 역사기원의 맹신에 대해 충격과 변화를 일으킬 수 있다고 한다면, 1930년 페이샤오퉁費孝通이 주도했던 지역사회의 생활사生活史에 관한 분석 방법과 같이 정체론에 대한 무자비한 해석이 가능하다고 볼 수 있다. 지

---

53) 근대화라는 역사적 과정의 구체적인 결과임과 동시에 근대화를 이끌어 가는 목표로서 이론적으로 구성된 것.

역사회의 생활사에 관한 그의 연구는 한 지역사회의 내부구조에 관한 개별적인 연구의 진행을 강조하였으며, 이 같은 성향은 미국의 인간생태학Human-Ecology[54])의 깊은 영향을 받은 것이었다. 인간생태학에서는 역사를 지역 단위territorial units로 나누어 연구를 진행하여야 한다는 점이 강조된 학문이다. 여기에서 주목할 점은 인간생태학이란, 지역의 우열을 가리는 것이 아닌 지역 단위의 연구방법을 통해 정체론이라는 거대한 틀에서 벗어날 가능성을 모색한다는 점에 있다. 이는 정통론이라는 전통역사관의 울타리를 넘어 새로운 탐구를 진행하게 할 수 있게 한다.[78]

역사학이 인간생태학에서 참고할 방법을 다음의 세 가지로 요약할 수 있다.

첫째, 인간생태학의 생활사 연구법이란, 연구자들에게 현장으로의 직접 참여를 유도하고 강조할 뿐만 아니라,[79] 단선진화론單線進化論[55])을 토대로 이루어진 몇 가지 연구 결과에서 참고할 수 있다는 것이다. 이를 통해 근대화 과정에 대한 목적은 고유한 지역사회의 전통을 차단하고 소멸시키기 위함이 아닌 그 지역의 활력과 작용을 증명

---

54) 인간은 생존을 유지해 가는 과정에서 자연적, 사회적 환경에 적응해 가며, 그 적응은 일정한 형태를 이루고 공생적인 관계가 발생한다고 전제하고, 이 공생적인 관계를 중심으로 해서 인간이 지역사회의 구조 및 그 변화 과정을 연구하는 것이 인간생태학이다.

55) 19세기 말 서구에서 대두한 고전진화론古典進化論. 모건·타일러·랑케 등 초기 진화론자들이 주창한 문화진화론으로, 그 내용을 종합하면 인류의 모든 문화는 일정한 규칙과 발전방식에 따라 저급단계에서 고급단계로 직선적인 진화를 거친다는 것이다. 이러한 문화 발전방식의 단일성單一性은 인류의 심리적 일치성에 기인하며, 여러 문화 간의 차별성은 문화 진화의 완급의 차이일 뿐이라고 여긴다.

하기 위함에 있다는 점을 알 수 있다. 이런 종류의 역사적 유물은 시대적인 잣대로 무시되어서는 안 되는 대상이며, 창의적인 요소로 존재해야 한다.[80]

둘째, 생활사 연구법은 중국의 정통관에 영향을 줄 수 있는 중요한 구조 분석적 기능을 갖추고 있다. 그 기능은 바로 복원론의 폐기를 촉발할 수 있다는 것이다. 지역사회의 생활사를 연구하기 위해서 각각의 역사적인 사건은 반드시 당시 기층민들의 실질적 생활상을 참고해야 하며, 그에 관련된 문헌은 반드시 문화적 검증을 거쳐야 한다. 역사의 전환기에 나타나는 역사적 공백을 해석할 때 기존에 설계된 틀에 의존하지 않고, 각 지역에서 나타난 특성을 배경지식으로 하여 진행되어야 한다는 것이다. 역사학적 관점에서 생활사 연구법은 인지 대상의 범위를 확장할 수 있다는 방향성을 가지고 있으며, 중국 역사에 대해 본질주의적인 선입견에서 벗어난 해석 방법을 모색할 수 있다. 즉, 주관적 억측이 난무하는 비현실적인 역사연구가 아닌, 지역기층민들의 생활사에 중점을 둔 분석을 통하여 좀 더 현실적이고 합리적인 역사 연구를 진행할 수 있게 되는 것이다.

3) 역사에 대한 중범위적 판단능력의 강화

중국의 정통관에 커다란 충격을 준 또 하나의 역사학 연구방법은 미국의 사회학자인 머튼이 제시한 중범위이론中範圍理論56)이라는 사회학적 연구방법이다. 머튼이 제시한 중범위이론의 개념은 사실 사

---

56) 비교적 특정한 문제의 개별적 영역에 초점을 맞추고 각 영역에서의 연구 결과들을 전체적인 이론 형태로서 나타내는 이론.

회과학자들의 모든 이론체계를 집대성한 것으로서, 특정 영역에 초
점을 맞추고 각 영역에서의 연구 결과를 조합하여 전체적인 형태로
나타내고자 하는 이론이다. 이는 문화적 진화가 자연적 선택에서 지
배를 받는다는 사회과학의 전제하에서 선택의 단위를 정의해야 하였
고 이를 제도의 일정한 방식이 실제적인 진화를 거듭해 왔는지를 확
인하는 기능주의Functionalism와 결합한 이론이다. 이러한 이론을 토
대로 중국의 역사를 바라보면, 고대의 공식적인 문건을 기초로 사전
에 설정된 틀 안에 구속한 것과 같다는 것을 알 수 있다. 그러므로
중국의 역사적 사료는 당시의 철학 체계라는 거대하고 지배적인 이
념에 맞물린 해석에서 벗어날 수 없다는 점을 증명할 수 있으며, 경
험주의와 같은 소규모의 명제를 통하여 이루어진 실증주의적 주장도
아무런 효과를 발휘할 수 없다는 점을 제기할 수 있다. 이렇듯 한 시
대를 구성하고 있는 거대한 이론과 소규모의 경험연구 사이에는 반
드시 중간 범위의 이론이 맞물려 있어야만 전체적인 측면에서 거시
적 이론에 존재하는 허점과 경험연구에 존재하는 번거로움이라는 두
가지 문제를 모두 해결할 수 있다. 머튼은 중범위이론이란, 거시적
이론보다 비교적 낮은 정도의 추상적 사고를 토대로 설정되어야 할
뿐만 아니라 명확하게 규정되고 조직화 된 개념을 갖추고 있어야 하
며, 그 추상적 사고에 얽매이지 않도록 경험연구의 체계와 연계를 이
루어야 한다고 논하였다.[81]

머튼의 중범위이론에 대하여 논하기 위해서는 역사 유물론의 특징
으로 대두되는 역사주의Historicism[57)]를 수정할 때 나타난 작용과 그

---

57) 모든 사상을 역사의 과정으로 분석하고 그 가치와 진리도 역사의 과정에서
   나타난다고 주장하는 사조.

관계를 언급하지 않을 수 없다. 칼 포퍼는 역사주의에 대하여 예언론과 결정론의 측면에서 자신의 견해를 나타냈다.

> 역사주의의 핵심원리란, 역사는 특수한 역사적 법칙 혹은 진화적 법칙에 따라서 지배되고 있으며, 우리가 이 법칙을 발견하게 된다면 인간의 운명을 예측할 수 있게 된다는 것이다. 또한, 역사주의라는 것은 인간의 역사가 인간 자신의 활동이 인간이 다룰 수 없는 힘으로 결정되어 있다는 것을 의미하는 사상이다.[82]

이와 반대로 역사주의의 핵심사상이 일반화된 경향을 개체화個體化된 경향으로 대체하는 것이라는 견해도 존재한다. 중국의 전통사학과 관련한 역사주의 원칙은 아마도 포퍼가 논한 첫 번째 의미에 더 가까울 것이다. 프레드릭 제임슨Fredric Jameson은 이러한 역사주의 이론이 두 가지 어려운 상황을 맞이하게 될 것이라고 지적하였다. 첫째, 경험주의적 역사연구라는 것은 그 자체가 초보적인 가설을 기초로 하여 이루어지는 것이기 때문에 모든 연구내용을 경험조사에 의지하기에는 부적절할 수 있다는 것이다. 둘째, 연구를 진행함에 따라 자아의 영향력이 커지게 되고, 그렇게 될수록 역사를 인식하는 객관적 측면의 시야가 좁아지며, 결국 역사를 이해하는데 있어서 그 가능성의 문을 스스로 닫아 버리는 자폐적 현상이 나타날 수 있다는 것이다. 그는 이러한 두 상황을 해결하는 방법으로 제시되었던 골동품연구antiquarianism, 실존역사주의existentia historism, 구조유영학structural typology, 니체의 반역사주의Nietzchean antihistoricism 등을 면밀하게 분석하였지만, 이러한 방법들은 전통적인 역사주의 이론을 변화시킬 수 없다고 결론지었다.[83] 그는 앞서 말했던 방법들과는 다른 새로운 해결책을 제시하였는데, 이는 바로 미셸 푸코의 계보학적 방법론을 활용하여 마르크스가 주장했던 생산양식이론을 재구축하자는 것이었다. 이 과정은 진보적이고 선형적인 서사 방식이 아닌, 중범위이론의 범주 내에서 진행되는 방식을 의미한다.

　머튼의 중범위이론은 중국 역사연구에 대하여 상당히 중요한 가능성을 제시하고 있다. 5단계론과 건가학파의 역사고증방식에 있어서 상호 간의 교류를 통해 연구가 이루어진다면 효과적인 방법을 도출해낼 수 있다는 점을 나타낸다. 1950년대 미국의 중국학계에서는 중범위이론을 토대로 페어뱅크의 충격-반응론이 제시되었고 그에 따라 지역사연구가 다양한 종류의 사회적 인류학으로 전환되는 큰 변화가 일어났다.[84] 당시 학계의 시각에서는 충격-반응론이란 매우 큰 틀의 거시적인 이론이었기 때문에 중국의 근대사에 관한 변천 과정을 묘사한 그의 저서들은 상당히 포괄적인 관점에서 서술이 이루어졌다. 이점에 대하여 학자들은 그가 중국 역사의 세부적인 상황과 실태에 대해 제대로 인식하지 못한 상태로 너무 성급하게 추상적인 결론을 내리고 있다고 비판하였고, 그로 인하여 이론상에 상당 부분의 오류가 존재한다고 지적하였다. 이러한 학술여론으로 인하여 학자들이 다시 지역사연구로 회귀하게 되지만, 지역사연구도 마찬가지로 중범위이론을 토대로 진행되고 있었다. 이렇듯 중범위이론은 아직 상당 부분 보완과 수정이 필요한 이론이기 때문에 많은 학자로부터 비판을 받고 있다.[85] 다만, 그에 따른 해석들이 점점 축적되어 각 영역의 파상적인 발전이 이루어진다면 중국사에 대한 인식이 점차 명확해질 것이며, 동시에 합리적인 변화가 이루어질 것이라고 본다.

　큰 틀에서 보면, 초기 중국의 역사학계는 미국의 중국학계와 이렇다할 큰 차이점이 존재하지 않았다. 두 학계 모두 제국주의론帝國主義論58)을 토대로 연구를 진행하는 공통점을 나타내고 있었기 때문이다.

하지만 세부적으로 들여다보게 되면, 중국 역사학계의 입장은 페어뱅크의 충격 - 반응론에 근거를 두고 있는 것이 아닌, 제국주의가 중국에 영향을 미쳤던 방법에 대한 분석이 주를 이루고 있었다는 차이점이 있다. 미국의 일부 중국학자들은 역사적 서사와 관련하여 그 한계와 문제점을 인식하고 페어뱅크가 정의한 범위와 연구방법에 대한 수정을 진행하였지만, 중국의 역사학계는 문제를 자각하고 반성하는 중범위이론의 인식이 부족하였고 이 때문에 서양학계와 근대사에 대한 소통에서 그 능력이 뒤떨어질 수밖에 없었다. 과거와 현재, 고대로부터 현대에 이르는 중국사의 장대한 스펙트럼과 그를 뒷받침하는 사료들이 셀 수 없을 만큼 존재하는데도 불구하고, 그 역사적 증거를 활용하여 해석할 능력이 부족하였던 것이며, 서양의 중국학계와의 소통에서도 지속적인 문제가 발생하고 있다. 이러한 중국학계의 문제점에 대해서 인지심리학자 와이너B. Weiner는 아래와 같이 논하였다.

> 중국의 역사학계는 역사를 개념화하는 능력이 부족한 것 같다. 역사학은 비非사건적인 현상의 해석과 개념화에 따라 점진적인 성과를 얻을 수 있는 학문이다. 역사적 사료를 토대로 하여 역사의 개념화가 이루어지고 이를 통해 역사학자와 역사 소설가를 구별해 낼 수 있다. 역사학적인 분석이 아닌 단순한 사건에 관한 내용을 반영하는 역사서는 오히려 TV에서 방영하는 다큐멘터리를 보는 것만 못하다.[86]

그가 말한 개념화에 대해서 필자는 사료에 대한 비교적 제한적이며 추상적인 의미로 인식되었으며, 이는 전통적인 역사의 비현실성과 구

---

58) 자본주의 세력의 침략 및 지배에 대한 이론을 기초로 하여 중국과 서양세력 간의 충돌을 분석하는 방법.

분될 뿐만 아니라 경험연구의 상세함과 차이를 보인다고 여겨졌다. 즉, 그의 주장은 앞서 말한 두 가지 연구관점을 모두 고려하여 구축된 중범위이론의 해석을 토대로 한 것이다.

이러한 세 가지 측면에서 볼 때, 중국의 역사학계는 현재 상황을 개선하기 위하여 역사에 대한 합리적인 개념을 구축할 필요가 있다. 중국의 역사에 관한 개념은 정통론의 두 가지 측면에서 영향을 받고 있다. 첫째, 앞서 등장했던 공양삼세설이라는 사회적 진화론을 통해 형성된 내용이 모든 역사적 사건들을 관리하는 역할을 하고 있다는 점이다. 이는 하나의 절대적인 이념을 토대로 하여 변증법적으로 증식되고 전개되어 간다는 헤겔의 절대정신Absolute Spirit의 개념과 비슷한 맥락이라고 할 수 있으며, 일종의 자기 폐쇄적인 순환론이라고 할 수 있다. 그 절대적인 이념에 대한 합리성의 유무가 이미 옛 성인들에 의해 결정되어버린 것이다.

둘째, 건가학파의 역사복원이라는 측면에서 미친 영향이다. 고증학의 원류인 명나라의 고거학考據學에서 출발하여 경서의 응용을 통한 실천이라는 통경치용通經致用을 주장한 청나라 초기의 경학자 고염무顧炎武에 이르기까지 상세하고 심오한 관점에서 고전적인 의미를 탐구하였다.

이 두 가지 측면은 거시적인 관점과 미시적인 관점이라는 차이를 가지고 있지만, 과거에 설정되었던 가치판단의 본질이라는 원칙에 근본을 두는 공통점을 가지고 있으며, 그것을 바탕으로 역사의 발전에 관한 합리성과 규칙성을 탐구하고자 했다. 이러한 전통적인 관점은 현재 중국의 역사학과 사회사연구에 지대한 영향을 미쳤을 뿐만 아니라, 역사학계의 객관적인 규범으로 자리를 잡고 있다. 과거 많은 역사가는 역사의 거대한 틀 속에 무의식적으로 자신의 주관적인 입장에 따라 의견과 사상을 투영시켜왔으며, 이를 토대로 역사적 사실을 단정하고 규정화하였다. 그래서 그들이 서술한 역사서들은 대부분 명확한 방향성을 가진 결론으로 귀결된다. 이러한 점에 관하여 뒤르켐은 아래와 같이 논하였다.

> 우리는 사회적 시스템에 소속된 사람들의 이기적인 행동을 공적인 행동으로 착각하기 쉽고 사랑이라는 감정에 대해 상대방을 위해 자신의 불편함을 감수하는 것이라고 인식하고 있으며, 이와 같은 행동이 자연스럽고 아름다운 양보의 미덕이라고 착각하며 살아가기도 한다. 이처럼 사람들은 객관적으로 상당히 불합리한 편견의 노예로 살아가고 있지만 스스로 이성적인 측면에서 순종적인 삶을 살고 있다고 착각하고 있다.[87]
> 역사연구를 진행할 때도 마찬가지로 이와 같은 오류에 빠질 수 있다. 역사적 사실이 가지고 있는 모든 속성과 그 속성이 탄생 된 원인을 객관적인 사물로써 인식하지 않고 주관적인 감정, 주관적 사고방식, 개인적 사상에 따라 인식한다면 그 내면의 본질과 핵심은 절대 발견할 수 없다.[88]

그는 사회적 사실을 사물로 취급하여야 한다고 주장하였다. 사회적 사실은 단순히 사회적 사실에 준거하여야만 인과적으로 설명할 수 있다는 것이다. 또한, 사회적 사실의 특성은 그것이 개인에 대해서 외재적이며, 사람들의 행동을 강제한다고도 논하였다. 이는 종교, 문화, 미학의 관념에서 진행되는 역사연구가 아닌 과학적 방법을 통한 분석이 필요하며, 그 과정에서 도덕적 원리를 발견해야 한다는 것을 의미한다.[89]

그가 말한 사회적 사실을 기록했던 과거의 사료들은 대부분 역사가의 주관적인 관점으로 기록되었다. 즉, 먼 옛날 고대 시기로부터 전해져 내려온 역사적 문헌들은 모두 당시의 학자 개개인의 학설을 통해 주관적으로 기록되어 온 것이기 때문이다. 20세기 초에 등장한 고증학자 왕국유王國維는 고거학의 이중증거법二重證據法을 활용하여 사료의 진의를 분석하고자 하였지만, 주관적으로 기록된 원본 사료의 한계를 넘지 못하고 이를 재구성하는 것으로 일단락되어 버렸다. 역사적 사실은 사회적 사실의 객관성과 엄연히 다른 차이를 가지고 있다. 역사적 사실을 기록한 사료의 원본은 당시 일어난 사건에 대한 각각의 주관적인 행동으로 서술하였기 때문에, 근본적으로 역사학 분야에서 객관적인 사실이란 존재할 수 없다. 이는 역사적으로 발생했던 사건들의 과정과 구조는 사실 한 개인에 의해 설계되었으며, 어떠한 목적성을 가지고 이루어졌을 것이라는 사고방식으로 해석되었다고 볼 수 있다. 하지만 역사적 사실에 대한 주관적인 해석은 한 가지 목적으로 개괄될 수 없다. 역사상에 등장하는 모든 목적성은 각각의 특수성을 지니고 있으며, 이는 절대 일반화될 수 없기 때문이다. 즉, 한 가지 목적을 위하여 전개된 역사의 주관적 관념은 과거의 모든 사건과 사실들에 내포된 인과관계와 범용汎用될 수 없는 것이다.[90]

역사관은 시대를 거듭하여 중첩된 선대 역사가들의 경험을 토대로 구축된 것이다. 다만, 과거에 그들이 쌓아온 것처럼 현재의 역사가들도 자신의 경험을 통해 역사관을 구축할 수 있다는 점을 잊어서는 안 된다. 독자적인 문명사관을 제시했던 영국의 역사가 아놀드 토인비 Arnold J. Toynbee는 이점에 대하여 다음과 같이 말했다.

내 인생의 모든 경험은 나의 역사관에 색을 입히는 특별하고 개성적인 요소로 그 역할을 하고 있다. 이는 긍정적 상황과 부정적 상황을 모두 포함한 일생의 경험이 쌓이고 축적되어 형성된 것이며, 나는 이러한 나의 역사관이라는 울타리에서 살아가고 확장해 나아가며, 결국 그 울타리 안에서 생을 마감할 것이다.[91]

역사적 사실을 분석하고 인식할 때 개인의 경험을 통해 새로운 진실을 발견할 수는 있지만, 그 역시 개인의 인생이라는 한정된 시간 속에서 쌓아온 역사 경험의 일부일 뿐이다. 그 한정된 시간을 초월할 수 있는 전체 역사의 주관적인 설계는 불가능한 것이며, 이는 앞서 논했던 고대의 경서들도 마찬가지이다. 이러한 점에 대하여 오스트리아 출신의 경제학자 하이에크Friedrich A. von Hayek는 아래와 같이 논하였다.

인간의 사고능력이 발전하는 과정은 역사와 문명의 발전이라는 거대한 틀 속에 존재하는 일부 요소일 뿐이다. 다만 인간이 자신의 목표 및 가치의 품격에 대한 사고를 거듭하는 발전적 가능성은 특정한 시기상의 문명과 당시의 상황이라는 외부적 요인으로 인하여 한정될 수 있다. 즉, 이러한 외부적 요인이 없다면 인간의 사고능력의 한계가 어디까지, 언제까지, 어떻게 발전할 수 있는지에 대한 문제는 그 누구도 예측할 수 없다.[92]

역사적 사실이란 주관적 경험이라는 울타리 안에 있지만, 고대 성인들의 견해와 사상을 기록한 경서의 구조와는 구분된다. 중국의 역사학계가 이 둘을 구분 짓지 못하고 있는 상황이 바로 현재 역사학계의 발전을 저해하는 치명적인 원인이다. 그러므로 중국의 역사학계는 정통론에 대한 분석으로 이루어진 주관적인 해석과 공학적 설계 간에 존재하는 차이점을 명확하게 구분해야 할 것이다.

[1] 梁啓超,『中國歷史研究法·史之意義及其範圍』,『梁啓超史學論著四種』, 嶽麓書出版社, 1985, p100.

[2] 梁啓超,『中國歷史研究法·史之意義及其範圍』,『梁啓超史學論著四種』, 嶽麓書出版社, 1985, p111.

[3] Roger V. Des forges,『The Pattern of Chinese History: A Spiral Theory』劉東 역문,『走向未來』, 1987, 제1-2권.

[4] 王正毅,「世界經濟、曆史體系與文明——評沃勒斯坦的"世界体系論"」,『中國書評』, 1996, p144.

[5] Anthony Giddens,『The Nation-State and Violence』胡宗澤역문,『民族——國家與暴力』, 三聯書店, 1998, p205.

[6] 王正毅,「世界經濟、曆史體系與文明——評沃勒斯坦的"世界体系論"」,『中國書評』, 1996, p147.

[7] 三好將夫,「沒有邊界的世界? 從殖民主義到跨國主義及民族國家的衰落」, 汪晖, 陳燕谷 주필,『文化與公共性』, 三聯書店, 1998, p484.

[8] 程農,「重構空間前後中國激進思想裏的世界概念」,『二十一世紀』, 1997, p58-69.

[9] Arif Dirlik,『Anarchism in the Chinese Revolution』, University of California Press, 1991, p3-9. Arif Dirlik,『Revolution and History: The origins of Marxist Historiography in China, 1919-1937』, Berkeley, 1978, 서론.

[10] 郭湛波,『近五十年中國思想史』, 山東人民出版社, 1991, p91-92.

[11] 罗梅君,『政治与科学之间的历史编纂——30和40年代中国马克思主义历史学的形成』, 山東教育出版社, 1997, p187.

[12] 罗梅君,『政治与科学之间的历史编纂——30和40年代中国马克思主义历史学的形成』, 山東教育出版社, 1997, p73-76.

[13] 郭湛波,『近五十年中國思想史』, 山東人民出版社, 1991, p91-92.

[14] 郭沫若,『中国古代社会研究』, 人民出版社, 1991, p91-92.

[15] 郭沫若,『中国古代社会研究』, 人民出版社, 1991, p91-92.

[16] Дональд Тредголд,「Советский историк методов производства Азии」, 杨品泉 역문,「苏联历史学家对"亚细亚生产方式"的看法」,『史学理论』, 中国社会科学出版社, 1987.

[17] Дональд Тредголд, 「Советский историк методов производства Ази и」, 杨品泉 역문, 「苏联历史学家对"亚细亚生产方式"的看法」, 『史学理论』, 中国社会科学出版社, 1987.

[18] 何顺果, 「社会形态不等于生产方式」, 『读书』, 三联出版社, 1999, p89-91.

[19] 郭沫若, 『中国古代社会研究』, 人民出版社, 1991, p91-92.

[20] 郭沫若, 『中国古代社会研究』, 人民出版社, 1991, p91-92.

[21] K.A. Wittfogel, 『Oriental despotism: a comparative study of total power』, 徐式谷 等 역문, 『东方专制主义——对于极权力量的比较研究』, 中国社会科学出版社, 1989, p393.

[22] K.A. Wittfogel, 『Oriental despotism: a comparative study of total power』, 徐式谷 等 역문, 『东方专制主义——对于极权力量的比较研究』, 中国社会科学出版社, 1989, p397.

[23] 翦伯赞, 「关于历史人物评论中的若干问题」, 『翦伯赞史学论文选集』, 人民出版社, 1980, p8.

[24] 翦伯赞, 「怎样研究中国历史」, 『翦伯赞史学论文选集』, 人民出版社, 1980, p144.

[25] 周勤, 「本土经验的全球意义——为〈世界汉学〉创访杜维明教授」, 『世界汉学』, 世界汉学杂志社, 1998, p9.

[26] 侯且岸, 『当代美国的"显学"——美国现代中国学研究』, 人民出版社, 1995, p19-30.

[27] Benedict Anderson, 『Imagined Communities: Reflections on the Origin and Spread of Nationalism』, Verso: New York Press, 1983, p1-9.

[28] 许明龙, 「18世纪欧洲"中国热"退潮原因初探」, 『中国社会科学季刊』, 中国社会科学出版社, 1994, p159-168.

[29] Edward W. Said, 『Orientalism』, Vintage Press, 1979.

[30] G. W. F. Hegel, 『Geschichtsphilosophie』, 王造时 역문, 『历史哲学』, 上海书店出版社, 1999, p23.

[31] Jonathan D. Spence, 廖世奇, 彭小樵 역문, 『文化类同与文化利用』, 北京大学出版社, 1990, p16-17.

[32] John King Fairbank, 『The United States and China』, 张理京 역문, 『美国与中国』, 世界知识出版社, 1999, p28-31.

[33] Paul A. Cohen, 『Discovering History in China : American Historical Writing

on the Recent Chinese Past」, 林同奇 역문, 『在中国发现历史——中国中心观在美国的兴起』, 中华书局出版社, 1989, p1-44.

[34] 金耀基, 『从传统到现代』, 中国人民大学出版社, 1999, p131-134.

[35] Michel Foucault, 「Qu'est-ce que les Lumieres? 」, 「什么是启蒙?」,陈燕谷, 『文化与公共性』 중 발췌, 新知三联书店, 2005, p422-442.

[36] Roland Robertson, 『Globalization: Social Theory and Global Culture』, 梁光严 역문, 上海人民出版社, 2000, p200.

[37] 罗志田, 「夷夏之辨与道治之分」, 『学人』, 江苏文艺出版社, 1997, p89.

[38] 饶宗颐, 『中国史学上之正统论』, 上海远东出版社, 1996, p88.

[39] 饶宗颐, 『中国史学上之正统论』, 上海远东出版社, 1996, p3-4.

[40] 罗志田, 「夷夏之辨与道治之分」, 『学人』, 江苏文艺出版社, 1997, p89.

[41] 饶宗颐, 『中国史学上之正统论』, 上海远东出版社, 1996, p111.

[42] 饶宗颐, 『中国史学上之正统论』, 上海远东出版社, 1996, p121-124.

[43] 饶宗颐, 『中国史学上之正统论』, 上海远东出版社, 1996, p59.

[44] 梁启超, 「中国历史研究法」, 『梁启超史学论著四种』, 岳麓书社, 1998, p109.

[45] 梁启超, 「新史学·论书法」, 『梁启超史学论著四种』, 岳麓书社, 1998, p269.

[46] 梁启超, 「中国历史研究法」, 『梁启超史学论著四种』, 岳麓书社, 1998, p107.

[47] 梁启超, 「新史学·论书法」, 『梁启超史学论著四种』, 岳麓书社, 1998, p268.

[48] 梁启超, 「新史学·论书法」, 『梁启超史学论著四种』, 岳麓书社, 1998, p268.

[49] 梁启超, 「新史学·论书法」, 『梁启超史学论著四种』, 岳麓书社, 1998, p270.

[50] 冯耀明, 「儒家传统与本质主义」, 『鹅湖学志』, 东方人文学术研究基金会, 1996, p1-2.

[51] 苏力, 「后现代思潮与中国法学与法制」, 『法治及其本土资源』, 中国政法大学出版社, 1997, p273.

[52] 刘小枫, 「洛维特论近代历史哲学的起源」, 『个体信仰与文化理论』, 四川人民出版社, 1997, p256-266.

[53] 梁启超, 「新史学·论书法」, 『梁启超史学论著四种』, 岳麓书社, p250.

[54] Ernst Cassirer, 『Die Philosophie der Aufklärung』, 顾伟铭 역문, 『启蒙哲学』, 山东人民出版社,1988, p208-214.

[55] 梁启超, 「中国历史研究法」, 『梁启超史学论著四种』, 岳麓书社, 1998, p224.

[56] 梁启超, 「中国历史研究法」, 『梁启超史学论著四种』, 岳麓书社, 1998, p230.

[57] 蒋庆, 「再论政治儒学」, 『经济民主与经济自由』 중 발췌, 三联书店, 1997,

p306-368.

[58] Benjamin A. Elman, 『Classicism, Politics, and kinship: The Ch`ang-chou School of New Text Confucianism in Late Imperial China』, University of California Press, 1990.

[59] 梁启超, 「清代学术概论」, 『梁启超史学论著四种』, 岳麓书社, p79.

[60] Joseph W. Esherick, 『The Origins of the Boxer Uprising』, 张俊义 등 역문, 『义和团运动的起源: 打破起源偶像』, 江苏人民出版社, 1994.

[61] Friedrich August von Hayek, 『The Constitution of Liberty』, 邓正来 역문, 『自由秩序原理』, 三联书店, 1997.

[62] 梁启超, 「清代学术概论」, 『梁启超史学论著四种』, 岳麓书社, p79.

[63] 林毓生, 「五四时代的激烈反传统思想与中国自由主义的前途」, 『中国传统的创造性转化』, 三联书店, 1988, p168.

[64] 章学诚, 「內篇 易教上」, 『文史通義』, 1801.

[65] 章学诚, 「內篇 易教上」, 『文史通義』, 1801.

[66] 余英时, 「清代思想史的一个新解释」, 『历史与思想』, 联经出版公司, 1977, p121-156.

[67] 钱大昕, 『潜研堂文集』, 江苏古籍出版社, 1997.

[68] 梁启超, 「清代学术概论」, 『梁启超史学论著四种』, 岳麓书社, p31.

[69] 梁启超, 「清代学术概论」, 『梁启超史学论著四种』, 岳麓书社, p31.

[70] 李伯重, 「资本主义萌芽情结」, 『读书』, 三联出版社, 1996, p65.

[71] Henri-Irénée Marrou, 「L'histoire est la même chose que la connaissance」, 「历史如同知识」, 『现代西方史学流派文选』 중 발췌, 上海人民出版社, 1982, p69.

[72] SirKarl Raimund Popper, 「L'histoire a-t-elle un sens?」, 「历史有意义吗?」, 『现代西方史学流派文选』 중 발췌, 上海人民出版社, 1982, p153.

[73] SirKarl Raimund Popper, 「L'histoire a-t-elle un sens?」, 「历史有意义吗?」, 『现代西方史学流派文选』 중 발췌, 上海人民出版社, 1982, p153.

[74] Henri-Irénée Marrou, 「L'histoire est la même chose que la connaissance」, 「历史如同知识」, 『现代西方史学流派文选』 중 발췌, 上海人民出版社, 1982, p81.

[75] Émile Durkheim, 『Division du travail dans la société』, W.D.Halls 역문, 『The Division of Labor in Society』, Free Press, 1984.

[76] Michel Foucault, 『Nietzsche, Genealogy, History, The Foucault Reader』, Panth

eon House Press, 1984.

[77] Michel Foucault, 「Nietzsche, Genealogy, History, The Foucault Reader」, Pantheon House Press, 1984.

[78] 庆堃, 「介绍地位学方法」, 『社会研究』, 1934.

[79] 林耀华, 「柯莱论生活研究法与农村社会研究」, 『社会研究』, 1934.

[80] 王铭铭, 『社区的历程——溪村汉人家族的个案研究』, 天津人民出版社, 1997.

[81] Jonathan H. Turner, 『The Structure of Sociological Theory』, 吴曲辉 역문, 『社会学理论的结构』, 浙江人民出版社, 1987, p105-107.

[82] Fredric Jameson, 「马克思主义与历史主义」, 『新历史主义与文学批评』, 北京大学出版社, 1993, p17-51.

[83] Fredric Jameson, 「马克思主义与历史主义」, 『新历史主义与文学批评』, 北京大学出版社, 1993, p17-51.

[84] William T. Rome, 『HANKOW: Commerce and Society in a Chinese City, 1796-1889』, Stanford University Press, 1984; William T. Rome, 『HANKOW: Commerce and Society in a Chinese City, 1796-1895』, Stanford University Press, 1989; Prasenjit Duara, 『Culture, Power and The State Rural North China, 1900-1942』, Stanford University Press, 1988; Mary Backus, 『Elite Activism and Political Transformation in China: Zhejiang Province, 1865-1911』, Stanford University Press, 1986; Strand, David G, 『Beijing: City People and Politics in 1920s China』, University of California Press, 1989.

[85] 杨念群, 「儒学地域化的近代形态」, 『中国书评』, 香港, 1998.

[86] Paul Veyne, 「Comment On Ecrit L'Histoire」,J. Le Goff, 『New history』 중 발췌, 姚蒙 역문, 『新史学』, 上海译文出版社, 1989, p88.

[87] Émile Durkheim, 『Les règles de la méthode sociologique』, 狄玉明 역본, 『社会学方法的准则』, 商务印书馆, 1995, p9.

[88] Émile Durkheim, 『Les règles de la méthode sociologique』, 狄玉明 역본, 『社会学方法的准则』, 商务印书馆, 1995, p7.

[89] Émile Durkheim, 『Les règles de la méthode sociologique』, 狄玉明 역본, 『社会学方法的准则』, 商务印书馆, 1995, p35.

[90] Karl Theodor Jaspers, 「die Geschichte des Menschen」, 중국어 역문 「人的历史」, 『现代西方史学流派文选』 중 발췌, 上海人民出版社, 1992, p43.

[91] Arnold Joseph Toynbee, 「Tonybee on Tonybee」, 沈晓红 역문, 「汤因比论汤

因比」, 『現代西方史学流派文选』 중 발췌, 上海人民出版社, 1992, p136.

[92] Friedrich August von Hayek, 『The Constitution of Liberty』, The University of Chicago Press, 1960, p21.

제**2**장
80년대에서 90년까지
: 중국사상과 관련한 문제의식의 변화

1. 계몽담론과 "심리주의" 해석으로 회귀한 전통사상

　5.4운동 이후, 전통적인 역사연구는 청나라 말기에 시작하여 점차 형성되었던 계몽주의 해석법을 계승하는 방향으로 이루어졌다. 이 해석법은 이성주의의 과학적 세계관을 토대로 하여 역사발전의 방향과 과정을 명확하게 밝히고자 하는 것이다. 단, 20세기 초와 1980년대에 이루어졌던 역사연구 방식과 달리, 언어와 상황이라는 환경적 측면에서 해석을 진행하고자 하였다. 제1차 세계대전 이후 일어난 사회혁명에 앞서, 중국의 역사학자들은 그에 관한 현실적인 문제에 직면하게 되었다. 이는 세계적으로 자본주의 사상이 확장되고 있는 상황이 중국의 사회적 혁명에 어떠한 영향을 미쳤으며, 그에 대한 합리적인 논증을 제시할 수 있느냐는 가능성에 대한 문제였다. 이 시기의 역사학자들은 중국이 세계 자본주의의 발전이라는 흐름에 융합되는 것보다 사회적 자원의 평등한 재분배의 측면에 중점을 두고 사회주의 운동을 통하여 서구사회의 통제에서 벗어나야 한다고 인식하였다. 그래서 실

제로 1930년대 이후 자유주의의 진화관이 사회주의의 역사적 이념으로 대체되기 시작되었고, 점차 지배적인 위치로 자리 잡게 되었다. 이러한 시대적 분위기에 따라 마르크스의 5단계론을 토대로 하여 중국의 역사발전에서 나타나는 특성을 연구하는 것은 결코 서양의 자유주의와 자본주의 확장에 발맞추기 위함이 아닌, 세계의 사회적 혁명이 발생한 보편적인 의미를 확립하고 논증하기 위함에 목적을 두고 있었다. 이는 중국이 당시의 세계적인 흐름이었던 독점자본주의의 사회에서 벗어나기 위함이었으며, 새로운 시대에 적응하기 위한 중국만의 역설적 반응을 표현하는 것이기도 하였다.

1980년대 중국의 사상학계는 주로 언론을 통하여 대중과 소통을 이루고 있었다. 5.4운동 시기, 자유주의 정신과 일맥상통하는 자본주의 가치의 이념을 수용할 것을 주장하였고, 이를 통하여 사회 구조적 방면에서 전면적인 자본주의 경제체제로의 발전을 기원하였으며, 그렇지 않으면 중국이란 국가가 세계에서 사라질 것이라는 극단적인 가정을 세워 자본주의 체제를 향한 절박한 심정을 반영하고자 하였다. 단, 자본주의 사회에 대한 부정적인 비판의 부재로 인하여 결국 사회혁명이라는 사상은 점차 그 힘을 잃고 현대식 사상으로 대체되었다. 1980년대 중국사상계는 20세기 중반까지 영향력을 미쳤던 미국식 모더니즘을 토대로 중국 사회의 분석을 진행하였다. 미국의 정치학자 새뮤얼 헌팅턴Samuel Huntington은 앞서 말한 현대식 이론과 그 이전에 출현한 사회진화이론 및 사회변화이론에 관한 비교연구를 통하여 명확한 차이점을 밝혀냈다. 당시의 사회이론은 인류와 미래사회에 대한 비관론이었는데, 이 이론을 주장했던 학자들은 크게 두 부류로 분류할 수 있다. 첫 번째 부류의 대표적인 학자로는 독일의 역사가이자 문화철학자인 오스발트 슈펭글러Oswald Spengler와 영국의 사학자인 아놀드 토인

비가 있다. 이들은 문명 혹은 문화적 측면에 관한 집중적인 연구를 통하여 인류사회의 기원, 성장, 성숙, 쇠퇴로 이어지는 관련성을 총괄할 수 있는 결론을 도출하고자 하였다. 두 번째 부류는 독일의 사회학자 카를 만하임Karl Mannheim과 철학가인 한나 아렌트Hannah Arendt로 대표되며, 서양 종교계의 몰락과 인류사회에 대한 파괴는 곧 세계대전과 인종차별 분쟁 및 문화의 소멸을 초래할 것이라고 주장하였다. 이러한 당시의 주장은 대중사회의 발전이 전제주의專制主義[1]적 경향을 보였다는 점을 대변하는 것이다.[1]

　리얼리즘과 상반된 모더니즘은 제1차 세계대전 이후 미국의 사회과학자들에 의해서 제기되기 시작하였으며, 1960년대 중반 전성기를 맞이하게 된다. 이 시기 미국은 전 세계적으로 군사, 정치, 경제의 분야에서 영향력을 확장함과 동시에 급속성장을 이루었으며, 세계 각국의 많은 학자가 미국의 사회적 상황과 이념에 대해 공감하였다. 민주주의라는 틀 안에서 그 어느 체제와 비할 바 없는 경제적 번영과 정치적 안정을 구축하였기 때문이다.[2] 모더니즘과 같은 근대화이론은 전통적 진화론의 특징을 가지고 있는데, 이는 사물의 상호 연관성과 인과관계에 대한 확고한 신념을 가지고 있는 사조임과 동시에 그 신념은 창조성과 맞물려 끊임없이 체계적인 지식탐구를 이루어 내고 있었다. 또한, 사회의 변화 과정에서 나타나는 방향성에 대한 분석도 포함하고 있다. 전통사회와 현대 사회가 공간적으로 대치하고 있는 이분법적 관계라는 모더니즘의 표현 방법은 전통과 현대의 시간적 범위라는 관계

---

1) 전제주의despotism, 한 사람 또는 소수의 지배자가 법이나 제도에 구속받지 않고 통치하는 것을 가리키며, 일반적으로 군주제나 귀족제보다 지배의 성질이 자의적인 경우를 의미한다.

속에서 반영될 뿐만 아니라, 서구형 공간과 비서구권 공간의 관계에 대한 구조에서도 반영되고 있다.[3] 제2차 세계대전 이후, 미국의 중국학연구에서 기초를 두고 있는 명제가 바로 이러한 공간적 분석에 입각한 관념이다.

1980년대 중국의 사상계는 앞서 말한 바와 같이 모더니즘을 토대로 증명과 분석을 진행하고 있었다. 하지만 이러한 근대화이론에 대하여 중국의 역사학자들은 세계와 중국 간의 관계를 역사적인 상상으로 재구성한 것일 뿐이라고 주장하였다. 그들은 청나라 말기 이후, 중국 전통사회의 구조를 세롭게 구축하였고 그 과정에서 일어난 모든 사건을 긍정적인 역사연상으로 서술하였기 때문에 1930년대 이후 이루어졌던 사회사연구에서 동서양의 관계를 비판적으로 묘사한 것과 명확하게 상반된다. 당시 양계초와 인하이광殷海光 등의 일부 학자들은 근대 시기의 중국을 연구할 때, 물질 - 제도 - 문화로 이어지는 비코G. Vico의 역사발전 3단계론을 토대로 서술을 진행하였다. 안타깝게도 20세기 초 일본으로 망명했던 양계초가 14년 만에 중화민국으로 귀국한 이후에 이 서술방식에 대하여 비판과 수정을 진행해야 했지만, 이내 이루어지지 않았고[4] 그 뒤를 잇고 있던 인하이광마저도 중국의 전통사회에 대한 서구 문명의 유입이라는 것에 확실한 역사적 합리성이 있었다는 점만 강조할 뿐 제대로 된 수정을 이루어 내지 못하였다. 이후, 중국의 미래사회를 서구형사회로 재구성하는 사회진화이론은 1980년대의 자유주의적 이념을 견지하고 있었던 지식인들의 정치적 견해를 밝히는 핵심적인 명제로 자리 잡게 된다.

1930년 이후, 사회사연구라는 방면에서는 갖가지 노선들이 각자 다른 방향성을 가지고 다양하게 진행되었다. 1980년대 중국의 사상계는 근대화이론을 통하여 사회사 방면에서 전통적으로 존재해왔던 경제결정론經濟決定論2)의 영향에서 벗어나고자 하였으며, 이를 위해 문화체계의 독립성이 사회발전에 큰 영향을 미치는 결정적인 요인이라고 강조하기 시작하였다. 이 시기 중국에서는 막스 베버Max Weber가 제시했던 사회학 이론이 유행하였는데, 5.4운동 이후, 전면적인 서양식 모더니즘을 주장하는 자유주의 학파, 민족 고유의 문화적 정화를 키우는 보수주의 학파, 사회개혁을 고취하고자 하는 급진적 사회주의 사조에 이르기까지 수많은 학술 집단들이 출현하였고 이들은 대부분 서양식 이론을 토대로 한 주장을 제기해 왔다. 보수주의를 대표하는 신유학파의 일원인 양수명은 사회문제에 깊은 관심을 기울이고 있었으며, 고전古典을 통하여 중국의 전통문화를 학습하는 방식에 대하여 격렬한 비판을 진행함과 동시에, 서양문화의 전반적인 수용을 주장하기도 하였다.[5] 당시의 사상사에 관련된 학자들은 전통적인 유럽의 관념사를 따르게 되었고 본질적인 의미에서 중국과 서양문화에 관한 역사적 특징을 정리하고 비교하여 서양식 사회이론이 동양의 사회이론보다 우월하다는 결론을 내리기에 이른다. 이러한 분석 방법에서 나타난 공통적인 특징은 철학계와 미학계의 오리엔탈리즘Orientalism3)이라는 사조의 영향이며, 전반적으로 보았을 때 20세기 초엽 이루어진 중-서 문화 비교에 대한 수준을 넘어서지 못했다는 것을 나타내고 있다. 벤자민 엘먼Benjamin A. Elman은 당시 학자들이 정신사 중심의 독일 전통 철

---

2) 경제결정론Economic determinism. 인간의 의식, 사회의 사상, 이념, 정치, 법률 등의 상부구조가 그 사회의 하부구조인 경제적 기초에 의해 그 특징이 결정된다는 주장으로 마르크스주의의 주요 핵심논리이다.

3) 동양에 대한 서구의 왜곡과 편견을 의미한다. 오리엔탈리즘의 본질은 서양을 우월한 존재로, 동양을 열등한 존재로 이분화해 구분하는 것이다. 오리엔탈리즘은 서구의 식민지 지배를 정당화하는 이념으로 기능했다.

학사 연구방법에서 영향을 받았을 것이라고 논하였다.[6]

베버의 학술 가치에 대한 재발견은 사상사에서 큰 의미로 쓰이게 되었다. 과거 베버의 주장이 중국의 역사가들에게 주목을 받지 못했던 가장 큰 이유는 그의 주장이 관념사에 대한 이성적이고 낭만적인 해석이라는 이유 때문이다. 그는 마르크스주의의 구조분석이라는 측면에서 중립적 위치를 고수하고 있었으며, 이러한 그의 학술적 위치선정은 당시 중국학자들에게 모호하게 받아들여졌다. 베버가 진행했던 문화에 관한 비교연구이론은 자본주의 사회의 관습ethos이라는 측면에서 개척자의 역할을 하고 있었지만, 이 관습의 출현은 반드시 자본주의의 이성 행위가 사회조직의 방식과 연계되어 고찰된 것이라는 점과 마르크스주의의 경제결정론과 대조되는 문화결정론文化決定論4)의 성격을 내포하고 있었기 때문에, 그 본질이 순수하지 못하다고 비판을 받았다.[7] 또한, 베버의 이론 및 전통 관념사는 중국 철학가의 핵심이론분석 및 경제사經濟史의 이념 획일화에 관하여 그 판단을 달리하고 있었기 때문에 중국사연구가 관념사와 경제사로 대립하였던 역사적 관습을 초월할 수 있도록 가능성을 제공하기도 하였다.

베버식 이론이 당시 중국에서 통용되었던 방법에 대하여 두 가지로 나누어 설명할 수 있다. 첫째, 베버의 저서인 『프로테스탄티즘의 윤리와 자본주의 정신The Protestant Ethic and the Spirit Capitalism5)』의 번역

---

4) 문화결정론Cultural determinism, 인간의 생활이나 역사는 인간이 오랜 역사를 통하여 발전시켜 온 문화에 의하여 영향을 받는다고 보는 견해를 말한다. 인간의 행위는 그들의 문화적 배경에 의하여 결정된다고 보는 것으로서, 인간과 자연과의 관계를 문화와 자연과의 관계로 파악하는 이론이다.

5) 프로테스탄티즘은 개신교 혹은 기독교 사상을 의미하며 베버는 이 저서를 통해 비종교 사회학이라는 연구를 진행하고자 하였다. 그 연구의 최종목적은

본을 통하여 중국의 학자들이 베버식 이론의 대체적인 내용을 인식하기 시작하였다는 점이다. 둘째, 홍콩과 타이완지역의 학자들이 베버식 이론을 토대로 구체적인 연구를 진행하였고 그에 관한 저작물을 통하여 베버식 연구방법이 중국의 문제를 분석할 때 어떻게 응용되었는지 인지할 수 있었다는 것이다. 베버는 개신교 윤리에 대한 분석을 토대로 1980년대 중국에서 일어난 문화열 사조에서 나타난 사상적 자원을 제시하였다. 그와 동시에 홍콩과 타이완지역의 사회사연구 학계에서는 베버가 추구했던 연구 방향을 기초로 하여 경제결정론의 반등을 나타내기도 하였다. 위잉스는 이점에 대하여 아래와 같이 주장하였다.

우리는 반드시 현재 일어나고 있는 결정론 의식의 범람을 주시해야 한다. 결정론이란 어떤 역사적 사건의 형상 그 자체는 자주성이 존재하지 않으며 다른 사물의 힘으로 결정된다는 이론으로서 여러 학술 분야에서 쉽게 찾아볼 수 있다.

그는 마르크스주의의 경제결정론을 일종의 환원법Reductionism[6]의 표현방식이라고 가정했다.[8] 또한, 여러 가지 환원법에 대하여 부정적인 의견을 내놓으며 전통적인 관념사의 방법과는 다른 역사학 학습을 진행하기도 하였다. 실제로 문화의 비교연구에서 나타나는 여러 가지

근대 유럽의 정치에서 경제, 사회, 학문, 예술 등 모든 영역에 흐르고 있는 "합리주의"가 왜 근대 유럽에서만 나타나서 길러지고 그것이 어떠한 특질을 가지고 있는가를 해명하는 것이었다.

6) 비관측이 가능한 성질(성향, 이론)들의 정의나 관측 가능한 성질들의 용어로서 실체들을 설명하는 것이다. 혹은 한 이론의 설명 혹은 법칙들의 설명에 있어서 보다 기초적이고, 근본적이며 혹은 보편적인 용어로서 정의나 실체를 설명하는 것을 말한다.

정치적 혹은 사회적 요소를 문화라는 범주에서 해석을 진행하였으며, 이념에 대한 분석과 신조를 견지하는 신유교 사상의 입장과 다른 관점으로 다가가기 위하여 노력해 왔다.[9] 이러한 규칙을 보편적인 체계로 구축하는 것은 상당히 어려운 일이었으며, 그도 이 사실을 모르고 있었던 것은 아니었다.[10] 그는 단지 고대 학자 및 지식인계층에 관한 연구를 통하여 이를 문화적인 요소로써 형식화하고자 했을 뿐이다. 이러한 그의 연구방법과 분석 과정을 보면, 베버의 이념형 분석법ideal type analysis[7])이 그에게 어떠한 영향을 미쳤는지를 알 수 있다.

위잉스의 연구를 예로 들어 중국의 역사학자들이 중국사연구에서 베버의 분석법을 사용할 때 어떠한 오류를 범하고 있었는가에 대하여 살펴보도록 하자. 동시대의 사회학자인 뒤르켐은 사회적 특성과 구조적 기능에 집중했던 반면, 베버는 주로 사회생활과 문화형성에 대하여 사회적인 관습에 관련된 분야를 집중적으로 연구하였다. 이는 인간의 행위에 대한 동기를 분석하여 사회적 행동이 가지고 있는 의미를 알아보고자 하는 것으로, 서양 개신교 윤리 및 자본주의 정신에서 나타난 연원 관계를 연구한 저서에서 명확하게 표현되었다. 그가 제시한 문제의식은 위잉스로 하여금 중국의 지식인계층에 관한 연구를 진행하게 했고 이후 철학적돌파哲學的突破[8])를 지표로 하여 고대 중국 지식인계층의 출현 전과 후에 나타난 변화가 큰 차이를 가지고 있다는 주장을 발표하게 되었다. 이러한 철학적돌파가 일어나기 전의 학자들

---

7) 당사자(사회 구성원)의 행위가 합리적(당시의 기준을 근거로)인지 아닌지를 구분하고, 그것을 다시 '이념형ideal type'이라는 것으로 구분해 총 4가지의 행위(목적 합리적 행위, 가치 합리적 행위, 정서적 행위, 전통적 행위)의 유형으로 분석을 진행하는 방법.
8) 현실을 돌파하는 철학적 대안을 찾기 위한 지식인의 태동을 일컫는 말.

은 봉건사회가 지배하고 있는 구조에 소속되어 있었으므로 정치 및 사회와 관련된 문제에 대하여 저항할 수 있는 토대를 마련하지 못했지만, 그 이후에 출현한 학자들은 각자 자신의 가치관과 가치이념을 도통으로 발전시켰다는 것이다. 또한, 봉건사회의 지배 관계를 벗어난 지식인계층은 도통을 견지한다면 어떠한 시기에도 그 사회의 정치적 혹은 사회적 굴레에서 벗어날 수 있으며 순수한 정신적 경지에 이를 수 있다고 인식하였다.

위잉스는 서양식 사회학 이론에서 지식인계층과 관련된 연구에 관하여 자신의 관점을 인용하며 다음과 같이 논했다.

> 서양의 지식인계층은 역사의 흐름 속에서 다원적이고 비연속적으로 전승되었다. 근대 시기의 지식인계층에서 나타난 행위적 삶과 고대 그리스 학자에게서 나타난 이론적 이성에는 그 연속성에 대한 아무런 관계가 없다. 이와 달리 중국의 학자들에게서 정통관의 전환점은 항상 존재해왔지만, 진나라 시기 이래 그 연속성이 끊어지는 일은 없었다. 서양의 지식인계층의 측면에서 말했던 행위와 이성의 상관관계에 대하여 말하자면, 이치를 깨닫고 세상을 구원하는 것을 자신의 목적이라고 인식했던 중국의 지식인계층이 근대 서양의 지식인계층에서 나타났던 표준과 더 가깝다고 볼 수 있다.[11]

여기서 위잉스는 동서양의 지식인을 다른 방식으로 묘사하였다. 그의 시각에서 보면, 고대 중국의 지식인들은 근대 서양 지식인들의 특성을 가지고 태어난 것처럼 비춰질 수 있다. 표면적으로 이는 도통의 지위를 높이는 듯 보이지만, 실제로 보면 서양의 기준으로 고대 중국인의 이미지를 평가한 것이며, 중국의 지식인들은 특정 경제계층에 속하지 않기 때문에 지적인 신념intellectual conviction을 지킬 수 있었다는 점을 강조하고 있다. 이러한 주장은 학자와 일반인의 성격이 다르다는 것을 의미하게 되는데, 개인이 소속된 계층의 배경으로 인하여 삶의 제한을 받는 다수의 일반인과 달리, 학자는 사상적 품행의 안정성을 바탕으로 하는 창조적인 소수creative minority라는 이상형으로 비치게 될 가능성이 크다. 그는 중국의 지식인계층은 도道와 양심良心을 초월하는 계층이며, 이러한 특성을 서양의 지식인과 비교하고 이를 통하여 중국의 지식인계층은 서양 개신교의 윤리적 제도라는 제한을 받지 않고서도 지적인 신념만으로 순수한 양심을 지켜나갈 수 있다는 점을 강조하였다.[12] 하지만 이러한 양심이라는 개념이 사회적인 기본이념으로 어떻게 육성되었고 어떻게 표현되었는지, 또는 어떠한 동기 및 사회적 조건으로 인하여 자신에 대해 비판적인 태도를 고수할 수 있었고 성찰할 수 있었는지에 대한 원인은 알 수 없다. 이는 위잉스가 고대의 지식인계층에 대한 기원을 모색해 나가는 데 있어서 선택하였던 사회학적 연구 방향이 도통의 본질적 특성을 연구하는 비역사주의의 논증 방향으로 전환되었음을 의미한다. 문화의 전파, 국가의 전통, 민속 문화의 전통 등의 사회학적 개념과 베버식 분석법은 모두 도통의 불변성과 순수한 양심이라는 측면에서 지식인계층의 일관적인 특성을 입증하기 위해 구축한 것이다. 위잉스는 신유가 사상이 중국인의 문화, 사회, 정치, 경제의 방면에 내재된 유교 철학에 대한 변화를 일으키고 있다고 비판하였다. 또한, 현재의 사회사연구에서도 유교의 도통과 같은 역사기원에 대한 잘못된 맹신이 이루어지고 있다고 덧붙였다.

위잉스는 베버의 이념분석법을 근거로 하여 중국 지식인계층에 관한 역사 및 도통의 지속성에 대하여 해석을 진행하였지만, 사실 그의 해석방식은 베버가 주장했던 분석법의 본질을 제대로 이해하지 못한 것이었다. 베버는 개인적 견해와 개인적 관점에 기초하여 서양세계의 이성과 경제적인 행위의 관계를 탐구하고 있었다. 그는 이러한 해석방식은 이성의 기능과 규율에서 영향을 받게 되지만, 실질적인 이성적 행위는 개개인의 능력과 기질에 달려 있다고 주장한 것이다.[13] 베버의 분석법은 두 가지 특징을 기초로 하고 있다. 첫째, 서양의 이성주의에 관한 특성을 발생학embryology적 측면에서 착안하여 설명을 진행한다는 점이다. 근대적인 성향을 내포하고 있는 서양의 이성주의 형태의 독특한 특성을 탐구할 때, 경제적 요소의 근본적인 중요성을 논외로 하지 않았으며, 또한 문화와 역사에 대한 유심론唯心論9)의 단편적인 해석방식이 유물론唯物論의 형식으로 대체되는 것을 강하게 반대했다.[14] 둘째, 정신적 산물에 관한 연구의 의의意義라는 측면에서 구체적인 형식과 역사적 연관성에 대하여 강조하였고 문화 현상의 분야에서 추상적인 유형은 일반적인 관점에서 제외하였다.[15] 베버는 이성주의가 곧 역사의 개념이라고 인식했던 것이며, 이는 인간이라는 개체와 더불어 모든 사물을 포함하여 이루어진 완전한 세계라고 표현하였다.[16]

베버의 두 가지 기준으로 보았을 때, 도통론道統論에 대한 위잉스의 연구는 발생학적 측면에서 이루어졌다고 볼 수 있지만, 역사적 범주에서는 그 의미가 존재하지 않는 것과 같다는 것을 알 수 있다. 그의 연구에서 도통을 구체적인 역사적 상황과 관련된 유동적인 요소가 아닌 정적인 특징을 지닌 초월적 요소로 표현하였기 때문이다. 그는 일반인

---

9) 만상萬象의 궁극적인 존재를 비물질적, 정신적, 생명적 요소로 생각하고 그에 의하여 물질적·비생명적인 것은 일원적一元的으로 해명할 수 있다는 철학적 입장.

들의 삶이란, 당시 그들이 소속되었던 계층에 제한을 받게 되며, 소수의 관료집단만이 그 사회의 계급과 계층 혹은 사회적 규범을 자유로이 넘나들 수 있는 특권을 가지고 있다고 확신하였다. 도통에 대한 구체적인 역사해석은 중국 지식인계층의 양심적 본질을 증명하는 일종의 지표이기도 하다. 이는 표면적인 특징에서 묘사된 용어의 변화와 더불어, 역사 속에서 지식인계층을 규정했던 본질적인 이미지는 쉽게 바꿀 수 없다는 것을 의미한다.

위잉스는 고대 중국의 지식인들에 대하여 봉건적인 질서에서 벗어나 세속적인 일을 관리하는 것만으로는 도통과 '정통관' 사이에 존재하는 미묘한 균형을 유지할 수 없었을 것이라고 인식하였다. 역사발전이라는 맥락에서 왕권의 강한 압박에 직면하였을 때, 그 누구도 심리적 혹은 도덕적 근거를 통하여 도통을 조직화하거나 자신의 신념을 관철하기란 참으로 어려웠을 것이다. 예를 들어, 후기구조주의를 대표하는 학자인 푸코는 지식智識의 개념에 대하여 역사 속에서 단순한 형태를 유지할 수 없는 것이 아닌, 각종 권력체계와 관련된 사건의 발생을 통해 비로소 파악이 가능한 내적 정체성이라고 주장하였다. 도통을 증명할 필요가 없는 추상적 이념으로 치부해서는 안 되고 각 역사적 시기에 끊임없이 출현하여 자리매김했다는 의미로 인식한다면 지식인계층이 그렇게 단선적인 이미지로 비치지는 않을 것이다.

포퓰리즘을 개념화한 정치학자 에드워드 실스Edward Shils는 지식인의 본성이란, 특정 사물을 대할 때 나타나는 민감한 특성과 사회적 규범이라는 자성 능력을 통해 사회적 현실에 담긴 가치의 방향과 긴장관계를 형성한다고 말하였다.

후대 지식인들이 재생산하였던 '창의성'이란, 모두 제도적인 시너지효과의 결과이기도 하다. 사회와 지식인들의 권위가 조화롭게 어우러지는 것이 곧 공공영역의 지속적인 질서유지의 기본적인 밑바탕으로 작용할 뿐만 아니라, 일반인과 사회를 융합시킬 수 있도록 유도해주는 역할도 가능한 것이다. 그러므로 제도적 틀이라는 광범위한 영역 안에서 지식인층과 사회의 권력 지배층은 다양한 충돌과 조화를 이루어나간다. 이러한 충돌과 조화라는 다원화된 형식은 제도화와 문화가 공존하는 형태 및 지식인층의 출현과 쇠락으로 이어지는 상황을 통하여 지식인과 권력층 간의 관계를 비교 연구하는 의제로써 자리 잡아야 한다.[17]

위잉스는 사회사의 측면에서 초기 중국 지식인들의 형태를 정리하고자 하였고 그 과정에서 많은 사료를 활용하여 가장 이상적인 유형에 대한 사회학적 증명을 도출해 내었다. 하지만 그는 베버식 분석법의 잘못된 이해로 인하여, 문화적 자유성과 초월성을 지나치게 강조하게 되었고 도통의 정체성에 대한 성찰로 말미암아 사회역사적 요인의 본질적인 평가가 부수적인 논증요소로 뒤바뀌게 되는 오류를 범하였다.

그가 만일 베버의 분석법을 통하여 고대 중국의 지식인계층을 연구할 때 함축적인 분석을 진행하였다면, 1986년에 발표한 『중국의 근대 종교윤리와 상인 정신中国近世宗教伦理与商人精神』에서 근대 시기 중국의 상인집단이 사회적 변혁을 촉발할 수 있는 경제적 논리를 갖추고 있었는가에 초점을 두고 베버식 문제의식을 토대로 하여 서술을 진행할 수 있었을 것이다. 베버는 자본주의 발전에 대한 메커니즘과 역사의 변천이 이루어지는 과정에서 과학적 생산과 관료주의로 인하여 사회생활의 구조에 이화작용異化作用이 일어날 우려가 있다고 분석하였고 이점을 토대로 서양의 이성주의가 발생하는 과정에 모순된 상황이 존재한다고 논하였다. 한편, 이러한 흐름은 세계 각국의 역사적 발전, 특히 비서구권 국가의 변화를 유도하는 효과가 있었으며, 베버가 제기했던 사회학적 방법론의 원칙이 세계역사의 발전과정 속에서 각 문명과 사회에 걸쳐 이성적인 요소가 존재했다는 점을 증명하였다. 이로 말미암아 더는 동서양의 현대적 구조와 발전 방향에 대하여 이질적인 잣대로 구분 지을 필요성이 사라지게 되었다. 서양 자본주의의 발전요소가 비서구권 국가의 자본주의 체계에 적용될 수 없다는 것은 종교적 논리로 해석할 수밖에 없다. 즉, 기독교를 비롯한 서양 종교계가 이성주의와 자본주의 그리고 경제적 논리로 이어지는 단일적인 연계를 통해 존재하여야만 서양 자본주의의 독특한 가치를 인정받을 수 있다. 베버는 비서구 문명권에서 자본주의가 발전하지 못했던 것은 그 문명권의 문화라는 유전자에 서양 종교에서 내포하고 있는 경제적 윤리라는 요소가 부족했기 때문이라고 판단하였다.

그의 판단은 비서구권 국가들이 역사발전을 위해 서구권 국가와 마찬가지의 현대적 의미에서 독창적인 특성이 있었다는 오류를 범하게 된다. 예컨대, 자본주의의 발전요소에 대하여 설명하기 위해서는 우선 사회구조의 측면에서 서양의 종교와 유사한 요소가 동양권에 존재하고 있었느냐 하는 점을 분명히 밝혀야 하며, 이는 서양 자본주의와 같은 사회이념으로 다루어지는 듯 보일 수 있지만 실제로는 베버가 가설을 세울 때 나타나는 특유의 화법에서 비롯된 것이다.

먼저 위잉스의 분석 방법을 살펴보면, 앞서 등장한 그의 저서의 제목에서 언급된 바와 같이 중국의 근대 시기 종교윤리와 상인 정신을 연결하여 조사를 진행하였다는 것을 알 수 있으며, 이는 저서의 내용에서 '동아시아의 네 마리 용'이라고 일컬어지는 싱가포르, 타이완, 한국, 홍콩이 이뤄낸 경제적 성과를 토대로 하여 중국 전통문화와의 인과관계를 탐구할 때 그 원동력으로 작용하였다. 그의 저서는 크게 두 가지의 내용을 포함하고 있다. 첫 번째로 아시아에서 일본의 뒤를 이어 독보적인 경제적 성과를 창출한 네 국가의 경제발전양식과 초기 서양 자본주의의 발생 및 발전 간에는 큰 차이가 없다는 점이다. 두 번째로 앞서 제시된 차이점에 대한 근본적 원인은 중국의 문화적 특성과 관련이 있다는 점이다. 구체적으로 자본주의가 동아시아에 등장하게 된 배경은 주로 문화적 측면에서 표현되며, 중국의 유가 사상을 바탕으로 경제적 논리가 작용한 결과라는 것이며, 동양 사회에서도 베버가 말한 서양식 종교 논리와 같은 요소가 분명히 존재했고 그것은 서양 사회와는 다른 동양 사회가 가지고 있는 독특한 특성이라는 것이다.

베버식 문제의식이란, 전통의식과 근대의식의 이원적 대립구조에서 벗어난다는 것을 의미하며, 위잉스의 저서에서 나타난 베버식 문제의식에 관한 구조는 중국의 전통이념과 근대화이념 간의 불가호환성不可互換性을 하나의 전제로 삼아 중국의 전통적인 역사와 서구권의 근대화에 관한 역사를 연결한 것이다. 위잉스는 중국문화의 구성요소를 토대로 동양권 세계가 근대화 시기로 진입해 나가는 형상을 새롭게 구축하여 서양 학자들이 인위적으로 구축해 놓았던 전통-근대라는 이분법적 틀에서 벗어나기 위해 노력하였다. 하지만 이러한 노력에는 몇 가지 모순점이 존재하는데, 그중 중국문화의 구조에 존재하는 근대화 요소를 탐구할 때, 서양의 이성이라는 개념의 발생기준 및 종교적 논리의 발생과정을 토대로 분석을 진행하였다는 점이다. 이 방법으로 인하여 위잉스는 학계에서 비판을 받았는데, 그는 이에 대하여 역사학의 관점으로 출발하여 중국의 전통적인 동향을 연구하고자 했을 뿐이라고 회답하였다. 중국의 전통적 이념을 분석하기 위해서는 일종의 방향성을 가지고 변천 과정을 관찰해야 할 뿐만 아니라, 그 변천 과정을 역사적인 근거를 통하여 인식해야 한다. 그러므로 그가 베버식 문제의 식을 토대로 분석을 진행한 이유는 가치성향과 경제적 행위 간의 관련성이 중국 역사에서 어떠한 형태로 나타난 것인지에 대한 보편적 의미를 포함하기 위함이었다. 또한, 자신의 연구는 베버식 문제의식에 이론적으로 어떠한 의미를 주입할 수 있는가를 논의하고자 한 것이며, 그 논의는 기타 학술영역에 속해 있는 문제이기 때문에 중국의 역사 학계에서 관심을 가질 필요가 없다.[18]는 다소 논리적이지 못한 형식 의 변론을 통하여 자신에게 쏟아지는 비판을 회피하고자 하였다. 이렇 듯 많은 논쟁이 있었지만, 그가 앞서 등장한 서서를 통하여 사회사연 구를 진행했다는 사실을 부정할 수는 없으며, 그가 역사를 연구하고 분석하는 과정에서 자신의 개인적인 문제의식이 사료에 대한 해석과 선택에 영향을 미쳤을 수도 있다. 예를 들어, 그는 서양 종교윤리의 기 본이념을 열거하여 중국사의 자료 중 이와 대응되는 비슷한 현상을 찾아 이를 근거로 비슷한 관념이나 범주를 구축하기도 하였다. 송나라 시기 발간된 다섯 가지의 선종사서禪宗史書를 한데 묶어 편찬했던 불 교의 통사서通史書인 『오등회원五燈會元』에서 당나라 시기의 고승高僧 위산영우潙山靈祐가 농사일이라는 일상생활을 통하여 수행의 가치를 추구하고자 하였던 내용이 등장한다. 이는 후세에 일상생활을 통한 종 교적 의미로 전달되었는데, 베버는 기독교의 천직天職이라는 말을 해 석할 때 이 두 가지를 같은 의미를 나타낸다고 표현하였다. 그는 예수 의 제자인 사도 바울St. Paul이 말한 "사람이 하루에 일을 안 하면 그 날 아무것도 먹지 말아야 한다."라는 말을 프랑스의 종교개혁가인 장 칼뱅John Calvin이 인용했던 것처럼,[19] 위산영우의 말도 이와 같은 종 교적 고행에 대한 의미를 표현했다고 해석하였다. 위잉스도 베버와 마찬가지로 신도교新道教 시조인 왕중양王重陽의 『입교십오론立教十

五論』의 내용 중, "소위 득도한 사람이란 그 육신이 속세에 있을지언정 그 마음은 이미 성경聖境에 도달한 것이다."라는 부분을 칼뱅의 "실질적인 의식과 냉정한 공리주의는 현실 세계를 벗어나고자 하는 목적과 부합된다combination of practical sense and cool utilitarianism with anotherworldly aim."라는 말을 인용하여 비교하였다.[20]

사료의 분석이라는 기준으로 중국과 서양 사회를 비교하는 것이 크게 잘못된 방법이라고 할 수는 없으나, 이러한 역사 비교는 오히려 부지불식不知不識 간에 베버식 오류에 빠지게 될 수 있다. 베버는 그의 중국학연구 저서인 『도교와 유교』에서 기독교의 가치를 기준으로 유교를 비교하여 중국사에 대해 현대자본주의의 발전에 필요한 요소인 이성적 형태와 윤리적 기초가 부족하다는 결론을 도출하였다. 이러한 결론은 중국에서 자본주의가 발전할 수 없었던 원인을 자본주의 요소가 부족하다는 측면에서 도출한 것이며, 이는 심각한 논리적 함정으로 작용한다. 위잉스는 그의 저서를 통하여 동아시아 4개국의 발전과정을 참고하여 동아시아의 근대화에 대한 역사적 근거를 중심으로 베버의 분석법에 내포되어 있던 서양 중심적 사고방식에서 벗어나고자 하였다. 그는 이를 위해 사료수집을 통하여 중국의 전통양식 내부에 자본주의를 구축할 수 있는 비서구적인 자족적 요소에 대한 존재 가능성을 탐구하고자 하였지만, 이러한 그의 취지는 오히려 반대로 중국의 사회구조에서 근대 시기 이전에 서구권의 근대화 요소가 존재하였는가를 탐구하여 증명하고자 하는 것과 다른 바 없는 것이 되었다.

최근 한 학자로부터 16세기 이후 서양의 상업자본주의 발전은 19세기에 일어난 산업혁명의 변천 과정과 직접적인 관계가 없다는 연구 결과가 발표되었다.[21] 중국의 윤리 사상과 서양의 종교라는 개념에 유사성이 있다는 것은 증명할 수 있지만, 근본적으로 이 두 가지가 자본주의의 발생과정에서 구체적으로 어떠한 유사성이 존재하느냐는 점에서는 증명할 방법이 없는 것이다. 중국의 역사학자들은 여전히 봉건사회가 장기적으로 지속할 수 있었던 원인과 자본주의 맹아라는 현상이 나타난 상황에 관하여 토론을 하는 실정이다. 이 토론 주제에 대하여 많은 학자가 입을 모아 시대착오적인 논쟁이라고 비판하고 있다.[22] 소위 자본주의 맹아는 단지 상업자본주의적인 표현일 뿐, 19세기 후반의 국제적으로 일어난 산업혁명을 토대로 하는 자본주의적 표현 방법은 아니기 때문이다. 이는 앞서 상업자본주의와 산업혁명을 연결하고자 했던 것과 마찬가지로 발생학적 의미를 갖추지 못한 논쟁이며, 이러한 논쟁은 자본주의의 변화라는 흐름을 정확하게 인식하지 못한 현재의 실상을 나타내고 있다고 볼 수 있다. 마찬가지로 중국의 윤리 사상과 서양의 종교에 대한 비교도 마찬가지로 문화와 윤리적 요소를 경제에 연관시켰다는 공통점을 가지고 있다. 이는 모두 발생학의 시각을 중심으로 하여 서구식 근대화이론의 보편적인 적용이 이루어져야 한다는 점을 역설적으로 시사하고 있다.[23]

2. 전통관념은 어떻게 창조되고 전환되었는가?

1980년대 중국사상계에 큰 영향을 미쳤던 인물로 린위성林毓生을 들 수 있다. 자유주의 성향의 지식인인 그는 표면적으로는 현대과학을 지식, 도덕, 정치 권력과 개인의 자유가 분리된 근대적 구분체계로서 인식하였지만, 잠재적으로는 문화가 가장 결정적인 통합력을 지닌 개념이라고 인식하고 있었다. 또한, 문화란 근대적인 의미에서 정치로부터 분리된 표현의 형태이며, 행동으로 변환되는 것이 아닌 독립적인 전환과정을 갖추고 있는 것이라고 주장하였고 문화의 창조와 변화는 정치제도의 변화를 대체할 수 있다고 주장하였다. 이렇듯 문화는 변화의 핵심영역임과 동시에 추상적 가치에 직면해있는 정신적인 작용이며, 문화의 구축은 정치적 설계를 변화시키는 것에 영향을 줄 수 있다고 덧붙였다. 린위성과 위잉스는 모두 미국의 종교사회학자인 로버트 벨라Robert Neelly Bellah가 진행하였던 일본의 종교연구에 대한 베버식 해석 방법을 자신의 이론적 토대로 삼았다. 린위성은 인하이광과의 서신에서 사용했던 '전통 관념의 창조적 변화'라는 어휘를 스스로 창작한 것이 아니라 벨라의 『근대 아시아의 종교와 진보Religion and Progress in Modern Asia』에서 언급된 창조적 개혁Creative reformism이라는 개념에서 영감을 얻은 것이라고 밝혔다.[24] 그는 또한 베버의 『프로테스탄티즘의 윤리와 자본주의의 정신』을 이해할 수 있다면, 창조적 변화에 대한 형식적인 파악이 가능할 것이며, 물론 창조적 변화란 의미가 그 형식과 완전히 같지는 않겠지만 유사할 것이라고도 언급하였다.[25]

위잉스는 벨라를 대표로 하는 종교사회학자들이 진행한 근대 초기의 종교분석에 대하여 베버의 말을 빌려 '이슬람교, 불교, 도교, 유교 역시 서구 개신교와 같은 개혁 운동이 발생하기는 하였지만, 그것은 서양의 종교개혁만큼 철저하고 지속해서 발전하지는 않았다.'라고 평가하였다.[26] 위잉스와 린위성은 베버식 문제의식이 중국의 언어 환경에 발전적 영향을 줄 수 있다는 가능성을 제시하기 위하여 벨라의 연구를 활용했다고 인정하였다. 그들이 베버식 문제의식을 선택한 이유는 문화체계란 자율적이며 초월적이라는 전제에 기반을 두었기 때문이며, 전통이라는 관념을 개선해 나감에 있어서 문화체계에서 독자적인 완성이 가능할 것이라는 점을 시사하고 있다. 린위성은 문화와 사회의 관계를 이해하기 위해서 그 두 가지 특성이 서로 환원될 수 없다는 인식으로 출발하였으며, 그 둘의 특성을 구분 짓고 전통이라는 개념을 개선해 나가는 상황에서 발생하는 중요성에 대해 강조하고 있다. 린위성은 5.4운동의 연구에서 문화를 정치, 사회, 질서의 통합상태로 인지하고 이를 문화적 쇄신이라는 역사적 전제로 분화시켰다. 그는 5.4운동 전반에 걸쳐 나타난 반전통주의의 배경을 전통적인 중국 사회의 정치 질서와 문화의 도덕질서가 보편적인 왕권이라는 압력으로 인하여 파괴되고 통합되었기 때문이라고 주장하였다. 또한, 왕권의 붕괴를 일으켰던 신해혁명은 한발 더 나아가 사회의 정치 질서까지도 붕괴시켰으며, 이에 따라 문화의 도덕적 질서는 스스로 표현할 수 있는 실체를 잃어버렸기 때문에, 5.4운동의 지식인들에게 문화의 의미를 해석하고 개혁할 기회를 제공하였다고 논하였다. 린위성은 5.4운동의 이념을 계승하여 전통사회와 정치체계에 대한 논란과 문화체계에 대한 비판 및 변화에 대해 완벽히 구분하였으며, 문화적 체계 자체의 변천 가능성에 대해서만 강조하였다. 이른바 전통이란 구체적인 사회적 언어와 정치적 조건 간의 관계를 분리할 수 있는 각종 추상적 사상과 가치이념의 순수한 형태로 탈바꿈되었으며, 이러한 변화는 순전히 추상적인 가치를 지향하는 정신으로 작용하였다.

청농程農은 린위성의 논리에 대하여, 데카르트의 심신이원론心身二元論[10]의 영향을 다분히 받은 것으로 보았고 이는 중국 내의 문제의식에 대한 위기를 해결하기 위하여 다소 의도적으로 계획된 행위라고

---

10) 심신이원론dualismus, 마음과 몸의 관계를 제각기 독립한 별개의 실체로 생각하는 사고방식. 마음과 몸과의 사고방식에는 이 밖에 몸(물질)의 독립성을 인정하고 정신을 그 속성으로 하는 유물론, 전자를 후자의 발현형태로 하는 유심론, 양자가 같은 실체의 2개의 측면이라고 하는 일원론 등이 있다. 2원론 가운데에도 심신 병행론, 상호 작용론, 기회 원인론 등이 있다.

지적하였다. 심신이원론은 단순한 지성의 문제를 논하는 것이 아닌, 실제 20세기 중국문화에 대한 담론에서 가장 낮은 단계의 가설이라는 것이다.[27]

그러나 필자는 개인적으로 린위성의 이론이 문화와 사회의 분리에 관한 결과를 위하여 심신이원론을 받아들였다고 하기보다 전통적인 의미에서의 양명학적 사고방식이 현대적으로 재탄생 된 것으로 생각한다. 양명학의 가장 중요한 특징은 마음의 문제를 사상의 핵심으로 삼고 있는 것이며, 이를 통하여 제도의 변천을 포용하고자 하는 성향이 강할 뿐만 아니라, 주자학朱子學의 외부규범과 심리적 유도 사이의 양분화 및 상호 작용에 대한 강조와는 상당한 차이를 지니고 있기 때문이다. 이는 근대 시기 이후, 중국사상계의 반전통주의에 관련된 정신적 자원이며, 지식인들이 종종 양명학에서 강조하는 내적 초월성을 근거로 주자학의 가족의식과 감시행위에 대해 비판하였던 상황과 일맥상통한다.

양명학이 지배적인 사유로 자리 잡기 이전에 중국에서 지배적으로 작용하고 있었던 유교 문화의 특징은 높은 수준의 윤리원칙과 예법의 통합이었다. 윤리원칙은 예법禮法을 통하여 구체화 되었으며, 예법은 사회조직의 규범을 통합하고자 하는 의미가 있다. 그러나 이러한 유교 문화에 대한 왕수인의 견해에 따르면, 예禮에서 표현되는 행동의 규범은 윤리적 정신을 제도화하고 공식화하기 위한 의식이지만, 이러한 의식 자체가 목적으로 변형될 시, 그것은 도덕적 감정의 진정한 표현이 되어야 한다는 최초의 전제를 망각하게 될 가능성이 크다는 것이다. 그는 사람들이 진정한 도덕적 의식과 감정을 가지게 된다면, 사회는 자연적으로 구체적인 상황을 대처할 수 있는 적절한 행동방식의 채택이 가능해지며, 의식은 도덕적 본심의 역할과 표현을 통하여 변화되어야 한다고 논하였다. 이에 대한 암묵적인 가정으로써, 제도의 변화는 일종의 심리작용에 관한 결과임과 동시에 표현 형태라는 것이다. 이러한 전제하에 도덕적 본심의 통섭과 수련은 구체적인 사회조직과 분리되어 진행되며, 도덕적 본심의 정도에 따라 제도적인 표현과 방식이 결정된다고 하였다.[28]

무술정변戊戌政變[11) 이후, 전통사회에서 근대 사회로 넘어온 대부분의 중국 지식인들은 양명학의 기본적 견해를 유지하였으며, 사회변화의 구조를 통하여 도덕적 의식이 제도의 변화에 지배적인 영향을 미치기 시작하였다. 강유위는 양명학의 영향을 받아 서양의 정치제도 중 우수한 것을 받아들여 개혁해야 중국을 살릴 수 있다고 주장하였다. 이에 동의한 청나라 제11대 황제인 광서제光緖帝는 변법파와 함께 변법자강운동을 추진하지만 103일 만에 실패하였고, 얄궂게도 제도적 변화의 형식적인 과정은 1901년에 일어난 신정개혁新政改革[12)으로 인해 뒤늦게 시작되었다. 이러한 과정을 통하여 민족 국가가 창건되기는 하였지만, 과거 청나라 조정의 대신들이 다시 정부의 요직을 차지하는 결과가 벌어지게 되어 이들과 정치적인 면에서 대립하고 있었던 양계초 등의 사상가들도 정치제도의 개혁이라는 꿈을 포기하지 않고 지속

---

11) 청일전쟁 패배 이후 절충적 개혁인 양무운동의 한계를 느끼고 강유위, 양계초 등이 중심이 되어 정치, 교육, 법 등 청나라 사회 전반의 제도들을 근본적으로 개혁하고자 한 운동.

12) 청나라 말기에 일어난 중국 정부의 마지막 개혁. 신정은 신군 편제과 군사권의 중앙집권화를 중심으로 한 군사개혁, 과거제 폐지와 전국적 학제수립·해외 유학 확대 등을 주 내용으로 한 교육개혁, 개혁을 위한 자원확보와 확대되어 온 지방재정의 중앙으로의 회수를 중심으로 한 재정개혁, 서양 자본주의적 산업기술을 도입하는 상공업 진흥, 예비 입헌과 지방자치단체인 자의국諮議局 설립 등의 정치체제 개혁 등 광범위한 내용을 포함하였다.

적인 비판을 진행하게 되었다. 무술정변이 실패한 원인은 국민의 폐쇄적 이데올로기로 인식되었고 이에 대한 참회록인 「신민설新民說」[13]은 5.4운동의 성전聖典이 되기도 하였다. 5.4운동 시기의 지식인들은 서양의 과학적 이념에 더욱 깊은 영향을 받고 있었기 때문에 양명학자로 분류되지 않지만, 이들의 사상은 19세기 말, 지식인들과 미묘한 역사적 감응感應 관계를 형성하고 있었다. 당시 폭발적인 행보를 보였던 인물의 대부분은 양계초의 영향을 받았으며, 무술정변 이후 증폭된 심리적 유산인 문화와 전통에 대한 일방적인 변형이 각자의 시야에서 실질적으로 구체화하고 일상적인 주제로 자리 잡기 시작하였다. 린위성은 당시의 동향에 대하여 사상적 문화의 문제해결이라고 요약하였다. 이는 과거 맹자의 사상까지 거슬러 올라가 마음이론Theory of Mind[14]과 상응하는 정신적 전통 관념을 형성하는 것이며, 이를 활용한다면 위잉스의 도통론에 대해 어렴풋이 이해가 가능할 것이다. 그는 5.4운동에서 나타난 자유주의의 이념을 계승하고 비판하는 것을 자신의 사명으로 여겼지만, 마음이론에 대한 가설은 전통심리학에서 드러난 문화적 통제에 바탕을 두고 있었다. 이는 린위성이 자신의 사명이라고 여기는 5.4운동에 대한 비판이 전통관과 연결되어 그 호응성을 토대로 진행되고 있다는 것을 말한다. 이러한 연결과 호응은 단순히 논리적인 비판과 반성일 뿐만 아니라 당시 사상계에서 발생한 집단적 효과의 일환이다. 이는 대부분 '동아시아의 기적적인 문화 연원'이라는 명제

13) 1902년 2월에서 1906년 1월에 걸쳐 반월간잡지인 『신민총보新民總報』에 연재되었던 글.
14) 발달심리학의 이론 중 하나로, 욕구·신념·의도·지각·정서·생각과 같은 자신과 타인의 마음, 그리고 정신적 상태에 대하여 이해하는 선천적인 능력에 관한 이론.

에서 영향을 받아 파급된 것이며, 그중에는 중국 국내외의 신유학자, 근대화이론의 사회학자와 역사학자, 사상 역학자들이 포함되어 있다. 신유학자들은 스스로가 양명학의 영향을 받았다는 것을 노골적으로 표출하고 있지만, 다른 영역의 학자들은 왕수인의 이론에 순종하고 있지는 않다. 하지만 그들은 1980년대의 사상과 관련된 언어 환경 속에서 기타 개혁과정을 촉진함에 문화라는 개념이 주도적인 효과를 가지고 있다는 점에 대해서 부정하지는 않았다.

20세기 초기에 사회사와 관련하여 봉건주의 이론과 자본주의 맹아론이 제기된 이후, 비교적 영향력이 있는 이론으로 1980년에 타이완에서 등장한 '도통-정통 대치론'을 들 수 있다. 이 이론의 역사철학적 근원은 중국의 철학자인 모종삼牟宗三이 『정도와 치도政道與治道』에서 언급한 중국의 지식계층과 역사의 관계에 대한 기초 가설로 거슬러 올라간다.[29] 이는 이후 중국의 사상사 연구의 일반적인 원칙으로 부상하였으며, 이 원칙은 계층분석의 틀을 넘어 중국 전체 지식인계층을 관철하는 통일된 정신적 맥락으로써 구축되었다. 이렇게 구축된 맥락을 도통으로 명시하고 문화사와 사회사를 분석하는 기본적 규범의 틀로 삼았다. 도통에 내포된 이론적 전제란, 사회에 어떠한 변화가 발생하더라도 문화와 사회적 의미에서 스스로 그 상태를 유지한다는 것이다. 이런 초월성과 연속성을 통하여 중국학연구를 진행할 때, 서양철학의 개념을 토대로 한 사고방식이라는 통제에서 벗어나 중국 내의 자체적인 문제의식으로 분석이 가능할 것이다. 이러한 노력은 신유가 사상이 중국 전통문화에 대해 취하고 있는 기본적 입장과 상통한다.

중국의 지식인계층은 이러한 사고방식을 통하여 도통을 계승하기 위해 수 천 년 동안 변하지 않는 역사적 본질을 규정하였으며, 심지어 어떠한 상황에서 이러한 본질에 대한 초월적인 양심으로의 전환 가능성과 국가권력에 대항하는 이념적 자원의 발생 가능성에 대해서도 명시하였다. 즉, 각 시대에서 신분계층의 변화는 본질주의와 시대주의 상호 간에 작용하는 관계에서 발생하는 산물일 수 있으나, 그 내부에는 불변이라는 초월성이 존재하지 않는다는 것이다. 포스트모더니즘postmodernism의 시각으로 보면, 한 계층의 신분과 행위가 나타내는 역사적 움직임은 모두 소통을 통하여 구성된 결과이며, 도통의 초월성으로 모더니즘의 보편적 원칙에 대항하고자 하는 것은 확실히 의미가 있는 일이지만, 자칫 방심하게 되면 근대화이론의 함정에 빠질 가능성이 크다. 이는 중국의 지식계층에 내재 된 양심과 저항정신이 19세기에 일어난 드레퓌스 사건Dreyfus Affair[15] 이후, 지식계층을 비판하는 요소가 되었고 부지불식不知不識간에 그 비판 대상의 범위가 동양의 지식인계층으로 확장되었기 때문이다. 결국, 이 사건으로 인하여 지식인계층을 향한 관심이 지나치게 높아졌으며, 그들의 여러 언행이 중국 역사의 진행 과정에 지배적인 개입을 이루었다고 착각하게 하였다. 특히, 근대사에서의 지식인계층은 사회를 변화시키는 요소로 명시되었고 심지어 다른 사회계층의 대변인과 같은 존재로 각인되었다. 이 때문에 지식인계층과의 소통을 빗대어 '역사의 문을 여는 열쇠를 쥐고 있는 것과 같다'라는 인식이 출현할 정도였다. 미국 후버연구소Hoover Institution[16]의 토마스 메츠거Thomas A. Matzger는 이를 중국식 낙관주의Chinese utopianism라고 칭하였으며,[30] 중국과 서양의 사고방식은 하

---

15) 19세기 말, 프랑스에서 유대인 사관士官 알프레도 드레퓌스Alfred Dreyfus의 간첩 혐의를 둘러싸고 정치적으로 큰 물의를 빚은 사건.
16) 국제 현안과 국내외 정치, 경제 문제를 심도 있게 분석하는 공공정책에 대한 전문연구기관이자 도서관. 미국 제31대 대통령인 허버트 후버Herbert C. Hoover가 1919년에 설립하였으며 미국 스탠퍼드 대학교 내에 있다.

향식과 상향식이라는 관점의 차이가 존재한다고 주장하였다. 하향식 모델은 '지식·도덕·정치 권력 - 개인의 자유', '국가·다원 시장 - 사회적 정신기질', '정부정치이론·주류지식인의 정치이론 - 민간정치이론', '주체적 정치 - 피동적 정치' 등의 상호 관계에 대한 가설을 근거로 하고 있다.

낙관주의 인식론이란, 사회의 지식인계층이 공익적 측면에 대하여 충분히 파악하여 인간의 본성과 역사의 진행 과정에서 사회적 이익을 실현하고자 하는 경향이 있다는 점을 논한 이론이다. 한 사람의 계몽 지식인은 도덕, 시식, 정치 권력을 융합하여 개인의 자유와 연결할 수 있다는 것이며, 이는 결국 좋은 사회를 만들기 위하여 개인과 정부의 조화를 통하여 창조되었음을 의미한다.

반면, 상향식 모델은 특정 집단과 개인이 도덕과 권력 등의 특권을 확실하게 구분할 능력이 없다고 여기는 '비관주의 인식론'을 토대로 하고 있으며, 기타 계층의 지식수준이 반드시 지식인계층보다 낮다고 할 수 없다는 점을 강조하고 있다. '비관주의 인식론'에서는 지식, 도덕, 정치 권력과 개인의 자유는 융합될 수 없으며, 오히려 세 가지 영역이 가지고 있는 자유를 자체적으로 보호하고 발전시켜 나간다는 것이다. 이는 지식인계층이 일반 계층보다 높은 수준의 이해력을 가지고 있다는 주장을 부정하고 국가와 계급의 차이가 없이 각 계층의 개체들은 평등하고 자유로운 이상적인 세계를 추구하고 있으며, 이러한 심리상태를 자체적으로 지니고 있다는 것을 의미한다.[31] 중국 사상사연구의 틀을 설정할 때, 이러한 상향식 모델의 심리상태에 존재하는 지배적 요소는 반드시 피해야 한다.

필자가 강조하고자 하는 것은 홍콩과 타이완에서 출현한 분석법이 중국 사상사연구에 큰 영향을 미치지 못했다는 점이다. 사실 이 분석법은 문화의 초월성에 대한 본질적 특징을 탐구하는 것에 지나치게 편중된 분석법으로써, 유학자들이 각 역사시기의 권력 구조에서 나타난 제도를 표현하는 방식에 대하여 계층의 변화와 그 사회의 근원을 탐구할 때도 그 의미를 고려하지 않았기 때문이다. 미국의 인류학자인 클리포드 기어츠Clifford Geertz가 언급했던 바와 같이, 역사적 의미는 그 본연의 구조방식이 제시되었을 때 비로소 드러나는 것이기 때문에 역사의 해석은 법칙이 아닌 의미에 중점을 두고 이루어져야 한다는 것이다.

> 이는 경험 혹은 엄격한 이론과 더불어 중요하게는 상징적 가치라는 연구방법에 중점을 둔 것으로써, 오직 논리적 사고에만 기초한 것일 뿐 실질적인 관점을 기반으로 세워진 이론이 아니다. 도덕과 심미적 요소, 기타 행위에 관련된 규범에 대하여 그 의미를 탐구하고자 하는 분석 방법은 이미 쇠퇴한 방법이다.[32]

여러 가지 요소가 복잡하게 얽혀있는 역사문제는 문화적 특성과 관련된 문제로 대체할 수 있다. 예를 들어, 상인윤리, 가족의식, 심리적 구조 등과 같은 문화 심리 분석에 편중된 키워드들은 역사가들이 자주 사용하는 개념으로써, 이에 상응하는 문화심리학, 사회심리학, 문화의 진화 및 심리분석학과 관련된 수많은 서적의 해석이 이러한 현상을 더욱 부채질하였으며, 이로 인하여 1980년 이후의 사상사연구는 문화사의 한 측면만을 나타내게 되었다. 또한, 대부분의 문화사연구도 마찬가지로 사회심리학과 문화심리학의 분석에 편중되어 있었는데, 지역연구, 권력 분석, 성별 연구 등과 같은 사회이론 방법은 역사에 관한 토론의 범위에 포함될 수 없었지만, 만약 포함된다 하더라도 오독을 초래할 가능성이 컸을 것이다. 1980년 이후의 사상계가 계승했던 주제와 전통이라는 개념 사이에 존재했던 맥락이 맞닿아 있었던 당시의 시대적 배경은 이러한 오독과 잘못된 선택을 유도할 가능성이 컸기 때문이다.

3. "급진"과 "보수"의 이원적 대립의 틀을 넘어서

1990년 이후, 중국의 사상사 학계는 80년대에 출현한 일부 명제에 대한 반성과 수정을 시도하였다. 학자들은 약속이나 한 듯, 동양-서양, 전통-현대의 경계를 이용한 설명은 꺼렸으며, 동-서양 공통의 역사적 범주를 모색하고자 하는 시도를 통하여 중국 사상의 특징을 재정립하고자 하였다. 이 가운데 가장 큰 영향력을 미침과 동시에 논란을 일으켰던 해석 방법은 급진-보수의 이원적 대립이라는 틀에서 근현대사상의 복잡한 맥락을 보여주고자 하는 시도였다. 1990년대 초, 위잉스는 홍콩중문대학 특강에서 공식적으로 급진-보수의 두 범주를 통하여 중국 근대사상의 또 다른 발전적 동향을 개괄적으로 제시하였고 뒤이어 『중국 근대사상 학계의 급진과 보수』라는 저서를 통하여 급진과 보수의 개념은 영어의 급진주의-보수주의의 개념에서 기원하였다고 주장하였다. 보수주의Conservatism라는 어휘는 프랑스 대혁명 이후, 아일랜드계 영국인 보수주의 정치가 에드먼드 버크의 저서 『프랑스혁명에 관한 고찰Reflection on the French Revolution』에서 최초로 언급되었다. 하지만 위잉스는 급진과 보수의 개념이 서양에서 유래된 것이라는 의혹을 피하려는 두 가지 개념이 특정한 사상 혹은 학파를 의미하는 것이 아닌, 일종의 상태 및 경향, 성향을 나타내는 것이라고 강조하였다.

급진과 보수의 위치는 주로 한 시대, 한 사회의 중대한 변화가 일어날 시 나타난다. 이는 정치적이고 문화적인 태도를 보이며, 중국 역사에서 북송의 저명한 정치가이자 문학가인 왕안석王安石과 사마광이 벌인 논쟁을 곧 급진주의자와 보수주의자의 논쟁이라고 할 수 있다.[33]

또한, 급진 - 보수의 경계를 구분하는 기준은 보편적으로 현황現況을 중심으로 한 것이다. 간단하게 말하자면, 보수란 현황을 유지하고 변하지 않음을 추구하는 것이며, 급진은 현황에 만족하지 않고 이를 타파하기를 추구하는 것이다. 우리는 보통 현황을 타파하고자 하는 사람을 급진적인 사람이라고 인식하며, 현황을 유지하려는 사람을 보수적인 사람으로 인식하고 있다.[34]

그러나 여기에서 중요한 점은 현재 상황을 의미하는 '현황'의 기준을 어떻게 규정할 것인가이다. 또한, 과거 중국의 역사상, 서구권 국가와 유사한 현황을 판단하였던 선례가 존재하는가에 대한 의문점도 존재한다. 더불어 급진과 보수의 관념을 판단하는 것이 서양의 계몽주의 시대 이후 형성되었던 선형식線型式 발전 방향을 공통적인 기준으로 삼을 수 있는가에 대한 문제도 남아있다.

고대 중국의 역사관은 실제로 퇴화론退化論 혹은 순환론循環論의 지배를 받고 있었다. 퇴화론의 기본전제는 오래된 사회일수록 합리적이고 좋은 사회이며, 삼황오제三皇五帝[17]의 시대를 중국사의 황금기로

----

17) 중국 고대의 전설적 제왕을 말하며 이들로부터 중국 역사가 시작되었다는 설화 속의 인물을 칭한다. 삼황은 일반적으로 천황天皇·지황地皇·인황人皇 또는 태황泰皇으로 기록되어 있으며, 사마천은 사기에서 오제를 황제헌원黃帝軒轅·전욱고양顓頊高陽·제곡고신帝嚳高辛·제요방훈帝堯放勳(陶唐氏)·제순중화帝舜重華(有虞氏)로 기록하였다.

여기고 있는 이론이다. 반면, 순환론의 기본전제는 사회역사의 발전에 있어서 합리와 불합리한 상황이 번갈아 발생하며, 이에 대한 기본적인 판단은 상대주의적 태도를 기초로 할 수밖에 없다는 이론이다. 고대 중국에서 나타난 현황이라는 개념은 현대적 의미에서 말하는 진보 - 보수의 형태가 아닌, 낡은 질서에 대한 다른 해석일 뿐이며, 두 개념은 완전히 다른 의미이기 때문에 두 가지 역사관을 현대적 의미의 현황과 질서를 표준으로 삼아 가늠할 수는 없을 것이다. 예컨대 왕안석이 주도했던 변법變法의 목적은 현황을 바꾸기 위함이었지만, 그 근본적인 목표는 사회와 역사의 발전을 촉신하고자 함이 아닌, 전체적인 사회제도를 고대 중국의 표준에 맞추기 위함이었다. 이러한 의미에서 왕안석과 사마광의 목표는 일치된다고 볼 수 있다. 비록 두 사람은 고대 중국의 질서에 관한 개념에서 인식의 차이를 가지고 있었지만, 기존사회의 현황을 타파하거나 유지할 때 궁극적으로 과거에 존재했던 완벽했던 역사성을 회복하고자 하는 같은 목적을 가진 것이다. 왕안석의 '변법'은 표면상으로는 급진주의적 행동전략으로 받아들여질 수 있다. 예를 들어, 송나라 시기에는 시부詩賦와 경전의 암송을 통해 관리를 등용했던 과거제도의 방식을 철폐하고 이를 대신하여 경전에 대한 경의經義와 시사 문제를 논하는 논책論策을 통하여 관리를 등용하는 방식을 도입했다는 사례를 보면, 당 - 송 이후의 관리 등용제도가 능력 위주의 선발 과정을 중시했다는 경향을 알 수 있다. 이는 송나라의 이학자理學者들의 도덕관념을 뒤집는 사례로써, 실제로 왕안석이 달성하고자 했던 개혁은 고대부터 이어져 내려온 교육기관을 복원하려는 의지가 내포되어 있을 뿐만 아니라, 제도적 기능에 걸맞게 관리를 등용하고자 하였다는 점을 나타낸다. 도덕성을 바탕으로 했던 관리들의 공훈과 업적을 추구하고자 하는 경향은 주나라 시기의 예법을 복원하고자 함을 의미할 수도 있다. 이는 현재 강조되고 있는 현황의 유지와 타파에 대한 이해와는 상반된 해석이다. 따라서 급진 - 보수라는 틀로 는 중국의 고대사상의 변천사에 대하여 설명하기란 불가능하다.

중국 근대사상의 언어 환경에 들어서면 그 문제는 더욱 복잡해진다. 근대 시기 중국에서 발생한 사상적 변화는 서구권 세력의 침투로 인 해 이루어진 결과이며, 그 상황에 대한 대응과정에서도 많은 논란이 존재하고 있기 때문이다. 당시 중국의 대응과정은 순수하게 서구화가 진행되었던 과정이 아니라는 사실과 전통사상의 새로운 해석 및 분석 과정이 복잡하게 얽혀있었다는 점에 대하여 부정할 수는 없다. 다만, 이러한 해석과 분석을 진행할 때, 그 본연의 질서를 근거로 설정할 수 는 없다는 것이 중요하다. 다시 말해, 설령 근대 시기의 사상가들이 과 거의 왕안석과 같은 태도로써, 고대의 아름다운 사회를 복원하고자 하 는 의지가 있었다고 하더라도, 당시의 중국을 세계발전의 흐름에 편입 시키고자 하는 방법과 중국 본연의 전통을 합리적으로 유지할 수 있 는 정책 실현 가능성의 존재 여부에 관한 부분에서 각자의 견해 차이 가 반드시 존재하기 때문이다. 그 예로 강유위가 공양삼세설에 대해 논할 때, 겉으로는 여전히 전통적인 경학의 변천문제에 관해 다루는 것처럼 보였지만, 동시에 중국을 세계의 표준에 맞게 발전시키려는 방 법에 대해서도 절실히 고려했던 것을 들 수 있다. 이를 바탕으로 한 대동설大同說은 민족 국가의 궁극적 목표에 관한 서사로 이루어져 있 으며, 그의 대동사상大同思想은 고대 중국 사회의 향수와 공경이 아닌, 서양에서 이루어진 실질적인 근대화의 경험을 참조하여 사회의 변화 를 설명하거나 사회발전의 궁극적 목표란 무엇인지를 설파하는 것이 었다. 이는 고대의 사상가들이 당시의 시대적 상황에서는 절대 도출해 낼 수 없는 문제의식이다.

사실, 급진-보수의 틀만으로는 강유위가 주장한 이론의 의미를 평가하기 어렵다. 그의 사상에는 극단적인 사회구상과 함께 실용적이면서도 현실적인 방안을 포함하고 있으며, 이러한 개혁적인 대안은 훗날 신정 개혁의 기초가 되었고 후에는 국가 행위의 방식으로 각 계층에 침투되다. 따라서 강유위의 사상을 급진-보수의 경계로 구분하고 급진주의가 주도적인 지위를 차지해야 한다고 강조했던 위잉스의 비판을 피할 수 없게 되는 것이다. 반면, 보수주의가 주도적 위치를 차지해야 한다고 주장했던 장이화姜義華는 근대화를 실현할 때 급진주의의 명확성이 부족하다는 점을 강소하기도 하였다. 하지만 이 둘의 견해는 근대사상을 가늠하기 위한 기준을 근대화의 개념에 두고 있었다는 공통점을 가지고 있다. 이런 전제조건의 공유는 실제로 중국의 근대사상에서 나타나는 중요한 특징이며, 중국의 지식인은 시민사회와 공공영역이라는 개념을 명확히 인식하고 있지 않았기 때문에, 그저 순수하게 민간의 태도를 유지하기란 쉽지 않았다. 중국의 근대사상사는 기본적으로 지식인의 사회적 운동-국가 설계-각 계층으로의 침투로 이어지는 과정을 통하여 진행되었으며, 그들의 선택은 항상 국가의 목적과 밀접하게 연관되어 있었다. 심지어 대부분 움직임은 국가의 정책적 자원으로 전환되기까지 하였다. 물론, 국가적 행위의 변화는 지식인들의 움직임에 대한 직접적인 결과는 아니지만, 외압에 의한 종합적인 효과라고 볼 수 있다. 그러나 보수주의를 추종하는 지식인의 관점이든 급진주의를 추종하는 지식인의 관점이든 모두 결국은 국가 행위의 한 단면에 불과한 것이다. 예를 들어, 1920년에서 1930년대까지 이루어졌던 국학의 상대적 부흥은 겉으로 보기에는 근대화의 패권의식에 대항하는 일종의 전통적인 자세로 비칠 수 있지만, 사실 내부적으로는 고대로부터 이어져 내려온 다양한 학설과 동양문화의 뿌리를 두고 있는 서양문화 등을 조사하여 역사적으로 전해져 내려온 근대화의식에 관련된 요소를 찾는 것에 목적을 두고 있는 것이었다. 이러한 연구 방식은 서구권 국가의 이념이 전파되는 과정에 대한 수동적인 반응이라고 볼 수 있으며, 중국식 근대화서술법의 구축을 위하여 나타난 흐름이라고 할 수 있다.

특히 20세기 이후 일어난 모든 보수주의 부흥과 관련한 이론은 고립된 상태를 추구하는 전통적인 부흥이 아닌 근대화 서술방식이 적극적으로 개입된 해석으로 볼 수 있다. 사실, 이러한 해석은 급진주의적 표현방식에 맞춰진 것이라고도 할 수 있다. 예를 들어, 유교적 자본주의[18]와 동아시아 경제모델이라는 해석의 틀은 표면적으로 전통유학의 부활이라는 가치를 내세우고 있지만, 실제로는 의도적으로 유학에 관련된 자원과 자본주의의 운영방식이 얼마나 절충되는가에 집중한 것이다. 이에 따라, 공자에 대한 제사활동을 통하여 유교를 선양하고자 하는 흐름이 점점 국가적인 행위로 발전되었으며, 이러한 문화와 경제가 맞물려 이루어지는 발전양식의 번영은 전통적인 행위의 부흥을 상업적 활동의 색깔로 물들였다. 즉, 지식인의 행동이 국가의 총체적인 목표에 부합하게 되면, 비판적 성찰이라는 의식이 점점 희미해질 수밖에 없다는 것이며, 급진 - 보수는 양측 모두 이러한 국가의식에 충족할 수 있도록 결합하고 통합된 개념의 형태에 불과하다는 것이다. 그러므로 이 두 가지 이념을 구분하고자 하는 것은 무의미한 일이라고 볼 수 있다.

이러한 현상이 나타난 이유는 중국의 사상계가 서구식 근대화의 영향을 오랫동안 받았다는 점을 들 수 있으며, 그 밖에 중국인의 서민사

---

18) 동아시아 국가의 자본주의 발전은 유교의 문화적 유산 덕분이라고 보는 시각.

회를 의미하는 초근草根 사회의 사상적 자원을 장기간 외면했다는 점도 무시하지 못한다. 서민사회는 전통적으로 상류층을 대변할 수 없었고 이로 인하여 민중의 의식은 중국의 사상사에서 오랫동안 제대로 된 위치를 구축하지 못하였다. 하지만 서민계층에서 표현된 전통은 그 속에 존재하는 활력과 능동적인 현상을 사실적으로 증명해 왔다. 수십 년에 걸쳐 극심한 정치적 억압과 조직적인 통제를 받았던 서민사회는 새로운 시대가 도래하였을 때, 그들의 전통의식을 통하여 기존의 낡은 체제에 대해 신속하게 대처하였고 그 우위를 점해 왔다. 이러한 서민계층의 사회의식은 놀랍게도 곳곳에서 쏟아져 나왔고 재차 전반적인 국가의 생활방식을 지배하였기 때문에 사상사연구에 있어서 중요한 의미가 있다. 서민사회에 속한 지식인계층은 족보族譜의 회복, 제사祭祀문화의 복원, 지방조직의 재건 등을 통하여 민간의 전통을 강화해 왔지만, 상위계층과 소통할 수 있는 통로의 부족 때문에 자체적이고 폐쇄적인 행동으로 표현되기도 하였다. 이러한 측면에서 보면, 민간의 행위와 국가의 행위에는 큰 차이점이 있다는 것을 알 수 있는데, 가령 지식인들에 의해 표출된 급진적 혹은 보수적인 주장이 국가적 담론과 다르다면 서민사회에서 이루어진 실제적 사상에 대하여 급진 - 보수의 틀로는 요약할 수 없다. 필자는 앞으로 중국의 사상사연구에서 중국의 서민사회인 초근 사회와의 교류를 통하여 내적 사고와 그 의미를 규명해야 한다고 생각한다.

중국에서 이루어지고 있는 사상사연구에서 급진 - 보수라는 이분법적 논쟁을 뛰어넘어야 하는 또 다른 이유에 대하여 말하자면, 양측은 변론할 때 각자의 주장을 고집하는 흑백논리의 성향을 가지고 있는데, 이는 사실 다른 각도에서 보았을 때 각각의 논거에 문제가 없을 뿐만 아니라, 그에 따른 논리에서도 오류를 찾기 어려우므로 굳이 '누가 옳고 누가 그르다'라고 하는 판단은 불필요하다는 것이다. 위잉스는 근대 시기 중국의 일부 사상사는 급진화의 과정을 통하여 그 결과를 맺게 될 것이며, 과거 발생한 중국의 문화대혁명文化大革命을 그 결과에 대한 근거라고 주장하였다.[35] 반면, 장이화는 문화대혁명이 보수주의적인 사고를 토대로 일어난 것이라고 반박하고 있다. 사실, 양측의 주장은 서로 반대되는 위치에 있기는 하지만 그 주장을 뒷받침하는 각각의 근거는 완벽한 논리를 가지고 있기도 하다. 형식적인 급진주의의 태동은 일종의 전통적인 사고방식의 영향력을 받은 결과일 수도 있기 때문이다. 마오쩌둥毛澤東이 단행한 이 문화대혁명이라는 개혁이란, 표면적으로 전문화된 근대화체제의 영향이 빚어낸 결과라고 볼 수 있다. 그러나 그 개혁에 관한 교육체제를 당시의 시대적 배경으로 비추어 보면, 이러한 급진주의적 행위가 현대교육의 전문화에 있어서 실천적 행위를 중시하지 않는다는 반감이 있었으며, 이러한 반감은 실천적 교육을 중시하는 후샹湖湘 문화에 내포된 전통의 역사적 연원과 밀접한 관계가 있는 것이다. 따라서 마오쩌둥이 단행하였던 급진주의적 개혁은 이후 도시의 청년들을 농촌과 산간벽지로 보냈던 상산하향上山下鄕운동19) 같이 일종의 전통방식을 현대 사회에서 구현하고자 하는 보수주의적 개혁의 성향도 가지고 있다. 그러므로 급진 - 보수라는 틀로 근대 시기의 지식인들의 복잡한 사상을 명확하게 요약하기란 불가능하며, 단일 개체라는 사상가의 사고에서 동시에 엇갈려 나타날 수도 있고 심지어 어떤 단계나 과정 중에 단일사상으로 지배적인 영향을 미칠 수도 있다.

---

19) 문화대혁명후기에 도시의 청년들을 농촌과 산촌의 오지로 파견한 정책을 지칭하는 말.

급진 - 보수의 이분법적 대립은 역사적으로 오랫동안 중국 역사학연구의 기본방향을 좌지우지하고 있었다. 혁명사革命史에 대한 서술에서도 급진 - 보수의 대립은 주로 정치적 역량의 대비를 나타내고 있으며, 급진세력은 봉건세력과 자본주의 세력에 대한 반발로 인하여 표현되었고 급진주의 성향을 대표하는 민족주의운동의 해석도 농민을 주체로 전개되었음을 표현하고 있다. '급진'이란 어휘는 기본적으로 좋은 의미를 담고 있지만, '보수'란 단어는 지식인들의 혁명적인 입장에 대하여 그 의지가 굳어지지 않고 옛것을 무리해서 지켜나간다는 부정적인 의미가 내포되어 있어 각 계층의 민중을 계몽의 대상으로 분류할 때, 보수주의자로 칭해왔다. 혁명사적 서술은 근대화라는 흐름에서 농민의 역할을 강화한 것이며, 근대화서술법은 엘리트집단과 국가 행위의 협력 효과를 강조한 것이다. 지식인과 농민운동의 역할 및 대응 관계에 대하여 평가는 '급진'과 '보수' 어느 한쪽의 편향적인 측면에서도 그 복잡성에 대하여 간단히 정리하고 요약하거나 명확한 평가를 도출해 낼 수 없다. 이는 근대화를 추구하고자 하는 상황에서 지식인 집단이 보수적이면서도 급진적인 이중성을 표현하고 있어 그들과 같은 기준으로 서민사회의 사상을 분석하는 것은 대단히 어려운 일이다.

4. 중국사상사 연구와 "현대성" 문제

위잉스가 주장한 전통적인 중국사연구를 조지프 레벤슨Joseph R. Levenson이 구축한 사상사연구의 틀과 연결하기 위하여 학자들의 많은 연구가 진행되었다. 하지만 1990년 이후, 현대 사회로 접어 들어가면서 연구를 진행했던 학자들은 비난과 비판의 대상이 되었고, 이로 인

하여 사상사연구에 관련된 학계도 유례없는 부진을 면치 못하게 되었
다. 1950년대 이후 형성되었던 사회진화론社會進化論[20]은 복잡하고 추
상적이며 반성이라는 가치에 대해 폐쇄적인 특징을 가지고 있지만, 사
상사연구에 있어서 근대 중국의 사상적 가치를 가늠하는 유일한 지표
로 그 역할을 하였다. 근대화이론에서 이성이 사상적 우위를 가늠할
수 있는 보편적인 기준으로 확립되면, 이를 통해 폐쇄적인 이념과 대
립을 초래하게 될 것이며, 이후 사회진화론과 같은 개념으로 사상사연
구를 진행할 수 있는 영역이 지극히 협소해질 가능성이 크다. 그래서
1990년대 이후 중국의 사상사연구에서는 근대화이론에 대한 제어의
기능으로써 반성이라는 개념을 도입하기 시작하였다. 그 목적은 보편
적인 해석체계가 아닌, 근대화의 과정을 한층 더 복잡한 틀로 구성하
기 위한 역설적 작용에 있다. 즉, 당시의 사상사적 시각에서 인식한 근
대성이란, 근대화의 과정에서 반드시 실현되는 특징이며 내부적으로
복잡한 충돌을 일으킬 가능성이 있어 이를 평가하는 기준을 과거의
폐쇄적인 보편적 가치에 두지 않고자 했음을 알 수 있다. 이러한 경향
은 독일의 철학자 위르겐 하버마스Jürgen Habermas를 필두로 한 사회
이론가들에 의하여 형성되었으며, 근대화 과정의 전반적인 측면에서
낙관적인 결과만을 도출해 내었던 규정과 명제에 대하여 의문을 제기
하는 것에 목적을 두고 있다. 하버마스는 근대화에 대한 정의와 역사
적 과정을 구분 지어 분석하였는데, 근대화의 과정 속에는 모더니즘의
성향이 내포되어 있지 않음에도 불구하고 근대성이라는 특징에 대한

---

20) 사회진화론Social darwinism. 19세기 찰스 다윈이 발표한 생물진화론에 입각
하여, 사회의 변화와 모습을 해석하려는 견해이며, 허버트 스펜서Herbert
Spencer가 최초로 사용한 개념이다.

왜곡과 억압이 이루어지고 있다고 주장하였다. 예를 들어, 푸코와 같은 후기구조주의 학자들은 근대화 과정에서 나타나는 특징에 대하여 인간의 해방, 휴머니즘, 자유 등의 개념 뒷면에 숨겨진 권력의 지배와 불평등을 표현하기도 하였다. 이점으로 인하여, 1990년 이후 규정된 근대성이라는 관념은 중국의 사상사연구를 통하여 역설적인 체계로 구성되었다. 이는 근대성 자체에 내재 된 장력과 모순을 방치한 상태로 모더니즘의 단일적인 해석 방법을 통하여 이루어졌던 1980년 초의 연구 방식과는 명확한 차이점이 존재한다. 왕후이汪暉는 근대성에 내재 된 반성 기능과 모너니즘 학자들 간에 존재하는 실질적인 차이에 대하여 명확히 구분하였다. 그는 후자에 등장한 학자들 및 이론가들이 현대성과 근대화 과정의 개념을 혼동하고 있다고 지적하고 더 나아가 마치 자신들이 모더니즘의 수호자라는 듯이 근대화의 모든 프로세스를 옹호하는 그들의 비정상적인 양태樣態에 대하여 비판하였다. 중국의 모더니즘 이론가들은 근대성에 대한 문제가 거론될 때마다 '구시대적 발상이다.' 혹은 '문화대혁명 시기로 돌아가자는 것이냐?'라는 등의 적대적 견해를 반사적으로 제시해 왔다. 그들에게 있어서 근대성이란, 사회적으로 내재 된 갈등과 충돌이라는 구조를 통해 반성을 일으키는 순환적 요소가 아닌, 사회 전반에서 최종적으로 나아가야 할 단순한 목표로 삼고 이를 집중적으로 이념화시켜야 하는 특성으로 인식된 것이다.[36]

　근대성에 대한 반성 요소의 도입은 전통 관념을 초월하여 중국의 근대화 과정에 대한 해석을 연구 대상으로 삼고 중국의 사상과 사회가 가지고 있는 복잡한 갈등이라는 역사적 장면을 재구성하고자 하는 것에 목적을 두고 있다. 이러한 시도는 결국 1990년대 초, 근대사상사에 대한 급진 - 보수의 이념 논쟁의 국면을 맞게 된다. 표면적으로는 이념적 측면에 치중된 논쟁으로 보일 수 있지만, 실질적으로는 서양 - 동양, 현대 - 전통이라는 이분법적 구조를 통하여 중국 역사의 변화를 인식하고 있다. 이러한 구조는 비슷한 시대적 상황과 이론이라는 배경에서 이루어지며, 양자 간의 차이는 그들의 대립국면에서 보여주었던 동질성에서 벗어날 수 없다. 이는 급진 - 보수의 이념이 가지고 있는 한계를 정확히 표현하기 어려워질 뿐만 아니라, 근대사상의 흐름 속에서 나타난 모순적인 모습을 나타낼 뿐이다. 예를 들어, 전면적인 서구화Total Westernization)를 주장했던 근대 시기의 사상가 호적胡適과 같은 학자들은 사실 보수주의적 색채가 강하였지만, 그 모습을 유지하며 중국의 전통 관념을 변화시키기 위하여 노력하였다. 즉, 보수주의적인 모습으로 변화라는 급진적 행동을 이끌어 나갔던 것으로 볼 수 있으며, 급진 - 보수 혹은 현대 - 전통이라는 이분법적 구조로는 설명할 수 없는 상황이라는 것을 알 수 있다. 이후, 결국 이러한 모순점으로 인하여 일부 사상사 연구자들은 '급진 - 보수'라는 이분법적 명제를 '근대성의 내부적 인식에 관한 분석 방법 구축'이라는 도전적인 문제로 전환하였다.

왕후이의 주장은 현재 중국사상계에서 계속해서 이루어지는 논쟁의 도화선이 되었는데, 그 내용은 아래와 같다.

첫째, 중국의 사회는 전통적인 사회제도와 윤리적인 틀의 붕괴로 인하여 우리 사회의 역할 자체가 우리 자신을 이해할 수 있는 도덕적 기반으로 제공되지 못하고 있다.

둘째, 전통적인 윤리 제도를 배제하는 것은 자체적인 새로운 관념의 산물이며, 내재적인 본질이나 자아가 존재한다는 것을 보편적으로 믿게 만드는 것이다.

이러한 내재적인 본질은 사회의 현실과는 별개의 문제이며, 현재의 사회는 개인에게 이 두 가지 전제를 동시에 마주하게 하고 있다.[37]

이는 근대화라는 상황을 통해 당시 중국인들이 겪고 있는 사상적 딜레마가 그들의 생활에서 어떠한 영향을 미치고 있는지를 보여주는 단적인 예이다. 즉, 근대성도 마찬가지로 단순하고 원론적이며 낙관적인 해석만으로 쉽게 설명할 수 있는 것이 아닌, 다양하고 복합적인 의미를 담고 있다고 할 수 있다. 따라서 중국 사상사연구가 새로운 출발점을 찾기 위해서는 피동적으로 근대화에 적응해 나간다는 논점의 일반론이 아닌, 다양한 전통 관념이 각각의 상황 속에서 어떻게 조직되고 적응하여 변화해 나가는지를 복합적으로 표현할 수 있는 이론에 관하여 탐구해야 한다. 이와 동시에 그에 따른 과정을 어떻게 고수할 것인가에 대해서도 주목하여야 한다. 근대화의 흐름 속에서 중국인들에게 나타난 근대성이란, 일종의 운명이자 구조적 요소이기 때문이다.

중국인들에게 일어난 이념적 변화라는 위기는 기존의 전통적인 틀에서 자아의 가치와 사회적 가치의 우열을 가릴 수 있는 정확한 판단 기준의 부재로 인하여 나타난 것이다. 따라서 사상의 명확성이 모호한 상황에서 이러한 불확실성을 단순한 이분법적인 근대화 방정식으로는 접근할 수 없다. 앞서 근대성에 관한 서술에 있어서 등장한 인간의 해방이란 근대성을 사상과 도덕이라는 본질적인 명제를 토대로 반성의 개념으로 여기는 것이 아닌, 끊임없이 변화하는 정치, 경제, 문화를 아우르는 단일적인 명제로 여기고 있었다는 점을 나타낸다. 이러한 변화와 불확실성을 제시함으로써 반성의 능력을 증강해야 하며, 더 나아가 사상사연구의 새로운 출발점으로 자리매김 될 수 있어야 한다. 그러기 위해서는 공통적인 인식체계를 구축하여야 하는데, 이는 선과 악의 가치에 대한 확고한 규정이 이루어져야 한다. 또한, 중국인들에게 자체적인 판단 기준을 통해 전통사회에서의 개인, 사회, 조직 등이 가지고 있는 가치를 명확하게 확립할 수 있는 기준을 인식시킬 수 있어야 하며, 그에 대해 확신하도록 만들어 주어야 한다. 현대 사회에서는 이러한 인식구조가 불확실성을 대체할 가능성이 크기 때문에 개개인의 주변 상황과 사회에 대한 합리성을 재평가하는 동시에 내면의 세계와는 다른 평가 기준을 세우도록 할 수 있다. 하지만 근대성이라는 기준은 아직 확실하게 규범화되지 않고 불안정성을 거듭하는 상황이기 때문에, 중국 내부에서 비교적 안정적인 틀을 구축하고 있는 전통적 기준을 대체하기란 쉽지가 않다.

고대사상의 연구와 근대사상의 연구 간에는 중요한 차이가 있다. 고대 사상에 관한 연구는 사상적 공감을 토대로 연구가 진행되며, 이를 기초로 구축된 심리적 구조와 제도적 배경을 통하여 기본적인 인식의 전제조건을 설정하고 있다. 반면, 근대사상에 관한 연구는 앞서 말한 공통적인 인식체계를 구축하는 과정에서 발생했던 영향을 기초로 하여, 현재까지 진행되어온 상황에 관한 연구가 중점을 이루고 있으므로 중국의 지식인 사이에서 지속적인 발전을 이룰 가능성이 크다. 현재의 근대사상사 연구자들이 자체적으로 설정한 '인식체계의 위기와 소멸'이라는 명제는 많은 지식인에게 근대화 추세에 따른 공감 과정을 유발하였으며, 다양한 연구를 토대로 구축된 것이다. 이는 전통적인 체계와의 거리감을 유지해 나가는 기준이라고 볼 수 있다. 이러한 전제조건은 근대화의 이념과 생활 수준에 대하여 공감할 수 있는 체계를 토대로 하고 있지만, 근대성의 반성이라는 차원에서 초기의 서양 사회와 같이 자아에 대한 반성과 자아비판을 통하여 일어났던 광범위한 혼란을 초래할 위험성이 있어, 그 명제를 단순하게 처리하는 것은 부적절하다. 중국과 같이 후발 주자로 근대화 과정이 진행된 비서구권 국가에 존재하는 새로운 체계의 위기를 단일적이고 보편적인 근대화 기준으로 해결하는 방법은 적절하지 못할 것이며, 무리해서 적용할 경우 반드시 더욱 역설적인 형태의 반응이 나타날 것이다. 자연, 사회, 국가, 민족, 설명 등과 같은 각기 다른 두 집단 간에 이루어지는 복잡한 상호 관계는 장기간의 역사적 과정으로 구축된 것이기 때문에, 전통적 요소를 현대식 요소로 단순 대체하는 체계의 변화는 적절한 해결방안이 될 수 없다.

왕후이가 주장한 공통적인 인식체계란, 근대 시기 중점이 되었던 기본개념들을 일부 변화시키고 다듬어 구축한 것이며, 이를 통하여 역사적 상황에 대하여 구체적으로 분석하려고 하였다. 이러한 시각을 토대로 자아-개인, 사회-국가, 사회-민족, 우주-자연 등의 관계를 통하여 중국의 근대화라는 세계관의 기본골격을 구축하게 되는데, 각 관념들은 언어의 단순번역이나 원론적인 규정으로 이해할 수 있는 것이 아닌, 각 개념 그 자체를 하나의 역사를 구축하고 있는 개별적 요소로 인식하여야 한다는 것이다. 서로 다른 개인과 각 사회에 존재하는 서로 다른 사상가 및 같은 언어 환경에 존재하는 서로 다른 지식인들은 모두 각각 개별적으로 개인, 국가, 자연에 대한 관념이 있다. 관념사觀念史의 측면에서 보면, 이러한 관념들 사이에 발생하는 차이점이 동일 언어를 사용하는 각각의 개별적인 개체들의 사용법에 따라 결정된다고 정의하고 있다. 더욱 중요한 것은 이 관념들은 특정 사회생활과 문화 및 언어 환경에서 역사의 의미를 나타내고 있으므로 동일 언어라는 범주를 벗어난 위치에서 그 개념을 이해하기란 쉽지 않다.[38] 예를 들어, 중국의 사상적 전환 시기에 자주 언급되는 단어 중에서 공公, 단체를 뜻하는 군群, 사회社會, 국가國家, 개인個人, 과학科學, 급진急進,

혁명革命 등을 들 수 있다. 이러한 단어들은 특정한 집단과의 교류를 통하여 그 의미가 약속되었거나 그 의미를 사전적 의미로 규범화시키기 위한 태동과는 관계없이, 그 언어 자체가 형성되는 과정에서 실질적으로 많은 사람이 사용함에 따라 집단을 이루게 된 것이며, 뒤이어 그 언어의 기능적인 측면의 관찰을 통하여 한 집단의 공통적인 인식체계가 형성된 것이다. 왕후이는 중국의 민주 혁명가인 장태염章太炎, 사상가 엄복嚴複, 양계초, 노신魯迅 등의 영향력 있는 인물의 사례를 토대로 사상사연구를 진행하였다. 그들을 급진 - 보수의 이분법적 틀과 같은 일반적인 기준에 가두어 단순한 평가를 진행하는 것이 아닌, 역사적 환경 속에서 각 인물의 구체적인 활동 및 특정한 선택이 이루어졌던 의미와 그들의 차이점에 주목하였다. 이러한 사상사의 연구방법이 가진 중요한 특징은 각 사상과 각 개체 간에 이루어진 개별적인 내용에 대하여 복합적인 성질로 명시하는 것이다.

근대 시기 나타난 이러한 공통적 인식체계는 사회, 국가, 진화, 민족, 공리 등과 같은 영역의 근대적 관념과 밀접한 관련이 있으며, 이와 동시에 전통적인 관념인 하늘, 도리 등의 범위와 결합하여 현실 세계의 변화에서 규정되지 않는 내면적 갈등을 극복하기 위한 역할을 할 수 있다. 장태염은 사상의 내면적인 역설 관계에 대하여 국수國粹라는 범위에 속하는 언어, 문자, 법률제도, 인물과 그에 대한 전기傳記 및 저서에 관련된 개념을 정리하고 해석하였는데, 그의 이러한 행적을 원인으로 당시 반근대 국가적 성향의 인물로 평가되기도 하였다. 그는 중국의 전반적인 영역에서 지배력을 행사하고 있는 한족漢族 특유의 문화성을 토대로 청나라 시기의 지배층인 만주족滿洲族과의 상호 관계에 대하여 정의를 내리기도 하였으며, 이는 민족문화주의의 색채가 짙은 표현 방법으로 대중들에게 받아들여졌다. 하지만 언어적 측면에서 보면, 국수의 국國은 중국학에서 주로 외부 민족, 특히 만주족에 대한 통치로 인해 나타난 민족문화의 개념일 뿐, 현대 사회의 국제관계에서 나타나는 정치적인 국가國家의 개념과는 차이점이 있다.[39] 즉, 국수의 부흥은 현대 국가를 구축하는 것과 반대되는 의미를 나타내는 것이 아닌, 전통문화에 관련된 하나의 표현방식일 뿐이다. 청나라 말기, 근대화를 주장했던 그의 민주혁명 이론에 대한 동기는 중화사상이라는 전통적 의미 혹은 편협한 사고방식에 국한된 표현이 아니라 공화제를 수립하고자 했던 정치적 주장이라는 표현으로 보는 것이 적절할 것이다. 장대염이 주장했던 국수의 부흥은 중국이 민족 국가라는 관념을 구축해 나아가는 과정에서 중요한 정치적인 의미가 있으며, 이는 문화의 부흥과 다른 의미가 있다. 또한, 그는 불교 언어 중, 자성自省과 개체個體라는 개념을 인용하여 민족 국가의 목표와 내부적인 긴장 관계를 형성시켰다.

중국을 대표하는 문학가이자 사상가로 알려진 노신도 장태염과 마찬가지로 사상사의 복잡성을 토대로 하여 공통적인 인식체계를 구축해야 한다고 주장하였다. 그는 사실 청나라 말기 이후, 점진적으로 일반화되어가고 있었던 사회진화론에서 깊은 영향을 받았다. 심지어 이를 전통적 가치로 재평가하여 고대문명에 대하여 비판하는 이론적 근거로 삼기도 하였다. 왕후이는 진화론에 대한 노신의 가치판단과 문화적 비판에 대하여 5.4운동의 이상을 대표하고 있다고 평가하였지만, 노신의 문화적 비판이라는 공통적 인식체계가 등장한 이후, 개인적으로 영향을 받았던 진화론적 관념이 더는 그의 사상의 깊이를 나타내는 모태라고 할 수만은 없다는 점도 강조하였다.[40] 역사의 과정은 반복과 순환으로 구성되어 있다. 현실사회 그리고 각자의 사회적 운동은 이러한 순환과정에서 벗어나기 위하여 진화와 급진이라는 법칙성을 가지고 그 궤도를 구성하지만, 결국 순환이라는 역사의 고리에서 벗어날 수 없다. 노신의 문화적 비판이라는 공통적 인식체계는 역사의 한 부분에 대한 이성적인 인식과 사실에 대한 감성적인 경험이라는 두 부분으로 분화할 수 있다. 이는 당연히 그의 개인철학과 깊은 관련을 맺고 있을 수밖에 없다. 그는 일반적인 사상가가 아닌, 5.4운동 사조의 선구자로 칭송되고 있지만, 사실 그 자신은 5.4운동에 대하여 이성적인 인식을 통해 집단가치의 실현을 강조하였으며, 반대로 이 운동이 근대화의 목표로 인식되는 것은 반대하였다. 왜냐하면, 그는 자신이 겪었던 어두웠던 감성적인 경험을 전제로 하여 줄곧 그와 반대되는 움직임을 주도하였기 때문이다. 이러한 점에서 볼 때, 노신은 현대 사회에서 낭만적이고 긍정적인 작용으로 표현되고 있는 5.4운동과 반대되는 철학적 관점을 가지고 있었고 그의 이러한 감성적인 경험은 사회진화론과 대립하는 원인으로 작용하였으며, 결국 역설적인 현상을 불러일으키게 되었다.

　　노신은 생존경쟁에 대한 진화론을 중국의 사회와 생활영역에 도입한 사람이다. 하지만 동시에 그는 그 이론을 통하여 자신이 구축하였던 영역에서 퇴출당한 사람이기도 하다. 전자의 내용을 통하여 그를 사회적 진화주의자의 선구자라고 하여 사회학계의 찰스 다윈Charles R. Darwin과도 같다고 인정하는 사람이 있는가 하면, 후자와 같이 사회진화론적인 관념이 없는 사람으로 여기는 사람도 있다. 이는 중국의 역사에서 발생하였던 현실적이며 이성적인 상황이 그에게 내재 되어있던 역사 인식과 경험의 가치 충돌을 발생시킨 것이라는 시각이다. 하지만 이러한 시각으로는 노신의 내적 모순을 파악할 수 없다. 전자와 후자의 모든 사람은 역설적인 현상이 발생했던 문화적, 심리적 요소라는 배경을 무시하고 있으므로 그 중심에 서 있는 노신의 두 가지 모습에 존재하는 동일성을

파악하지 못한 것이다.[41]

  왕후이의 사상사연구는 사회공동체의 공통적 인식체계에 대하여 위와 같이 설명하였다. 그의 발언은 중국인들의 심리와 사상을 흔들어 놓았지만, 그 복잡성으로 인하여 기준이 없는 듯한 모호함을 지우기 어려웠고 이러한 사상의 불확실성은 곧 사상사연구의 불확실성으로 심화될 가능성이 컸다. 아마도 이점은 그가 사상사연구에 미친 공헌과 한계를 동시에 표현하고 있는 모순점이라고 볼 수 있을 것이다. 왕후이는 자신의 연구가 개념적 측면의 역사와 사회적 측면의 역사를 결합한 형태라고 주장하고 있지만, '사회'의 모습은 뿌연 안개에 가려진 것과 같이 확실히 눈에 보이지 않는다. 또한, 그는 가치의 비교를 통한 인물의 사상연구에 중점을 둔 것이 아닌, 기본적인 역사 그 자체에 뿌리를 두고 있다고 주장하고 있지만, 역사가 가지고 있는 광범위한 사회적 의미를 사람들에게 알리는 것은 실질적으로 불가능해 보인다. 따라서 사회사연구에서 공통적 인식체계를 구축하고자 하는 것은 여전히 주관적인 개념이며 사회적 의미에 관한 연구의 경험적인 요소가 부족하다고 할 수 있다. 역사적 변화에서 나타나는 언어와 문자에 대한 복잡한 설명은 텍스트 번역이라는 언어의 교차 분석이라는 범주에 속하고 있을 뿐, 풍부한 역사적 맥락이라는 문맥에 뿌리를 두고 있지는 못한 것이다. 물론, 이러한 평가는 사회사의 기준에 따라 사상사연구를 판단하는 것과 마찬가지이며 다분히 가혹하게 보일 수도 있다.

  왕후이가 연구를 통하여 이루고자 하는 중요한 숙원은 근대화 과정과 근대성을 구분하는 것에 있다. 그는 일찍이 일어난 근대화 과정을 서구의 이성 계몽으로 구축된 '시간'이라는 개념으로 인식하고 있다. 이 개념은 순전히 지식적인 형태와 정신적인 요구가 아닌 제도화된 운영을 통하여 민족 국가, 시장 메커니즘, 노동 분업, 법률체계 등을 점진적으로 제도화하여 나가는 과정이다. 특히 중국의 근대사를 살펴보면 이 과정에서 중국 사회가 도달하고자 했던 일반적인 목표를 문제없이 이루어 냈다는 점을 알 수 있다. 따라서 급진 - 보수라는 이분법적 틀을 뛰어넘기 위해서는 먼저 지식인들이 그들이 가진 이원적 견해라는 기본적인 입장을 변화시켜 다음 단계로 나아가게 할 필요성이 있는 것이다. 그뿐만 아니라, 사회적으로 존재하는 대립 혹은 갈등 관계에서 해방되어야 하며, 복잡한 관련성과 상호 작용이 가지고 있는 배경을 탐색하여야 한다. 예를 들어, 왕후이는 자본주의 - 사회주의라는 이분법적 사고에서 벗어나 이 두 가지 이념은 민족과 국가의 체계를 형성하는 정치적 요소이자 역사의 전제조건이라는 점을 주장하였다.[42] 마오쩌둥 시기의 사회주의는 표면적으로 보았을 때, 자본주의의 세계로부터 격리된 폐쇄적인 체제였다. 사실, 마오쩌둥은 사회주의 이념을 토대로 대약진大躍進운동이라는 혁명을 통하여 중국 사회의 근대화를 촉진하고자 노력하였다. 한편, 현대 시기로 넘어오며 점진적으로 현대적인 민족 국가 건설이라는 전반적인 사고를 답습하고 강제적 수단을 통하여 사회조직을 국가의 목표로 통합시키고 낙후된 중국 사회가 통일된 힘을 발휘하여 서양세계에 대항하자는 뜻에서 민족주의의 독립적인 목표달성을 추구하였다. 이러한 긍정적 측면과는 달리, 사회적 평등이라는 국가의 메커니즘을 통하여 농촌의 생산과 소비를 착취하여 도시들의 산업화를 위한 자원으로 축적하였고 사회주의 원칙에 따라 농촌사회를 재조직하였다는 부정적인 측면도 존재한다. 사실 이러한 농업자원의 공유제共有制는 도시와 농촌사회의 불평등을 전제로 하고 있기 때문이다.[43]

즉, '평등'이라는 사상의 논리는 산업화의 구현을 전제로 하고 있으며, 이는 필연적으로 불평등이라는 역설적 관계를 형성할 수밖에 없다. 이점에 대하여 왕후이는 아래와 같이 정리하였다.

마오쩌둥의 사회주의는 근대화된 이데올로기이자 유럽과 미국의 자본주의 근대화에 대한 비판적 사조였다. 그러나 이러한 사조는 근대화 자체에 대한 비판이 아닌 혁명적인 이데올로기와 민족주의적인 입장에 집중된 것이며, 근대화의 자본주의 형태와 그 단계에 대해 비판하고자 하는 사조이다. 그러므로 가치관과 역사관의 측면에서 보면, 마오쩌둥의 사회주의 사상은 자본주의적 근대화를 반대하는 또 다른 근대화이론이다.[44]

왕후이는 전통 - 현대의 틀을 사회주의 - 자본주의의 틀과 동일시하였고, 이원대립적인 문제를 시대적 권력의 통제를 받은 역사와 현실의 상호 작용으로 확대하고 변형 및 전환하였다. 이는 논리적인 가설로 평가되며 전반적인 면에서 근대성의 중요성을 인지시키는 중요한 역할을 하였다.

근대성에 대하여 결론을 내리자면, 현대 중국인의 자아에 대한 공통적 인식체계를 구축하는 것이 곧 목표에 도달하는 방법이다. 자본주의와 사회주의라는 이분법적 틀에서 벗어난 인식체계를 틀로 하여 100년이라는 중국의 역사적 실천으로 얻은 내부적 반성과 해외의 역사에서 나타난 반성의 요인을 같은 방법으로 탐구하게 된다면, 세계의 사회체제에 대한 비판과 제도적 혁신이 가능할 것이다.[45]

그러나 위와 같은 대담한 가설도 역설적인 상황에 놓이는 결과를 초래하게 된다. 첫째, 사상사의 명제인 반현대적인 근대성은 새롭게 구축된 사상적 토대가 아닌, 20세기 중국 지식인들에 의해 공유된 이념적 자원이며, 이를 사회적 변화의 요소로 삼기에는 적절하지 못하다. 사회변혁을 추구했던 마오쩌둥의 정책 사업은 근대화의 과정에 존재하는 하나의 톱니바퀴일 뿐이며, 세계화라는 전반적인 계획을 위한 부품으로 전락해 버릴 가능성이 크다. 이렇게 되면 마오쩌둥의 자율성이 모호해지게 되며, 페어뱅크의 충격 - 반응론과의 진정한 차이를 구별하기 어려워진다. 둘째, 중국의 사회주의와 세계의 자본주의 사조가 역사적 전제조건을 공유한다는 주장은 혁신적으로 인식될 수 있지만, 중국의 국가적 특성과는 관계가 없다. 그 특성에 관한 해석은 세계체제와 관련된 관점에서 평가될 수 없으며, 또한 세계체제의 역할을 지나치게 강조하는 것도 부적절하다고 할 수 있다. 그래서 중국이라는 국가의 특성을 해석할 때 제도 및 사상과 같은 전통적 자원의 분석이 이루어져야 한다. 앞서 1950년대 이후 실시 된 상산하향 운동을 비롯하여 교육기관의 설립과 운영 등과 관련된 정책들이 지역 전통과 계층 제도의 설계에 어떠한 관련성이 있는지를 분석하여 근대적 의미가 있는 혁신적이며 구체적인 사안으로 정리해야 한다. 하지만 왕후이는 사실 이러한 측면에 대해서 인식하고 있지 못하였다. 또한, 그는 매체를 통하여 관념사와 사회사의 결합을 이용한 방법으로 연구가 진행되어야 한다고 주장하였는데, 이러한 연구에서 개인, 사회, 국가라는 세 가지 개념을 순수한 언어학적 번역이나 원론적인 규범화를 통하여 인식해서는 안 되며, 각 개념을 역사를 구성하는 하나의 분야로 개체화시켜야 한다고 논하였다.[46] 그는 역사적인 관계와 사회적인 관계라는 단어를 주로 사용하는데, 이는 모두 규범화되고 개념화된 사물에 존재하는 구체적인 역사적 관계, 특히 지배적인 특정한 관계를 복원하고자 하는 의지를 나타내는 표현 방법이다.[47]

이렇게 역설적인 사상이 나타난 사회적 상황에서도 왕후이는 자서전을 통하여 역사의 의미를 연구하는 것을 강조하였다.[48] 그는 『천리의 성립天理之成立』에서 중국 사상의 근원에 존재하는 사회와 역사의 조건에 관하여 탐구하고자 하였는데, 도덕적 평판, 토지제도, 세법, 민족 관계 등의 연구가 바로 그 예라고 할 수 있다.[49] 또한, 학술사學術史의 관점에서도 분석을 진행하였는데, 유학과 관련하여 예禮를 중시했던 순자荀子의 지론을 무시하거나 그의 가치를 평가절하시키는 반면, 사맹학思孟學에 대해서는 그 원론의 중요성을 강조하기도 하였다. 사맹학의 사思는 자사子思를 일컫는 말로써, 공자의 손자인 공급孔伋을 가리키는 말이고 맹孟은 자사의 제자인 맹자孟子를 일컫는 말이다. 그래서 이 두 인물을 중심으로 하는 유학의 분파를 사맹학파라고 하는데, 왕후이가 강조하고 옹호하고 있는 이 사맹학파는 순자의 사상과는 그 결이 다른 분파이다. 그는 자아自我에 대한 문제를 유가 사상에서 명시한 내용을 토대로 토론이 이루어져야 한다고 논하고 있다. 하지만 이러한 주장에는 치명적인 약점이 존재하는데, 그것은 바로 이학理學과 관련하여 예법禮法 혹은 예교禮敎의 관계가 크게 약화 될 가능성이 있기 때문이다. 그래서 왕후이는 사상사와 사회사연구에 있어서 도덕적 논증 - 예법의 상호 작용이라는 새로운 해석의 틀을 구축하고 이를 토대로 분석을 진행하고자 하였다. 그는 선진先秦 시기에 등장한 '덕德 - 예禮', '덕德 - 행行', '덕德 - 형形'이라는 세 가지 관계로 분화된 이론적 틀을 발견하였고 그 틀에 존재하는 도덕적 평판과 예법의 관계 및 정치제도와 자연 질서의 관계가 극단적이지 않다고 판단하였다. 또한, 그 관계에는 내재적인 연속성이 존재하며, 예법과 제도의 관계에서 벗어나게 되면 도덕적 평가가 불가능하다고 주장하기도 하였다.[50] 즉, 심리적인 측면에서는 이러한 변화의 복잡성을 파악할 수 없다는 것이다. 사상사연구의 도입을 통하여 중국의 역사 속에서 나타난 정치제도를 분석하는 방법은 이념분석법과 차별화된 방법이라고 할 수 있다. 이를 토대로 사상사를 해석하게 되면 팔고문八股文과 같이 대구법對句法으로 구성된 딱딱한 문체의 서술법에서 벗어날 수 있으며, 신유학자와 같이 사상의 배경에 숨겨진 제도적 원인에 관한 연구를 배척할 필요성도 자연스럽게 사라진다는 의미가 있다. 그는 한나라 왕조가 망하고 당나라 왕조로 넘어가는 시기에 이루어진 제도의 전환 과정을 적절하게 분석하기 위해서는 반드시 예법과 제도의 분화과정에 주목해야 한다고 주장하였다. 선진 시기 이전의 3대 왕조(하, 은, 주 나라)는 덕치德治를 원칙으로 하였지만, 한나라와 당나라의 제도를 중심으로 통치가 이루어졌다. 예법은 인성人性을 통한 도덕적 의미가 있으며, 제도는 상대적으로 독립적인 의미가 있다고 할 수 있다. 그는 이를 바탕으로 도덕을 보편적인 토대로 한 제도는 절대 구축될 수 없다고 주장한 것이다.[51]

　　제도나 예법 또는 형이상학形而上學을 토대로 도덕적 논증을 진행하는 도덕적 평가와 정치경제 제도에 대한 합리적인 사고는 지식인들의 가장 중요한 관심사로 자리 잡아야 한다.[52]

왕후이는 토지제도, 조세법, 도덕적 평가의 관계에 대한 해석을 진행하였고 더불어 동서와 남북을 나누는 지역 문제, 민족의식, 전통 관념의 측면으로 사고의 범위를 확장하기 시작하였다.[53] 그의 이러한 행보에 대하여 리우둥劉東은 그가 사상사를 토론하고 해석할 때 마르크스주의를 부분적으로 촉진한다고 인식하였고 이러한 현상은 폐쇄적이었던 관념사 연구에 활력을 가져올 수 있다고 평가하였다. 하지만 왕후이는 당-송 전환 시기에 나타난 제도적인 신분과 지위, 지식과 도덕의 분화과정에 대하여 제대로 된 해석을 내놓지 못하였다. 그는 신뢰성 높은 근거를 제시하지 못하였고 단지 형식적인 묘사를 진행하였다. 또한, 지역 문제와 민족의식의 출현과 같은 복잡한 역사문제에 관해서 전목錢穆, 진인각陳寅恪 등 역사학자들의 이론을 인용하여 결론을 도출하였지만, 결과적으로 부족함이 많다는 평가를 받았다. 그는 제도적인 신분과 지위가 지식과 도덕의 분리를 원인으로 남-북이라는 지역 구조를 형성했을 뿐만 아니라, 인적자원들의 도덕적 이상과 논리적 제도가 민간사회로 성공적인 유입이 이루어졌다는 분석을 보여주고 있지만, 그렇게 도출된 결론은 너무 추상적이었다. 하지만 필자는 그의 결론이 추상적이라고 해서 단순히 무시되어서는 안 된다고 생각한다. 지식의 재생산 과정에서 도덕적 평판을 포함한 인적자원을 확보하는 제도화 과정이 이루어졌다는 점은 주목할 만한 가치가 있기 때문이다. 다만 아쉬운 점은 이런 과정에 대한 상세한 묘사와 분석이 아직 명확하게 도출되지 않고 있는 것이며, 만일 명확한 묘사와 분석이 이루어지게 된다면 사상사와 사회사에 대한 해석은 문장으로 표현할 필요가 없을 것으로 본다. 사실, 사상의 기초와 사회적 상황에 대한 논쟁이란 논리적인 문맥으로 분석이 이루어지는 사상사의 서술법에 비하여 비교적 단순하고 추상적일 수 있다. 하지만 그 저서의 제목에서 볼 수 있듯이, 이를 하늘의 이치라는 천리의 성립원인에 대하여 유력한 근거로 뒷받침하기에는 부족함이 있다. 그가 과거에 진행하였던 사상사의 해석 중에서 그 세밀함이 가장 뛰어났던 부분은 바로 근대 사상과 관념에서 나타난 복잡하고 내재적인 '역설적 상태'를 명시하는 부분이다. 이는 전통-현대 혹은 동양-서양이라는 이분법적 틀을 뛰어넘었을 뿐만 아니라, 그가 제시했던 명제가 역설적 상태에서 나타난 사회와 역사의 복잡한 배경 원인에 만족하기 때문이다. 하지만 내용상에서 구체적인 서술이 부족하였고 논제와 논제 간의 관계를 논리적으로 풀어내지 못하였다. 사실 이러한 결과는 왕후이가 사상사를 거대한 서사 방식으로 이해하고 있었다는 점과 관계가 깊다. 그는 중국사라는 거대한 범주에서 역사적, 사회적, 사상적 상황을 모두 고려하고 빈틈없는 내용을 구성하기 위하여 수많은 명제에 대한 무리한 해석을 진행했다. 이렇듯 광범위한 틀을 기초로 사상사를 연구하게 되면, 사상사에 내재 된 원천적인 불명확성이라는 특성의 영역도 넓어지기 마련이다. 결국, 사상사연구에 있어서 반복적으로 사용 가능한 기본개념의 부재로 인하여, 사상사의 모든 측면에 대한 역설적 상태를 연구하고자 했던 왕후이는 끝없는 심연深淵에 빠질 수밖에 없었다.

왕후이는 다른 저서를 통하여 자신의 목표를 재설정하였다. 그 목표는 바로 현대 사회의 출현과정과 민간사회의 재생능력을 토대로 중국의 근대성과 역사적 상황 간의 관계를 찾는 방식을 재검토하는 것이다. 이는 사상사의 범위를 벗어난 것이며, 전반적인 중국 사회에 대한 해석이론을 재창조하고자 하는 것이다. 하지만 안타깝게도 현재 중국 사상계는 이러한 이론을 재창조할 수 있는 수준과 조건을 갖추고 있지 못하며, 이러한 이론을 구축하기 위해서는 반드시 다양한 이론을 활용하여 교차연구를 진행해야 할 뿐만 아니라, 장기간에 걸친 상세하고 분석적인 연구 경험을 기초로 하여야 하고 사상사와 관계가 있는 방법론에 관한 연구도 그와 상응하는 해석수준에 도달되어 있어야 한다. 이러한 복합적인 문제로 인하여 왕후이는 아직 사회사적인 측면에서 학계의 강력한 지지와 검증을 받지 못하고 있으며, 그 자신도 사상사와 사회사의 교차점을 어떻게 설정해야 하는가에 대한 문제에 직면하고 있다.

비록 왕후이가 이러한 많은 문제점을 안고 있다고 하지만 그가 사상사연구에 미친 공헌은 상당하다고 볼 수 있다. 현재 그는 중국인의 자아에 대한 공통적 인식체계의 부재로 학계가 진퇴양난에 빠져있다는 점을 계속해서 주장하고 있다. 그의 연구는 학계에 이러한 문제를 해결하기 위한 해답을 밝히고자 하는 것보다 그 자신도 해답을 찾기 위해 몸부림치고 있다는 심리적 상태를 표현하는 것이다. 또한, 과거의 연구를 원인으로 무의식적으로 자리 잡게 된 역사적 맹신에 대항하고자 함을 표현하는 것이기도 하다. 자아의 인식체계를 구축하기 위한 그의 노력은 경제발전이 자연스럽게 문화석 번영을 가져올 것이라는 구시대의 명제를 부정할 수 있도록 학계를 고무시키는 결과를 가져왔다. 경제의 기형적인 발전이 문화 발전이라는 측면에서 재난으로 작용할 수 있다는 그의 주장은 근대화에 대한 해석을 맹목적으로 따르고 있는 현재 중국 문화사연구의 흐름에 대한 전면적인 도전으로 작용할 것이다.

5. 서양에서 동양으로: "이론여행"의 현대성적인 의의

중화민국 초기 학자인 고홍명辜鴻銘의 저서 『중국인의 정신中國人的情神』은 1996년에 중국 서점가에서 돌풍을 일으켰다. 1980년부터 이어진 문화주의의 부흥을 통하여 문화를 대상으로 하는 저서가 수만 권씩 팔려나가긴 하였지만, 1990년 상업 중심의 사회에 이르러서는 문화의 이야기는 사치스러운 것으로 치부되어 그 인기가 시들해졌다. 이러한 시대적 배경에서도 『중국인의 정신』은 10만 권 이상이 판매되었고 지속적인 개정과 출판이 이루어졌다. 그 내용은 크게 다음과 같은 특징을 가지고 있다. 첫째, 중국문화의 정신에 관하여 서술하고 있지만, 먼저 영문으로 작성되었고 이후에 중국어로 번역되어 역수입되었다. 둘째, 저자인 고홍명은 과거 논어論語, 중용中庸, 대학大學의 영문 번역본을 집필한 인물로 알려져, 수년간 해외에서 유학 생활을 한 개방적인 학자의 모습으로 상상되기 쉽지만, 변발辮髮을 유지하고 일부 다처제인 복혼제複婚制의 전통을 고취하고 있는 인물이었다는 것이다. 단, 개인 능력의 측면만 보면, 그의 외국어 능력은 자신의 중국학 수양 수준을 뛰어넘을 정도였으며, 이를 토대로 서양에 중국의 문화를 전파하는 임무를 맡고 있었다는 점에서 앞서 언급한 외면적 모습 및 개인적 문화 배경요소와 상반된 느낌을 주었다.

당시 그에게는 괴상한 유학자, 기괴한 사람, 기이하지만 걸출한 인물을 뜻하는 '괴유怪儒', '괴인怪人', '괴걸怪傑'이라는 수식어가 따라다녔으며, 지식인들도 그를 아래와 같이 범상치 않은 인물로 묘사하였다.

> 그는 늘 오래되어 닳아빠진 초라한 붉은색 창파오長袍[21]를 입고 다녔으며, 옷소매는 항상 침과 콧물로 얼룩져 있었다. 또 항상 작은 빨간 모자를 쓰고 그 뒤로 길게 땋은 변발을 유지하고 있었으며, 전혀 정리되지 않고 아무렇게나 기른 수염에 마른 얼굴을 하고 있었다. 하지만 이렇게 지저분한 외모와는 달리 7~8개 국어를 구사할 수 있는 언어능력과 말의 핵심을 찔러 상대방의 기를 죽이는 입을 가지고 있었다.[54]

그에 대한 당시의 평가는 오늘날까지 이어졌고 일부 학자들은 고홍명의 이러한 모습을 통하여 중국인들의 심리상에 포스트식민주의 Postcolonialism[22]라는 담론이 존재하고 있음을 인식하게 되었다. 더불

---

21) 중국 만주족의 전통 복식服飾 중, 남성이 입는 옷.

어 그는 영문 번역본을 제외하고도 독일어, 프랑스어, 일본어의 수준
도 높아 각 언어의 번역본도 집필하였는데, 심지어 독일에서는 이러한
그의 능력에 감탄하여 그의 사상을 연구하는 '고홍명 연구회'를 창설
할 정도였다. 이에 그치지 않고 해외의 외국인들은 심지어 그를 우상
이라고 부름과 동시에 그의 사상을 실현해야 한다고 주장하기도 하였
다. 반면, 고홍명에 대한 열기가 국가주의적 사상의 배경으로 악용될
우려가 있다는 의견도 적지 않았다. 한 학자는 이러한 상황에 대하여
다음과 같이 단도직입적인 화법으로 경고하였다.

> 고홍명의 뛰어난 외국어 재능과 기이한 행동은 여타 학자들과는 차별
> 화된 그만의 독특하면서도 독보적인 개성이라고 할 수 있다. 하지만 일
> 부 사람들은 고작 자신의 주머니를 채우기 위하여 그를 상품화시키려
> 하고 있다. 이는 역사적인 학자의 위대한 가치를 단순한 도구로 전락시
> 키는 행위이자 지식인들에게 그의 업적마저 의심하게 만드는 부도덕한
> 행위이다. 결국, 이로 인하여 발생한 부정적인 결과는 곧 고홍명 개인에
> 게 쏟아질 것이며, 이는 되돌릴 수 없는 비극적 요소로 작용할 것이
> 다.[55]

포스트식민주의를 추종하는 이론가들은 외부로부터 수많은 침략,

----

22) 유럽의 제국들이 붕괴한 이후인 20세기 중반에 이르러 세계의 많은 국가가
경험한 역사의 한 단계를 가리키며 탈식민주의脫植民主義, 후식민주의後植民
主義라고도 한다. 그런데 탈식민주의가 식민주의에서 벗어나고자 하는 명료
한 문제의식을 드러내는 데 비해, 포스트식민주의는 '포스트post'라는 접두사
가 지닌 두 가지 의미(후기·탈)로 인해 그 용어의 의미론적 범주가 탈식민주
의보다 더 넓다고 볼 수 있다. 식민주의는 한 국가나 사회가 다른 국가나 사회
에 가하는 정치적·경제적 지배를 가리키는데, 정치이론가들은 이를 선진자본
주의 국가의 발전에서 필연적으로 따르는 제국주의 단계의 산물로 보았다.

패배, 착취의 과정을 통하여 현재의 동양 사회가 구축되었다고 주장하고 있다. 이는 동양 사회는 세계적 근대화라는 명목으로 서양세계의 침략적 대상이 되었다는 것이다.[56] 비서구권 국가들은 식민지시기를 겪으면서 서양세계의 통치에서 벗어나기 위하여 등한시하고 있었던 자의식을 표현하였고 그 과정에서 민족주의적인 입장을 견지하여 진정한 동양 사회의 근대성, 혹은 근대성을 지니게 되었으며, 이를 토대로 침략자였던 서양세계를 향해 근대화의 과정의 원인을 포스트식민주의 담론으로 실현할 수 있다고 주장한다. 하지만 이러한 담론은 친親서양 - 반反서양이라는 모순적인 상황을 초래하였으며,[57] 이러한 시대적 흐름 속에서 해외에서는 고홍명을 우상화하여 숭배의 대상으로 삼기 위해 박차를 가하는 두 세력이 등장하게 된다. 첫 번째 세력은 동양문화에 대한 추종자들로서, 그 수는 많지 않지만, 고대의 동양문화를 열렬히 흠모하는 세력이다. 두 번째는 서양세계에 대한 고홍명의 비판을 반모더니즘적 시각을 토대로 하여 각자 자신에게 유리한 입장으로 전환해 받아들이는 세력인데, 이들은 전자와 달리 동양문명의 특성에 대한 존중과 관계가 없다. 해외의 이러한 상황과 동시에 중국 국내에서는 그의 월등한 언어능력에 중점을 두고 그를 우상화하기 시작하였다. 창파오를 입고 있었던 그의 외모를 근거로 하여 전통을 중시하는 유가 사상의 상징적인 인물로 부상되었지만, 중국학이라는 학술적 측면에서는 이렇다 할 집중을 받지 못하였다. 이는 고홍명의 일대기를 구성하는 작업에서도 큰 차이가 없었다. 일반적으로 그에 관한 대부분의 이야기는 동양 사회를 경시하고 있었던 서양 사회에 대하여 그들의 언어로 반격을 가했다는 식의 내용으로 영웅적인 묘사를 이루고 있었다. 즉, 서양 사회의 시각에서 그를 바라보지 않으면, 고홍명이라는 인물이 가지고 있는 근대의식의 가치를 명확하게 확인할 수 없는 것이며, 마찬가지로 서양 사회에서의 그의 명성도 중국인의 시각으로 바라보았을 때 비로소 민족적 자긍심에 관한 판단과 비교의 지표가 될 수 있다.

고홍명을 시작으로 나타난 일종의 시대적 현상은 근대 시기 동서양의 극렬한 감정적 모순 관계에서 나타난 생활사라고 볼 수 있으며, 그의 기괴하고 황당한 개인적 성향은 단지 관객이라는 입장으로 바라봤을 때야 비로소 가치가 있는 것으로 인식되었다. 사실, 현재의 학계에서는 고홍명이 가지고 있는 이러한 표면적 모습을 배제한 상태에서 명확한 학술적 심사와 평가를 하기 위해 노력하고 있다. 『문화괴걸: 고홍명평전文化怪傑: 辜鴻銘評傳』이라는 학술서의 출판을 시작으로 고홍명이 외국어로 작성했던 원문 저서에 대한 번역문도 『고홍명문집文集』이라는 이름으로 재출판되어 판매됨에 따라, 그를 가리고 있던 '괴이한 유학자'라는 허물이 점차 벗겨지고 있다. 중화민국 초기, 전면적인 서구화를 주장했던 진서경진서경은 『동서문화론東西文化論』을 통하여 도덕과 문화를 개별화하여 해석했던 고홍명의 분석법에 대해 비판하였다. 그는 도덕도 문화를 구성하는 요소이며 문화가 변화하는 흐름에 따라 도덕의 개념도 변화해 간다고 주장하였다. 하지만 고홍명은 도시의 규모, 건축양식, 집기, 생활 도구 등을 비롯하여 정부의 제도, 예술, 과학의 발전 정도는 각 시대적 문화의 가치를 판단하는 기준이 될 수 없으며, 이는 서양의 근대화 양식을 적용했을 때 나타나는 결과일 뿐이라고 주장하였다. 즉, 문화의 우열을 판단하는 것은 인류가 가지고 있는 '영혼靈魂'의 질이 어떠한가에 달려 있으며, '영靈'과 '혼魂'은 분리될 수 없다는 것이다. 이는 정체성에 대한 문화론적 시각이다.[58]

진서경은 문화의 개념을 도덕적 개념의 선행조건으로 판단한 고홍명의 주장에 대하여 다음과 같은 원칙을 들어 반박하였다.

고홍명, 그는 도덕이 문화의 한 요소라는 점, 또한 도덕은 때로 문화와 동일 선상에 위치할 수 있는 개념이라는 점을 망각하고 있다. 도시, 건축양식, 집기, 생활 도구, 제도, 예술, 과학 등은 문화라는 하나의 범위로 설명하기에는 불가능할 것이다. 우리는 도덕이 문화의 한 부분이지만 반드시 문화가 곧 도덕이라고 치환할 수는 없다는 것도 알아야 한다.[59]

진서경은 서양 지식론의 전문화專門化 원칙에 근거하여 문화의 관념을 분화시키는 방법을 취하였다. 문화란, 총체적인 전문화 지식이라는 범례에 있는 관념이며, 다른 관념과 혼합될 수 없는 완벽한 한 가지의 형태이며, 이는 독자적인 개체로서 그 가치를 자체적으로 표현하는 개념이라고 주장하였다. 이러한 원칙은 문화를 현대과학의 측면으로 보는 관점에서 이루어진 분석법이며, 고홍명이 주장했던 이론과 상반된 것이다. 하지만 20세기 초, 진서경을 제외하고는 고홍명에 대한 학술적 비판을 진행한 학자들이 그리 많지 않았다. 당시, 소설가이자 문화비평가인 린위탕林語堂은 고홍명의 영문 서술법에서 깨달음을 얻고 자신도 고홍명과 같은 서술방식을 고집하게 되었다고 전하였는데, 이는 고홍명의 사상에 대하여 학술적으로 존경의 뜻을 표한 것이 아니라 예술적 측면에서 인식한 것일 뿐이었다.

당시 고홍명에 대한 평론의 방향성은 광인狂人혹은 괴인이라는 표면적인 모습에 치중되어 있었다. 하지만 그의 학술적 위치를 바로잡는 과정에 참여하였던 학자들은 그러한 과장된 모습이 아닌, 청나라 말기부터 중화민국 초기까지 나타난 문화보수주의의 범주에서 평가하고자 하였다. 그 결과 고홍명의 사상적 행위는 청나라 말기 양무운동을 주도했던 양무파洋務派 혹은 자산계급혁명을 주장했던 국수파國粹派와는 차이를 보이며, 중화민국 초기에 등장한 동양문화파東洋文化派23)와

도 공통점을 찾기 힘들다는 것이 가장 대표적인 평가로 남아있다.[60] 사실, 고홍명의 사상은 서양의 전통적인 낭만파浪漫派24)사상의 영향을 받아 유교의 존재에 대하여 합리적인 해석을 진행한 경향이 있으며, 유가 사상의 고취를 통하여 서양 사회의 근대화이념에 반박하고자 하였던 중요한 특징을 가지고 있다. 이렇듯 국내학파들과의 동질성 및 차이점이 공존하는 새로운 해석을 통하여 중화민국 초기 사상계에서 그 위치를 확립하였고 동서양을 넘나드는 이론 여행Traveling Theory25) 이라는 소통의 장을 마련하는 중개인의 역할을 하고 있었다. 이 이론 여행을 최초로 주장했던 에드워드 사이드는 아래와 같이 정의하고 있다.

비슷한 이념을 가진 사람과 그렇지 않은 사람, 각 개인의 개별적인 관념과 이론, 시대적 상황에 따른 한 경계의 출발점과 도착점, 시간적 흐름의 시작에서 끝으로 향하는 이 모든 여행을 이론여행이라고 한다. 문화와 지식을 영유하는 생활은 교류를 통해 이루어지고 그 과정에서 자양분을 얻으며 그 과정의 반복을 통하여 유지된다.

그렇지만 부족함이 있다면 지속적인 여행을 가능케 하는 한층 더 구체적인 유형의 설명이 필요할 것이다. 더욱 명확한 관념 혹은 명확한 이론을 바탕으로 각각의 시간과 공간에서 발생한 문화적 역량의 강약을 파악해야 한다. 역사적 시간과 민족문화의 이론을 다른 시기 다른 상황

---

23) 5.4 신문화 운동 시기, 서구화를 반대하고 동양의 문화를 주장했던 문화보수주의 집단.
24) 주로 예술의 각 분야에서 크고 작은 다양한 그룹을 만들어 활동한 낭만주의적 경향의 단체.
25) 1982년에 출판된 에드워드 사이드의 저서 『이론여행Traveling Theory』에서 등장한 학설.

에 적용하게 되면 그것이 어찌 불변하겠는가?[61]

고홍명은 자신의 저서인 『중국인의 정신』에서 양심종교良心宗教라
는 개념을 제시하였다. 양심종교란, 중국인들이 수 천 년이라는 역사
속에서 유교 경전의 내용에 따라 도덕적인 교화를 이루었고, 이를 통
하여 서양의 종교적 윤리교육과 같은 효과를 얻었다는 의미이다. 즉,
심리와 사고의 충돌을 해결하는 방법은 오직 종교적 윤리교육만으로
얻어지는 것이 아닌, 중국의 유교 사상으로 대체할 수 있다는 것이다.
이러한 그의 주장은 매튜 아놀드Mattew Arnold로 대표되는 서양 낭만
파 사상가들이 문화와 종교의 상호대체관계에 있어서 절대가치의 기
초에 관한 이론을 증명하고자 했던 것에 목적을 두고 있었다.[62] 이는
근대화 시기에 일어난 빈부의 격차를 해소하기 위하여 정치적 법률이
라는 외부적 요소를 통해 사회복지를 구현하는 방법이 아닌, 개인의
내면에서 도덕적인 교화를 통해 구현하는 것이 유일한 방법이라는 토
마스 칼라일Thomas Carlyle의 주장과 비슷한 맥락을 가지고 있다.[63]
고홍명은 풍부한 상상력을 통하여 이성이 구현된다고 주장했던 매
튜 아놀드의 말을 인용하여 중국의 문예 작품에서 나타난 중국인의
정신에 대하여 다음과 같이 논하였다.

중국인은 과거부터 지성知性과 순수한 마음을 가지고 있었으며, 중국
인의 정신은 마음과 이성이 완벽히 결합 된 산물이다.[64]

하지만 현대 유럽인들의 생활에 관련된 중요한 요소는 유럽식의 근대
성, 지각, 이성, 감성, 사고가 아닌 창의적 이성imaginative reason인 것이
다.[65]

이는 유럽에서 이성은 완전히 상실되고 소멸하였으며, 그 사상을 계승하고 있는 것은 오로지 중국인의 정신뿐이라는 의미를 나타내는 것이다.

> 중국인의 정신은 마음의 상태이며, 일종의 영적인 성향이다. 이는 속기速記나 외국어학습과 달리 쉽게 파악할 수 없는 심리적인 영역으로써 중국인의 정신은 편안하고 고요한 심정心情을 나타내는 심경心境과도 같다.[66]

고홍명은 이렇게 전형적인 낭만주의 서술법과 시적인 어조를 통하여 동서양의 문화적 요소에 일맥상통하는 방법으로 논거를 진행하였다. 또한, 중국인의 정신을 정의할 때 전통적인 유교 화법에서 벗어나 유럽의 낭만주의적 입장에서 표현하였다는 점이 중요하다. 서양 사회에서 자유롭게 이루어졌던 문화와 전통에 대한 묘사법은 고홍명에게 중국의 전통적 자아상을 구축할 수 있도록 영향을 주었으며, 또한 유럽 사회의 낭만적인 요소를 깊이 탐구하여 역사적 합리성을 검증할 수 있는 밑바탕이 되었다. 더불어 유럽인들이 동양 사회에 대한 사고방식을 관철할 수 있도록 일관성 있는 해석도 제공하였다. 이러한 과정은 동양적인 사고방식에서 벗어나기에, 충분한 셀프 - 오리엔탈리즘 Self-Orientalism으로 여겨질 수 있다.

사이드의 이론여행과 고홍명의 사고방식은 영국식 낭만주의 사고를 받아들인 후 재차 자신의 사고방식으로 근대성을 비판했다는 점에서 차이점이 있다. 고홍명의 관점은 서양식 학술의 영향을 받았기 때문에 기본적으로 서양학계의 사고방식으로 반성을 진행하고 있다. 이점에 대하여 한 평론가는 당시의 번역가인 엄복을 비롯한 근대화이론의 추종자들과 고홍명을 비교하여 중-서의 문화적 충돌은 서양인들에게 중국 문명에 대한 심층적인 이해를 유도하고 있다고 논하였다.[67] 또한, 고홍명 개인에 대해서는 과거 서양의 전통적인 정신을 단호히 부정하고 물질-정신의 이분법적 사고로 중국과 서양의 차이점을 표현했던 유학자 량수밍梁漱溟과 달리, 낭만파와 공자의 철학을 대조하여 동서양에 내재 된 이념적 동질성을 표현하는 새로운 사고방식을 가지고 있다고 평가하였다. 다만 동시에 물질문명의 영향으로 인하여 사상의 방향성이 편향되었다는 비판적 의견도 존재하였다. 사실 고홍명이 주장하고 있는 바는, 낭만파의 이론을 동양 사회권에 적용하면 자연스럽게 유가 사상과 융합될 수 있고 반대로 서구사회의 전통적인 낭만주의가 쇠락하게 되면, 그 빈자리를 중국의 도덕성으로 대체할 수 있으며, 그에 따라 전혀 새로운 형태로 자리 잡게 될 가능성도 있다는 것이다. 동양철학의 발전은 서양의 낭만주의와 달리, 그 범위를 넓히고 이동할 때 철학적 역량을 강화하였으며, 서양의 현대이념을 비판하는 강력한 무기로 작용할 수 있다. 고홍명은 이러한 동양 사회의 도덕관념을 서양의 창의적 사고와 융합시켜 논하는 형식을 취하였는데, 그는 사실 유가 경전을 번역했던 경험만 있을 뿐, 유학의 완전한 의미에 대하여 해석을 진행한 경험은 없으며, 해석이 필요했던 대부분 상황에서 단순히 자신의 견해만 밝혔을 뿐이었다.

20세기 초, 서구식 원천이론이 일부 중국 사상에 융합되어 간다는 고홍명의 주장에 관련된 평가가 이루어졌다. 홍콩의 신문 보도 매체인 〈대공보大公報〉에서 1928년 발표된 「애도, 고홍명 선생悼辜鴻銘先生」이라는 칼럼은 그 평가내용을 자세히 설명하고 있다.

고홍명이 자신의 의견을 주장하면서 평생 취하고 있었던 태도는 고대 중국의 경사經史의 내용을 받아들이는 것이 아닌, 제자諸子들의 저서를 통해 얻은 깨달음을 표현한 것이다. 그는 유가 사상을 숭배하고 중국의 예교禮敎에 관련한 도덕 정신을 제창한 인물이다. 그는 자신의 사상적 입장을 확립한 뒤, 중국 문명에 대한 학술의 가치를 탐구하기 위하여 토마스 칼라일, 존 러스킨John Ruskin, 랄프 에머슨과 같은 서양학자들의 견해를 받아들여 연구와 학습을 진행하였다. 이는 중국문화의 찬란한 아름다움을 서양인의 관점으로 뽐내고 있는 것과 같다고 할 수 있다.[68]

이 내용은 이론여행의 관점에 대한 의미를 해석함과 동시에 고홍명의 이론에 대한 원천적인 근거를 설명한 것이다. 사람들은 고홍명의 중국학 수양수준에 대하여 당시 사대부계층의 일반적인 수준과 비슷하다고 추정하였다. 또한, 그가 고전古典 유학 서적에 대해서는 다양한 지식을 가지고 있지만 도가道家와 불가佛家에 대한 학식은 부족하였으며, 제자백가諸子百家의 저서들에 대해서도 표면적인 지식은 있을 수 있으나 심층적인 연구를 진행한 경험이 없었으므로 중국사 측면의 훈련 부족으로 인하여 표현 방법이 서투른 것이라고 평가한 것이다. 사실, 고홍명은 중국학 수양에 관련하여 자신의 수준이 부족하다는 것을 파악하고 있었다. 언어학자인 나진옥羅振玉이 자신에 대해 호평할 때에도 『역경易經』도 이해하지 못한 자신에게 과분한 칭찬이라며 겸손하게 답하기도 하였던 점에서 볼 때,[69] 실질적으로 그가 영문으로 집필했던 대부분의 중국학 학술서는 정확성이 떨어졌다는 점을 알 수 있다. 하지만 매끄럽고 날카로운 문맥으로 서술된 문장들이 엄청난 중독성을 가지고 있다는 점도 부정할 수 없는 사실이다. 그의 글은 1990년대 이후 유행하기 시작하였는데, 이는 중국의 문화를 선양宣揚하고자 하는 큰 틀에서 서양 낭만주의의 진리를 내포하고 있으며, 당시 학계의 냉랭했던 반응과는 대조적인 구조를 이루고 있다.

고홍명은 "대상의 본질을 그대로 보아야 한다."라는 매튜 아놀드의 주장에서 많은 영향을 받았으며, 이로 인하여 그의 말을 인용하여 이론여행에 대하여 논하였다.

> 인류의 정신에 대한 모든 역사 혹은 위대한 문학작품이란, 그것을 유기적이며 전체적인 것으로 인식하고 이해하여야 문학이 가진 진정한 힘을 느낄 수 있다.[70]

당시 대다수의 중국학 연구자들은 『대학大學』의 한 구절인 '수신제가 치국평천하修身齊家治國平天下26)'의 가치를 계승하여 연구를 진행하고자 하는 통일적인 절차를 규범으로 삼고 있었다. 하지만 고홍명은 도덕성이라는 중국사의 사회적이고 심오한 철학적 특성을 탐구할 때, 교묘하게 그 핵심을 회피하기 일쑤였고 결국 표면적인 분석이 이루어질 뿐이었다. 그로 인하여 고홍명은 서양에서 동양사상의 대가로 불리는 인물이었지만 중국학의 학술적 계보에서는 그 위치를 확립하지 못하였다.

고홍명은 유교 경전을 영문으로 번역할 때, 유학에 대한 심층적인 이해가 부족하였기 때문에 경전의 해석이 아닌 해독解讀을 원칙으로 삼고 번역을 진행하였다. 이는 앞서 매튜의 주장을 인용했던 '문화적 요소가 유기적인 관련성을 가지고 있다.'라는 내용과 같이 모호하게 포장된 원칙이었다. 중국 근대 시기의 학자인 왕국유는 고홍명이 번역한 『중용中庸』의 영문본 내용에 대하여 경전의 의미를 꿰뚫어 보는 혜안이 없고 추상적이며 광범위한 의미의 어휘를 사용하여 유가의 기본

---

26) 몸과 마음을 닦아 수양하고 집안을 단란하게 하며 나라를 다스리고 천하를 평정한다.

개념을 모호하게 설명하고자 하였는데, 이는 서양의 철학적 관념을 설명하는 화법과 일치한다고 비판하였다.[71] 또한, 도덕적 전체론全體論의 관점으로 해석을 진행한 이유는 바로 자신이 가지고 있는 중국학수양의 부족함을 감추기 위한 것이며, 그가 유학을 자신의 인생 철학으로 삼긴 하였지만, 과도한 상상력을 통하여 개인적인 시각으로 표현하는 오류를 범하였다고 평하였다. 아이러니하게도 이러한 고홍명식사고의 방향성은 린위탕을 통하여 유머러스한 근대적 문체로 발전되었다.

고홍명은 사실 영국과 미국의 낭만파뿐만이 아닌, 고대 그리스 문명과 르네상스 시기부터 19세기를 아우르는 자유주의적 이론을 통달하고 있었던 인물이다. 예를 들어, 그리스 문명에서 18세기 이성주의 시기까지와 19세기 이후라는 두 시기에 나타난 자유주의 관념의 차이를분석하여 후대의 관념을 자유주의 철학의 퇴보라고 주장하기도 하였다. 그는 19세기 전후 시기의 자유주의에 대한 우열을 평가할 때, 발전논리의 맥락이 아닌, 유교 문화의 범위에서 관찰할 수 있다는 확고한기준을 두고 있었다. 이를 이론여행의 관점에서 보면, 일찍이 확립된중국문화에 대한 상상력을 유럽의 문명사회에 투영시켜 중국문화의가치를 표현한 것이라고 볼 수 있다. 또한, 그는 18세기 이후 나타난서양의 자유주의 사상에 대하여 논할 때, 정신과 도덕의 가치를 포기하는 유학의 비신비주의非神秘主義를 토대로 하여 미래의 형태가 점점 유물주의唯物主義와 급진주의에 접근해 갈 것이라고 분석하였다. 더불어 진정한 자유주의란 중국을 거쳐 유럽에 유입되었고 현실을 중시하는 영국인들에게 실용주의實用主義 사상으로 변화되어 받아들여졌으며, 생활 수준의 차이가 민족의 문화 수준을 가늠하는 척도로 작용하였다고 주장하였다. 이러한 실용주의는 19세기 이후 쇠락의 길을 걷게 되었는데, 유럽문화의 겉옷을 입은 상태로 중국에 역수입되었으며, 이러한 가짜 자유주의는 동양 사회에 수 천 년의 문화적 전통을 상실케 만드는 작용을 하였다고 인식하였다.[72]

사실 중국 사회의 영향으로 서구사회가 구축 - 발전 - 쇠퇴로 이어지는 변화의 절차를 밟아 왔다는 연구내용이 있기는 하다. 최초 서양세계에 자리 잡고 있었던 중국의 이미지는 당시 선교사들의 서신과 여행기를 통해 구축된 것이며, 이러한 중국의 이미지는 계몽주의 시기 이전까지 큰 관심사였다. 17세기 말, 중국에 대한 유럽 국가들의 관심 분야는 서로 분화되기 시작하는데, 프랑스인들은 종교적 교권주의 Clericalism가 없는 중국이 어떠한 방식으로 국가를 다스리고 있으며, 더욱 합리적인 사회질서를 형성할 때 어떠한 제도를 사용하고 있는 것인지에 큰 관심이 있었다. 독일의 경우, 라이프니츠Gottfried Wilhelm von Leibniz와 같은 학자들은 철학적 측면으로 다가가 『역경』에서 나타난 공자의 사상에 관하여 열정을 쏟기도 하였다. 영국의 경우에는 중국의 조경예술에 대해 관심이 많았다. 당시 사상가인 볼테르, 경제학자 프랑수아 케네Francois Kuesnay 등의 사상학계 학자들은 중국의 유교 사상이 정치에 미친 영향에 대한 해석을 빌어, 교황청의 종교적 통치가 아닌 중국의 자연법칙을 토대로 한 통치방법을 지향하고자 하기도 하였다. 하지만 18세기 이후, 중국에 관한 주목도는 쇠퇴기에 접어들게 되었으며, 소설가 루소Jean-Jacques Rousseau, 사상가 몽테스키외 Montesquieu, 철학가 데이비드 흄David Hume, 계몽주의 사상가 디드로 Denis Diderot, 유물주의 철학자 돌바크d'Holback 등의 대대수 사상가는 중국의 정치체제와 사회에 대하여 부정적인 태도를 보이기도 하였다. 이러한 중국에 대한 부정적인 사상 및 사조의 발생은 유럽 자본계급의 질서 확립을 위하여 이루어졌던 것이며, 계몽주의에 대한 헤게모니

Hegemony[27)]의 확장 현상과도 맞닿아 있는 것이었다.[73]

고홍명이 말하는 중국의 문화란, 실질적인 중국의 모습과 동질감을 형성하는 것이 아닌, 단순히 서구식 관점으로 중국을 바라보며 구성한 것에 불과하다. 다케우치 요시미竹内好는 에드워드 사이드의 견해와 같이 유럽 사회가 중국을 거울로 삼고 자신의 이미지를 확인하여 그들의 근대성을 규정하는 방법으로 활용하였다고 판단하였다. 하지만 고홍명은 19세기 이후 유럽에서의 문화적 가치가 사회질서를 뒷받침하는 주도적인 역할을 잃어갔으며, 점차 무역과 관련된 자본가와 금융 관련 상인들의 이익을 대변하는 섯으로 전락하였기 때문에, 중국에 대한 다수 유럽 국가들이 가지고 있는 상상의 차이는 그리 중요하지 않다고 주장하였다.

> 지난 세기, 유럽의 자유주의는 문화적 교양이 풍부하였지만, 그에 반해 오늘날의 자유주의는 오히려 그 풍부함을 점점 잃어가고 있다. 이전의 자유주의는 공정함과 정의를 위하여 싸워왔지만, 오늘날의 자유주의는 권리와 돈을 위해 싸우고 있다. 과거의 자유주의가 인성人性을 위하여 존재하였다면, 오늘날의 자유주의는 자본가와 금융업자들의 이익을 촉진하기 위해서 존재한다.[74]

제1차 세계대전 이후, 독일이 민족 국가라는 사상을 토대로 무력 확장의 방법을 통하여 구축했던 문화민주주의는 고홍명이 주장한 문화의 개념과 그 뿌리가 다르다는 것을 알 수 있다. 그는 문화민주주의에 민족 국가에 대한 유럽의 헤게모니 원칙을 적용할 수 없으므로 오롯이 문화의 입장에서 그에 대한 논쟁에 임하고자 하였다.

---

27) 통상적인 의미에서 한 집단·국가·문화가 다른 집단·국가·문화를 지배하는 것.

고홍명이 근대 중국문화에 대한 보수주의의 대표자라는 입장에서 직면했던 문제들에는 일종의 공통점이 존재한다. 이는 한 문화의 가치를 전제로 인류사의 미래와 발전을 대조시켜 통찰하고 이를 계기로 확장하는 서구의 근대성에 대항하고자 하는 것이었다. 칼라일을 비롯한 서양의 낭만파 학자들도 영국과 같은 단일 국가들의 가치관에 의하여 전 세계를 헤게모니의 원칙으로 통합해서는 안 된다는 점을 예로 들면서 치열하게 근대화에 대한 비판을 이어나갔다. 하지만 많은 지식인은 제2차 세계대전 전후에 융성했던 독일식 민주주의에 대한 경험을 통하여 한 국가, 한 민족의 가치관을 확립하고 문화에 의하여 전 유럽, 혹은 서양세계를 대표할 가능성이라는 측면을 긍정적으로 인식하기 시작하였다. 이를 바탕으로 민족과 국가를 경계의 단위로 삼아 그 경계선 안쪽의 문화를 유럽의 문화적 가치로 규정하고 그 관점에서 토론을 진행하고 있다. 중국의 문화적 보수주의자도 같은 맥락에서 중국의 문화적 가치를 동양 사회라는 울타리 안쪽으로 규정하고 모든 동양문화의 가치를 중국의 문화적 가치와 동일시하고 있다. 동양 사회라는 거대한 울타리는 그 밖에 있는 인도 문명과 이슬람 문명 등이 자체적인 문화체계를 구축하는 과정에 대하여 그 독특한 특성에 관심을 두지 않았다. 결국, 세계 열강세력과 각축을 벌였던 중국의 문화적 영향력은 날로 쇠퇴해 나갔으며, 그 반사적 이익을 받은 일본과 인접 국가들의 경제는 비약적으로 발전하였고 오랫동안 중국이 가지고 있던 아시아의 중심이라는 지위는 자연스럽게 멀어지게 되었다.[75] 최근 한국 서울대의 전형준 교수는 이러한 점을 원인으로 들어, 동아시아 국가들의 빈번한 교류가 필요하며, 이를 통하여 아시아문화에 대한 자국의 인식을 재구축하고 강화해 나가야 한다는 내용의 논문을 발표하기도 하였다.[76] 이는 문화적 중심이라는 지위를 쟁탈하는 것에 국가

의 역량을 소모하면 소모할수록 결국 서양세계와의 합리적인 대화를
진행할 때, 제대로 된 대화를 진행할 힘을 발휘하지 못할 것을 의미한
다. 필자는 그가 제시한 주장이 근대 시기 이후의 중국 사상사에서 이
론여행이 겪고 있는 정체 현상에 대한 평가에도 적용된다고 생각한다.
또한, 적어도 사상사의 각 분야에 존재하는 여러 계보와 함께 근대 중
국의 이론여행에 관한 연구도 하나의 계보로써 그 명맥을 이어나가야
한다고 말하고 싶다.

저자 주석

[1] Samuel P. Huntington, 「The Change to Change : Modernization, Development and Politics」, 杨豫 역문, 「导致变化的变化,现代化,发展和政治」, 『比较现代化』, 上海译文出版社, 1996, p47.

[2] Dean · D · Tipps, 「Modernization Theory and the Comparative Study of Societies: A Critical Perspective」, 杨豫 역문, 「现代化理论与社会比较研究的批判」, 『比较现代化』, 上海译文出版社, 1996, p106-107.

[3] 汪晖, 「韦伯与中国的现代性问题」, 『汪晖自选集』, 广西师范大学出版社, 1997, 1-35p.

[4] 殷海光, 『中国文化的展望』, 中国和平出版社, 1998, p440 庞朴, 「文化结构与近代中国」, 『传统文化与现代化』, 中国人民大学出版社, 1987, p59-84.

[5] 罗志田, 「历史记忆中忘却的五四新文化传统」, 『读书』, 1999.

[6] Benjamin A. Elman, 『A Cultural History of Modern Science in China』, 周小珊 역문, 『中国文化史的新方向: 一些有待讨论的意见』, 『学术思想评论』, 辽宁大学出版社, 1998, p425.

[7] Max Weber, 『The Protestant Ethic and the Spirit of Capitalism』, 于晓 등 역문, 『新教伦理与资本主义精神』, 三联书店, 1987, p16.

[8] 余英时, 「论文化超越」, 『钱穆与中国文化』, 上海远东出版社, 1994, p244-245.

[9] 余英时, 「钱穆与新儒家」, 『钱穆与中国文化』, 上海远东出版社, 1994, p30-90.

[10] 余英时, 「论文化超越」, 『钱穆与中国文化』, 上海远东出版社, 1994, p244-245.

[11] 余英时, 「道统与政统之间——中国知识分子的原始形态」, 『士与中国文化』, 上海人民出版社, 1987, p98-99.

[12] 余英时, 「道统与政统之间——中国知识分子的原始形态」, 『士与中国文化』, 上海人民出版社, 1987, p98-99

[13] Max Weber, 『The Protestant Ethic and the Spirit of Capitalism』, 于晓 등 역문, 『新教伦理与资本主义精神』, 三联书店, 1987, p17.

[14] Max Weber, 『The Protestant Ethic and the Spirit of Capitalism』, 于晓 등 역문, 『新教伦理与资本主义精神』, 三联书店, 1987, p144.

[15] Max Weber, 『Gesammelte Aufsaetze zur Wissenschaftslehre』, 朱红文 등 역문, 『社会科学方法论』, 中国人民大学出版社, 1992, p94.

[16] Max Weber, 『The Protestant Ethic and the Spirit of Capitalism』, 于晓 등 역문, 『新教伦理与资本主义精神』, 三联书店, 1987, p57.

[17] Edward Shils, 「The Intellectuals and the Powers: Some Perspection for Comparative Analysis」, 『On intellectuals: Theoretical Studies Case Studies』, New York Press, 1969, p24-48.

[18] 余英时, 「关于'新教伦理'与儒学研究——致 (九州学刊) 编者」, 『钱穆与中国文化』, 上海远东出版社, 1994, p300.

[19] 余英时, 「中国近世宗伦理与商人精神」, 『士与中国文化』, 上海人民出版社, 2003, p461.

[20] 余英时, 「中国近世宗伦理与商人精神」, 『士与中国文化』, 上海人民出版社, 2003, p466.

[21] 王国斌, 『转变的中国——历史变迁与欧洲经验的局限』, 李伯重 등 역문, 江苏人民出版社, 1998, p45.

[22] 何怀宏, 「一个问题的变迁——从'中国封建社会长期延续'的问题谈起」, 『学术思想评论』, 辽宁大学出版社, 1997, p3-15.

[23] 刘小枫, 『现代性社会理论绪论』, 上海三联书店, 1 997, p78-88

[24] 林毓生, 『中国传统的创造性转化』, 上海三联书店, 1988, p316.

[25] 林毓生, 『中国传统的创造性转化』, 上海三联书店, 1988, p64.

[26] 余英时, 『士与中国文化』, 上海人民出版社, 2003, p450.

[27] 程农, 「吉尔茨与20世纪的中国文化话语」, 『中国社会科学季刊』, 1994, p114.

[28] 陈来,『有无之境——王阳明哲学的精神』，人民出版社, 1991, p30.

[29] 牟宗三,『政道与治道』，台湾学生书局, 1988.

[30] Thomas A. Metzger,「The Western Concept of the Civil Society in the Content of the Civil Society in the Conent of Chinese History」,『Hover Institution on War Revolution and Peace』, Stanford University Press, 1998.

[31] Thomas A. Metzger,「The Western Concept of the Civil Society in the Content of the Civil Society in the Conent of Chinese History」,『Hover Institution on War Revolution and Peace』, Stanford University Press, 1998.

[32] Clifford Geertz,『The interpretation of cultures』，纳日碧力戈 등 역문,『文化的解释』，上海人民出版社, 1998, p164.

[33] 余英时,「中国近代思想史上的激进与保守」,『20世纪中国思想史论』，东方出版中心, 2000, p412.

[34] 余英时,「中国近代思想史上的激进与保守」,『20世纪中国思想史论』，东方出版中心, 2000, p413.

[35] 余英时,「中国近代思想史上的激进与保守」,『20世纪中国思想史论』，东方出版中心, 2000, p414.

[36] 汪晖,「现代性问题答问」,『死火重温』，人民文学出版社, 2000, p8.

[37] 汪晖,『汪晖自选集』，广西师范大学出版社, 1997, p1.

[38] 汪晖,『汪晖自选集』，广西师范大学出版社, 1997, p2.

[39] 汪晖,「个人观点的起源与中国的现代认同」,『汪晖自选集』，广西师范大学出版社, 1997, p74.

[40] 汪晖,「个人观点的起源与中国的现代认同」,『汪晖自选集』，广西师范大学出版社, 1997, p193.

[41] 汪晖,「个人观点的起源与中国的现代认同」,『汪晖自选集』，广西师范大学出版社, 1997, p180-181.

[42] 汪晖,「'科学主义'与社会理论的几个问题」,『死火重温』，人民文学出版社, 2000, p160.

[43] 汪晖,「'科学主义'与社会理论的几个问题」,『死火重温』，人民文学出版社, 2000, p49.

[44] 汪晖,「'科学主义'与社会理论的几个问题」,『死火重温』，人民文学出版社, 2000, p50.

[45] 范仄,「90年代VS 80年代——王晖论」,『中国图书商报·书评周刊』, 2000.

[46] 汪晖,『汪晖自选集』, 广西师范大学出版社, 1997, p3.

[47] 范仄,「90年代VS 80年代——王晖论」,『中国图书商报·书评周刊』, 2000.

[48] 汪晖,『汪晖自选集』, 广西师范大学出版社, 1997, p6.

[49] 汪晖,「天理之成立」,『中国学术』, 商务印书馆, 2000, p4.

[50] 汪晖,「天理之成立」,『中国学术』, 商务印书馆, 2000, p15.

[51] 汪晖,「天理之成立」,『中国学术』, 商务印书馆, 2000, p34.

[52] 汪晖,「天理之成立」,『中国学术』, 商务印书馆, 2000, p39.

[53] 刘东,「卷首语」,『中国学术』, 商务印书馆, 2000.

[54] 王理璜,「一代奇才辜鸿铭」,『旷世怪杰—名人笔下的辜鸿铭,辜鸿铭笔下的名人』, 东方出版中心, 1998,p162.

[55] 论衡,「真精神是什么?—解读辜鸿铭热」,『大时代文摘』, 1996.

[56] 坂井直樹,「現代性より批判:普遍主義と特殊主義の問題」, 白培德 역문, 「现代性与其批判：普遍主义和特殊主义的问题」, 『后殖民主义与文化批评』, 北京大学出版社, 1999, p405-406.

[57] 坂井直樹,「現代性より批判:普遍主義と特殊主義の問題」, 白培德 역문, 「现代性与其批判：普遍主义和特殊主义的问题」,『后殖民主义与文化批评』, 北京大学出版社, 1999, p405-406.

[58] 陈序经,「东西文化论」,『旷世怪杰—名人笔下的辜鸿铭,辜鸿铭笔下的名人』, 东方出版中心, 1998, p188-189.

[59] 陈序经,「东西文化论」,『旷世怪杰—名人笔下的辜鸿铭,辜鸿铭笔下的名人』, 东方出版中心, 1998, p188-189.

[60] 黄兴涛,『文化怪杰辜鸿铭』, 中华书局, 1995, p150-151.

[61] Edward · Said,「Traveling Theory」, 谢少波 역문,「理论旅行」,『赛义德自选集』, 中国社会科学出版社, 1999, p138.

[62] Guy Salvatore Alitto,『世界范围内的反现代化思潮:论文化守成主义』, 贵州人民出版社, 1991, p189.

[63] Guy Salvatore Alitto,『世界范围内的反现代化思潮:论文化守成主义』, 贵州人民出版社, 1991, p189.

[64] 辜鸿铭,『辜鸿铭文选(下)』, 海南出版社, 1996, p66-68.

[65] 辜鸿铭,『辜鸿铭文选(下)』, 海南出版社, 1996, p66-68.

[66] 辜鸿铭,『辜鸿铭文选(下)』, 海南出版社, 1996, p66-68.

[67] 王焱,「丑而可观的辜鸿铭」,『旷世怪杰—名人笔下的辜鸿铭,辜鸿铭笔下的

名人』, 东方出版中心, 1998, p226.

[68] 吴宓, 「悼辜鸿铭先生」, 『文化怪杰辜鸿铭』, 中华书局, 1995, p27.

[69] 黄兴涛, 『文化怪杰辜鸿铭』, 中华书局, 1995, p38.

[70] 黄兴涛, 『文化怪杰辜鸿铭』, 中华书局, 1995, p47.

[71] 黄兴涛, 『文化怪杰辜鸿铭』, 中华书局, 1995, p97.

[72] Oscar. A. H. Schmitz, 「偏爱德国的辜鸿铭」, 『旷世怪杰—名人笔下的辜鸿铭, 辜鸿铭笔下的名人』, 东方出版中心, 1998, p355

[73] 许明龙, 「18世纪欧洲"中国热" 退潮原因初探」, 『中国社会科学季刊』, 1994, p158-167.

[74] 辜鸿铭, 「文明与混乱」, 『文化怪杰辜鸿铭』, 中华书局, 1995, p208.

[75] 孙歌, 「亚洲意味着什么?」, 『台湾社会研究季刊』, 1999, p1-64.

[76] 전형준, 「相同与相异——作为方法的东亚细亚论」, 『东方文化』, 2000.

제3장
"시민사회" 이론의 시각에서 본 중국사연구

1. "국가 – 사회"의 대립구조와 지방사연구의 발흥

중국사학계에서 나타난 '국가 – 사회'의 이원대립 구조의 틀은 서양의 중국학계에서 이루어진 전통적 주제에 대한 반성 및 수정과 밀접한 연관이 있다. 예를 들어, 코헨의 중국 중심론은 페어뱅크의 충격 – 반응론을 겨냥하여 제기한 이론으로써, 내재적 접근법internal approach의 한 부분에 관한 세심한 연구와 감정이입empathy의 직관적인 경험을 토대로 하고 있으며, 이는 과거의 전통적인 중국학과 대립하는 이론이다.[1] 서양의 중국학 연구자들은 다년간의 반성과 연구 경험을 바탕으로 하여, '중국의 전통과 근대화의 개념 간에 존재하는 요소를 수용하지 않고서는 중국학 연구가 계속될 수 없다.'라는 공통된 인식을 형성하였다. 프랑스의 한 학자는 그 성찰 내용에 대하여 아래와 같이 말하였다.

근대화의 개념과 밀접한 관련이 있는 제도의 구축, 사회규범, 의식형태, 물질사회의 생활방식 등의 분야들을 동아시아 지역 혹은 기타 아시아 지역에서 전환하고자 시도하였다. 이러한 시도에서 때로는 각 지역의 전통적인 구성 부분을 대수롭지 않게 인식하지 않고 근대화의 새로운 요소로 단순 대체하고자 하였다. 이처럼 근대화의 시작점을 쉽게 찾을 수 있는 원인은 바로 외부적 요인에 근거한 상황이다.[2]

서양의 중국학 연구자들은 중국 문명이 서양보다 더 이른 시기에 경제적 안전과 사회보장 제도를 구축하고 있었다는 점을 발견하였고 당시 유럽 각국에서는 이러한 제도를 구축하기 위한 준비단계에도 도달하지 못한 상태였다는 것을 알게 되었다. 이는 과거 중국의 제도 속에는 근대화에 필요한 요소들이 이미 포함되어 있었다는 것을 의미한다. 역사라는 길고 광범위한 의미에서 보면, 근대화라는 개념에는 근대화와 서구화라는 시간적인 대응 관계뿐만 아니라 이론적 대응 관계에서도 연관성이 없다는 것을 알 수 있으며, 서구화는 단지 중국의 근대화 측면에서 존재하는 하나의 구성성분이라는 점을 이해할 수 있다.[3] 이는 비슷한 역사적 시기상에서 일어난 근대화와 서구화라는 우연한 현상에 존재하는 필연성을 부정함으로써, 근대화와 서양 사회의 역사적 연관성도 없다는 것을 의미하며, 또한 서양사에서의 근대성이라는 개념을 기준으로 중국의 근대화 정도를 판단하기 어려우므로 동서양이 근대화라는 단계에 접어든 각각의 시간적 위치만을 표현할 수 있다는 것이다. 이와 같은 주장은 베버식 문제의식이라는 특성을 드러내고 있지만, 다양한 방법을 통하여 중국 역사가 서양 사회와 근대성의 발생 및 구축이라는 역사방식을 공유할 수 있음을 증명하고 있으며, 이는 반대로 근대 자본주의가 중국에서 나타났을 가능성에 대하여 논증하는 것이다. 이러한 주장은 마르크스주의의 사회사연구 중, 자본주의 맹아론과 심리주의(心理主義)¹⁾에서 나타난 중국문화전통과 종교적 윤리에 실질적인 차이가 없다는 맥락과 상통한다. 다만 방법론적인 측면에서 제도의 변천 과정과 각 계층의 사회조직 운영에 관련하여 세분된 연구방법을 탄생시켰다는 차이가 있으며, 이러한 연구의 구체적인 목적은 지역사의 연구방법에 국가-사회라는 이원적 틀을 도입시켜 수정과 개선을 진행하고자 함에 있다는 것을 알 수 있다.

객관적으로 보면, 아직 중국의 학계에서는 '국가-사회'의 틀을 토대로 사회사연구를 진행할 때 이렇다 할 성공적인 연구 결과가 나오지 않고 있다. 사실, '국가-사회'라는 틀은 사회학계에서 독재체제와 혁명운동을 근대화이론으로 대체하기 위한 정치경제학 분석에서 먼저 활용되었다. 과거 마르크스주의의 사회사연구는 종종 전체론에서 출발하여 민간사회와 봉건제 국가 간의 대립 관계를 강조함과 동시에 계층 간의 이익갈등에서 발생하는 의사소통을 토대로 각 관계에 대한 정의를 내렸으며, 이는 혁명운동이 발생한 동기에 대한 합리적인 분석 배경으로 작용하였다. 사실, 이러한 서술법은 총체적인 목표를 기초로 하여 서술이 진행되고 있어, 각 계층의 이익구조를 분석할 때 농민계층이 역사상에서 차지하고 있었던 실질적인 위치와 그 작용에 대하여 잦은 미화 혹은 왜곡이 이루어졌다. 예를 들어, 농민봉기에 대한 분석 중 농민계층의 성향을 정의할 때, 진보와 반동反動의 개념 사이에서 모호한 태도를 보였다는 점을 알 수 있다. 사회학계에서는 권력 분화와 평형관계에 기초하여 관청과 민간의 영역을 구분해야 한다는 가정에서 이 이론을 도입한 것이다. 이는 두 가지 영역을 각각 실질적으로

---

1) 심리주의Psychologism, 심리학의 연구 성과를 과대하게 평가하여 논리학, 윤리학, 미학 등의 철학 문제를 심리학적 견지에서 설명하려는 입장. 실용주의를 비롯한 다수의 주관적 관념론 철학은 심리주의의 영향을 받고 있다고 할 수 있다.

자주적인 권리를 가지고 있는 존재로 가정하고 상호대립 관계의 구조를 구축한 후, 당시의 사회질서에서 나타난 변천 과정을 분석하는 것이며, 그 분석의 논점을 국가 - 사회라는 틀에 둔 것이다.[4] 만약, 이러한 틀을 사회사연구에서 응용하게 된다면, 과거 고정된 의식형태의 색채를 띠고 있는 목적론의 서술법으로 표현되는 것이 아니라, 미시적인 사회적 권력의 경계에 집중하여 각종 사회집단이 이러한 권력 자원들을 어떻게 쟁취하였는가에 대해 표현하는 구체적인 역사연구가 가능할 것이다. 이러한 경향은 지역사연구의 새로운 경계로 확장되어 과거 전체적인 역사에서 중시되지 못하였던 도시, 지역사회, 종교윤리, 예법, 계층조직, 지역의 유지有志 등 분야가 역사학자들의 시야에 들어오도록 만들었으며, 각각의 연구 분야로 나뉘어 서로 다른 서술방식을 토대로 분석이 이루어지도록 공헌하였다.

국가 - 사회라는 이분법적 틀이 가지고 있는 기본적인 취지는 근대시기 서양의 시민사회市民社會2)와 왕권이 서로 대립하는 역사적 사실을 기초로 하여 세워진 것이다. 이는 시민사회가 가지고 있는 자주적 공간인 공공영역公共領域3)의 구성에 대한 분석을 통하여 서양의 사회학계에서 상당히 특수한 역사적 실효성과 단계성에 대한 의미로 활용되었다. 위르겐 하버마스는 이 개념에 대하여 아래와 같이 논하였다.

---

2) 시민사회civil society, 일반적으로 신분적 구분에 따라 지배되지 않는 봉건사회에 대립개념으로 자유, 평등, 독립이 보장된 사회를 뜻한다.
3) 공공영역Public sphere, 사적 이익의 추구를 행위의 기본 동기로 삼는 개인들이 모인 부르주아 시민사회에서 개인에 국한된 행위가 부딪치는 중요한 문제를 극복하기 위해 다른 개인과의 결사結社를 추구하면서 나타난 현대 사회 특유의 생활구조. 공공영역은 시민사회가 국가로부터 자율성을 누리면서 개별 의견들이 특정 형세의 공적 의견, 즉 여론으로 발전하는 현장이다.

'국가 - 사회'라는 틀은 서양의 언어 환경이 중국사연구에서 인용될 때, 사회적 공간과 국가의 자주성은 상대적이라는 것을 강조할 수 있는 토대로 작용한다. 특히 지역 지식인계층의 능동적인 작용에 대하여 정의를 내림에 있어서, 그 계층과 국가 정부 간에 발생하는 경계와 충돌의 측면을 강조한다.[5] 이는 전통적으로 각 지역의 유지계층이 국가기관의 권한을 대행하거나 정부의 기능을 보조하였다는 역할과는 상반되는 것이다. 그러나 이에 필요한 이론적 전제는 지방 관리官吏들이 국가의 중앙 정부의 통치방법에서 벗어나 자체적인 권력의식 혹은 권위주의의 사고방식을 가지고 있었다는 것이며, 또한 그 자주성의 경계는 중앙 정부와 지방정부의 이원구조를 통하여 명확하게 나타나야 하며, 이 경계의 확립은 각 지역의 지식인계층이 국가에 대하여 상호 담론이 가능할 수 있도록 그 영역을 만들어 주는 것과 같다.[6]

하지만 중국의 자체적인 역사 경험을 기초로 한다면 상황은 이와 반대되는 양상을 보일 것이다. 예를 들어, 페이샤오퉁이 주장한 차등서열4)의 구조는 계층 간 경계선의 모호성과 중첩되는 부분에 대한 역사적 상황을 설명하는 것이며, 오히려 각 지역의 지식인계층은 국가와 담론을 할 수 있을 정도의 지식수준과 논리적 사고방식이 부족하였다는 점을 강조하는 이론이기 때문이다.[7]

서양의 중국학계에서는 국가 - 사회의 틀을 활용하여 지역사의 분석에 대한 경로를 개척하고 중국사연구에 새로운 바람을 일으키고 있다. 이는 과거의 서양사에 부합하는 방식의 중국사해석이 아닌, 이론의 도

---

4) 차서격국差序格局, 인간관계에 차등을 두어 서열을 매기는 구조. 차등서열 구조에서 중심은 바로 '나'이며, '나'를 중심으로 다른 사람들을 줄 세우는 것. 모든 관계는 '나'를 기준으로 하여 파생되며, 인간관계가 '나'에게 가까울수록 같이 협력하고, '나'에게서 멀어질수록 배척을 당한다.

입을 통하여 현존하는 역사의 문제의식을 객관적인 시각으로 바라보고 구체적인 분석이 가능하도록 하는 것이다. 국가와 사회의 관계가 공간적 대립이라는 상태에서 각각의 자주성을 가진 형태로 구축되었다는 가설이 중국의 기층사회에 존재하는 복잡한 문화적 의의와 질서의 특징을 포함하지 않고 있다고 하더라도 목적론 방식의 논증과 전반적인 전통인식을 뛰어넘을 수는 있다. 이와 동시에 의식형태를 제한하여 전통제도에 대한 심리주의의 분석 방법을 극복하고 부족한 부분을 변화시킬 가능성을 가지고 있다.

국가 - 사회의 틀은 중국 사회사계에서 방법론과 호응하는 완벽한 형태를 구축하지는 못하였지만, 사회사의 개별적인 연구주제를 선택할 때 광범위한 영향력을 미치기 시작하였다. 최근 이러한 틀을 도입한 중국 국내의 사회사학계는 풍속, 종교, 도시에 관한 역사연구에 집중하고 있는데, 한편으로는 이점에 대한 비판도 나타나기 시작하였다. 일부 비평가들은 국가 - 사회의 틀이 서양 자본주의 시장의 질서형성에 대한 묘사에서 시작된 자유주의를 모태로 하고 있다고 주장한다. 예를 들어, 하이에크Friedrich Hayek는 지식의 개인성과 분립성에서 나타난 필연적인 무지無知를 통하여 시장과 사회자치의 구조가 형성된 자생적 자연 질서의 합리성을 논하였는데, 이는 사실 자유와 계획의 근원을 설명하기 불가능하며, 사회적인 의미에서 사회시장을 역사의 구조과정으로 보아야만 이 문제를 해결할 수 있다는 주장이다. 근대시기 중국 사회의 발전상황을 구체적으로 관찰하면, 청나라 말기부터 시장구조가 출현했던 이유는 국가의 개혁에 관련된 정책이 시행됨에 따라 발생한 결과이기도 하지만, 다른 한편으로 이미 국제세계에서 형성된 시장경제의 개념을 받아들일 수밖에 없었던 이유도 그 원인이라고 볼 수 있다. 이 두 가지 의미에서 나타난 공통점은 중국의 사회시장은 자연적으로 발생한 산물이 아닌, 국가의 손에 의해서 구축되었다는 점이다. 정부와 시장을 분리하려는 방법이 곧 제도이며, 실질적으로 각 사회시장에는 정부의 권력적 요소가 내재 되어있음을 말하고 있다.[8]

사회시장의 형성을 국가 창조의 하나로 보는 관점은 사실, 이전부터 존재하였다. 하버마스는 공공영역의 발생과정에서 국가권력의 개입 이후 붕괴에 이르는 과정까지의 역사를 사회학의 관점에서 묘사하였다. 발생학적 측면에서 보면 초기 자산계급의 공공영역은 국가의 중앙정부, 즉 왕권과 관계된 귀족사회로부터 시작되었다. 사회는 국가의 대립적인 개념으로 나타났기 때문에, 개인의 영역은 국가의 제약을 받지 않는 구역으로 구분되었으며, 가정이라는 개념이 가지고 있는 한계를 초월하여 공적 사물이라는 개념에 중점을 두고 있다. 이를 통하여 정치적 기능을 갖추게 된 공공영역은 시민사회의 자아를 조율할 때 규범적인 작용을 하게 되었고 재생산이라는 사회적 영역에서 상호교역의 기본규칙을 사물을 통한 교환으로 규정하였으며, 이는 최종적으로 시민사회에서 사유화私有化를 실현하고자 하는 것이다.[9]

하버마스는 공공영역의 붕괴에 관한 과정에 대해서도 상세하게 묘사하였다.

> 개인 영역에서 파생된 집단 혹은 공공영역 중에서 발전 정도가 높고 규모가 거대해진 일부 단체들은 국가의 기관과 연결되어 지역사회의 내부적으로 권리를 행사하고 사회적 균형을 유지해 나갔다.[10]

이를 통하여 지역사회에서 나타난 국가권력의 개입은 개인 영역을 점점 소멸시켰으며, 동시에 국가에 대해 비판적 의식을 가지고 있는 사회조직 혹은 개개인의 군중들이 동요하게 되는 결과를 초래하였고 더불어

개인의 이익을 토대로 공공영역에 대한 투쟁이 일어나게 되었다.[11]

결국, 이러한 각 조직의 성격은 이미 자본주의의 법칙을 초월하여, 개인의 이익을 공동의 이익으로 전환하는 것에 중점을 두게 되었고 이는 조직 내부에 존재하는 특수한 이익구조를 보편적 이익구조로 표현하고 있다.[12]

하버마스는 이러한 과정을 '국가의 사회화'와 '사회의 국가화'라고 칭하였다. 19세기 이후 서양 사회를 국가 창조의 대상으로 보고 있는 하버마스의 사고방식을 명확하게 나타내는 주상이다. 그러나 앞서 말했던 중국학 연구가들이 국가-사회의 틀에 대해 비판했던 것과 달리, 하버마스는 국가-사회의 구조를 한 측의 일방적 행동 혹은 침투의 과정으로 보지 않았다. 그는 역사적인 관점 및 사회학적인 측면에서 관찰을 진행하였으며, 양자의 관계를 외부세력의 지배와 내부적 반응의 상호 작용이 일어난 결과라고 보았다. 반면, 중국학 학자들은 19세기 이후 지나치게 국가의 능력을 지배적 구조에서 행해지는 것으로 지나치게 강조하였으며, 이를 무소불위의 위치로 규정함에 따라 자연스럽게 국가의 외부에 존재했던 민간영역이 근대화의 과정을 겪으며 나타났던 진실들에 대해서는 소홀히 하게 되었다. 그들의 주장은 모든 근대적 혹은 현대적 공간은 국가의 능력에 의하여 창조된 것이며, 민간영역의 계층을 분화시키는 것은 역사적 상상으로 이루어진 날조된 역사로써 인식될 가능성이 크기 때문에 관찰할 필요성이 없다는 것이다.

중국 국내에서 국가-사회의 이론적 틀을 비판했던 대표적인 학자로 왕후이를 들 수 있다. 그와 같은 학자들은 임마누엘 월러스타인이 주장한 세계체제이론이라는 자본주의 공간 질서에 관한 연구에서 강한 영향을 받아 구축된 것이며, 이로 파생된 시장-계획, 사회-국가 등의 이원론 구조가 민족 및 국가라는 내부적 관계로 도입되는 것은 적절치 않다고 강하게 반대하였다. 또한, 사회시장의 관계가 확장되어 가는 동향은 하나의 전체적인 사건으로 보아야 하며, 그렇지 않으면 근대 중국 사회에서 발생한 중요한 내부적 변화와 그 과정을 이해할 수 없게 될 것이라고 전하였다.[13] 이는 전 세계에 걸쳐 일어난 자본주의 영역의 확장에 있어서, 자본주의와 사회주의의 체제가 비슷한 시기에 시작되었다는 점을 고의로 회피하는 것이며, 이로 하여금 전 세계의 자본주의 체제와 현대의 민족 - 국가 사이에 존재하는 창조적 역량에 대한 중요성을 인식하게 만드는 계기가 되었다. 외부적 영향에 내재 된 간접성의 지나친 강조는 인류학 분석에서 도출된 전통적인 지역 문화의 개념을 공시성共時性5)이 단절된 단순한 원시 문화로 취급하는 것이며, 동양학東洋學을 한 가지 심리적 개념의 형태로 축소해 버리는 것이다. 그러므로 이러한 관념은 원시 형태의 문화적 영역을 구분하여 연구의 표본으로 할 시에도 외부의 영향을 지역 문화라는 단위에 내재된 구성성분으로 서술하여야 할 뿐만 아니라, 역사과정에 존재하는 요소로써 고려되어야 한다.[14] 사상사의 각도에서 보면, 이러한 분석 방법은 시장 - 계획, 사회 - 국가의 이분법적 구조를 과학주의科學主義6)의 해석방식으로 보고 있으며, 사회관계의 연구에서 이러

---

5) 공시성synchronicity, '의미가 있는 우연의 일치'를 강조하여 비인과적인 복수의 사상 및 사건의 발생을 결정하는 법칙의 원리.

6) 과학주의Scientism, 과학을 인간에 있어서 최고의 인식형태로 간주하고 원리적으로는 모든 문제를 과학으로 해결할 수 있다고 주장하는 태도로써 과학지상주의 혹은 과학만능주의라고 불린다. 인간의 모든 내면적인 문제나 사회적인 문제가 자연과학과 같은 방법으로 정밀하게 인식되고 해결될 수 있다고 하는 독단적인 방법론적 자연주의의 주장으로 나타나는 경우가 많다.

한 과학주의적 해석은 적절한 방법이 아니라고 볼 수 있다. 과학적 해석법은 중국과 서양의 문화 비교가 일괄적으로 취하는 추상적인 인식구조를 초월하여 사상의 형태와 사상의 인식방법을 일종의 사회적 행위로 복원하는 것이지만, 이러한 방법에는 한 가지 위험성이 존재하고 있다. 과학적 인식방법을 과도하게 강조하여 사회관계의 총체적인 특징으로 삼게 되면, 사회관계 내부의 부분적인 사회구조와 제도의 변천과정에 대한 구체적인 변화형식을 소홀히 하게 되어, 결국 전통적인 구조와 외부의 압력이라는 상호 대립적인 표현방식으로 서술된다. 이러한 서술은 중국 사회의 본질을 변화시키고 결정하는 주제를 외부적 요인으로 규정하게 되고 이는 많은 사람에게 잘못된 인식을 가져올 수 있으며, 이로 인하여 의식형태의 특징을 광범위하게 서술했던 과거의 이론적 틀로 회귀하는 것과 마찬가지의 결과를 초래한다.

사회학적 측면에서 말하자면, 전 세계의 자본주의가 국가의 사회를 구축하고 창조하는 점에 미쳤던 영향에 관하여 서술할 때, 중국의 구체적인 역사적 환경을 배경으로 놓고 판단하지 않고 이러한 외부적 요인에 대해 중국의 전통사회에서 나타난 반응과 사회적 표현을 무시한 채 진행된다면, 이는 국가와 사회의 초월성에 대한 자본주의 관념의 특수성를 강조하는 것일 뿐, 중국의 역사발전 시기에 발생했던 내부적 발전 방향에 관해서는 설명할 수 없다. 필자는 국가와 사회에 관한 사회사연구에서 자본주의 체제란, 중국 사회와 사상을 융합시킨 일종의 외부적 요소로 참고할 수는 있지만, 중국 사회의 내부에서 일어난 구체적인 운영과정을 완벽하게 대체할 수 있는 요소라고는 볼 수 없다고 생각한다. 국가의 필요성을 청나라 말기의 사회 내부적 관계를 통해서 논증하는 것이 아닌, 식민주의 시대의 국제관계에서 논증이 진행되어야 한다는 새로운 관점도 있다. 보편적으로 국가라는 개념을 통하지 않으면, 민족을 하나의 공동체, 정치, 경제, 군사의 단위로 조직할 수 없으며, 국가라는 개념이 존재해야 사회의 내부적 안전을 효과적으로 보장할 수 있다는 것이다.[15] 이러한 관점은 청나라 말기에 형성된 의식변화로 새로운 국가가 수립되었다는 점을 국가의 능력에 귀납시켜 과도하게 단순화시켰다는 비판을 받기도 하였다. 국가의 능력에 대한 낙관적인 인식을 중국의 근대사를 분석하는 단일 근거로써 연결해서는 안 되기 때문이다.

19세기 말부터 20세기로 넘어가는 10년 정도의 기간 사이에 중국의 지식인들은 보편적으로 민족-국가의 창설능력과 정치구조의 개선에 대하여 낙관적인 태도를 보였다. 이는 〈신민총보新民叢報〉에 연재된 양계초의 「신민설」을 통하여 국민은 민족-국가의 구조가 가지고 있는 목표에 충성하여야 한다는 주장을 더욱 구체적으로 받아들일 수 있게 해준다.[16] 그러나 5.4운동을 전후로 지식인계층의 이러한 낙관적인 자세는 중대한 변화를 맞이하게 된다. 그 원인은 당시 지식인들이 중국의 근대화라는 변혁에 대한 국가의 역할이 무엇인가에 대하여 의심하기 시작했기 때문이다. 진독수는 5.4운동 시기에 『우상파괴론偶像破壞論7)』을 집필하여 현대 국가를 우상으로 인지하였고 이를 타도하고자 하였다. 여기서 중요한 것은 중국의 지식인들이 국가의 창조적 기능에 관련하여 의문을 제기하였다는 것이며, 이는 20세기 초기에 자본주의 체제가 강력하게 세계를 휩쓸고 있을 무렵에 나타난 사조라는 것이다. 이러한 사조는 아주 맹렬하게 부흥하였고 중국의 지식인들이 국가의 기능에 대해 품고 있었던 의구심도 더욱 강렬해지도록 고무시

---

7) 중국의 모든 제도와 가치관들을 파괴하여 민주주의의 건설과 합리적이고 과학적인 사고와 행동을 추구하는 이론.

컸다. 당시 지식인들의 공통된 주제는 민족 - 국가라는 목표하에서 사회 각층에 존재하는 역량이 모여 자본주의 체제의 침입에 대항하는 것이 아니라, 국가의 개념을 분산하여 사회적 공간을 재구축하고 자본주의 경제체제의 영향으로 나타난 사회적 불평등이라는 양상을 해소하고자 하는 것이다. 이는 무정부주의를 주장했던 여론에서 더욱 뚜렷하게 나타났으며,[17] 이후 초기 공산당의 사상에도 영향을 미쳤다. 본서의 앞장에서 논한 바와 같이, 러시아에서 10월 혁명이 일어날 당시 초기 중국공산당의 지도자들도 이를 사회적 혁명으로 인식하고 있었을 뿐, 자본주의 체제에서 벗어나 국가라는 개념의 분산이라는 측면에서는 이해하고 있지 않았다. 당시 중국공산당은 국가이익의 대변인과 국가기관을 창설하는 주체가 아니었으며, 반대로 국가이익에 대립되는 위치에 있었기 때문이다. 초기 공산당원들은 사회적 측면에서 도로를 정비하고 재설계하지 않는다면 중국의 근대화는 이루어질 수 없으며, 농민과 기타 시민들의 이익과 현실적인 요구를 일방적으로 따를 수도 없다고 주장하였다. 그래서 공산당에서 이루어진 국가 변혁의 절차에 대한 최초의 계획은 모두 사회적 측면에서 출발하여 진행된 것들이며, 그러한 과정에서 공산당은 국가이익을 위한 주체가 아닌, 이와 반대편에 있는 사회이익을 위한 주체였다. 또한, 그들의 최종적인 목표는 중국의 사회를 세계자본주의 체제의 영향력에서 벗어나게 하고자 하는 것이었다.[18] 이후 공산당이 중국을 집권함에 따라 점차 국가의 이익을 위한 주체가 되었지만, 최초의 목적은 변화되지 않았다. 만약 역사주의의 시각에서 이러한 변화를 해석하지 못하고 청나라 말기 이후의 사회변천을 국가이념의 목표와 주도하에서 일어난 피동적 과정으로 총괄하거나 자본주의 발전의 외부적 영향을 원인으로 판단하게 된다면, 이는 분명 근대 시기 중국에서 나타난 다양한 변화를 묘사할 때, 제약적인 요소로 작용할 뿐만 아니라, 복잡한 중국사의 변천 과정을 한 장짜리 그림으로 단순화시키게 되는 오류를 범할 것이다.

그렇다면 방법론에 기초하여 총체적 인지와 부분적 연구 간의 복잡한 관계를 처리하는 방법에는 무엇이 있는지 알아보자. 하버마스는 생활에 관련된 공간을 사회체계에서 분리하여 분석하는 방식을 통하여 부분적으로 문제를 해결하고자 하였다.[19]

> 자본주의 체제의 내재적인 도구주의道具主義[8] 경향에서 벗어나, 사회를 사회체계와 '생활세계'로 구분하여 구상해야 한다. 사회체계가 더욱 복잡해질수록 생활이라는 세계도 더욱 현지화의 성격을 띠게 될 것이기 때문이다.[20]

사실, 생활세계라는 개념은 사회체계를 구성하는 하나의 하부요소였으며, 이를 분리하고자 하는 것은 생활사에서 최초로 물화物化를 반영하고자 하였다고 볼 수 있다. 하버마스는 생활세계라는 개념을 자주적 이념의 범위에서 연구해야 한다고 강조함과 동시에, 외부적 요인의 제어를 통하여 생활세계의 내부적 교류에서 나타나는 자주성을 중시하여야 한다고 주장하였다.

> 사회체계는 생활세계라는 부호符號를 토대로 하여 구축된 것이다. 사회체계에 대하여 고려할 때, 변화무쌍한 환경에 대한 제어를 통하여 자신의 한계를 유지하고 지속하며 존재한다는 관점이 필요하다. 생활세계와 사회체계는 두 가지 모두 중요한 개념이며, 이들 사이의 내부적 연결

---

8) 도구주의instrumentalism, 실용주의의 원리를 자연주의적인 실험적 경험론의 입장에서 받아들인 것. 인간의 인식작용은 동물의 환경에 대한 적응작용의 발전 형태이고 개념은 이러한 적응작용을 위한 수단이라는 사조.

점을 밝히고자 하는 문제의식이 중요하다.[21]

실제로 하버마스는 이미 국가의 과도한 제어로 인하여 오염된 사회와 짧게나마 유지되어 나갈 수 있는 자주적 공간인 생활세계를 구분하는 방법에 대하여 제시하였다. 근대화를 위한 이성적인 각성이라는 논리에 근거하여 근대화의 요소가 비서구권 국가의 사회구조로 깊숙이 침투되어 갈수록 전통적인 생활세계는 더욱 위축되며 결국 소멸하게 된다. 그러나 이러한 과정을 중국사에 응용하면 그 복잡성을 원인으로 명확한 대조가 불가능하게 된다. 개혁개방정책을 시행하기 이전의 중국은 세계의 자본주의 체제라는 범주에 속하지 않았던 국가였으며, 내부적으로 국가의 권력을 강력하게 통합하기 위하여 전통적인 봉건주의 사상 혹은 각종 종교와 관련된 요소들을 철저하게 배제하고 있었다. 국가적으로 과학적 발전이라는 표어를 걸고 내부적인 근대화를 전개하였지만, 이는 형식적인 행정수단일 뿐이었으며, 진정한 서구화 사상의 영향력은 중국의 깊숙한 향촌지역까지 널리 전파되지는 못하였다. 이후에 이루어진 개혁개방정책을 거치고 나서야 비로소 봉건주의 체제에서 벗어날 수 있었으며, 근대화를 향한 과학적 이념이 향촌 사회로 전파되기 시작하였고 그에 따른 전통적 활동도 점진적으로 퍼지기 시작하였다. 이러한 역설적인 현상의 발생 원인에 대하여 자본주의라는 외부적 요소로 새로운 국가를 수립한다는 해석법으로는 설명할 수 없을 것이다. 전통문화의 부흥은 국가에서 의도적으로 홍보하고 구축할 수 있는 것이 아니라, 국가권력의 억압을 겪은 후에 나타나는 반등이라고 볼 수 있다. 이에 대하여 더 많은 관심과 투자가 이루어져야 그 기층사회의 생활세계에서 나타났던 변화의 궤적을 탐구할 수 있고 이를 통한 해석은 엄청난 설득력을 얻을 수 있다. 그러므로 새로운 국가의 수립이라는 입장에서 사회적 관계의 총체적인 특징을 연구하는 방법은 인류학에서 지역사로 이어지는 연구 방향을 대체할 수 없다. 인류학의 측면에서 보면, 국가와 민간사회의 관계는 시간(역사), 공간, 대상, 개념 등의 여러 가지 차원에서 시종일관 변화무쌍한 모습을 나타내고 있지만, 이를 연구하는 인류학자는 이러한 광범위한 변화의 흐름 속에서 다양한 영역을 구분하고 각각의 개별적 사례를 연구하여 전체적인 역사적 진리를 추구하고자 하지 않는다. 지역이라는 미시적 영역과 그 영역에 존재하는 각각의 개별적 사례를 분석하여야만 국가와 사회의 관계에 관하여 탐구할 수 있기 때문이다. 즉, 중국의 생활세계를 서민의 시각에서 바라보아야 국가의 이미지와 본질을 인식할 수 있고 분석도 가능하다는 것이다.[22] 사회사연구는 장기적으로 인류학이 장악하고 있는 미시적 구조micro-structures와 미시적 진화 과정micro-processes의 연구로 전환될 것이며, 이는 바로 국가-사회의 틀에 대하여 참고적인 역할을 할 것이다.[23] 또한, 연구에서도 마찬가지로 지속적인 반성과 고찰이 진행되어야 한다. 최근 인류학계에서 이루어지고 있는 문화비평文化批評과 민족지民族誌9)의 결합은 세계체제이론에서 강조된 외부적 작용과 원시사회라는 형태에 과도하게 얽매여있는 인류학 내부의 폐단을 극복하고자 하는 시도이며, 이는 중국의 사회사학계에서 참고해야 할 점이기도 하다. 중국 국내의 사회사학자들이 본인의 국가에 대한 역사를 서양세계에서 구축된 근대화이론을 토대로 연구하고 있는 아이러니한 상황을 극복하기 위해, 인류학

---

9) 현지조사에 바탕을 둔 여러 민족의 사회조직이나 생활양식 전반에 관한 내용을 체계적으로 기술한 자료로 기술적 민족학記述的民族學이라고도 한다. 넓은 뜻에서는 문화인류학의 한 분야에 포함되기도 하지만 인류학의 보고서 형태라고 보는 것이 일반적이다.

계에서 나타난 시도를 참고하여 다시금 자신의 자아를 되돌아보아야 한다고 생각한다.

2. "공공영역"의 개념과 중국의 경험

서양의 중국학계에서는 보편적으로 시민사회와 공공영역의 개념을 활용하여 중국의 근대 사회를 분석하였으며, 이는 대체로 두 가지 요소에서 깊은 영향을 받고 있다. 첫째, 1989년 전 세계로 파급되어 사회주의의 위기를 초래한 이론적 언어의 변천에 관하여 서양 학계에서 주장된 핵심이론은 국가-사회의 이원구조의 적대성에 관한 상호 작용이라는 부분에 초점을 두고 있었다. 폴란드에서 일어난 자유 노조의 민주화운동을 사례로 들어, 동유럽에서 시민사회의 형성과 발전의 속도가 국가권력과 맞설 수 있는 사회적 역량에 도달하였다고 인식되었다. 시민사회의 이론은 부르주아계층이 형성한 역사적 개념으로써, 근대화와 세계화라는 의식형태를 정치적 담화의 자원으로 활용되었는데, 이러한 정치적인 분석방식은 중국사연구와는 직접적인 관련이 없다. 둘째, 근대 시기 중국사의 연구 분야와 관련하여 하버마스의 영향으로 인해 청나라 말기부터 중화민국 초기까지의 지식인계층과 국민의 정치화 과정에 대한 재검토가 중시되었다. 이는 서양의 중국학계에서 또다시 심각한 학술담화의 전환을 겪고 있다는 것을 암시한다. 1970년 말, 미국의 중국학계에서는 페어뱅크의 충격-반응론과 전통-현대라는 이론적 틀이 중국 중심의 관점으로 전환되는 과정에서 근대화에 따른 중국 본토의 분할 및 합병에 대하여 재분석하기 시작하였는데, 이러한 분석은 과거의 이론들과 대립하며, '감정이입'이라는 관점에서 신뢰성이 높지 않다. 코언은 중국 중심의 세계관에 대하여 '연안 지역 - 내륙지역'이라는 간단한 이론적 틀을 활용하여 '감정이입'이라는 개념을 체계적이고 합리적으로 설명하였다.[24] 동시에 이 이론적 틀은 학자들이 시민사회가 변화하고 있는 사회적 공간의 현황 및 역사적 인물과 전통문화의 관계를 연구할 때, 더 규범적이고 강력한 수단으로 작용할 수 있다고 밝혔다. 중국 중심의 세계관을 통한 역사인식이라는 점에서 상당한 의미가 있지만, 1980년대 대부분의 서양 역사학자는 하버마스의 시민사회이론에 관련된 자료에서 영향을 많이 받았다. 1989년에 이르러 토마스 버거Thomas Burger가 하버마스의 저서인 『공공성의 구조 전환The Structural Transformation of the Public Sphere』의 영문 번역본을 출판함에 따라 비로소 시민사회에 관한 이론이 정식으로 중국 근대사연구에 응용되기 시작하였다.[25]

소파R. Keith Schoppa의 『중국의 지식인계층과 정치의 변천Chinese Elites and Political Change』는 미국 중국학계의 근대사연구에 있어서 최초로 시민사회의 이론을 최초로 도입한 학술서이다. 20세기 초, 중국 각 지역의 지식인계층에서 나타난 정치적 양상을 주로 공공업무의 참여를 통하여 표현하였고, 이로 인하여 중앙 정부가 지역사회에 계속해서 관여하게 되는 경향이 나타나기 시작하였으며, 소파는 이러한 과정을 '정치의 발전'이라는 어휘로 서술하였다. '정치의 발전'은 사회체계로 인하여 발생하고 이러한 체계는 개인, 집단, 제도, 지방자치의 단위로 한정되어 있으며, 그 발전과정은 처음의 구조에서 출발하여 복잡한 관계로 변화한다는 것이다. 즉, 정치의 발전이라는 과정은 한 가지 사회체계가 여러 분야의 상호 의존을 통하여 복잡한 관계를 이루어나간다는 것이다. 다만, 여기서 중요한 것은 정치의 발전과정은 20세기 초, 10년여의 기간을 표본으로 놓고 시간과 공간적 측면에서 보았을 때,

성省 단위의 행정구역에서는 그 긴밀한 관계의 일치성을 나타내지 않고 있다는 점이다. 이러한 특징은 경제구조를 기반으로 하여 성과 자치구自治區를 하나의 생태구역으로 묶어 관찰하여야 분석이 가능한 것이며, 성과 자치구의 지식인계층에 대한 발전양상에는 정치적 차이가 있기 때문이다.[26] 소파는 인구밀도, 위치, 물류의 발전 정도, 지역자산을 지표로 하여 저장성浙江省 지역의 핵심도시the inner core와 주변 도시를 구분하여 네 가지 구역으로 나누었다. 핵심도시는 가장 발달한 지역에 해당하지만, 그 외의 다른 지역은 경제적 여건에 따라 점진적 등급제 특성hierarchically cumulative nature이 형성되있다.[27] 이러한 등급제는 지식인계층의 유동성과 정치의 발전성에 큰 영향을 준다. 지역사회의 정치적 생태학에 따르면, 지식인계층의 행위와 정치적 발전은 핵심도시에서 외부 주변 도시의 공간으로의 확장을 통하여 변화하기 때문이다. 최초 핵심도시에서 개개인이 맡고 있었던 일반적인 업무가 점진적으로 공공제도라는 분야로 확대 및 전환되면 자치단체와 이익집단은 새로운 언어 환경에서 정치, 사회, 경제의 목표 및 의의를 설정하여 공공영역의 출현 가능성을 구축하게 되는 것이다.[28]

소파는 지역사회의 정치에 관한 생태학적 연구에서 시민사회의 이론을 최초로 도입하였고 지식인계층 및 지식인계층의 유동적 동향이 청나라 말기의 정치적 변천에 많은 영향을 미쳤음을 상세하게 서술하였다. 특히 국가-사회라는 이론적 틀에서 지식인계층의 신분 변화와 기반 조직에 존재했던 상호 작용은 기본적으로 현지화에 관련된 시각으로 이루어진 것이다. 그러나 정치적 발전에서 일어난 변천 과정의 중요한 점은 지역 중심에서 지역 외곽의 주변 지역으로 이어지는 정치적 생태의 네트워크에 있으며, 아울러 핵심도시에 존재하는 매력적인 요소가 주변 지역으로 확대 재생산되는 역할을 한다. 주변 지역의 지식인계층은 핵심도시에서 받은 교육을 토대로 고향으로 돌아가 근대화라는 발전적 요소로 응용하며, 핵심도시 - 주변 도시라는 기본적인 틀에서 지리적 요소를 추가한 급진 - 보수의 대립이라는 틀을 상징하게 것이다. 이러한 소파의 분석에서 전통적인 근대사 연구의 모습을 볼 수 있다.

시민사회의 개념이 중국의 근대사연구에 도입됨에 따라 주요하게 두 가지 측면에서 명확한 결과를 나타내었다. 첫째, 미국의 중국학계에서 이 시민사회의 개념을 정치적 서술어로 중시하게 되었다는 것이다. 예를 들어, 시민사회의 개념을 설명할 때 공론, 공무 등의 어휘의 사용빈도가 높은데, 중국어의 공公은 서양 언어의 공공Public과 매우 비슷한 의미를 포함하고 있으며, 이것은 진화를 거듭한 지방자치의 전통이 실제로는 국가권력의 침투를 받았다는 의미를 나타낸다. 한편, 공공公共, 국유國有, 사私 등의 어휘는 사법소송의 분야에서 각자의 지배적 권리를 위한 법률적 쟁의의 상황에서 주로 사용된다. 이는 정부 소속의 지식인계층과 정부소속이 아닌 지식인계층이 각각의 정치적 합법성을 추구하고 있음을 의미한다. 과거에 사용되었던 공공, 관官, 사 등의 어휘는 생활상의 변화와 관련하여 합법적 의미를 부여받고 사회, 정치와 관련된 문제를 해석할 때 일종의 기준이 되었다.[29] 둘째, 일부 학자들이 때로 국가에서 사회로 권력 양도가 이루어졌다는 점을 근거로 공공영역의 범주를 설정하고자 하는 경향이 나타났다. 청 말기의 기층사회에 대한 국가권력의 침투에 관한 고찰과 관련하여 토마스 쿤 등의 학자들은 일찍이 지역주의의 기원에 관한 연구를 시작하였고 뒤이어 랜킨Mary Backus Rankin, 윌리엄William T. Rowe 등의 저서에서 다시 체계화되어 서술되었다. 랜킨은 청 말기의 정치적 술어를 '관', '공', '사'의 세 가지로 나누어 분석하였다.[30]

'관'은 '공'과 '사'의 중간에 위치한다. '공공영역(관)'의 공간적 확대에 대한 기준에는 '개인(사)' 혹은 집단이 재산권에 대한 발전 및 구축에 관하여 자유로운 의사 교환이 가능할 수 있도록 장소와 법률을 제공하고 그에 관련된 권리 제도와 행위의 보장 및 '국가(공)'의 권력을 제약할 수 있는 규범을 갖추고 있어야 한다. '국가(공)'와 '개인(사)' 사이에서 발생하는 이익충돌에 대하여 '공공영역(관)'은 국가의 권위를 제약하거나 촉구하는 등의 중요한 역할을 해야 한다.

랜킨은 이러한 점을 토대로 동림당東林黨인[10]과 복사復社[11]에 대해 분석하였는데, 그들은 16세기 말에서 17세기 초까지 활발하게 활동하였으며, 그 과정에서 일찍이 서양의 공공영역의 개념과 비슷한 흔적을 남겼다고 서술하였다. 청나라 시기 국가의 권력과 대립을 통하여 나타난 공공영역의 세 가지 요소는 다음과 같다. 첫째, 명나라 말기 중앙집권세력의 해이解弛를 통해 나타난 강제적인 조세제도였던 이갑제里甲制[12]의 붕괴는 지방 지식인계층의 사무 및 관리 능력에 대한 새로운 평가가 진행되었고 동시에 그 지역의 사회적 위상도 높일 수 있는 계기가 되었다. 둘째, 문해文解[13]능력의 수준을 높여 과거시험 이외에도 일반 백성들의 취업 경로를 넓혔다. 셋째, 상업적 지식인계층의 등장이 발생하였던 점이다. 랜킨은 공공영역이라는 개념을 활용할 때, 서

---

10) 중국 명나라 말기에 정계와 학계에서 활약한 당파로서 사대부들이 동림서원東林書院을 중심으로 세론을 형성하여 정치 운동을 전개하였다.

11) 중국 명나라 말기에 현실정치를 비판하고 고학古學의 부흥을 주장하며 장쑤성江蘇省에서 결성된 문학적 결사結社.

12) 중국 명나라의 촌락자치 행정제도로 1381년 부역황책賦役黃冊의 제정과 함께 설정되었다. 이 제도의 목적은 조세징수, 치안유지 및 철저한 교화에 있었으며 자치보다는 관치官治 보조기구의 색채가 짙었다.

13) 문자를 쓸 수 있는 일 또는 그러한 일을 할 수 있는 능력.

양학계와는 달리 엄격한 제한성을 두고 사용하였는데, 이를 통해 명나라 말에 출현한 중국의 공공영역은 그 핵심을 관리management에 두고 있었으며, 이는 서양세계의 공공영역 탄생과 비교하였을 때, 개방적인 대중여론과는 큰 차이가 있다는 점을 강조하였다. 서양의 대중여론은 국가와의 관계에서 대립적인 특성이 훨씬 강조된 공공영역이지만, 중국은 역사적으로 지방의 사무를 처리할 때, 정부와 지식인계층이 대립한 것이 아니라 상호 간의 이견을 조율하여 진행하였다. 이는 지식인계층이 국가와 대립할 의도가 없거나 국가권력의 공식적인 범위 안에 속해 있음을 의미하기도 한다. 관리의 필요성에 따라, 18세기 중엽부터 지식인계층의 조직과 활동이 증가함과 동시에 다양화되기 시작하였다. 이러한 관리형 조직managerial institutions은 비공식적 혹은 공식적인 연합집단으로 발전할 가능성이 크며, 이는 정부의 협조로 구축되는 것이 아닌, 지역의 주요 사회적 네트워크를 통하여 형성되었다. 이러한 추세는 안정적으로 증가하였으며 18세기 말에 공공영역으로 확장되었다. 특히, 장강長江 중하류와 중국의 남해南海 연안 일대의 핵심 도시들과 맞닿은 주변 지역들이 바로 여기에 해당한다. 19세기 초, 중국은 국가 조정朝廷의 불안정으로 인하여 공공영역이 점진적으로 자치화自治化를 이루게 되었는데, 여기에서 랜킨이 강조하고자 하는 점은 이러한 자치화가 관리형 조직의 공공사무와 개인 이익을 분화시키는 역할을 했다는 것이다. 자치화의 역할은 개인 이익의 보호가 아닌, 넓은 범위의 집단적 이익을 보호하는 것으로써, 이는 서양의 공공영역이 '대중여론'을 통하여 개인의 이익에 대한 중요성을 명시시키는 것과는 명확한 차이가 있다.[31]

랜킨은 이와 상대적으로 지역사회의 공공영역에서 작용하는 국가권력의 역할에 대하여 강조하였다. 국가가 공공영역을 분명하게 제약하고 이끌어 나갔으며, 이러한 국가의 영향은 지역사회의 조직과 정치수단을 통하여 실현되었지만, 독단적인 제도를 도입하여 진행한 것은 아니다. 청나라 정부는 지역사회의 여러 공적 활동을 제한하고 금지했으며, 이를 통하여 황제의 독단적인 권력과 지위를 예측 불가능한 절대적 권위로 형성시켰기 때문에, 결국 지방 지식인계층이 청나라 조정과 정치적으로 대립하게 되는 상황을 발생시켰다. 또한, 당시 중국은 영국을 비롯한 유럽 국가들과 대응되는 독립적인 '귀족계층'이 존재하지 않았기 때문에 독단적으로 국가권력에 대항할 수 있는 세력의 결집이 불가능하였으며, 국가는 세금, 군사, 치안, 사법 등의 통치영역에서 가장 강력한 통제력을 가지고 있었다. 특히 18세기 이후, 대규모 치수공사로 인하여 발생한 농업 기근과 국가 채무에 대하여 그 국가의 능력이 더욱 중시되기 시작하였다. 그렇지만, 이러한 공적 활동들이 지방의 지역사회로 투입되게 되면 국가의 지배력이 미치지 않는 작은 범위의 영역에서 지식인계층들이 활동을 시작하게 된다. 이러한 소규모의 공공영역은 곧 청나라 조정에서 요구하는 최소한의 강령과 상호 불간섭 조약의 협의를 통하여 경제발전을 거듭하게 되는 것이다. 결국, 국가의 관료제와 국고 수입의 규모가 인구의 증가속도를 따라가지 못하는 상황에서 지방의 정부 기관 이외에 더 정규적인 조직을 구축하여 공공영역을 구축하도록 명하게 된다. 이를 통하여 공공관리의 효과적인 방법을 지역적으로 공론화시켜 더 발전된 체계로 조직화하였다. 국가의 관리 형태에서 나타나는 대중여론은 국가권력과 모순을 형성하지 않지만, 지방에서 발생한 공공관리는 늘 시민사회의 적극성을 격려하여 관료가 아닌 지역의 지식인계층이 정부 기관을 경영할 것을 권장하며, 지방 관료와 엘리트 지식인들이 조화롭게 어우러지도록 협상을 진행하여 형평성을 이루고 어느 한 측이 지배적인 영향력을 미칠 수 없도록 결합하는 것이다. 지역의 상위계층인 지역 유지를 제외한 지방 사회단체에는 해당 지역의 관리라는 비공식적 역할 외에 다른 권한은 가지고 있지 않다. 그들과 정규기관의 차이점은 자유롭게 유용 가능한 자금동원력과 개방적이고 독특한 공공생활의 기반을 다지고 있다는 점이다. 이러한 활동을 통하여 지방의 지식인계층은 조직의 자금을 관리하고 공공영역을 주도적으로 경영하기 위한 경험을 쌓아나가기 시작하였다. 지방의 정부 기관과 공공영역의 갈등은 당연히 존재하고 있지만, 정치적으로 잠재된 위험에 대한 기본적인 예측과 제어에 집중하고 있었기 때문에 충돌이 일어나더라도 오래가지 못하였으며, 청나라 조정은 균형을 이루기 위하여 지방정부를 격려하는 동시에 공공영역의 정치적 권한에 대해서는 완강하게 금지하였다. 사실, 지역기관에서 근무하는 관료들은 일정한 기간을 정하여 반복적으로 교체되기 때문에 지역사회의 시민들에게 '관아官衙'의 이미지는 사회적 명성과 덕망이 없는 곳으로 받아들여졌다. 부임해 온 관리의 지역통치의 방법의 강도가 지역사회가 받아들일 수 있는 한계치를 넘어서게 되면, 곧바로 해당 관리를 퇴출하기 위한 사회단체의 전략적 대응이 일어나게 되는 것이다.[32]

소파와 랜킨이 서술한 근대 중국사의 내부구조에 대한 정치적 개념과 달리, 황쭝즈黃宗智는 국가와 사회의 이원대립은 서양의 근대 시기 초기에 제기된 이상적인 개념이기 때문에 중국사연구에 응용하기 적절치 않다고 주장하였다. 하버마스가 제기한 공공영역이라는 용어는 실제로 미시적 의미와 거시적 의미로 나누어진다. 미시적 의미의 공공영역은 17세기 이후의 영국과 18세기 프랑스에서 나타난 '자본가에 의한 공공영역'의 약칭이며, 거시적으로는 보편적인 현대 사회에서 확장되어가는 '공공생활의 영역'을 가리킨다. 이는 다양한 형식으로 발전하여 국가와 사회에서 각각 다른 권력 관계에 영향을 미치고 있다. 서양의 역사적 색채를 짙게 띠고 있는 공공영역은 '자본가에 의한 공공영역'이다. 황쫑즈는 이러한 점을 토대로 하버마스가 자본계층의 해석을 위하여 공공영역의 개념을 제시한 것은 적절하지 않다고 지적하였다. 즉, 서양학계에서 공공영역이 가지고 있는 의미는 중국의 일반적인 시민사회와 같지 않기 때문에, 국가와 사회의 지속적인 담론을 통하여 형성된 공간적 의미의 진정한 공공영역을 탐구하여야 한다는 것이다. 동시에 공공영역은 국가의 통제와 그 통제에 반하는 사회가 대립하는 장소로 인식되어서는 안 되며, 국가와 사회가 같은 공간에서 상호 작용을 통하여 국가 발전과 사회발전에 어떠한 영향을 미쳤는가에 관해 관심을 집중해야 한다고 주장하였다.[33] 여기에서 그가 강조하고 있는 점은 국가의 변천과 사회의 변화에 집중된 시각을 통하여 중국사의 문제를 살펴봐야 하며, 단순히 한가지 측면에 집중하여서는 안 된다는 것이다. 이는 국가의 사회화와 사회의 국가화라는 두 가지 과정 모두 고려해야 한다는 주장이다.

황쫑즈는 이분법이 아닌 삼분법으로 청나라 말기에 나타난 현상을 관찰해야 한다고 주장하고 있다.[34]

우선, 국가와 사회의 관계는 두 가지 측면으로 이해하여야 하며, 그 사이에 가치적 중립지역인 제3의 영역을 구축하여 시민사회에서 나타난 국가와 사회의 차이점을 분별할 수 있도록 해야 한다.

제3의 영역이라는 가설은 황쫑즈가 중국의 법률에 관한 연구를 바탕으로 제시한 이론으로써, 청나라의 법률체계를 주로 세 가지로 부분으로 나누어 설명하였다. 그는 문서법안과 정부법안 등의 공식법률체계, 혈연과 지연地緣 등의 분쟁에 활용되는 관습법인 비공식 사법체계, 마지막으로 이 두 가지 법률체계의 중립적 위치에 있는 것을 바로 제3의 영역이라 칭하고 국가와 사회 두 측면에 영향력을 미치며 급격한 변화에 따라 유동적으로 대응이 가능한 법률체계라고 명시하였다. 제3의 영역은 청나라 말기 일어난 상황의 급속한 변화로 인하여 제도화되었으며, 이 제도에는 관료제의 성격과 사회화의 성격을 모두 포함하고 있지만, 결국 근대 국가의 구축과정으로 인하여 양극으로 분화되어 흡수되었다고 논하였다. 이러한 현상은 근대 사회에서 일어난 일체화 과정의 특징으로 볼 수 있다.

제3의 영역이라는 가설이 가지고 있는 기본적인 목표는 서양사의 경험주의에서 벗어나 사회이론의 개념을 토대로 하는 해석능력을 구축하여 대상 국가의 시각으로 현지화시켜야 한다는 것이다. 중국은 역사적으로 '현縣' 이하의 행정단위의 업무를 지방기관과 해당 지역주민들의 협조를 통하여 처리하였다. 하지만 이러한 구조로 이루어지는 업무방식은 정부와 소통할 때 인가認可를 받기에 어려움이 많았다. 이는 사실, 서양에서 발원된 '자본가에 의한 공공영역'의 영향에서 나타나듯, 도시에서 독립적인 여론의 지배적 공간이 발생하게 되면 중앙 정부가 아닌 지역사회의 방향으로 적응해 나가는 특징을 가지고 있으며, 이는 권력 지배의 범위와 전통적 공간구조에 대한 차이점을 전제로 하고 있기 때문이다. 그러나 중국의 전통 지역사회는 국가에 종속된 관계이기 때문에 이를 토대로 능력과 이념의 구도가 서로 융합된 개념으로 공公과 사私를 이해하여야 한다. 이는 서양사에서 나타난 공공영역公共領域, 사적영역私的領域의 개념과 실질적인 차이가 존재한다. 그러므로 국가-사회의 이원론적인 언어 개념은 중국의 사회사를 서술할 때 명확한 이해가 불가능한 것이다. 하지만 문제는 제3의 영역이라는 가설에 있다. 국가와 사회에 존재하는 구조적 관계에서 제3의 영역의 범위를 정하기가 상당히 어려운데, 이는 제3의 영역이 속한 법률 및 기타 측면의 성질은 일시적인 것이었지만, 국가와 사회라는 양 측면의 성질을 모두 포함하고 있기 때문이다. 그래서 이 영역은 지속해서 유지되어온 영역으로 인식할 수 없고 근대화라는 국가 선진화의 과정에서만 파악할 수 있는 특징을 가지고 있다.

시민사회이론은 중국의 근대사연구에 활용되어 전통 국가로부터 일부의 권한을 사회가 나누어 가졌다는 구체적인 점을 탐구하도록 고무시켰으며, 국가는 일종의 제약을 걸어 사신의 권한을 양도하였다는 점을 알 수 있게 하였다. 하지만 앞서 등장한 학자들의 관점을 자세히 보면, 하버마스가 제시한 공공영역의 일반적인 특징과 큰 차이가 있다는 것도 알 수 있다.[35] 이렇듯 봉건주의 이론은 중국사의 특수한 형식을 해석하는 비교적 융통성 있는 방법일 수는 있지만, 동시에 외부에서 구축되어 온 많은 가설의 타당성을 훼손시킬 수 있는 위험성도 함께 내포된 모순적인 이론이다.

3. "베버식패턴"과 중국 도시사城市史 연구

1984년, 앞서 랜킨과 함께 등장한 역사학자 윌리엄은 자신의 연구 저서인 『한커우漢口[14]: 1786~1889년, 중국 지방 도시의 상업과 사회 Hankou: Commerce and Society in a Chinese City, 1786~1889』의 서론에서

---

14) 중국 후베이성湖北省 우한시武漢市에 있는 도시. 옛 명칭은 한고漢皐, 명청 시기 중국의 4대 진鎭으로 알려졌다. 예로부터 상업 및 교통의 중심지였으며, 현재는 우한시의 상업중심지이다.

다음과 같이 서술하였다.

중국의 사회사 분야에서 로즈 머피Rhoads Murphy의 상하이지역의 지역사연구방법이 제시되고 케네스 리버설Kenneth Lieberthal의 톈진天津 지역의 지역사연구가 진행되었지만, 기본적인 성향과 분석방식은 단편적이고 평면적이라고 볼 수 있다. 중국 도시들의 복잡한 사회와 제도에 대한 전체적인 장악력은 클리포드 기어츠Clifford Geertz의 인도 도시연구와 라이더스Ivar Laidus의 중세 이슬람 도시연구의 수준에 이르지 못하였다. 한커우에 관한 연구는 중국 도시의 비교적 완전한 분석을 제공할 것이다.

그는 새로운 모델을 구축하기 위한 전제조건을 과거 도시연구의 결과에 대한 비판과 선택에 두고 있으며, 가치중립성價値中立性[15]에 대한 베버의 견해를 핵심으로 두고 집중적으로 연구하였다. 베버의 관점에서 보면, 중국 도시의 발전에 대하여 서양의 전통traditional적 관점에서 이성rational적인 구도로 전환하고 그에 따라 나타나는 가치를 참조하고자 했기 때문이다.

윌리엄은 자신의 저서를 통하여 베버의 영향을 받은 중국사연구에서 나타난 세 가지 패러다임의 폐단에 대하여 집중적으로 비평하였다.

첫째, 베버는 과도하게 도시와 향촌의 경계를 강조하고 '현縣' 이하의 행정단위에 존재하는 중심시장의 중요성과 더불어 '현 - 성省 - 국가'라는

---

15) 과학적 연구를 위해 객관적인 사실fact만을 연구 대상으로 하고, 주관적인 가치에 관한 판단을 배제하는 자세. 베버는 '사회과학적 및 사회 정책적 인식의 객관성'이라는 논문에서 개인적인 세계관이 사회과학의 논의 속에 스며드는 경향이 있음을 비판하고 윤리적 가치판단은 가치철학의 문제이지 경험과학인 사회과학의 방법이 될 수 없다고 하면서, 사회과학의 몰가치성을 주장하였다.

사회적 조건의 잠재성의 차이를 무시하였다.

둘째, 중국의 각 도시에 내재 된 다양성을 무시하였다. 예를 들어, 제조업 도시인 징더진景德鎮16)의 특성은 베버의 가설과 부합되지 않는다.

셋째, 베버는 역사의 시간적 관점으로 보았을 때, 중국의 도시들은 송나라 이후부터 절대적인 휴면상태에 들어갔다고 인식하였는데, 이는 19세기까지 중국의 사회구조의 내부적 원동력이 가지고 있는 체계의 존재 자체를 무시한 것이다.

그는 중국의 도시들이 중세 이후에도 지속 가능한 역사적 발전을 이루었다는 점과 중국 도시 내부의 광범위한 지리적 특징과 문화의 연원을 강조하였고 근대 시기 중국 도시의 경제발전에 있어서 정치적 요인이 1순위가 아니었음을 주장하였다.[36]

사실, 베버식 문제 인식에 대한 이론의 설정과 추론은 서양 중심적인 경향을 보인다. 베버는 서양의 자본주의 정신의 태동과 그 시범적 작용의 보편성에 관한 연구에 자신의 평생을 투자하였다. 그래서 그는 비서구권 문명을 연구할 때에도 기준을 자체적인 형태에 대한 적합성의 여부를 따지지 않고 오로지 '자본주의 정신'을 토대로 하여 가늠하였다. 중국사연구에서도 많은 '베버식 오류'를 발견할 수 있다. 베버의 중국학 저서인 『도교와 유교』에서도 유교를 분석할 때, 영국의 청교도 清教徒의 기본가치관을 토대로 진행하였으며, 이를 토대로 중국사에서 현대자본주의 발전에 필요한 이성적 형태와 윤리적 기반이 없다고 결론 내렸다. 가령, 동서양의 비교우위에 관련된 사안만을 놓고 따진다

---

16) 중국 장시성江西省 북동부의 도시. 옛 시장 도시로 부근에 도토陶土가 많아 한나라 시기부터 도자기를 생산하기 시작하여 도자기의 명산지로 알려졌다. 명청 시기 한커우와 더불어 4대 진 중, 하나로 알려졌다.

면 문제가 없지만, 그 내부에 포함된 방법론적 특징은 오히려 이론적인 일반화의 오류를 형성하였고 이로 인하여 학자들의 눈과 귀를 막아버렸다. 결국, 중국 자본주의의 둔화의 원인을 자본주의적 요소의 부재로 결론 내리는 오류를 범하게 되었다. 이러한 결론을 도출하기 위하여 철저하게 암시하였던 논리는 '자본주의 정신의 발현은 서구권 문명의 독창적인 형태였으며, 동양세계는 물론 근대 자본주의에 관한 자본주의적 요소는 모두 서구권 문명에서 도입된 것이다.'였다. 하지만 그 논리의 끝은 결국 실패로 마무리되었다. 역사적으로 자본주의적인 이성의 유전자를 증명하는 것이 역사적인 모순임에도 불구하고, 민족주의 정서를 충족시킨 후에 자본주의 정신을 검증하고자 하는 것은 서양 중심적인 발상이다. 이러한 발상은 근본적으로 베버식 가치관의 틀을 벗어나지 않는다. 20세기로 접어든 이래, 이러한 베버식 오류에 빠진 학자들은 부지기수不知其數로 나타났다. 그 중, 가장 대표적인 학자가 바로 위잉스이다. 그가 정성을 들여 서술했던 『중국의 근대 종교 윤리와 상인 정신』에는 근대 시기 중국 상인들에게서 나타난 사상과 행위를 증명하기 위하여 서양의 중국학자들이 작성한 기행문을 대량으로 참조한 것이다. 또한 '동아시아의 네 마리 용'에 대한 경험연구를 토대로 동아시아 근대화 성공의 역사적 연원을 찾고 베버식 오류의 벽을 돌파하고자 하였지만, 공교롭게도 이 또한 베버식 문제 인식의 사고방식을 토대로 진행했던 것이었다. 그 내용은 중국의 전통을 형성하는 요소 중에 서구 문명과 비슷한 요소가 존재하고, 서양세계의 근대화와 같은 작용을 유발할 수 있는 자족적인 요소가 중국에서도 존재했다는 것을 증명하는 것이었으니 말이다. 그는 이를 통하여 동아시아 본연의 전통적인 독특함을 증명하고자 하였으나, 도리어 베버식 논제와 완벽하게 부합되어 버리고 말았다.

윌리엄은 앞서 중국의 도시에는 서양국가의 도시에서 나타난 근대성이 없다는 위잉스의 역설적인 사례를 빌어, 베버식 문제 인식의 울타리에 갇혀있으므로 근대 중국 도시들을 연구할 때 서양식 사상과 서양식이론에 비추어진 근대성의 요소들을 찾는 과정이 먼저 이루어지게 된다고 비판하였다. 또한, 위잉스와 같은 학자들로 인하여 베버의 울타리는 더욱 견고해졌고, 이 때문에 윌리엄 자신이 한커우의 연구를 위하여 진행한 새로운 울타리의 구축이 늦어질 수밖에 없었다고 밝혔다. 그는 한커우 지역연구의 두 번째 저서인 『한커우: 1796~1895년, 중국 도시의 지역사회와 갈등Hankou: Conflict and Community in a Chinese City』에서 해부학적 분석으로 방향을 전환하였다. 즉, '시민사회 - 공공영역'의 사회적 범위를 빌려 도시구조를 분화시키겠다는 것이다. 이러한 사회적 범위의 전제를 역사성, 논리성, 사회성, 국가성과 관련된 영역으로 규정하고 국가의 사회적 통합에 기초한 이념적 탐구를 진행함과 동시에 역사의 실증적 연구 방식을 통하여 서술하였다. 이를 이른바 '실제적인 공공영역da facto public sphere'으로 명시하고 역사적 서술법을 일관적으로 사용하여 표현하였다.[37] 그가 이러한 서술법을 택한 이유는 과거의 학자들이 보편화 된 시민사회의 개념을 이념화하여 정치적 도구로 사용하는 것에 반대하기 때문이었다. 그는 첫 번째 저서를 통하여 태평천국운동 이후에 지역사회에서 복지와 관련된 발전이 이루어졌으며, 이는 과거 국가 단위의 정책적 발전이 아닌, 지역주민과 자치단체가 묶인 하나의 지역사회가 실현한 비공식적인 발전이며, 공공이익의 목적을 두고 이루어진 것이라고 서술하였다. 두 번째 저서에서는 근대 시기로부터 현재까지의 방대한 사료들을 통합하고 관념을 정리하여 공공영역의 개념에 대해 명확하게 정의하였다. 그의 저서를 읽어 보면 베버식 오류에서 확실하게 벗어났음을 확인할 수 있지만, 서양 중심론을 뛰어넘는 전통적인 목적의 이론을 찾기란 사실 쉽지 않다.

4. 충돌과 통제: 한커우의 근대화 패턴

도시의 구성에서 국가-사회의 경계를 판단하기란 그리 간단한 일이 아니다. 이를 위해서는 우선 명확하게 국가와 사회에 대한 개념을 포함하고 있는 복잡하고 방대한 역사적 요소를 정리하여야 할 뿐만 아니라, 이를 이해함과 동시에 역사적인 개념을 통하여 평가를 진행해야 한다. 또한, 그 과정에 대하여 다시금 역사적 관점의 점검이 이루어져야 한다. 한커우라는 도시에 관련된 여러 전문서적을 살펴보면, 대략 세 가지 측면에서 서술할 수 있다. 첫째, 국가에서 사회로 권리가 이전되는 상황을 공공영역의 범위에서 묘사할 수 있다. 둘째, 한커우의 주변에서 일어나는 빈번한 외부적 요인이 도시 내부에 축적됨으로 인하여 발생한 각 계층의 분열 및 결합에 관하여 서술할 수 있다. 셋째, 앞서 진행된 과정들로 나타난 도시 내부의 지식인계층의 역할 및 작용에 대한 변화를 분석할 수 있다.

도시 공간urban space의 변천 과정에 관하여 살펴보면, 상하이가 서양식 도시화 모델을 도입하여 성공적인 발전을 이루어 내기 이전, 대부분의 중국 도시들은 자본주의와 공업화가 전혀 진행되지 않은 형태를 갖추고 있었다. 그 형태는 중심업무지구central business district와 일반구역이 구분되지 않았을 뿐만 아니라 토지사용에 대한 등급도 명확하게 구분되지 않은 모습이었다. 도시 공간의 구성은 각 구역의 유사성을 연결하는 시스템으로 구축되어 있으며, 이러한 구역은 각 개체의 무역 및 상업 네트워크를 통하여 여러 개의 소규모 상업 구역으로 교착되어 발전해 나간다. 19세기에 이르러서 우한시武漢市를 비롯한 도시들이 여러 방면에서 자본주의를 토대로 하는 근대화된 토지사용방식 및 토지의 가치분배에 관한 방식을 도입하였고 이를 통해 점진적으로 발전되기 시작하였다. 이렇게 발전된 도시 공간은 전통적인 중국 도시의 형태와 많은 부분에서 차이가 있다. 이를 역사적 관점에서 살펴보면, 한커우는 원거리 무역의 증가율이 대폭으로 상승하였고 대규모 상업은행에서 이루어진 재정 체계의 조직화라는 측면에서 상업적인 네트워크가 실현되었으며, 지역의 도시화에 따라 지속적인 경세적 발전과 서양식 주점과 커피숍이 진입한 것처럼 다양한 문화의 융합이 이루어졌음을 알 수 있다. 또한, 인쇄업의 급속한 확대를 통하여 문화의 유동성과 빠른 전파가 가능한 공간과 분위기를 구축할 수 있었다. 이러한 다방면의 활성화를 통하여 19세기 한커우는 도시의 공공서비스와 사회복지영역에 관련된 체계들에서도 비약적인 발전을 이루어 내었다. 윌리엄은 한커우의 현상은 공공영역의 출현이라는 상황으로 설명할 수 있으며, 이는 사회적 현상에 대하여 국가의 직접적인 조치가 불가능하게 된 결과라고 논하였다. 새로운 수요에 대한 도시의 사회적인 힘은 국가 정부의 직접적인 조치보다 더욱 빠르고 더 강하게 작용한다. 국가는 이러한 지역들의 사회적 변화social activism에 대한 직접적인 권한을 가지고 있지 못하며, 오직 지방자치 시스템의 원만한 실행을 위하여 보조 및 지원하는 기능만을 발휘할 수 있다. 다만, 그 기능도 사회집단 간의 이익 균형을 유지하고 제어하는 권한에 국한된 것이다.

물론, 국가와 사회 사이에 존재하는 권한을 한정하는 방법은 앞으로도 많은 토론과 논의가 필요하다. 예를 들어, 한커우시의 지방관청인

공선당公善堂은 중앙 정부와 지역사회 사이에서 곤란한 상황을 겪는 위치에 있었는데, 관청의 운영에 있어서 지역의 자치단체인 선당善堂의 재정적 지원을 받았고 그 지원금의 대부분은 해당 지역상인들의 기부금으로 이루어져 있으며, 일부 업무와 관련해서도 선당의 영향력을 받고 있었기 때문이다. 당시 중국의 많은 선당 중 하나인 존인당存仁堂은 일반적인 선당의 업무와 동시에 지방관청의 공적인 업무를 병행하기도 하였다. 또 다른 선당인 육영당育嬰堂은 과부와 고아에 대한 사회복지에 관한 업무를 실행하며, 한커우의 도태道台[17])에게 재정적 지원을 하고 있었다. 태평천국운동 이후, 국가 조정이 각 도시의 시민들에게 직접적인 복지를 제공할 능력이 부족하게 되어 그 영향력이 미약해졌으며, 이로 인하여 한커우는 국가가 아닌 지역의 선당들을 통하여 민간차원에서 지역사회 전체의 사회복지 시스템을 구축해 나가게 되었다. 일부 학자들은 중국 사회가 출생부터 사망에 이르는 시기까지 모든 방면에서 국가의 지원을 받을 수 있다고 과장된 표현을 사용하기도 한다. 반면, 위와 같은 과정을 보면 국가에서 지원된 복지는 이미 그 기능을 상실하게 되었고, 그 빈자리를 지역사회의 민간 복지단체가 채워나가게 되었다는 것을 알 수 있다. 그중 소방업무에 관련된 조직을 예로 들 수 있다. 이러한 조직이 출현했다는 것은 지역사회가 자체적인 자원을 통하여 운영되기 시작했다는 것을 의미하기도 한다. 비록 일부 지역은 여전히 소방업무에 관련하여 국가의 허가를 받아 운영되고 있기는 하였지만, 한커우는 반대로 점점 국가 당국의 영향력에서 벗어나고 있었다. 도시의 주민과 소방에 관련된 조직 간의 협력 작용이 늘어남에 따라, 도시 내부의 명확한 사회적 의식과 공동

---

17) 청나라 시기의 지방관리의 명칭.

체 정신 및 공공영역의 증가도 함께 이루어지게 되었다. 한커우의 또 다른 측면의 사회적 동향은 지역의 복지산업이 더는 개개인의 선행과 기부로 이루어지는 것이 아닌, 공익에 목적을 둔 지역사회의 민간조직 과 민간기관이 조직화 되어 통하여 복지시스템을 구축해 나갔다는 것 이다. 지금의 산학협력産學協力 제도처럼 이익집단의 상호 작용이 반 영된 사례로 지역 내부의 서원書院 및 학당學堂에 대하여 염전업계 상 인들의 연합인 염업상회鹽業商會의 지원이 이루어진 점을 들 수 있다. 사실, 한커우의 공교육에 관한 정부의 재정적 지원은 상당히 제한적이 었기 때문에 교육에 대한 대부분의 재징적 지원은 염전사업에 종사하 는 지역 부유층을 통하여 이루어졌다. 소금은 도시에서 지속해서 소비 가 이루어지는 품목 중 하나이기 때문에 우한시뿐만 아니라 후난성湖 南省과 광둥성廣東省에 이르는 광범위한 소비영역을 가지고 있었 다.[38] 이를 통하여 발생한 엄청난 이익을 활용하여 공교육에 대한 지 원이 이루어졌고 이는 명확하게 국가의 지원이 아닌 지역사회의 민간 기관에 의한 지원이었다고 할 수 있다.

여기서 중요한 점은 본래의 국가가 가지고 있던 권한이 지역사회의 영역으로 이전하게 된 원인이다. 그 원인은 바로 도시의 내부로 향하 는 외부적 충격과 이에 대응하기 위하여 도시 내부에서 제어기능이 작용하는 반응의 측면에서 밀접한 관련이 있다. 당시 한커우는 교통의 중심지이기도 하였지만, 청나라 시기 각 군벌軍閥들이 앞을 다투어 점 령하고자 했던 전략적 요충지이기도 하였다. 그로 인하여 도시 안팎으 로 크고 작은 전쟁과 전투가 빈번히 발생하였다. 윌리엄은 그가 쓴 연 구 저서의 결론 부분에서 중국 도시와 서양 도시의 특성에 대한 가장 큰 차이점을 서술하였는데, 그 차이가 도시 하위계층의 보편적인 저항 과 폭력에 따른 충돌 방식에 있다고 정의하였다. 또한, 이러한 상황에서 일어나는 작용이 반드시 부정적인 결과를 초래하는 것은 아니라고 강조하였다. 그는 에드워드 톰슨E. P. Thompsom 등 학자의 말을 인용하여 다음과 같이 서술하였다.

질서위반과 범죄를 통하여 집단의 감정을 유도하는 것은 공공의 응집력을 유지하는 작용을 하며, 이러한 작용은 건강한 사회를 구축하는 하나의 구성요소일 수 있다. 하지만 여기서 중요한 관건은 그러한 폭력에 대한 충돌을 조율하고 제지할 수 있는 유효한 방법이 존재하여야 하며, 더불어 화해와 타협을 위한 효율적인 제도와 개념이 구축되어 있어야 한다.

한커우는 태평천국운동 이후 범죄율이 상승하였는데, 이는 지역사회에서 하위계층을 차지하고 있던 주민들이 봉기하였다는 지표로 볼 수 있다. 그에 따라 새로운 도시의 사회질서와 조화로움을 유도하고 유지할 수 있었다. 외부의 충격과 그에 따라 나타나는 사회적 반응은 일방적으로 국가의 중앙집권적인 관리에서 이루어진 것이 아니다. 이는 지역사회의 자체적인 기능을 통하여 이루어진 것이며, 이렇게 이루어지는 지역 단위의 발전 형태는 국가 조정 혹은 중앙 정부가 결코, 달가워하지 않는 응집형태이기 때문이다.

지역사회의 발전을 토대로 도시의 치안시스템에 대한 변화도 진행되기 시작하였다. 19세기 한커우의 지역 치안을 담당하는 안전요원에 대한 전문화가 시행됨에 따라, 교대를 통한 근무방식 및 주민 보호, 봉사활동 등의 복합적 기능이 실현되었으며, 치안에 관련된 인원들은 자치구역 내에서 훈련 - 임용 - 배치 - 임명이라는 자체적인 형태로 체계화되었고 이를 통해 점차적인 관료화bureaucratization[18)]의 시스템으로 발전하게 된다. 완벽한 치안시스템은 1900년에 이르러서 완성되었다.

사실, 이러한 시스템은 서양국가의 주도하에 이루어진 식민지전쟁과 일본의 군국주의라는 사회적 흐름에서 발생한 것으로 알려졌지만, 그 기초는 19세기 말에 이미 구축되어 있었다고 볼 수 있다. 여기서 주목해야 할 점은 '치안시스템의 관료화 경향이 왜 하필 이 시기에 나타나게 되었는가.'이다.

윌리엄은 한커우에 가해진 외부적 요인(충격)으로 인하여 주민들이 질서유지에 대해 갈망하기 시작하였으며, 이러한 주민들의 요구는 무역이라는 상업적 자본주의로 축적된 재정적 자원을 도시 개발(반응)에 활용하였고 이를 바탕으로 도시 치안시스템의 확장 및 발전을 불러일으켰다고 논하였다. 이러한 사회의 체계화는 지역사회가 경제적으로 성공 가도를 걷게 되는 핵심요소이다. 동시에 제도화를 통하여 사회적 화합을 위해 조율 및 유지가 이루어지고 결론적으로는 이후에 재차 발생할 수 있는 외부적 요인에 대한 대비와 방어를 하는 것이다. 이렇게 견고하게 구축된 도시는 지역의 사회적 부흥과 지방자치의 능력을 성장시킬 수 있다. 즉, 이러한 과정은 중앙집권적인 왕권체제의 몰락과 깊은 상관관계가 있으며, 국가의 도시 관리, 소방안전, 군사력과 같은 보편적인 요소들이 기능을 잃어감에 따라 현실화되었다.

19세기 한커우의 지역공동체는 개인 구성원 간의 상호이익에 대한 협의가 아닌 포용성을 갖춘 영구적인 사회적 공론을 토대로 구축되기 시작하였다. 이러한 사회적 공론은 사회적 계급에 대한 제도와 가계家系의 가치를 인정하고 상업 및 인간관계를 기초로 하고 있었으며, 생활과 관련하여 주민들에게 깊은 관심을 불러일으켰다.[39] 또한, 이러

---

18) 사회기관과 조직이 엄격히 규정된 규칙과 의사소통에 관한 규범에 따르도록 더 집중화된 통제와 강요된 복종으로 나아가려는 경향.

한 공론은 이후에 이루어진 야간 방범대, 구조대, 순찰대 등의 자체적인 방어 시스템의 개선에도 지대한 영향을 미쳤다. 즉, 외부의 위협에 대하여 공동체의 사회적 공론으로 협의가 이루어졌던 것이며, 이는 지역사회의 강력한 무기로 작용한 것이다. 더불어 한커우에서는 지역주민의 언어 통합도 이루어졌다. 도시의 성벽과 제단에 새겨진 단어들과 관직의 명칭을 보면 그들만의 독특한 공동체 의식을 알아볼 수 있다.

일찍이 근대화를 통한 발전을 거듭하고 있었던 서구권 국가의 도시들과 함께 한커우도 근대화의 과정을 통하여 유동적이며 복잡한 발전 형상이 나타난 것이다. 이 과정에서 나타난 현상은 계급구조의 변화와 관련이 깊다. 기존의 지배계층은 새롭게 등장한 경제적 신흥세력의 도전에 직면하게 되었고 사회적 흐름으로 인하여 행동 양식에 변화가 일어났으며, 이를 통하여 지역 시스템이 일체화되기 시작한 것이다. 그 시스템의 역량은 도시 내부에서 점점 견고해지고 강해졌다. 공론을 통한 합의는 도시 내부의 소수 기득권층이 가지고 있었던 문화적 지배력을 다수의 집단으로 이전시키는 결정적 요인으로 작용하였다. 하위계층의 주민들도 발언권을 가질 수 있도록 권한을 조율하여 통치의 합법화를 이루어 낸 것이 바로 상징적인 예이다.[40] 이는 한커우라는 도시의 형성과정과 기관의 재구성 및 발언권 제한의 변화에 밀접한 관계를 맺고 있다.

윌리엄은 한커우라는 지역 단위의 사회에서 일어난 역사적 사실에 관한 연구를 토대로 국가권력이 사회의 공공영역으로 이양되는 형태를 다양한 각도에서 묘사하였다. 대부분 내용은 외부의 충격과 내부의 반응을 통해 생성된 결과라는 점을 나타내고 있으며, 이는 과거의 연구에서 지배적이었던 기득권층의 구조변화가 사회발전의 원인이라는 주장이 더는 중요하지 않다는 점을 시사하는 것이다.

5. "한커우패던"에 대한 학계의 비판

월리엄은 공공영역에 대한 이론을 토대로 한커우지역의 연구를 진행하였다. 그의 연구는 당시 미국과 중국의 역사학계에 큰 영향을 미쳤으며, 중국 도시의 역사연구에 있어서 기념비적인 중요한 연구로써 그 가치를 인정받게 되었다. 그러나 동시에 사회적 계층의 자치행정에 대한 정도와 상태에 대하여 지나치게 낙관적인 추론을 펼쳤다는 비판을 받기도 하였다. 예를 들어, 역사학자 프레데릭Frederic Wakeman Jr. 은 청나라 말기와 중화민국 초기에 걸쳐 구축된 공제조합共濟組合[19], 향우회, 가문, 문벌, 동성동본, 근린近隣집단, 불교단체, 비밀단체 등의 법인과 사설 단체에 대하여 관찰하였는데, 이러한 집단들은 국가의 영향력이 미치는 공적 영역과 사회의 공공영역 모두에 속해 있다고 주장한 것이다. 그의 이러한 주장은 '중국의 도시발전은 공공영역에 대한 사회적 작용보다 개개인의 특수한 자본주의적 인간관계에 의하여 발생한다.'라는 막스 베버의 주장에 정면으로 도전하는 것이었다. 그는 이 점을 토대로 윌리엄이 토착도시주의indigenous urbanism를 바탕으로 지역연구를 진행하였으며, 그 지역 고유의 특수성 및 정체성에 국가가 어떠한 영향력도 미칠 수 없었다는 주장은 적절하지 않다고 비판하였다. 윌리엄은 19세기 중엽 이후, 염업 상회가 현지의 지역사회에서 지배계층으로 등극하였으며, 이 계층은 재정적 자산을 이용하여 기아문제에 대해 재정적 지원을 시행하거나, 도시의 방위분담금 및 경제와 상업적인 자선활동을 지지하였다고 인식하였다. 또한, 도시 공공관리의 측면에서 정부가 아니 개인과 지역조직의 적극적인 참여가

---

19) 조합원이 상부상조하기 위하여 자주적으로 만든 상호부조단체

이루어졌으며, 이는 결국 국가의 관청이 아닌 사회적 계층에 의하여 권력을 제어하는 시스템이 돌아가기 시작하였고 이를 통하여 소금무역에 대한 국가의 제약이 급속히 감소하였다고 여긴 것이다. 이는 한커우의 사회조직을 구성하는 인원의 유동성과 외지인 및 현지인의 거주 현황에 대한 통계수치를 정리하였고 이를 근거로 삼아 분석을 진행하였다. 여기서 프레데릭은 한커우의 공제조합이 외지인에 의하여 운영되고 있었다고 반박하였다. 그는 한커우의 주요 공제조합 중 한 곳이 실질적으로는 상하이에 거주하고 있었던 중개인이 설립한 조직이라고 밝히고 이러한 근거로 보았을 때, 한커우가 내부적인 사회적 활동을 통하여 공공영역을 구성했다고 하는 윌리엄의 주장은 성립할 수가 없다고 반박한 것이다. 또한, 염전사업의 이익을 제어하는 기능은 사회의 자치시스템과 상인의 경제적 지위라는 독립적인 요소에 의해서 이루어진 것이 아닌, 국가가 시행한 건설사업의 진행 및 성장과 더욱 밀접한 관련이 있다고 덧붙였다. 한커우의 상인은 실질적으로 국가의 권한을 일시적으로 양도받아 정부를 위하여 일하였으며, 이는 국가의 비공식적인 지역관리직이라고 볼 수 있다는 것이다. 이점은 당시 중국의 상무체계와 지역상인의 자치체계 사이에 존재하는 하나의 큰 연구과제로 자리 잡았다.[41]

윌리엄은 한커우의 공제조합은 특별한 모계조직에 의한 제어를 받고 있지 않다고 주장하였다.[42] 하지만 프레데릭은 사실 도시의 가장 강력한 공제조합은 현지 출신이 아닌 외지인들로 이루어졌으며, 윌리엄이 제시한 근거로는 증명할 수 없다는 것이다. 그의 주장은 태평천국운동 이후 일어난 한커우의 번영과 발전에 있어서 공제조합은 실질적으로 현지의 지방관청에서 그 기능에 대한 관리를 받았거나 혹은 외부적으로 모습을 드러내지 않은 정부 기관이 조합을 통하여 국가의 영향력을 행사하고 관리하였다는 주장이다. 이에 대한 근거로 도로질 서유지, 대피소와 교량 건설 등에 관한 행정사무, 1800년에 설립된 개인 소방대를 들었다. 그는 또한 '백련교' 출신의 한 무장武將이 한커우에서 30리 정도 떨어진 지역에서 소규모 민간단체를 조직하였으며, 현지에서 태평천국운동을 방어하는 임무를 수행하였다고 하였다. 이 조직은 1911년 신해혁명 전날 밤, 현지에서 비공식 경비대로 재편성되었는데, 그 이유는 지방관청의 압력이 작용했다는 것이다. 이러한 중국의 전통적 보갑保甲활동20) 혹은 사회활동을 현재의 사회주의와 유사한 것으로 인식해서는 안 된다. 예를 들어, 각 상호商號가 민간난체의 인원에게 지급하는 활동경비, 방한防寒 설비, 야간 경비대의 유지비 등은 앞서 말한 전통적인 보갑활동과 차별화된 근대식 사회주의에 입각한 자치활동이다. 프레데릭은 공공영역을 공공여론의 자유 표현이라는 토대 위에 구축된다는 하버마스의 주장에 근거하여, 한커우는 1873년에 이르러서야 〈조문신보朝聞新報〉와 같은 자체적인 출판물이 발행되었으며, 그 기간도 고작 1년에 지나지 않았다고 논하였다. 오히려 한커우에서 가장 많이 발행된 출판신문은 〈상하이신보上海申報〉였다는 점을 보아도 한커우에는 공공여론이 출현하지 않았음을 알 수 있으며, 당시 한커우에 자체적인 공공여론이 출현하였다고 하는 주장은 억지 주장일 뿐이라고 밝혔다.[43] 실제로 〈조문신보〉를 구독했던 한커우 주민의 비율을 측정하기란 어렵지만, 한커우 현지 출신의 신흥 상인조직은 국가 정부를 상대로 하여 그 관계를 배척하기가 불가능했다는 것을 알 수 있다. 그렇다면 문제는 이러한 상관관계가 단지 한번 형성되면 불변할 수밖에 없는 관계인가 하는 본질적인 점에 의문을

---

20) 계층사회를 관리하기 위한 국가의 행정활동.

제기할 수 있다. 윌리엄은 계층조직 혹은 집단활동의 특징으로 판단할 때, 단지 국가라는 각도에서 이해하려 할 것이 아니라, 사회적 역할이라는 자주적 능동성을 충분히 고려해야 한다고 말한다. 비록 이러한 능동성에 따라 작용하는 현상들의 통계를 평가하는 것은 개인차가 있을 수밖에 없지만 말이다.

위에서 서술한 바와 같이 공공영역을 적용할 때, 그 적용에 대한 정도를 탐구하기 위해서는 우선 서양 중심의 이론개념을 타파해야 한다. 국가의 발전에 있어서 시민사회가 차지하는 공간을 비워두게 되면, 국가는 과연 안전하게 사회적 자치궤도에 따라 질서 있는 발전과 평정심을 유지할 수 있겠는가? 서양 중심의 이론적 관점으로 볼 경우, 국가권력과 대치되는 자유 공간을 형성하였던 자본주의는 동양권 국가에서도 자연스럽게 같은 효과를 발휘한다는 것이다. 중국은 역사적으로 공공에 대한 개념에 부족함이 없었으며, 한커우의 사례를 보면 지역의 자주성에 관련하여 쉽게 알 수 있다. 단, 조직의 구조와 구성방식은 문화와 관념의 차이를 초월할 수 없다. 서유럽의 도시는 비교적 완벽한 법률이 존재하였다. 이점에 대하여 베버는 자본주의 시기의 도시들이 지방자치라는 흐름에 접근할 수 있었던 명확한 원인이라고 주장하였다. 도시의 법률에서 시민권익에 대한 규제는 공공영역과 사적 영역의 경계를 만들었다고 할 수 있으며, 개인의 이익이 단체의 목표에 따라 부정되거나 피해를 보지 않도록 제정된 것이다. 하지만 역사적으로 볼 때, 19세기의 한커우는 비록 상회와 같은 조직의 상호 집단적 계약의 관계는 확립했지만, 사적 영역인 개인의 권익에 대한 규칙은 실질적으로 현지의 문화적 요소인 혈연, 가문 등의 윤리 규범의 계약을 벗어날 수 없었다.

공공영역의 개념을 토대로 한커우의 사회구조를 설명한다고 하더라도 현지의 문화적 요소를 벗어나기란 쉽지 않다. 한커우 민중에서 나타난 자주적 관념과 자치조합의 형성은 시종일관 국가와 끊을 수 없는 관계를 맺고 있고 그 발전과정 역시 외부적 요인이 작용하여 나타난 결과라고 할 수 있다. 하지만 한편으로 대부분의 작용은 자치단체의 자발적인 수요로 인한 결과이기도 하다. 자치영역의 형성은 일반적으로 태평천국운동 이후에 지역조직이 점진적으로 무장화militarization로 향해가는 일환이라고 볼 수 있다. 윌리엄은 사회학자인 필립 쿤 Philip A. Khun의 연구 결과를 인용하여 지역계층조직의 무장화 과정이 지역주의의 진흥振興을 촉발했다고 하였다. 한커우에서 무장화와 관련된 조직들이 점차 상인들로 이루어지게 된 원인은 국가의 기존 시스템과 군대와의 관계가 느슨해졌다는 점에 있다고 하였다. 무장화라는 추세가 오직 지역사회의 구성조직에서만 나타날 수 있는가에 대한 의문도 제기되었는데, 이에 대해 윌리엄은 한커우의 성벽개축공사는 외세의 침략에 대한 공공여론이 반영된 것이라고 주장하였다. 한커우에서는 상인계층이 성벽의 개축공사를 관리하는 군사적 임무를 맡고 있었는데, 이렇듯 군사적 목표라는 제약을 통한 공공여론의 모든 자본주의적 성질은 그 목적을 향해 명확하게 변화한 것이다. 이는 군사훈련에 관련되어 나타나는 갈등상황에서도 공공여론이 형성될 수 있으며, 동시에 모든 근대적 의미와 연관 지을 수 있다는 것을 의미한다. 지역의 무장화는 국가의 군사정치 및 조직운영에 있어서 위협적 요소로 작용될 뿐만 아니라, 지역공동체의 내부적으로도 위협이 될 수 있다. 즉, 국가의 군사적 역량은 한 계층의 정치적 목표를 실현하는 잠재적 도구라는 역할을 할 뿐, 집단의 이익을 실현하기 위한 도구가 되어서는 안 된다는 것이다.

윌리엄은 공공영역의 활용 폭에 관하여 중국의 상황을 서양의 전통적 시민사회의 언어로 비교하고자 하는 방식을 거부하였으며, 이러한 개념을 효과적으로 활용할 방법에 대해서도 상당수 가치의 제한이 필요하다고 전하였다. 단, 반대로 시민사회에 존재하는 각각의 개체에 관하여 중국의 전통적 가치관을 통하여 평가하는 것도 적절하지 못하다고 주장하였다. 그의 이러한 논리는 이후 발생할 수 있는 갈등요소를 사전에 방지하고자 하는 것이다. 만약, 중국이 일찍이 먼 과거부터 하나의 시민사회를 형성했다는 연구 결과가 나오게 된다면 민족중심주의라는 함정에 빠질 수 있기 때문이다. 이는 서양문화에 존재하는 지역사회의 개념을 기준으로 하여, 세부적인 의미설정을 통해 관찰하였을 때 쉽게 발생하는 오류이다. 반대로 역사적, 문화적 차이를 무시한 채 서구권 문명의 정치제도를 토대로 하여 중국사를 판단해서는 안 된다는 주장만을 하게 된다면 동양주의자로 의심받을 수도 있다. 이러한 윌리엄의 발언은 근시안적인 판단으로 보일 수 있다. 즉, 문명의 발전 정도가 낮은 사회는 서양식으로 정의된 표준을 적용할 수 없다. 이 때문에 그는 하버마스의 시민사회이론을 토대로 중국의 문제를 분석할 때, 시어도어 드 배리Theodore de Bary 등 미국의 원로 중국학자들이 말한 '중국은 역사적으로 과거부터 자유주의의 전통을 가지고 있었다'라는 주장에 치우치지 않도록 노력하며 신중하게 연구를 진행하였다. 그는 청나라 제국주의에 대한 서양식 비교 연구의 가능성에 관해서도 명확하게 부정하였는데, 18세기 무렵 내부적으로 거대한 변화가 일어났으며, 이러한 변화는 중국의 전통관과 유럽의 경험주의가 혼합되어 발생한 변화라고 주장하였다. 결론적으로 시민사회라는 서양식 사회이론의 맥락으로는 중국 사회에 대한 정확한 정의가 내려지지 않는다는 것이다. 그래서 그는 근대 이전의 시기에서 근대화로 접근하는 시기에 나타나는 기본적 현상에 부합하도록 하버마스의 이론을 재구성하였다. 그러나 이러한 관점은 현대 사회조직의 공간에서 부흥하였던 역사적 묘사에 관하여 명확하고 보편적인 국제기준에는 도달하지 못하였다. 이는 청나라 시기 중국의 상황에 대하여 시민사회의 개념을 활용한 서술이나 이론에 관련된 중국의 사료가 없었으며, 이는 곧 유럽식으로 구성된 이론과 대응할 논쟁의 대상이 존재하지 않았음을 의미한다. 그러나 하버마스가 활용했던 공공영역에 대한 개념은 동양국가가 현대사의 범위에 들어서는 도구로 작용할 수 있다. 청나라 말기부터 중화민국 초기까지의 기간, 외부적 요인이 발생하지 않았던 공공사업기관과 공공행징기관에 대하여 윌리엄은 관리형 공공영역 Managerial Public Sphere으로 정의하였다.

그는 한커우에 관한 연구에서 존재하는 여러 모순적 상황에 대하여, 더욱 명확한 서술을 진행하고자 하였다. 중국사에 서양식 관념을 투영하는 추상적인 철학적 토론을 피하고 한커우를 예로 들어 중국 도시의 변천 과정에서 나타난 독특함과 특징에 대하여 구체적으로 설명하였다. 하지만 공공영역 등에 해당하는 개념은 불가피하게 서양사와 서양식 경험연구를 참고하여 비교할 수밖에 없었다고 하였다. 그래서 그는 다소 위험성이 있지만 이미 규격화된 외적 범위의 문화를 분석하게 되면 한층 연구가 수월해질 뿐만 아니라, 좀 더 명확한 표현이 가능할 것이라고 주장하였다. 문제의 핵심은 중국어의 공公과 서양 언어의 공공Public에 관련하여 각 단어의 의미를 어떻게 정의할 것인가와 표면상에 나타나는 유사성에 대하여 분석하는 것이 아니라, 그 배경의 문화적 차이를 밝혀내는 것에 있다. 그는 이점을 개인주의, 시민법市民法, 재산소유권 등의 영역에 대한 분석으로 표현해낼 수 있다고 논하였다.

윌리엄은 한커우의 공공영역에 대한 분석을 지역사연구의 지표로 삼았지만, 역사적 근원에 대한 문제는 고려하지 못하였다. 예를 들어, 한커우의 공공영역에서 나타난 현상은 지역의 무장화와 관련된 일련의 표면적 현상이라고 볼 수 있다. 이것은 서양 도시에 존재하는 사회 내부의 기본적인 작용에 의한 자발적 현상과는 다르다. 무장화의 작용에 따라 구축된 중국의 자치 사회라는 현상은 서양식 기준으로 비교하여 규범화할 수 없는 것이며, 이 때문에 윌리엄의 한커우 연구도 베버의 오류에 빠져버릴 가능성이 농후하다고 비치는 것이다. 아리프 딜릭Arif Dirlic은 한커우 연구 중, 공공영역에 대한 실증론 방식의 해석법에 대하여 공공영역의 개념을 사회사 범주에 포함하고자 한다면, 이로 인하여 역사에 대한 비판적 기능을 상실시키는 결과를 초래할 수 있다고 하였다.[44]

비록 윌리엄의 연구는 다양한 측면에서 비판을 받았지만, 방법론적 측면에서는 어떠한 의심의 여지도 없다. 시민사회이론에서 가치판단에 관한 깊은 탐구가 진행되면 될수록 추상적이고 모호한 추론이 이루어지는 모순이 발생하게 된다. 여기서 중범위이론을 활용한다면 중국사에서 나타나는 현대적 의미의 구성과정과 복잡하고 결정하기 어려운 개념을 분리할 수 있고 이를 일련의 연구 요소를 통하여 구체적으로 파악할 수 있게 된다. 이러한 요소들은 규격화된 의미의 합리적인 가치판단이 아닌, 구체화 된 사회경제적 특징으로 표현할 수 있다. 예를 들어, 당시의 문자, 출판, 인쇄를 토대로 하는 대중문화의 수준을 파악하고 이를 통해 공공자금, 공공사업, 공공관리에 대한 제도화의 수준을 판단하거나, 자치조직과 관료제도의 대립, 개인주의 원칙의 출현, 공공의견에 관한 판단의 변화를 분석하는 것이다. 이렇듯 윌리엄이 중국 도시에서 나타난 특성을 구체화 된 묘사를 통하여 도출해 내었다는 점은 위대한 연구적 공헌이며, 그 누구도 이점을 반대하지 못할 것이다.

6. "시민사회" 개념이 중국사 연구중에서의 한계

　　서양의 시민사회이론은 전통 국가의 내부에서 나타난 사회적인 작용으로 인해 국가의 일부 권한이 사회로 이전되었다는 점을 강조하는 이론으로써, 중국의 근대 사회사연구에서도 다양하게 활용되었다. 다만, 평론가들은 중국에서 나타난 시민사회와 공공영역의 범주는 사실상 형식적인 의미만 있을 뿐, 그 안에 내포된 핵심적인 내용은 하버마스가 주장한 이론적 정의에 부합되지 않는다고 논한다. 황쫑즈는 하버마스가 제시한 공공영역과 시민사회의 개념이란, 국가와 사회 전반에 걸친 대립 관계라는 서양의 근대사에 관한 의미를 총괄한 것이기 때문에, 이를 중국사에 적용하는 것은 성급하다고 지적하였다. 그는 앞서 제3의 영역이라는 이론을 통하여 국가와 사회 사이에 존재하는 공공영역의 특수한 범위를 가정하였는데, 여기에서 나타난 추상적인 심리상태의 갈등은 중국 사회가 가지고 있는 특유의 인식 차이와 밀접한 관계가 있다고 볼 수 있다. 사실 중국은 역사의 진행 과정에서 국가와 사회의 미묘한 균형상태가 지속해서 유지되고 있었기 때문이다. 진나라 시기에 작성된 『주례周禮』, 『지관地官』, 『대사도大司徒』'와 '『관자管子』, 『입정立政』에서는 지방관청과 향리鄕里 조직에 대하여 상세하게 기록하고 있으며, 당나라와 송나라 시기에 이르러서 이를 토대로 한 계층사회의 구조가 완성되었다. 향리 조직은 일단 구성이 완료되면 국가 조정과 일정한 거리를 두고 독립적으로 유지되는데, 지방관청을 통하여 국가가 해당 지역을 관리한다는 목적은 변함이 없었지만, 실질적으로는 지역 유지들이 사회적 기능을 수행하고 있었으며, 그들은 자신과 관련된 관청들의 관리구역에서 조직을 운영하고 있었다. 이를 통하여 자치공간의 존재 및 운영에 대한 작용이 가능하였던 것이며, 이는 서양식 개념의 공공영역 혹은 제3의 영역과 비슷한 양상을 띠고 있다. 사실 국가는 과거제도를 통하여 지역 유지들의 유동과 규모를 제어하고 지식인계층의 관리와 더불어 하위계층의 인사들을 연결하는 연락망을 구성할 수 있었는데, 그렇게 이루어진 각 계층의 신분과 교육체계에 대한 합의는 사회적 공간의 독립과 공공지역의 형성을 일으켰다. 예를 들어, 청나라 시기 장시江西지역의 유지들은 신흥 상인계층의 출현으로 인하여 점진적으로 그 힘을 잃게 되었고 원론적 의미의 사회라는 개념도 큰 변화를 맞이한 것이다.

중국의 역사적 사실들을 시민사회이론을 활용하여 설명하게 되면, 야간 방범대, 소방대, 구조대 등과 같은 대부분의 조직구성이 가능했던 원인을 기존 사회계층의 변형과 확장에 국한되어 버린다. 하버마스가 제시한 공공영역의 정의에는 두 가지 특징이 존재한다. 공공영역은 공론을 표현하는 장소라는 것과 이러한 공론의 표현은 제약을 받지 않는다는 것이다. 하지만 공공영역의 형성은 종종 국가로부터 제약을 받게 되는데, 첫째로 사회영역에 대한 국가권력의 직접적인 침투를 들 수 있으며, 둘째로 지역사회화라는 과정이 국가의 권위에 위협적인 영향을 미치기 때문에 이때 즉각적으로 이루어지는 제도적 제한을 들 수 있다. 이 때문에 공공영역은 구조적으로 국가의 사회화와 사회의 국가화라는 두 가지 과정으로 전환된다.[45] 이 두 가지 형태는 모두 국가와 사회 간에 존재하는 경계를 파괴할 수 있는 능력을 갖추고 있으며, 그렇게 파괴된 공간이 재구축됨에 있어서 시민계층이 주도하는 공공영역이 탄생하게 된다.[46]

역사적으로 기존의 중국 왕조들은 각 지역주민의 문화적 이주를 제한하고 있었으며, 이러한 계층관리는 남송 시기 이후 점차 간접적인 방식으로 변화해 왔다. 고염무가 기록한 『일지록日誌錄』을 보면, 법가 사상의 영향을 받은 국가의 가혹한 행위가 인성의 한계를 비롯하여 지배구조의 확대를 불러일으킬 수 있다고 서술하였고 광대한 제국을 통치할 때 국가의 권위가 주도적인 위치를 차지하기 위해서는 종족宗族[21]제도와 향약鄕約[22] 등의 유교적 요소를 이용하여 인간을 간접적으로 통제할 수 있는 제도를 구축해야 한다고 하였다. 황쫑즈는 도성都城과 거리가 있는 소규모 향촌鄕村에서 주로 지역 유지와 상인계층의 사회적 활동이 적극적으로 일어났다는 것을 발견하였는데, 이 현상은 시민계급의 공공영역이 공제조합의 영향을 받아 발생하였다는 하버미스의 주장과 차이가 있다고 논하였다. 일반론자들은 중국 사회에 존재했던 지역사회의 기관들은 각각 독립적으로 전통적인 시민사회를 구축하였고 공제조합, 향우회관, 사찰寺刹 등의 사회조직들은 국가의 영역 밖에서 존재하는 독립적인 기관으로 인식하고 있다. 하지만 이는 사실상 국가 권위를 위한 사회적인 설계일 뿐, 전통적인 향촌 기관이 여러 분야로 확장된 것이라고 할 수 있다. 이러한 사회조직을 관찰할 때, 공공영역에 대한 사적 영역의 확장이 표면적으로 어떠한 영향을 미쳤으며, 사적 영역의 유지와 확장은 얼마나 큰 독립성을 가지고 있었는가에 대하여 의문을 가져야 한다. 이는 각 계층조직에 근대적인 요소가 존재하는가를 판단하는 중요한 지표로 작용하기 때문이다. 중국인은 전통적으로 군중의식이 강하기 때문에, 만일 개인주의와 개인자산의 발달 여부의 각도에서 공공영역의 유효성과 지식인계층의 공공참여 방식을 분석 범주에 넣지 않게 되면 형식주의形式主義[23]의 오

---

21) 부계 가족의 구성원.

22) 향촌의 자치규약.

23) 형식주의formalism, 내용보다 형식에 우위를 두는 문화적 특성.

류를 범하기 쉽다.

또 다른 문제는 청나라 시기 특정한 조건에서 나타난 국가통합의 목표가 공공영역의 발생과 발전에 미쳤던 영향이다. 서양의 유럽식 민주주의는 사회의 일체화와 국가 단위 건설투자의 수준이 높은 환경에서 발전하였다. 하지만 청나라 시기의 중국은 질서와 공공의 발전을 위한 공간을 국가에서 비교적 제한적으로 부여받았으며, 국가 조정은 건설사업을 통하여 사회조직의 재원을 착취하는 것에 일관되었다. 이러한 국가의 권위적인 통치는 지역공동체의 출현을 촉진했고 일반 민중들에게 정치참여의 열정을 불러일으키게 하였으며, 이러한 사회적 분위기를 파악한 조정은 결국 지역발전에 관한 규약 및 제한을 통해 지역사회를 더욱 강력하게 통제하게 되었다. 프래신짓트 두아라 Prasenjit Duara는 청나라 말기부터 중화민국 초기까지 국가 정권의 민족주의가 지역사회에 미치는 영향에 대하여 분석을 진행하였다. 국가는 각 계층 권력의 문화적 네트워크의 작용을 빌어 각종 조직망을 형성하였고 그 형성과정의 상징적인 가치는 지극히 전통적인 것이라고 논하였다. 그는 이에 대한 근거로 지역사회의 조직 중 하나인 백천갑회百泉閘會의 제사 활동이 전통사회를 응집시키는 수단으로 활용되었다는 내용을 들었다.[47]

청 말기부터 중화민국 초기까지 이루어진 국가통합을 목표로 건설사업 정책을 시행함에 따라 사회조직들의 활동이 가능해졌고 상호 간의 협력을 위한 조율이 이루어졌으며, 서양의 규제를 참조하여 더욱 효율적이고 유동적인 정책이 운용되었다. 청 말기 이후에 설립된 기관들은 비전통적인 행정기관의 특징을 가지고 있었으며, 정부가 교육단체, 변호사단체, 금융가 집단에 대부분의 운영 권한을 위탁하였다. 이러한 방식은 국가가 지방자치단체를 관리하기 위한 입장에서 이루어졌다는 것으로 볼 수 있다. 시민사회의 개념을 논하는 학자들은 청나라의 지역사회에서 행해진 공론에는 국가에 의해 비공개적으로 통제를 받는 특성이 있다고 인식하였고 이를 근거로 지방관청과 사회조직의 관계는 비대칭적인 교류가 이루어졌으며, 국가의 권력을 그 누구도 견제할 수 없었다고 주장하였다.[48] 지역주의의 궐기가 최고조에 달했을 때도 일부 지역 유지는 향인鄕人 혹은 리인里人으로 불렸는데, 이는 국가의 목표에 따라서 그들의 신분이 변화되었음을 나타낸다. 청나라 시기의 정치가이자 문학가였던 증국번曾國藩24)도 일시적으로 시랑侍郎이라는 관직에 임명되어 군대를 지휘하기도 하였지만, 실제 지방관청에서 시랑의 권한과는 큰 차이가 존재하였다. 이 때문에 국가의 권력과 지방 관리의 불일치를 표면적인 측면에서 강조한다면, 근대 시기 중국의 역사적 상황에 대하여 분석할 때 편차가 발생할 수 있다.

마지막으로 신중히 고려해야 할 문제는 사회조직의 기능과 정치의 유사성이다. 이는 문화의 본질적인 유사성을 표명할 수 있는가에 관하여 알아보아야 하는 것으로써, 앞서 분석한 바와 같이 공간적인 의미상에서 국가가 지역사회의 지식인계층에 일부 권한을 양도했다는 사실을 통해 확인할 수 있다. 이는 중국의 모든 공공영역이 국가의 목표에 대하여 시종일관 동일관계를 유지하였다는 의미이며, 서양의 공공영역에 대한 유사성에 관한 본질적 특징의 차이를 반영하는 것이다. 이점에 대하여 일본의 한 중국학자는 아래와 같이 논하였다.

전통적인 중국 사회에 존재하였던 민간사회는 단지 국가권력의 지배

---

24) 청나라의 정치가·문학가, 시호는 문정文正으로 후난湖南 시앙향湘乡 사람이다. 태평천국의 난을 진압한 장군으로, 후에 양무운동을 전개하였으며 관련저서로는 『증문정공전집曾文正公全集』이 있다.

를 받는 비독립적 존재가 아니었을 뿐만 아니라, 국가 이외의 자아에 관련한 질서가 존재하는 공간도 아니며, 민간사회와 국가체제의 공통적인 공동의 질서관념을 가진 구성원이 연결된 매개체이다.[49]

이러한 국가와 사회의 동심원 구조는 지역개발이라는 건설사업으로 인하여 그 실질적인 의미를 잃게 되었다. 문화적 관념에서 보면, 중국은 천인합일天人合一25)과 더불어 대자연의 질서조화라는 전통가치관을 통하여 공공영역을 무한히 확대할 수 있으며, 최종적으로 사적 영역까지 침식시킬 수 있었다. 이는 결국 모든 영역을 공공영역화 할 수 있다는 것을 의미한다. 중국과 일본이 '공'과 '사'의 개념에서 많은 차이가 일어나는 이유는 자연의 섭리를 숭배하고 이에 대한 원리를 규범화하여 모든 분야의 척도를 설정하였던 중국의 사상적 측면 때문이다. 예를 들어, 중국에서는 정치관에 대하여 거시적으로 왕권王權과 민권民權의 영역으로 구분하고 있고 미시적으로는 가족 구성원의 관계에 대한 영역으로 구분하고 있으며, 이 두 가지 영역을 모두 공공영역의 범주에 귀속시켜 왔다. 반면, 일본에서의 가족 관계는 사적 영역의 개념이며, 이는 국가의 공공영역 혹은 사회의 공공영역과는 다르므로 공적인 영역으로 볼 수 없다고 하였다. 바꾸어 말하면 일본의 관념은 앞서 말한 중국의 공사관公私觀에 내포된 자연성과 원리성의 성질을 가지고 있지 않다는 것이다.[50] 중국인의 전통적인 사상 속에 보편적으로 자리 잡은 '공'에 대한 관념으로 인하여 공공영역이 사적 영역을 잠식해 나갔던 상황은 사실 지극히 당연하였다. 이러한 중국의 도

---

25) 중국의 사상에서 공통적으로 나타나는 것으로 인간의 완성은 초인간적인 하늘天과의 일치에 있으며, 이 일치를 위한 길은 성인聖人이 교시한다고 하는 교설敎說을 말한다.

의적인 이론상에서 사적 영역은 '공'의 개념이 내재 되어 출현하는 것으로 명확하게 묘사되고 있다. 이는 사적인 요소를 버린다는 유교 문화의 거사去私관념과 개인관념 사이에 존재하는 차이점에 밀접한 관련을 맺고 있다고 할 수 있다.[51] 공공영역에서 개인의 권익은 정립될 수 없다는 것과 일본에서 말하는 공공영역과 사적 영역의 경계설정은 모두 봉건적 특성을 갖추고 있지만, 사적 영역의 확장을 일으켰다고는 할 수 없다. 사실 중국 근대사에서도 공공영역과 사적 영역에 대한 역사적 긴장감이 존재하기도 하였다. 20세기에 접어든 후, '중국에 개인은 있지만, 공공은 찾아볼 수 없다.'라는 말이 학술계에서 정론이 될 정도로 사적 영역의 측면에서 큰 논의가 벌어졌다. 학자들이 집단과 개인을 구분하고 공동체 관계에 대하여 새로운 인격을 추구하고자 노력하였다. 또한, 개인주의와 개인의 권리에 대한 존중이 부족하였던 점이 중국인의 완전한 인격 형성에 악영향을 미쳤다는 주장도 나왔다. 그러나 중국의 전통적 관념인 천일합일과 자연 질서의 조화라는 관념은 공공영역을 무한하게 확장하였고 결국 사적 영역이라는 공간마저 잠식하였기 때문에 이를 분석하고 그에 대한 이론적 설명이 공공영역의 존재 여부를 이해할 수 있는 중요한 관건이라고 볼 수 있다.

일부 사회학자들은 '공'과 '사'의 개념에서 해석 차이가 발생하는 이유를 '공'과 '사'에는 아주 큰 흐름을 표현하는 의미가 내포되어 있기 때문이라고 보았으며, 이로 인하여 공공영역과 사적 영역의 범위가 특정 상황에서 신축성을 발휘하여 기형적으로 변화해 나간다고 논한다. 일기지사一己之私라는 중국 성어의 의미를 예로 들어 보면, 중국인은 때로는 '사'를 따지지만, 이는 개인주의를 유지하려는 개인의 사적인 부분일 뿐, 사회는 가족과 이웃이라는 측면의 규약을 통해 사적 영역의 합리적인 존재를 유지해 나간다는 것이다. 즉, 사적 영역의 배타적 특성에도 일종의 척도가 존재하며, '사'는 가족과 가정에 속한 구성원이라는 의미도 나타내기 때문에 한 사람이라는 개인이 가지고 있는 권리를 오롯이 인정받을 수 있는 경우는 적다는 의미이다. 이 때문에 대부분이 중국인에게 인식된 '사'는 '공'의 특성이 있는 것이다. 페이샤오퉁은 차등서열구조 상에서 '공'과 '사'는 상대적인 개념이지만, 최소 단위의 공동체도 그 안을 면밀히 들여다보면 '공'의 구조를 하고 있다고 주장하였다.[52] 여기서 그가 말한 최소 단위의 공동체란 가족을 의미한다. 또 사회학자 진야오지金耀基도 '공'과 '사'는 상대적인 범위이며 그 구조의 한계와 독립성을 구축하기는 쉽지 않다고 여겼다.[53] 때문에 '공'과 '사'의 개념적 대립과 융합은 상당히 오랫동안 난제로 남았다. 윌리엄은 청나라 시기의 사회적 측면에서 연구를 진행하면서 새로운 상황들을 발견하게 되었다. 예를 들어, 공적인 사정을 뜻하는 공사公事라는 어휘와 공적인 업무를 의미하는 공무公務 등의 어휘가 빈번하게 사용되었다는 점인데, 이는 과거 중국식 공공영역의 잔재인 것이다. 이러한 점을 토대로 공공영역이 사적 영역을 분쇄하기 위한 취지라고 보기에는 서양식 개인주의라는 가치로 설명할 수 없으므로 개인의 권리를 수호하고 존중하는 서양의 공공영역에 대한 관념과의 근본적인 차이가 발생하는 것이다. 하버마스는 『법치주의와 민주주의의 내적 관계On the internal relation betwwen the rule of low an democracy』에서 사적 영역의 자주권과 공공영역의 자주권에 대한 관계를 분석하였다.

법률이 존재하지 않는 사적 영역에서의 인간의 자주권은 사회적인 보장을 통하여 부여된 일종의 결과물이다. 만일, 그 자주권에 대한 주민이라는 기본적인 권리를 잃게 되면, 합법적으로 제도화할 수 있는 어떠한 매개체도 존재하지 않게 된다. 그 때문에 사적 영역에서의 자주권과 공적 영역에서의 자주권은 상호 간에 상대적인 전제조건으로 정의되며, 인권 혹은 주권에 관계된 어떠한 권리도 상호 간에 우선성을 주장할 수 없다.[54]

즉, 주민의 사적 영역에 대한 자치활동이란 평등한 보호를 받을 수 있는 기본토대가 구축되어 있어야 독립이 가능해지는 것이며, 그렇게 독립이 이루어져야 공공영역에서 적당한 자주권을 행사할 수 있다는 것이다. 하버마스가 강조한 것은 공공영역의 범위 내에 있는 사적인 자주권을 전제로 하고 있지만, 전통적인 중국의 공공영역에 대한 인식은 이러한 사적 영역을 공공영역이 잠식시켜 간다는 점을 전제로 하고 있다.

7. "시민사회" 연구에서 보여진 중국의 모습

시민사회와 공공영역의 이론을 적용하여 중국의 근대사연구를 진행한 것은 서양학자들이 서양사연구에서 얻은 경험을 응용하는 일종의 시도였다고 볼 수 있다. 이러한 노력에 대하여 총체적 판단을 내리는 것은 시기상조이며, 더 많은 연구 성과를 통하여 기초를 다질 필요가 있다. 시민사회이론을 활용하여 중국을 연구했던 학자들은 먼저 중국과 서구권 문명의 언어에서 나타나는 차이점을 더 엄밀하게 분석하는 것이 중요하다고 여기고 있다. 리차드 매드슨Richard Madsen은 서양 언어에서 시민사회civil society가 가진 의미는 공공의 결정을 통하여 사회적 지위와 전통적 권위에 복종시키는 것이 아닌, 이성에 대한 순종이라고 말하였고 이를 토대로 구축된 제도는 정치 질서의 도덕적 기초를 구성하게 되며, 최종적으로 법제화가 이루어지는 것이라고 덧붙였다. 중국을 포함한 아시아의 국가들은 공공영역의 측면에서 각각의 문화적 양식이 존재하고 있으므로 서양세계의 역사적 현상과 단순하게 비교해서는 안 된다. 예를 들어, 하버마스는 커피숍이라는 장소가 18세기 영국의 시민계급의 공공영역 발전에 지대한 역할을 미쳤다고 하였지만, 중국의 차관茶館(전통찻집)을 이와 비교하여 같은 작용을 한다고는 말할 수 없다고 하였다.[55] 미국의 사회철학자인 칼훈Craig Calhoun은 먼저 공공영역과 시민사회를 연결할 때, 먼저 이 두 가지 개념을 명확하게 구분한 상태에서 진행해야 한다고 주장하였다.[56]

하지만 학자들은 이러한 견해를 의도적으로 회피하고자 한다. 과거의 중국 국내의 한학자들은 자국 문화에 대한 엄청난 자부심을 느끼고 있었기 때문에 서양식 언어체계를 활용하여 의도적 혹은 무의식적으로 자국 역사의 고유한 기질을 찬양하는 표현법을 사용한 것이다. 예를 들어, 디바이루이狄百瑞와 같은 학자들은 일찍이 명나라 시기 신유학의 전통에 서양의 자유주의적 요소가 깃들어 있었다고 단정 지었던 반면, 청나라의 제국주의에 대해서는 서양의 민주주의적 요소를 통하여 비교하는 연구 방식의 가능성을 부정하기도 하였다. 또한, 정치적 발언의 제약을 통하여 비역사적인 태도를 보임과 동시에 역사연구의 형태가 목적론의 산물이 되는 것을 막기도 하였다. 현재 중국사 연구자들은 여전히 두 가지 어려움에 직면한 상황이다. 첫째, 그들은 비교적 합리적인 개념인 시민사회이론을 통하여 종합적인 가치를 토대로 중국 사회의 본질적인 구조를 분석하고자 한다. 둘째, 서양의 지역사연구 경험을 국제적 공용이론으로 표준화되거나, 중국사가 서양의 정규이론으로 투영되어 일반화되는 것을 바라지 않는다. 이 때문에 개인주의, 시민법, 재산소유권, 공공관리 등의 논쟁에서 중국과 서양 사회를 분석할 때 모순이 발생하는 것이다. 예를 들어, '개인주의, 사회계약, 자연적 권리'의 출현과 '사적 영역의 견고한 자주권'은 시민사회를 구축하는 필수조건이지만, 앞서 논했듯이 청나라 제국의 문화적 영향을 받아 그에 대한 존중과 숭배가 내재 된 상태의 중국인들이 국가 혹은 국가의 기타요소들로 인하여 완전하게 제어를 받지는 않았다는 오류가 발생하는 것이다.

서구권에서 이루어지는 중국학연구와 비교해 보면, 중국 국내의 사학계에서 시민사회이론 혹은 공공영역의 개념을 역사분석의 논저에 도입하는 사례가 극히 직다는 것을 알 수 있다. 이러한 개념을 토대로 서술을 진행한 것은 왕디王笛, 주잉朱英, 량즈핑梁治平의 저서가 유일하다. 왕디의 연구 저서인 『청 말기, 장강 상류 지역 공공영역의 발전 晩淸長江上遊地區公共領域的發展』에서는 장강 상류 지역인 쓰촨四川 지역에서 출현한 공공영역의 발전상황을 통하여 지역사회의 변천에 관한 특색과 차이점을 서술하고 있다.[57] 여기서 그는 공공영역이란, 전국적으로 통일된 양식이 없고 서로 다른 지역 혹은 같은 지역의 각 도시의 환경에 따라 발전과정에 있어서 각각 다른 특징을 나타낸다고 설명하였다. 또한, 그는 청두시成都市와 한커우를 비교하여 연구도 진행하였다. 윌리엄의 한커우 지역연구에서는 정부 권력의 쇠퇴와 공공영역의 확장이 한커우를 점진적으로 발전했던 주된 원인이며, 한커우의 공공영역이 확장되는 기본적인 토대는 전통사회의 내부적인 원동력이라고 서술되어 있다. 하지만 왕디는 한커우와 달리, 청두에서의 공공영역이 확장된 원인을 국가와 지역 유지의 밀접한 협력이라고 보았으며, 이는 20세기 초에 일어난 공공영역의 확장에 대한 기초가 되었다고 서술하였다. 이는 모든 상류 지역에서 공제조합이 구성되고 출현하게 되기까지의 과정을 바탕으로 공공영역이 미친 영향에 대하여 충분히 이해할 수 있다. 한커우는 신정 개혁이 시작되기 이전부터 다른 지역 도시들과 달리, 지역 유지들을 중심으로 공공영역을 발전시켜 왔으며, 조정의 지방관청은 이러한 공공영역에 대한 통제를 강화하게 되었다. 같은 시기 청두에서는 그와 반대로 공공영역의 발전이 충분히 이루어지지 못한 상태였기 때문에 지방관청이라는 국가기관의 영향력 강화는 사실상 필요성이 없었지만, 20세기 초의 신정 개혁 이후, 지역 유지들은 정부의 지원을 받아 공공영역의 울타리 안에서 자신의 권리를 확장해 나가기 시작하였고, 이를 통하여 단시간 내에 한커우와 같은 발전된 공공영역을 구축할 수 있었다. 이는 곧 입법정책으로 운영되기 시작했던 신정 개혁 이후의 시기가 중요한 전환점이었다는 것을 의미한다. 그 시기의 이전에는 청두를 비롯한 모든 상류 지역에서 지방관청의 영향력 강화와 공공영역의 발전이라는 두 가지 현상의 충돌이 발생할 수 있는 갈등상황 자체가 없었기 때문에 공공영역의 구축이 늦어진 것이다.

왕디와 윌리엄은 공공영역의 개념을 활용하는 점에서도 차이점을 나타낸다. 왕디는 공공영역을 국가와 분리되는 공간 혹은 장소로 인식하지 않았으며, 근대 국가의 건설에 대한 하나의 절차 혹은 구성 부분으로 보았고 국가와 공공영역의 관계는 서로 대립적인 구조가 아닌, 지배와 피지배의 구조라고 정의하였다. 또한, 20세기 초, 장강 상류 지역에서 나타난 공공영역의 발전은 주요한 과정을 전통 영역의 변천과 새로운 영역의 생성으로 나눌 수 있다고 주장하였다. 대다수 공제조합과 공립학당은 전자에 속하지만, 대부분 노동조합과 기타 사회 경제조직은 모두 후자에 속한다.[58] 그래서 이 시기의 공공영역은 기존 기능의 전환과 더불어 새로운 기능의 창조과정을 겪었다고 볼 수 있다. 구체적으로 말하자면, 20세기 이전의 공공영역은 주요하게 재정적 지원과 자선사업에 국한되어 있었지만, 20세기 초 이후 공공영역의 발전은 사회경제제도, 사회교육, 사회문화 등의 방면으로 확장되었고 주민들의 정치 관념과 사회 관념에도 변화를 발생시켰으며 이를 통하여 사회적 공론화가 이루어지게 된 것이다.[59]

왕디가 주장한 내용은 서양의 공공영역에 대한 개념이 가지고 있는 특수한 의미에서 벗어날 가능성을 보여주고 있으며, 이는 그가 일련의 변화를 통하여 발생하는 구체적인 상황을 토대로 하여 구축한 논리라는 것을 알 수 있다. 그의 관점에서 20세기 이전에 발견된 일부 자치조직들은 사실 서구권에서 중국으로 행해진 '외부적 충격'과는 아무런 상관관계가 없으며, 단지 순수하게 공공영역이라는 명칭을 통해 이를 바라보았을 뿐이다. 이는 하버마스 등의 서양학자들이 논한 서양식 사회사와 사회이론과도 전혀 관계가 없으며 의미의 동일성 또한 존재하지 않는다는 것이다. 이렇듯 그는 공공영역을 모두가 자유롭게 사용할 수 있는 공간이라는 의미로 인식하였다. 이는 윌리엄이 유럽 역사의 지리적 구성에서 초기 근대 사회라는 개념으로 청나라 말기의 제국사회를 묘사한 서술과는 명확한 차이가 있는 것이다. 윌리엄은 한커우의 연구를 통하여 국가의 근대화 과정에서 국가의 통제를 받지 않고도 지역사회가 자체적으로 근대화의 요소를 생성해 왔다는 것을 증명하고자 하였다. 그의 목적은 각각의 개별적인 요소를 여러 방면에서 접근하고 분석하여 중국의 정체론停滯論이라는 고정관념의 장벽을 뛰어넘고 싶은 것이다. 반면, 왕디는 지역사회에서 생성되는 근대식 공간의 출현이라는 현상은 국가의 능력이 발휘되어 만들어낸 결과이며, 이러한 현상이 때마침 신정 개혁이라는 시기를 통하여 더욱 효과적으로 생성된 국가주도의 산물이라는 것이다. 그는 20세기 초부터 공공영역에 대한 국가의 통제와 관리는 서로 분화될 수 없는 연결고리를 형성하고 있었으며, 이는 시민사회이론과 같은 종류의 사회와 국가가 대립하는 이론적인 틀이 출현하는 것을 사전에 방지하고자 하는 것이다.

근대 시기 중국의 지역사회에서 나타난 변화를 보면, 마치 서양의 현대화 요소가 도입된 이후 국가적인 정책을 통하여 공공영역이 형성된 것과 같은 형상을 보인다. 공공영역에 내재 된 이론을 분석할 때, 연구자가 그 의미를 해석하는 능력이 있는지 그렇지 않은지에 대한 문제는 그다지 중요하지가 않다. 이러한 종류의 이론에 대한 가장 간단명료한 서술은 '사회적 관계란, 국가의 통제 혹은 정책의 영향력에 의하여 존재의 가치가 결정되는 것은 아니기 때문이다.'인 것이기 때문이다.[60]

시민사회의 연구는 중국의 근대사에 존재하는 일부 현상을 설명할 때 효과적인 분석의 틀을 제공하였다. 예를 들어, 중국 국내의 학자들은 1980년대 초부터 청나라 말기의 공제조합에 관한 연구를 시작하였는데, 적합한 분석의 틀을 구축하지 못하여 시야가 상당히 좁았고 이러한 점을 원인으로 공제조합에 대한 성격과 작용에 관한 연구에 국한되어 버렸다. 주잉과 같은 학자들은 기존의 딱딱하고 융통성 없는 연구 방식에서 벗어나기 위하여 청 말기부터 중화민국 초기에 국가의 직접적인 통제에서 벗어나 상대적으로 독립성을 띠고 있었던 사회적 공간 및 공공영역의 존재 여부에 관한 토론을 진행하고자 노력하였다. 그는 근대 시기의 중국 사회가 여러 방면에서 서구권 국가와 다른 발전적 특징이 있었다고 주장하였으며, 중국의 근대사를 연구할 때 서양의 이론적 틀을 잣대로 하여 분석하는 것은 '맞지 않는 신발을 신기 위하여 발을 자르는 격'이라고 논하였다. 그러나 근대 시기 중국의 시민사회에서 나타난 본질적 특징을 바탕으로 사회조직과 공공영역이 구축되었다는 가능성을 배제하고자 함은 아니었다. 서구권 국가의 지역에서 형성된 시민사회도 마찬가지로 모든 도시가 완벽하게 같은 변천 과정과 발전과정을 통하여 구축되지는 않았던 것처럼, 기타 국가들의 시민사회가 구성되는 사회적 조건도 여러 가지 방면에서 자신만의 독특한 방식을 통하여 발전할 수 있다는 것이다. 근대 시기 중국의 공제조합에 대한 새로운 담론은 현재 근대사를 연구하는 학자들에게 기초적인 해답을 줄 수 있다.[61] 주잉은 중국 도시의 공제조합에 대한 사료를 연구할 때 시민사회이론을 다분히 참조하였다. 하지만 도시의 총체적인 부분에서 공제조합의 기능과 작용을 지역의 전통적인 계층조직과 비교하여 구분하고 딩시의 시대적 배경을 바탕으로 국가 조정의 주도적인 작용을 강조하였으며, 국가의 '통제'라는 어휘를 '지원, 제창, 보호' 등의 완곡한 표현으로 전환하여 묘사하였다. 이렇게 진행된 연구는 사회조직의 역사연구, 도시 역사연구, 지역주민의 생활과 관련된 공간구성에 대한 분야로 이어질 수 있는 영향력을 저해하였기 때문에 '공공영역에 관한 연구라는 가면을 쓴 내부적 연구'라는 인상을 주고 있다.

여기에서 중요한 점은 중국의 내륙지역을 대상으로 한 시민사회연구의 본질과 서양식이론의 성질은 다르다는 것이며, 이를 당시 현실상에 맞추고 더욱 이론적으로 적절하게 활용하여 언어 환경에 집중된 연구를 진행해야 할 것이다. 이러한 연구는 서양의 중국학자들의 목적론에서 출발하여 주장되었던 국가의 고의적인 통제와 공동체 및 민간조직의 대응에 국한될 것이 아니라, 일부 중국 국내의 학자들이 주장했던 바와 같이 추상적인 철학 토론 및 정치적 언어사용에 대한 극도의 회피가 이루어져서도 안 될 것이다. 1990년대에 나타난 시민사회와 공공영역에 관한 연구는 당시 중국의 개혁개방정책 진행 과정에서 직면한 실질적인 과제였으며, 중국의 근대화 발전과정에 관한 독특한 이론으로 구성되었다. 1992년 이후 부분적 시장경제체제를 구축하여 새로운 국면에 접어든 상황을 토대로 하여 자원 유동, 사회분화, 국가의 기능전환 등의 변화와 관련한 연구가 진행되고 있다. 이러한 연구는 국가와 사회 간에 존재하는 경계를 확립하고 국가와 사회의 관계를 구축하는 등의 새로운 문제의식에 기초하여 1980년대 말에 나타난 신권위주의新權威主義와 민주선도론民主先導論 등의 개념이 유행하게 된 계기를 명확하게 분석 및 평가하였다. 이러한 과정은 사실 국가의 본질적 의미를 기초로 하는 총체적 이론의 부재에 대한 위기를 증명하기도 하는 것이다.[62] 중국의 시민이론은 국가와 사회의 관계구성이 격렬한 대응 관계라는 서양식 사회사의 공식을 표방해서는 안 되며, 일종의 긍정적인 상호 작용으로 이루어진 현상으로 받아들여 정치적 민주화와 정치적 안정이라는 목표의식의 실현함에 목적을 둔 것이다. 국가의 권위적인 정치 형상이 민주적인 정치의 형태로 전환되기 위해서도 각각의 사회조직과 사회단체에는 상호 간에 구속력을 가질 수 있는 민주적 정치제도의 공통적인 인식을 포함하고 있어야 한다.[63] 이러한 인식의 확립은 새로운 권력의 필수적인 수단이 아닌, 공공영역을 확장해 나가기 위한 운영공간이며, 이는 국가와 사회조직의 상호 화합과 공존을 추구하고자 하는 가능성인 것이다. 중국 시민사회연구는 국가와 사회의 긍정적인 상호 작용을 통한 관계에 집중하여, 근대 시기 중국의 발전과정을 구성할 때 국가와 사회조직의 상호융합상태라는 역사적 상황을 중심으로 이루어져야 한다. '국가의 사회화', '사회의 국가화'라는 두 가지 해법으로는 근대 시기 중국에서 나타난 공공영역의 발생과 성질에 대하여 명확한 분석이 불가능하다. 그러나 그 구성은 역사적 사례에 관한 연구를 통하여 검증 가능하며, 연구 대상의 영역도 틀의 구성과 문제의식이라는 측면에 국한될 것이 아니라,

구체적인 사례에 대한 고찰을 통하여 대명제大命題와 관련된 논쟁을
보완해 나가야 한다.

저자 주석

[1] Paul A. Cohen, 『Discovering History in China』, 林同奇 역문, 『在中国发现历
史——中国中心观在美国的兴起·前言』, 中华书局, 1989.

[2] 魏丕信, 「近代中国与汉学」, 『法国汉学』, 清华大学出版社, 1998, p7.

[3] 魏丕信, 「近代中国与汉学」, 『法国汉学』, 清华大学出版社, 1998, p8

[4] 张静, 『国家与社会·编者的话』, 浙江人民出版社, 1998.

[5] Jürgen Habermas, 『Zivilgesellschaft und deliberative Politik』, 梁光严 역문,
「关于公共领域问题的答问」, 『社会学研究』, 上海学林出版社, 1999.

[6] Joseph W. Esherick and Mary Backus Rankin, 『Chinese Local Elites and
Patterns of Dominance』, University of California Press, 1990. 檀上宽, 「明清乡
绅论」, 『日本学者研究中国史论著选译』, 中华书局, 1993, p461-462.

[7] William T. Rowe, 「China's Last Empire」, 邓正来, 杨念群 등 역문, 「晚清帝国
的"市民社会"问题」, 『国家与市民社会一种社会理论的研究路径』, 中央编
译出版社, 1999, p413.

[8] 汪晖, 「"科学主义"与社会理论的几个问题」, 『天涯』, 人民文学出版社, 1998,
p14.

[9] Jürgen Habermas, 『Strukturwandel der Öffentlichkeit』, 曹卫东 역문, 『公共领
域的结构转型』, 学林出版社, 1999, p84.

[10] Jürgen Habermas, 『Strukturwandel der Öffentlichkeit』, 曹卫东 역문, 『公共领
域的结构转型』, 学林出版社, 1999, p202.

[11] Jürgen Habermas, 『Strukturwandel der Öffentlichkeit』, 曹卫东 역문, 『公共领
域的结构转型』, 学林出版社, 1999, p204.

[12] Jürgen Habermas, 『Strukturwandel der Öffentlichkeit』, 曹卫东 역문, 『公共领
域的结构转型』, 学林出版社, 1999, p234.

[13] 汪晖, 「"科学主义"与社会理论的几个问题」, 『天涯』, 人民文学出版社, 1998,
p16.

[14] George E.Marcus, 『Anthropology as Cultural Critique: An Experimental Moment in the Human Sciences』, 王铭铭 역문, 『作为文化批评的人类学：一个人文学科的实验时代』, 三联书店, 1998.

[15] 汪晖, 「"科学主义"与社会理论的几个问题」, 『天涯』, 人民文学出版社, 1998, p48.

[16] 梁启超, 「新民说·论国家思想」, 『梁启超选集』, 上海人民出版社, 1984, p217.

[17] 刘师培, 「无政府主义之平等观」, 『国粹与西化——刘师培文选』, 上海远东出版社, 1996, p179.

[18] 杨念群, 「从"五四"到"后五四"知识群体中心话语的变迁与地方意识的兴起」, 『杨念群自选集』, 广西师范大学出版社, 2000.

[19] Jürgen Habermas, 『Theorie des kommunikativen Handelns』, 洪佩郁 등 역문, 『交往行为理论——论功能主义理性批判』, 重庆出版社, 1994, p230.

[20] Jürgen Habermas, 『Theorie des kommunikativen Handelns』, 洪佩郁등역문, 『交往行为理论——论功能主义理性批判』, 重庆出版社, 1994, p230.

[21] Jürgen Habermas, 『Legitimationsproblerne Spiitkapitalismus』, 陈学明 역문, 『合法性危机』, 时报文化出版公司, 1994, p8.

[22] 景天魁, 罗红光 등, 「98社会学:研究进展状况与热点难点问题」, 『社会学研究』, 社会科学文献出版社, 2000.

[23] 史学理论编辑部, 「历史学与人类学:相互影响的趋势」, 『史学理论』, 中国社会科学出版社, 1987, p187.

[24] Paul A. Cohen, 『Between Tradition and Modernity: Wang T'ao and Reform in Late Ching China』, Harvard University Press, 1974.

[25] William T. Rowe, 「The Public Sphere in Modern China」, 『Modern China』, Stanford University Press, 1990.

[26] R. Keith Schoppa, 『Chinese Elites and Political Change: Zhejiang Province in the Early Twentieth Century』, Harvard University Press, 1982, p6.

[27] R. Keith Schoppa, 『Chinese Elites and Political Change: Zhejiang Province in the Early Twentieth Century』, Harvard University Press, 1982, p6.

[28] R. Keith Schoppa, 『Chinese Elites and Political Change: Zhejiang Province in the Early Twentieth Century』, Harvard University Press, 1982, p6.

[29] William T. Rowe, 「The Public Sphere in Modern China」, 『Modern China』, Stanford University Press, 1990.

[30] Mary Backus Rankin, 「Some Observations on a Chinese Public Sphere」, 『ModernChina』, Stanford University Press, 1993.

[31] Mary Backus Rankin, 「Some Observations on a Chinese Public Sphere」, 『ModernChina』, Stanford University Press, 1993.

[32] Mary Backus Rankin, 「Some Observations on a Chinese Public Sphere」, 『ModernChina』, Stanford University Press, 1993.

[33] Philip C. C. Huang, 「Public Sphere/ Civil Society in China? The Third Realm between State and Society」, 『ModernChina』, Stanford University Press, 1993.

[34] Philip C. C. Huang, 「Public Sphere/ Civil Society in China? The Third Realm between State and Society」, 『ModernChina』, Stanford University Press, 1993.

[35] William T. Rowe, 「The Problem of Civil Society in Late Imperial China」, 『Modern China』, Stanford University Press, 1993.

[36] William T. Rowe, Hankow, 「Commerce and Society in a Chinese City(1796-1889)」, 『Modern China』, Stanford University Press, 1993, p7-8.

[37] Arif Dirlik, 「Civil Society/ Public Sphere in Modern China: As Critical Concepts Versus Heralds of Bourgeois Modernity」, 『中国社会科学季刊』, 1993.

[38] William T. Rowe, Hankow, 「Commerce and Society in a Chinese City (1796-1889)」, 『Modern China』, Stanford University Press, 1993, p131.

[39] William T. Rowe, Hankow, 「Commerce and Society in a Chinese City (1796-1889)」, 『Modern China』, Stanford University Press, 1993, p132.

[40] William T. Rowe, Hankow, 「Commerce and Society in a Chinese City (1796-1889)」, 『Modern China』, Stanford University Press, 1993, p348.

[41] Frederic Wakeman, Jr, 「The Civil Society and Public Sphere Debate: Western Reflections in Chinese Political Culture」, 『Modern China』, Stanford University Press, 1993.

[42] Frederic Wakeman, Jr, 「The Civil Society and Public Sphere Debate: Western Reflections in Chinese Political Culture」, 『Modern China』, Stanford University Press, 1993.

[43] Frederic Wakeman, Jr, 「The Civil Society and Public Sphere Debate: Western Reflections in Chinese Political Culture」, 『Modern China』, Stanford University Press, 1993.

[44] Arif Dirlik, 「Civil Society/ Public Sphere in Modern China: As Critical

Concepts Versus Heralds of Bourgeois Modernity」, 『中国社会科学季刊』, 1993.

[45] Philip C. C. Huang, 「Public Sphere/ Civil Society in China? The Third Realm between State and Society」, 『ModernChina』, Stanford University Press, 1993.

[46] Philip C. C. Huang, 「Public Sphere/ Civil Society in China? The Third Realm between State and Society」, 『ModernChina』, Stanford University Press, 1993.

[47] Prasenjit Duara, 『Cultural, Power and The State』, 王福明 역문, 『文化权力与国家』,江苏人民出版社, 2008.

[48] Mary Backus Rankin, 「Some Observations on a Chinese Public Sphere」, 『ModernChina』, Stanford University Press, 1993.

[49] 溝口三, 「中国と日本の「公私」観念の比較」, 贺跃夫 역문, 「中国与日本"公私"观念之比较」, 『二十一世纪』, 香港, 1994.

[50] 溝口三, 「中国と日本の「公私」観念の比較」, 贺跃夫 역문, 「中国与日本"公私"观念之比较」, 『二十一世纪』, 香港, 1994.

[51] 金耀基, 「中国人的"公", "私"观念」, 『中国社会科学季刊』, 香港, 1994.

[52] 费孝通, 『乡土中国』, 三联书店, 1985, p21-28.

[53] 金耀基, 「中国人的"公", "私"观念」, 『中国社会科学季刊』, 香港, 1994.

[54] Jurgen Habermas, 「On the Intermal between the Rule of Law and Democracy」, 『中国社会科学季刊』, 香港, 1994.

[55] Richard Madsen, 「The Public Sphere, Civil Society and Moral Community: A Research Agenda for Contemporacy China Studies」, 『Modern China』, Stanford University Press, 1993.

[56] 梁元生, 「史学的终结与最后的"中国通"——从现代美国思潮谈到近来的中近史研究」, 『学人』, 江苏文艺出版社, 1994, p424-427.

[57] 王笛, 「晚清长江上游地区公共领域的发展」, 『历史研究』, 1996.

[58] 王笛, 「晚清长江上游地区公共领域的发展」, 『历史研究』, 1996.

[59] 王笛, 「晚清长江上游地区公共领域的发展」, 『历史研究』, 1996.

[60] 王笛, 「晚清长江上游地区公共领域的发展」, 『历史研究』, 1996.

[61] 朱英, 『转型时期的社会与国家——以近代中国商会为主体的历史透视·绪论』, 华中师范大学, 1996.

[62] 邓正来, 「台湾民间社会语式的研究」, 『中国社会科学季刊』, 1993.

[63] 邓正来, 「台湾民间社会语式的研究」, 『中国社会科学季刊』, 1993.

제4장

"사신士紳의 지배"로부터 "지방자치"로

: 기층사회 연구 패러다임의 전환

1. 사신이론: "신분론"으로부터 "지배패턴"에 이르기까지

1) 황권과 신권

  근대 이전의 시기부터 근대 시기에 이르기까지, 중국사의 진화과정에 대응하여 현대화 사회를 연구하기 위한 접근은 주로 중국사를 세계사의 일부로 인식하는 것을 전제조건으로 하고 있다. 물론 이는 중국 지식인들이 가진 심리적 변화를 원인으로 자문화중심주의自文化中心主義[1]에서 문화상대주의文化相對主義[2]로 전환이 이루어졌다고 볼 수 있다. 이러한 사고방식은 문화중심 이론을 사고의 자원資源으로 하여 학계에 지배적으로 자리 잡고 있었던 전통적인 원칙이 사라지게

---

1) 자기 문화의 우월성에 빠져, 다른 문화를 부정적으로 평가하는 태도. 에스노센트리즘ethnocentrism이라 하여 자민족 중심 또는 자민족 우월에 관한 사상을 말한다.
2) 세계 문화의 다양성을 인정하고 각 문화는 문화의 독특한 환경과 역사적, 사회적 상황에서 이해해야 한다는 견해.

되었음을 의미할 뿐만 아니라, 과거 독보적이었던 중국사에 대한 역사적 가치가 상대적으로 그 영향력을 잃었음을 나타내는 것이기도 하다. 중국의 역사적 특징은 세계사 전체의 틀에 의하여 부분적 요소로 분석되었기 때문이다. 간단히 말해서, 중국사의 기원과 경험에 대한 모든 변화와 관련된 내면적인 특성은 세계사의 총체적인 외면적 특성과 국제적인 동향에 의한 반응으로 인식되었다는 것이다. 그러므로 향촌사회의 운영에 대한 실질적인 규칙을 포함하여 중국사 내부의 변화에 대한 모든 과정은 단계적인 논법을 거쳐 세계사의 발전과 거시적인 규칙이라는 추상적 검증을 마친 후에야 비로소 자신의 위치를 찾아가는 것이다. 이러한 선별절차는 당시의 역사적 현장에서 일어난 세부적인 상황을 분석할 때, 세계사의 구조와 동향을 토대로 한 서술로 대체하도록 의도적인 유인이 발생할 뿐만 아니라, 사회사의 범주에서 연구분야를 능동적으로 선택하기 위한 관찰법과 인식방법을 전혀 고려하지 않는 독단적인 행위라고 할 수 있다.

1940년대 이래, 중국의 각 지역에 존재하는 재산가 혹은 권력가를 가리키는 사신土紳계층에 대한 연구도 사회구조의 진화라는 측면에서 탐구되어야 할 주제의 하나로써 부상하기 시작하였지만, 역사학적 분석 방법과 사회학적 분석 방법에서 미묘한 차이점이 발생하였다. 역사학계에서는 1930년에 중국 사회사에 대한 논쟁이 이루어진 이후, 경제사의 관점에서 역사를 분석하는 방법이 점차 주류를 이루었고 사신계층의 신분과 역할에 대한 척도는 주로 토지 소유 및 경제적 이권의 독점상태에 대한 정도를 통하여 판단되었으며, 이로 인하여 역사가들은 국가정책의 방향과 통제에 관한 관점에서 사회구조의 변화를 관찰하는 것에 익숙해지게 되었다. 당시 역사학자들의 주된 임무는 특정한 시기 지역사회의 형태가 노예제 또는 봉건제 사회에 포함이 되는지에 대한 여부를 정의하고 이를 토대로 사회적 진화유형에 근거하여 그 성격을 결정하는 것이었다. 이때, 지역사회의 계층사회에 관한 구체적인 구조에서 국가의 운영 체제와 중첩되는 극소수의 범위만을 관찰 분야로 삼았기 때문에 독립적인 자족성에 대한 의미는 찾아볼 수 없었다.

반면, 사회학계는 흔히 공동체의 형태에 대한 구체적인 분석을 출발점으로 하여 연구를 진행하기 때문에, 사신계층이 공동체라는 범위에서 가지고 있는 지배적인 역할에 대하여 강조하였다. 또한, 그들이 각 지역사회의 발전적 성향을 확립할 때 어떠한 역할을 하였느냐에 집중하기보다 전체적인 계층사회에서 작용한 기능에 주목하였다. 1940년대에는 각각의 연구 방향의 차이에도 불구하고 일부 역사학자와 사회학자들이 사신계층의 역할 및 황권皇權과 관료집단 간의 정치적 관계를 탐구하기 위하여 협력을 시도하였다. 당시의 사회학자인 페이샤오퉁과 역사학자인 우한吳晗은 학술세미나를 개최하여 사회구조를 주제로 한 강의를 공동으로 진행하였고 학술세미나에서 이루어진 토론의 성과로써 『황권과 신권皇權與紳權』이라는 이름의 문집이 출간되었다. 그 내용을 자세히 살펴보면, 사신계층의 신분과 기능을 정의할 때 페이샤오퉁과 우한의 관점에는 명확한 차이가 존재한다는 점을 알 수 있다. 페이샤오퉁의 관점은 사회계층의 권력운용에 대하여 황권과 사신계층 사이에 나타난 대립적인 관계를 강조하였다. 그는 우선 당시 중국의 황권과 관료집단 사이에는 대립적인 관계가 늘 존재하였으며, 이들은 결코 같은 입장에 설 수 없는 계층이 아니라고 인식하였다.[1] 또한, 사신의 신분적 위치는 고대 시기 중국의 관직 중 하나인 대부大夫와 서민계층 사이의 사인士人계층이며, 대부는 관료를 일컫는 말이기 때문에 이 둘의 신분은 다르다고 여겼다. 페이샤오퉁은 자신의 분석을 신분법身分法적 이론에 국한하지 않고 정권과 권력 사이의 대립에서 발생하는 이론을 통하여 사신계층의 위치를 정의하였다. 그는 사신은 국가의 정권과는 다른 지역사회에서의 권력을 장악하고 있었으며, 이는 곧 사회가 개인에 대한 통제력을 보유하고 있다고 인식한 것이다. 중국에서는 정권과 지역사회의 통제력이 서로 결합 된 상태이기 때문에 국가의 권력이 단독으로 행해질 시에는 '패도覇道'라고 칭하고 지역사회의 통제력과 서로 결합하여 행해지면 '왕도王道'라고 칭하였다. 사실, 이 두 가지가 결합하여 실제로 성공한 사례는 없으며, 정식 왕위王位를 가지고 있지는 않지만, 군주로서의 덕德을 갖추고 있었던 공자는 소왕素王으로 평가받았고 황제와 함께 천하를 상하로 나누어 각자의 영역을 다스렸다고 주장하였다. 즉, 소왕은 지방이라는 영역을 통치하였고 그 지방의 관청은 황권의 통치 아래에 있었기 때문에, 과거부터 중국은 이러한 상하관계로 구분되어 지역을 다스리는 형태를 유지해 왔다는 것이다.[2] 페이샤오퉁은 바로 이러한 점에 대하여 '왜 중국의 역사에는 중간계층의 신분으로 이루어진 정치구조가 존재하지 않았던 것인가?'라는 의문을 제기하였고 그 해답의 초점을 사신계층이 지역사회의 조직을 통제할 때 가지고 있었던 독립적인 성격에 맞춘 것이다.

반면, 우한은 황권과 관료집단 그리고 사신계층의 역할에 대하여 구분하지 않고 관료, 사대부士大夫, 사신은 모두 명칭은 다르지만 같은 정치적 역할을 하는 신분으로 인식하였다. 관료와 사신은 곧 대부이고 사대부는 관료 또는 사신을 가리키는 것이며, 사대부가 관청에 있을 때는 관료로 불리고 반대로 그 관료가 사직 혹은 낙향하거나 관직을 맡기 이전의 호칭이 바로 사신이라고 주장하였다.[3]

나의 견해로는 관료, 대부, 사신 그리고 지식인으로 구분되는 신분은 사실상 같은 것이며, 비록 그 위치에 따라서 한 사람이 여러 가지의 신분을 가질 수는 있으나 본질에서는 같은 것이다.[4]

그는 또한 『황권과 신권』에서 신분의 경계를 구분하는 방법으로 토지점유의 정도를 기준으로 삼았으며, 이에 따라 사족土族3)과 서민을 구분한 후에 사족의 토지 소유제도에 대하여 집중적으로 강조하였다. 또한, 이 사족은 가문의 공로와 경력, 명망, 과거 선조의 관직 혹은 벼슬 등을 활용하여 국가 조정에서 관직의 점유를 보장받았다고 논하였다. 심지어 그는 명나라 이후, 전대前代의 사족의 특권이 후대後代의 새로운 사신계층으로 전승되었으며, '사신'의 본질은 바뀌었지만 소유했던 권력의 변화는 크게 다르지 않았다고 전하였다. 이러한 사신계층의 복잡성과 달리, 사대부와 서민에 대한 구분은 뚜렷하게 나타나며 일말의 변화도 없었다고 여겼다.[5]

여기에서 나타난 우한의 문제점은 사신과 관료의 일치된 신분을 통하여 권력이 전파되고 보존된다는 점에 너무 집중하였다는 점이다. 사실, 이러한 신분은 우한의 주장보다 더욱 복잡하게 세분되어 나타날 수 있으며, 그에 따라 나타나는 해당 신분의 영향력은 지역사회에서 다른 방식으로 구현할 수 있다. 여기서 우한은 사신과 관료의 일치된 신분에 지나치게 중점을 둠으로써 지역사회에서 사신계층이 발휘하는 실질적인 역할을 경시해 버린 것이다. 그는 권력의 지역통제에 관하여 거의 언급하지 않았고 토지점유의 정도라는 경제적 이익의 차이에 따라 권력을 과시하는 신분이 존재한다고 여겼다. 이러한 생각은 중국

---

3) 문벌이 좋은 집안 또는 그러한 자손.

사회사의 연구 방향에 큰 영향을 미쳤으며, 상당히 강력한 연구적 시도가 되었다.

반면, 페이샤오퉁은 『기층행정의 경직화基層行政的僵化』를 통하여 사신계층의 진화이론을 더욱 확장하였다. 그는 수많은 중국사 자료를 관찰하고 중국의 사회구조에 쌍궤제雙軌制4)의 체계가 존재했다는 가설을 제기하였다. 그는 황권이 직접 관리들을 파견하는 방식만으로는 중국의 거대한 공간을 통합적으로 관리할 수 없었으며, 정식 행정기관을 현 단위의 행정구역까지만 분산하여 설치하였으며, 현 단위 이하의 지역에는 정식 행정체계와 연계힐 수 있는 자치조직이 존재한다는 역사적 현상에 주목하였다.

> 정치는 상명하달上命下達의 노선을 유지해서는 안 된다. 정치의 본질과 관계없이 국민의 의견은 존중되고 고려되어야 하며, 이는 하의상달下意上達의 노선이어야 가능하다. 건전하고 오랫동안 지속할 수 있는 정치는 반드시 조정과 민간이라는 공간을 자유롭게 오고 갈 수 있는 이중노선의 형태를 이루어야 한다.[6]

페이샤오퉁은 이 주장을 토대로 전통적 이중노선에 존재하는 일종의 무형無形조직을 발견하였다. 이것이 바로 중국의 정치사에서 매우 중요한 요소인 사신이며, 이는 하의상달의 노선에 존재하는 무형의 조직임과 동시에 상부上部에 대응할 수 있는 무위無爲5)의 정치적 집단

---

4) 병진노선竝進路線, 어떤 사안에 접근할 때 두 가지 접근방식을 동시에 취하는 것. 듀얼 트랙dual track, 투 트랙two track 방식이라고도 불린다.
5) 도가道家에서 말하는 자연에 맡겨 작위作爲를 가하지 않는 처세의 태도 혹은 정치적 사상.

이라고 주장하였다.[7] 중국의 전통적인 정치구조는 중앙집권과 지방자치의 두 부분으로 나눌 수 있으며, 중앙조정이 수행하는 업무는 극히 제한적이지만 지방의 공익은 중앙조정의 간섭을 받지 않고 자치단체에서 자체적으로 관리되는 것이다. 대부분 국가는 중앙 정부에서 지방관청으로 명령을 하달하는 상명하달의 구조를 이루고 있는 것처럼 보이지만 실질적으로 그 명령이 민간 지역사회에 도착하는 순간 하의상달의 정치구조로 전환된다. 지역사회에서 정치력을 행사했던 사신계층은 친척, 동향同鄉, 동년同年이라는 모든 사회적 관계를 활용하여 지방관청이나 심지어 중앙조정에까지 압력을 가할 수 있었다. 자치단체는 지역주민의 특정한 필요성에 의하여 구성되었으며, 중앙조정의 통제가 없이 지역주민이 부여한 권한으로 운영된 것이다.[8]

페이샤오퉁의 가설과 일반적인 역사학자의 가설 사이에 존재하는 가장 큰 차이점은 중국사에서 계층사회에 대한 국가의 근대화개혁에 대하여 여론에 떠밀리는 '사회적 진보'가 아닌 자치 행정단위에 대한 '완전성의 파괴'로 간주하였다는 것이다. 20세기 중국 정부가 실행한 신정 개혁의 추진 강도가 점점 높아짐에 따라 지방 행정업무의 처리가 갈수록 복잡해졌다. 국가는 보갑제 등의 제도를 통하여 신정 개혁의 효율성을 높이고자 필사적으로 지식인계층의 권력을 하향시켰으며, 결과적으로 앞서 말했던 이중노선을 통하여 전통적인 한계를 돌파하게 되었다. 보갑保甲이란, 상급기관의 명령을 집행하는 행정단위임과 동시에 지방업무를 집행하는 합법적 집단이기도 하였다. 이 두 가지 유형의 업무는 전통적 구조에서 세 부류의 사람이 맡고 있었는데, 바로 관청의 하수인, 지방의 향약, 자치단체의 지도자이다. 이 세 부류의 인원을 하나로 통합하고자 하는 국가의 의도는 반드시 지역사회의 의사와 능력에 부합하여야 한다. 따라서 보갑제는 그 지역에서 기존에 존재하였던 사회집단을 파괴하였고 민생과 관련된 많은 일을 수행할 수 없게 만들었을 뿐만 아니라, 전통을 전제로 두 종류의 정치적 노선이 이루고 있던 균형체계를 파괴하였으며, 계층사회를 정치의 사각지대로 몰아 넣어버린 것이다. 실제로 보갑제를 통하여 신설된 정부 기관은 기존의 자치단체를 효율적으로 인수할 수 없었다. 이러한 상황에 대하여 페이샤오퉁은 다음과 같이 결론을 내렸다.

> 기층행정의 경직화는 중앙조정의 기능을 강화하는 한편 상명하달의 정치적 노선을 무너뜨렸고 전통집권과 분권, 중앙과 지방의 조화를 파괴하였으며, 옛것을 대체할 수 있는 새로운 방법을 창출하지도 못하였다. 이러한 현상이 의도적으로 발생하였든 아니든 하의상달이라는 정치의 단방향 노선을 시험하고자 했었던 점은 분명하게 알 수 있다.[9]

그는 근대화에 따른 계층조직의 대응에 대하여 부정적으로 평가한 것이다. 이러한 평가는 당시에 다소 충격적이었으며, 적지 않은 비판과 논쟁을 일으켰다. 그러나 사회사연구의 장기적인 발전에 대해 상당히 큰 공헌을 한 것임은 분명하다.

중국의 사회구조에 두 가지 노선이 존재하였다는 추론은 국가의 근대화 전략을 강조하는 관점으로 출발하였고 일방적이고 낙관적이었던 당시 근대사연구의 추세를 변화시켰을 뿐만 아니라, 사회사연구에서 반성의 요소를 활성화하는 작용도 하였다. 또한, 중국의 사회사연구에서도 전체론 및 대서사 방식의 틀을 바탕으로 이루어진 지역사 및 사회사의 중범위적 연구와 미시적인 연구를 사회학 이론으로 전환하기 위한 튼튼한 기초를 제공하였다. 페이샤오퉁의 쌍궤제에 관한 이론은 이미 1940년대에 이루어진 사회구조연구에서 그 영향을 미치고 있었으며, 이는 사신계층에 관한 연구가 점차 사회화되고 있음을 보여주는 것이었다.[10] 이와 관련하여 후징쥔胡慶鈞은 사신이 가지고 있었던 권한인 신권紳權에는 영역성이 존재하며, 그 성질의 범위가 넓든 좁든 권한의 지도적인 지위에는 한계가 있다는 것을 발견하였다고 논하였다. 일단 사신은 자신이 속한 사회공동체에서 벗어나게 되면, 지역사회에 영향력을 미칠 수 없을 뿐만 아니라, 지역사회를 통제할 권한도 잃게 된다는 것이다. 그는 연구를 진행할 때, 신권에 내재된 경제적 기반에 주목하였고 사신계층의 권력과 관련된 계층의 복잡한 관계구조를 탐구하는 것에 초점을 맞추었다. 특히, 신정개혁의 지침에 따라 중앙조정의 권력이 침투되었다는 점과 그러한 국가의 권력이 계층조직에 미치는 영향에 관련하여, 사신계층과 지역주민이 정부와 결합 되거나 대립하는 미묘한 관계 및 중개를 통한 역할변화에 중점을 둔 분석이 이루어졌다.

스징史靖은 같은 문단에서 계층 권력의 대체에 관한 관점을 통하여 계층사회가 초래한 쌍궤제의 파괴라는 페이샤오퉁의 기본적인 판단을 재확인시켰다. 그는 중화민국 시기에 계층 권력을 분열시킨 여섯 가지 유형의 개체 중에서 보갑제라는 새로운 제도를 통하여 선출된 '지방행정관'의 역할이 가장 큰 작용을 하였다고 지적하였다. 이론적으로 보갑제는 사신계층의 이익과 상충하기 때문에 이들도 일부 정치적 훈련에 참여하였으며, 일반적인 지역사회의 구성원에 속하기를 원치 않았다는 것이다. 각 지역의 사신들은 지방에서의 권력을 지속해서 조율해야 할 의무가 있지만, 직접적인 보갑 업무에 참여할 수는 없으므로 특정한 직업이 없는 무직자집단 혹은 지역 폭력배들과 관계를 형성하고 배후에서 조종하였다.[11] 이러한 무리가 보갑제의 기능을 습득한 이후에는 국가의 권위를 이용하여 지방자치와 관련된 업무에 직접 간섭할 수 있게 됨으로써, 오랜 시간에 걸쳐 국가와 사회에 구성되어 있던 권력균형의 생태를 파괴하게 되었다. 이로 인하여 신권으로 대체된 정상적인 정치 노선은 근대화 과정에 의하여 파괴되었고 도시와 향촌 간의 관계가 단절되고 분리되었기 때문에 계층정권의 핵심역량을 계승하기 어렵게 되었다는 것이다.[12]

이러한 관점은 비록 대략적인 의견에 불과하다고 볼 수 있다. 다만 역사학계에서 꺼린 것은 지식인계층과 국가 차원에 한정하여 사신계층의 작용을 파악하는 것일 뿐, 스징의 연구는 사신계층에 관한 연구를 지역사로 전환할 수 있는 이론적 조건을 제공한 것과 같나고 볼 수 있다.

2) 국가지배론에서 지방지배론으로 이어진 일본학계의 사신이론

일본에서는 제2차 세계대전 이전부터 향신鄕紳6)에 대한 연구가 진행되고 있었다. 전후戰後 시기 가장 먼저 이 연구에 착수한 사카이 다다오酒井忠雄는 향신의 기준을 명나라 말기의 거인擧人7), 공생貢生8), 감생監生9), 생원生員10)과 같은 사회의 예비관리를 제외한 일반적인 농촌 관리와 퇴직 관리로 정의하였으며, 그들의 신분이 관리, 지주, 상인의 삼위일체구조를 띠고 있다고 주장하였다.[13] 동시에 향신과 관련

---

6) 퇴직 관리로서 그 지방에서 학문과 덕망이 높은 사람.
7) 명청明淸 시기, 향시鄕試를 합격한 사람.
8) 명청明淸 시기, 각 성省에서 제1차 과거시험에 합격한 사람.
9) 명청明淸 시기의 국자감國子監 학생
10) 명청明淸 시기, 가장 낮은 과거시험에 합격하여 부학府學·현학縣學에서 공부할 수 있는 사람. 통칭通稱 수재秀才라 하였음

된 대토지 소유제의 발전은 점진적으로 독특한 특성을 가지게 되었으며, 국가 조정은 이러한 대토지 소유제의 발전에 일정한 제약을 가함으로써 새로운 토지제도의 형식을 채택하기에 이른다. 그 새로운 토지제도는 바로 지방의 세곡 징수와 부역 및 공동체 재생산 제도인 이갑제里甲制11)이며, 이렇게 재편성된 조세제도는 결국 향신의 대토지 소유제를 용인한 것과 같은 결과로 나타났다. 결국, 국가는 향신들의 경제적 이익을 보조해주고 장려해주었다고 인식될 수밖에 없고 이 시기의 사신계층에 관한 이론은 모두 토지의 소유제와 국익의 일체성이 관련되어 있다는 견해로 이루어진 것이다.[14]

당시의 일본학자들은 중국의 역사학자들과 비슷한 연구 방향을 가지고 있었다. 일반적으로 토지를 점유한 방식과 관련하여 사신계층의 존재와 역할을 조사하였으며, 송나라 이후의 사회발전에 있어서 반드시 일종의 전환점이 존재하였을 것이라고 가정하였다. 특히 명나라 후기부터 통화경제 및 상품생산의 발달에 따라 소규모 농민 경제가 독자적으로 발전하는 자치제의 경향이 나타나기 시작하였으며, 마을의 공동체는 지연地緣을 토대로 결합하여 형성된 것이다. 이러한 사회적 배경을 통하여 조정의 조세정책에 대한 저항운동이 점진적으로 조직화 되었으며, 결국 이갑제는 유지되지 못하였고 이전부터 토지를 소유했던 계층은 토지 소유에 대한 토대를 잃어감에 따라 와해 및 변질되면서 향신의 대토지 소유제가 이를 대신하게 되었다고 볼 수 있다. 향

---

11) 중국 명나라 때 시행한 부역법賦役法과 그에 따른 촌락의 자치적 행정 조직. 110호戶를 1리里로 하고 그 가운데 부유한 10호를 이장 호里長戶로 지정하고, 나머지 100호는 갑수 호甲首戶라 하여 10갑甲으로 나누어, 이장이 1년씩 번갈아 조세 징수하고 조세 대장과 호적부의 작성 및 치안 유지 따위를 맡았다. 청나라에도 계승되었으나 후에 보갑제로 고쳤다.

신계층은 분명 새로운 토지 소유의 형태를 기초로 구축된 주체로써, 당시 지역사회의 지배적 신분이 되었으며, 이렇듯 향신계층의 신분에 대한 관련성이 단순히 토지 소유라는 분야에 한정되어 있다는 주장은 후대의 중국학계에서 많은 비판을 받게 되었다. 즉, 향신계층의 범위를 토지 소유의 형태로 정의하여서는 안 되며, 문화적 요인 등의 기타 원인이 존재할 수 있음에도 불구하고 오직 경제적 관계라는 한 가지 관점으로 이해하는 것은 지나치게 좁은 견해라는 것이다.

일본의 중국학자들은 향신의 토지 소유에 대한 형태를 바탕으로 향신계층의 역할을 평가하는 좁은 의미의 분석법에서 벗어나고자 시도하였다. 이는 복잡한 정치 사회적 현상이라는 관점에서 분석하는 방법을 추구하고자 하는 것이다. 과거의 분석법과 같이 중국 봉건사회의 기초를 생산에 관련된 분야에 두게 되면, 경제적 관계의 틀인 지주-소작인의 관계에서 발생하는 충돌에 대하여 향신계층이 작용한 다원적 역할로 단순화되기 때문에, 분석내용에 부족함이 많아지게 된다. 또한, 명나라 말기 이후에는 지주에 직접 예속되지 않은 개인 자작농이 대거 출현하였으며, 이를 지주-소작인의 틀을 통하여 논하는 것은 지극히 협소한 견해이다. 향신계층의 사회공동체 조직, 종교 제사, 혈연 통치 등 광범위한 비경제적 기능의 측면도 포함하여 분석하여야 한다. 이 점은 사실 1950년부터 10년여 동안 중국 역사학자들의 맹점으로 자리 잡고 있었다. 최종적으로 향신계층과 관련하여 이뤄진 기본적 합의는 토지 소유의 형태라는 관점이 가지고 있는 한계를 뛰어넘어, 사회구성과 제도의 개념에서 이해되어야 한다는 것이었다.

일본의 학자들은 일찍이 국가와 사회의 관계를 토대로 사신계층의 변화를 관찰해 왔는데, 그 관점은 세 가지 방향으로 나누어서 설명할 수 있다.

첫 번째로 향신계층은 일종의 중간계층의 역할을 하고 있었으며, 향신의 의의와 기능은 그 지방관청의 관리와 지역사회의 주민의 관계를 조율하는 중개자라는 위치에서 찾을 수 있다. 즉, 향신계층은 사족 조직과 공제조합 등을 경영하는 전통적인 민중의 자치적 통솔자의 역할을 하였으며, 하의상달의 임무를 진행함과 동시에 지역주민의 공식 대리인이라는 자격으로 명확한 상명하달이 이루어지도록 국가와 사회의 통로로써 노력하였고 심지어는 행정관리에 관한 업무에 협조하기도 하였다는 것이다.[15] 중간계층이 존재한다는 가설은 분명 '국가 - 사회'의 이분법적 틀을 근거로 한 관념이며, 매우 복잡한 배경을 가지고 있다. 하지만 이러한 연구 방향은 이원론(二元論)적 관점으로 받아들여지게 되었고 학자들에게서 부정적인 비판을 받기도 하였다. 이원론은 흔히 역사를 가진 국가와 역사가 존재하지 않는 사회, 동적세계動的世界와 정적세계靜的世界, 지식인의 세계와 문맹의 세계, 유교의 세계와 도교의 세계 등과 더불어 착취의 세계와 피착취의 세계라는 대치 관계를 나타낸다.[16] 그렇다면 옛 중국 사회는 국가의 권력이 미치는 영역까지가 국가이며, 권력이 도달할 수 없었던 영역은 사회라고 칭해야 한다는 것이다. 양자는 분리되어 있고 연관성이 없으며, 각각 독자적인 발전경로를 형성하여 후세에 이르렀다는 의미이다. 왕조의 변화는 순식간에 일어나지만, 전체적으로 보면 국가의 명칭만 달라질 뿐, 구조는 같은 형태로 반복된 것에 지나지 않으며, 사회의 질서에 대한 변화는 어디에도 묘사되어 있지 않다. 이원론은 이러한 정체성停滯性의 경향을 강조하는 이론이며, 이를 통하여 사신계층의 중개적 역할에 중점적인 서술이 이루어지게 된다. 다만, 이는 사신과 관리자계층이 속한 국가 조정의 기능을 담당하는 부서와의 연대 관계에서 지나치게 강조하고 있으며, 이로 인하여 사회에서 나타난 사신계층의 실제 기능에 대한 분석이 부족하다. 결론적으로 이러한 분석법은 중간계층이 가지고 있는 역할에 존재하는 법칙을 설명할 수 없다.

두 번째로 각 신분 계급의 상호 간에 존재하는 법칙을 통하여 국가와 사회의 관계를 분석하는 방향이다. 향신을 각 중간계층의 통솔자 혹은 지도자로 보는 것이 아니라, 관리계층의 일부로 보는 것이며, 이는 향신을 중간계층이 아닌 지배계층으로 구분하는 것이다. 관리계층과 농민계층의 대립은 계급 관계의 원시적인 모델이 되었으며, 시대의 변화에 따라 관리계층은 관료, 귀족, 지주, 토호土豪 등의 신분으로 나타났으며, 농민계층은 노비, 소작농, 평민 등의 신분으로 나타났다. 이두 신분의 생활방식은 이데올로기적 측면에서도 큰 차이를 나타내는데, 계급의 이동 혹은 전환이 전혀 이루어지지 않았기 때문에 상위계층은 국가의 권한을 마음대로 휘둘러 국정을 어지럽혔으며, 후자는 국가의 운명에 대하여 무관심해지기 시작한 것이다.[17] 이러한 분석법을 토대로 학자들은 국가와 사회는 분리하여 인식하여서는 안 되며, 국가권력의 통제 혹은 개입에 관한 측면을 강조하면서 정치적 절차와 기본적인 과정의 통합이라는 전제조건을 두고 이해하여야 한다고 주장하였다. 그들의 논점은 국가와 사회의 통합을 국가권력의 우월성과 지배계층이라는 관계에서 나오는 상대적 독립성으로 이해하고자 하였다.

세 번째로 초기 사신계층의 역할을 국가의 이익과 관련지어 연구하는 것에 불만을 품고 있었던 시게타 아츠시重田德가 주장한 연구 방향을 들 수 있다. 그는 사신지배론을 제기하였는데, 향신계층과 관리계층을 구분한 후, 동일성을 통하여 일반화시켜서 볼 것이 아니라, 독립적인 해석을 추가해야 한다는 것이다. 이전의 연구는 늘 진한秦漢 시기 이후의 전제국가체제에 존재하는 황제와 백성의 관계를 강조하여 일찍이 중국 사회의 지배계층에는 그 단계가 존재한다고 여겨왔다. 예를 들어, 한나라의 호족豪族과 육조六朝, 수당隨唐 시기의 귀족, 송나라의 형세호形勢戶, 명청明淸 시기의 향신 등이 그것이다. 하지만 이러한 계층의 출현은 국가의 전체적인 지배형태에 대한 구조적 변화를 증명하는 것일 뿐, 그들의 고유한 역사성 및 단계성을 나타내지는 못하였다. 그러므로 향신계층의 신분 변화를 연구하는데 국한되는 것이 아닌, 향신계층이 지배하는 조직적 관계를 구성하여 그에 따라 나타난 작용에 중점을 두고 연구가 이루어져야 한다는 것이다.

3) 신분연구에서 전략적 분석에 이르는 미국 학계의 사신이론

미국의 중국학계에서 이루어진 지식인계층에 관한 연구는 국가가 사회적 실험을 통하여, 국가의 질서를 유지해 나가고자 한다는 관점을 토대로 사신계층이 가지고 있는 역할에 중점을 두는 방향으로 이루어졌다. 이는 베버의 영향을 받은 것이라고 볼 수 있는데, 그는 중국의 사회계급은 재산으로 결정되는 것이 아닌, 관리의 자격에 따라 결정된다고 여겼기 때문이다. 관리의 자격으로 사신계층의 위치를 확정하는 것은 역사학자들에게 사신에 관련된 문제를 사고하게 되는 출발점이 되었고, 사신의 신분에 관한 이론을 서술하기 위한 기초로 자리 잡았다. 일찍이 진행된 사회계층에 관한 연구 성향은 사신계층과 관리계층의 공통점이라는 측면에 초점을 맞추고 있었으며, 두 계층은 같은 계층에 속한다고 인식되었다. 이러한 인식은 공명功名[12]을 통해 유교 윤리와 연결고리를 구축하였고 과거에 급제한 사람들을 새롭게 조직하

---

12) 황제가 과거제도를 통하여 사신에게 칭호와 관직의 등급을 하사하는 제도.

여 제도를 통해 사신의 신분을 전환하였다는 것이다. 퇴직 후 귀향한 사람과 현직에 있는 사람을 사신으로 규정하고 정권의 상부와 하부로 이동하는 순환구조를 형성하였기 때문에, 사신계층은 국가의 전체적인 사회구조에서 같은 지배계층의 역할을 하였으며, 이러한 역할은 역사적인 연속성을 가지고 있다는 것이다. 즉, 동질성과 연속성이 사신계층을 연구할 때 나타나는 주요한 특징이라고 할 수 있다. 초기의 사신계층에 관한 연구는 기본적으로 동질성의 관점을 계승해 왔는데, 중국의 역사학자인 취퉁주瞿同祖는 사신이란 관리계층과 민중 사이에 존재하는 중개인의 역할을 하였다고 강조하였다. 나만, 사신계층과 관리계층은 과거제도를 목적에 둔 교육의 수혜자라는 측면에서 동일성을 가지고 있으며, 법규를 통해 사신과 관리계층 간의 소통이 원활하게 이루어질 수 있도록 보장되었기 때문에 중개인의 역할을 할 수 있었다고 논하였다. 중국의 경제학자인 장중리張仲禮는 과거시험에 급제한 인원들의 명단을 통계로 정리하고 그 분류에 따라 사신의 사회적 위치와 규모를 묘사하였다. 역사가인 허빙디何炳棣는 사회이동社會移動[13)의 관점으로 하층민들이 사신계층으로 이동하였을 가능성에 대하여 관찰하였으며, 과거제도를 통하여 이러한 이동이 상당히 자유로운 상태가 되었고 중국의 계급 질서 내에 존재하고 있었던 불공정한 요소를 소멸시킬 수 있었다고 인식하였다. 그러나 그는 여전히 지방관청이 가지고 있었던 무소불위의 권력이 사회의 흐름을 통제하였던 주요한 정치적 경로였다는 점을 강조하고 있으며, 사신계층과 관리계층의 동질성은 사신이라는 신분의 이동에 관한 정도를 판단하는 핵심적인 전제조건이라고 여겼다. 앞서 열거한 여러 가지 연구 방향성에 대하여

---

13) 사회이동social mobility, 사회계층에서 지위의 상하이동을 말한다.

일부 학자들은 다음과 같이 평가하였다.

　　이러한 저서들은 여전히 지식인계층과 국가의 관계를 강조할 뿐, 지역사회에서 그들의 역할에 주의를 기울이지 않고 있다. 국가가 부여한 공명의 일관성은 전체 지역사회의 지식인계층에 대한 권력의 일관성을 나타내기도 한다. 대부분의 사회학적인 연구방법을 선택하여 분석을 진행하기 때문에 정태靜態의 성격을 띠게 되는데, 그 변하지 않는 논점은 과거제도, 공명, 관직의 수라는 세 가지 기준으로 지식인계층을 정의하는 방법이지만, 비록 사회가 양적으로 이동하는 비율이 높다고 하더라도 사신의 기본적인 성질은 변하지 않는다.[18]

1980년대 이후, 미국에서 이루어진 사신계층에 관한 연구는 인류학적인 방법의 강한 영향을 받게 된다. 일부 학자들은 단순한 행정구역의 개념이 아닌, 아레나Arena라는 정치영역의 개념을 도입하여 이를 사신계층에 관련된 역사를 연구할 때 기본적인 단위로 삼아야 한다고 여긴다. 모든 현縣 단위 이하의 행정구역의 관리계층은 같다고 볼 수 없으며, 마찬가지로 모든 '생원'이 동일계급이라는 전제하에 같은 방식으로 행동하였을 것이라고 가정할 수도 없다. 그러므로 지식인계층이 활동하는 영역의 구조를 자세히 관찰하여야만 비로소 사신계층의 다양성을 효과적으로 평가하고 이해할 수 있다는 것이다.[19] 아레나란, 지식인계층을 포함하여 기타 사회계층들이 관련된 환경, 사회적 무대, 사회적 공간을 가리키며, 대개 그 장소까지도 포함하는 개념이다. 이 아레나는 마을, 현, 국가와 같은 지리적인 요소일 수도 있고 군사, 교육, 정치라는 기능적인 요소일 수도 있으며, 아레나의 개념은 구성원들의 가치관, 문학적 상징, 자원 등의 모습을 통하여 묘사할 수 있다.[20] 중국이라는 국가는 영토가 넓어서 각 아레나의 자연과 사회의 성장형태가 매우 복잡하다. 그러므로 이러한 아레나의 다양한 형태를 통찰하고 이해한 후에야 비로소 지방 지식인계층이 지역사회에서 작용했던 지배력의 차이점을 추론할 수 있을 것이다. 이러한 개념은 정치제도와 과거제도가 사신계층에 역할을 부여한다는 점에 대한 분석이 아닌, 계층사회의 환경에 대한 면모에 더욱 집중된 분석을 진행하기 위한 것이다.

사신계층의 연구에서는 앞으로 구조분석의 관점이 아닌 계층자원에 대한 지식인계층의 실질적인 권력 사용실태를 강조하는 전략적 연구가 반드시 이루어져야 한다. 즉, 사신계층을 그들이 속한 구조적인 지표에 의해 수동적으로 움직이는 대상으로 여기거나, 당시의 동향을 토대로 이루어진 서술로써 통합시키고자 해서는 안 되며, 지역사회의 생활상에서 그들 스스로가 사회의 주체가 되어 시행한 과정에서 나타났던 역사적 사실을 집중적으로 관찰하여야 한다. 사신계층은 자체적으로 사회의 변화에 대응하고 해당 자원의 처리에 관련된 전략을 세우고 있었으며, 이러한 변화 속에서 권력과 지위를 유지하고 있었다. 당시 지식인계층이 통제 가능한 자원의 분야는 매우 복잡하다. 토지, 상업재산, 군사력과 같은 물질적 자원을 비롯하여 사족 조직, 권세가 조직, 지역조합 및 협회와 같은 사회적 자원은 물론, 전문기술, 지도능력, 종교, 제사 등의 인적자원 혹은 지위, 명예, 칭호, 생활방식에 관련된 문화적 자원 및 문화적 교역이라는 분야에 이르기까지 수많은 자원을 통제하고 있는 것이었다.[21]

사신 또는 사신이 되고자 하는 사람들은 사회에서 그들의 지위를 높이거나 유지하기 위하여 다양한 전략으로 그들의 자원을 활용한다. 사신계층의 전략에 관한 연구를 통하여 그들이 권력을 어떻게 창출하고 유지해 왔는가를 알 수 있다. 그들은 역사의 직접적인 개입을 통하여 전능한 역할을 하는 존재가 되기 위하여, 또한 역사의 구조상에서 수동적으로 움직이는 바둑돌이 되지 않기 위하여, 자신의 이익을 충족시키기 위한 지속적인 전략을 세워왔다. 시간의 변화는 끊임없이 사람들의 실천적 수단과 전략적 설계에 관한 요소들을 풍부하게 발전시키며, 기존의 문화적 구조를 형성하거나 유지하고 수정을 진행하기도 한다. 이러한 문화의 구조는 반대로 삶의 사회적 환경과 실용적인 행동을 제한하기도 하는 것이다. 일부 학자들은 사신계층에 부여된 공명의 존재 여부뿐 아니라, 지방 사족들의 문화전통과 지역조직을 활용하여 문화적 패권을 구축하기도 하고 직업의 다양성을 활용하여 가문의 자원을 집중하기도 하며 그들의 지위를 유지하였다는 점을 점진적으로 고려해 나가기 시작하였다.[22]

4) 대서사의 서술법으로 이루어진 중국의 사신연구

일찍이 본 장의 1부에서 중국의 학자들이 1940년부터 사신계층에 관한 연구를 시작하였으며, 역사학적 방법과 사회학적 연구방법에 차이점이 존재하였다는 점을 설명하였다. 1950년 이후, 특수한 원인으로 인하여 사회학적인 지역사회의 분석법이 사신연구의 영역에서 사라지게 되었다. 1980년대 사신에 관한 연구가 재개되었지만, 기본적으로 중국학자들의 연구는 전략적 분석이라는 수준에 미치지 못하였다. 이는 구조의 변화를 통하여 사신계층의 신분 분화라는 현상에 연구가 집중된 채 지속하였다는 의미이며, 아레나에서 사신계층을 주체로 두는 관점이 아닌, 사신계층이 지역사회에 지배력을 미치는 현장에 대한 전략에 국한되어 연구하는 방법으로 복원되었기 때문이다. 당시 학계에서 연구되는 사신계층은 여전히 큰 시대의 변천사 속에 존재하는 하나의 작은 수동적 요소로 규정할 뿐, 살아 숨 쉬는 능동적인 개체로 인식하지 않은 것이었다.

1980년 이후, 중국의 역사학계에서는 사신을 연구한 대표적인 두 권의 저서가 출판되었다. 바로 허위에푸賀躍夫의 『청나라의 사신과 근대 사회의 변천: 일본 사족과의 비교晚晴士紳與近代社會變遷: 兼與日本士族比較』와 왕시엔밍王先明의 『근대 신사: 봉건계층의 역사적 운명近代紳士: 一個封建階層的曆史命運』이다. 허위에푸는 여전히 신분이론의 관점을 가지고 있었지만, 일본의 무사 계급인 사무라이侍 신분과 비교히여 중국 사신의 신분진환을 설명하였다. 이는 간단해 보이지만 참고할만한 새로운 내용이 상당히 많다. 예를 들어, 그는 사신과 상인 간에 이루어지는 사회이동에 관하여 청나라 시기의 상인계층과 일본 도쿠가와德川 막부幕府의 사무라이계층에 존재하는 중요한 차이점을 논하였다. 사무라이는 하나의 신분이자 직업이며, 자신이 소속된 쇼군將軍이나 각 번주藩主의 가신家臣으로서, 그들이 모시는 주인으로부터 삶에 필요한 것들을 얻는다. 엄격한 등급제도에 속해 있는 사무라이는 각각의 등급에 따라 세습되는 토지와 녹봉이 고정되어 있으며, 다른 사회계층으로의 이동도 금지되어 있었기 때문에 하급 사무라이들은 빈곤을 겪게 되었다. 반면, 청나라의 사신계층은 하나의 신분에 불과할 뿐 고정된 수입을 받는 직업적 특징은 가지고 있지 않다. 사신의 지위와 특권을 통하여 경제적 이익을 얻을 기회를 제공하거나 확대할 수는 있지만, 이러한 신분 자체가 곧바로 경제적 지위를 의미하는 것은 아니다.[23] 하지만 허위에푸는 지역사회에서 사신의 구체적인 역할에 관한 사례를 상세하게 분석하지 않고 중국과 일본의 국가적인 행위라는 틀에서 해석을 진행하였으며, 연구 과정에 대한 반성의 작용이 부족하였고 국가정책의 방향을 기준으로 사신계층의 변화를 판단한 것이다. 그는 근대 시기 중국의 사신계층과 상인계층의 결합이 급속도로 진행되어 신상紳商이라는 신분이 출현하였고 그 수가 증가했지만, 신상 집단은 기본적으로 사신계층에 속한 집단이기 때문에 소수에 지나지 않았다고 두 신분을 구분하여 인식하였다.[24] 일본 메이지明治시대 이후, 일본 사족은 몰락한 사족들을 경제적으로 지원하는 사족수산土族授産과 생산을 늘리고 산업을 일으키는 식산흥업殖産興業이라는 두 가지 정책을 통하여 지주와 소규모 공장주로 빠르게 신분을 전환하였다. 중국과 일본에서 나타난 이러한 차이점은 양국의 근대화 정책의 시행에 따른 방향성의 차이와 관련이 깊다. 즉, 일본의 메이지 정부는 중국 청나라 말기의 정부보다 경제근대화에 대한 지렛대 역할을 더욱 충실히 하였던 것이며, 이때 이루어진 녹봉제도의 개혁은 사무라이 집단을 경제적으로 와해시켜 그들이 새로운 직업과 새로운 방법을 찾지 않을 수 없게 만든 것이다. 일본은 사족수산의 정책을 통하여 몰락해 가는 사족계층을 대대적으로 지원하게 되었고 이를 통하여 자산계급의 효과적인 진보를 이룰 수 있게 되었다. 반면, 청나라 조정은 양무운동을 통하여 서양의 공업과 기술을 도입하기는 하였으나, 화폐제도의 개혁, 근대은행의 금융시스템 도입 등의 상응하는 개혁조치가 부족하여 내부의 자산기업을 효과적으로 보호할 수 없었고 더욱이 필요한 지원도 제공해 줄 수 없었기 때문에 경제근대화의 지렛대라는 역할을 해내지 못한 것이다. 이처럼 국가의 역할에 집중한 학설은 상명하달의 시각으로 사신계층을 관찰하고 있으므로 근대화서술법이라는 연구의 틀 안에서 사신계층의 신분전환에 대한 외부환경과 능동적 체계를 간소화하기 쉽다. 복잡한 사회구조를 통한 사신의 기능전환이라는 비교연구과제는 국가가 현대화의 흐름에서 선택한 대서사적 잣대라고 추측할 수 있다.

중국의 역사학계에서는 1980년 이후부터 지역사의 연구 방식을 제시하였지만, 역사 서술법의 하나인 대통사大通史 서술법의 영향으로 사회사에 대한 분석이 종종 동향론動向論의 방향으로 흘러가기 시작하였다. 즉, 복잡하고 차이점이 많은 역사적 현상을 최대한 단선적인 동향의 묘사로 치부하여 일종의 아웃라인out-line[14) 서술법을 이룬 것이다. 이러한 서술법은 특정 사물의 변화를 묘사할 때, 반드시 그 기원으로부터 이야기가 시작되어야 하며, 그것은 이전 사람들이 진행한 초기 단계의 연구가 충분히 누적되었는지 또는 이러한 연구가 토론의 전제로 활용되었는지에 대한 여부는 전혀 고려하지 않는다는 특징을 가지고 있다. 이렇게 되면, 모든 분야의 연구를 전면적으로 탐구할 수밖에 없으므로 내용이 중복되는 상황을 피할 수 없게 된다. 또한, 더욱 중요한 것은 더 심화 된 연구가 불가능하다는 점인데, 사신과 관련된 연구 저서를 읽을 때, 종종 기원에서 전환으로 이어지는 같은 유형의 서술법을 발견할 수 있다는 것이 대표적인 예이다. 그중 대부분은 신분의 변화에 기초하고 있는 내용이며, 이러한 내용에 대하여 의문을 제기하고자 할 때, 사신에게 어떠한 변화와 성장이라는 현상이 축적되었는지 판단하기란 쉽지 않다.

허위에푸와 왕시엔밍의 사신연구에 대한 저서를 대조해서 보면, 양자의 서술방식과 구조의 틀이 놀라울 정도로 비슷하다는 것을 알 수 있는데, 그들은 기원에서 전환에 이르는 내용에 관하여 동향을 개술槪述한 후, 다시 각각의 요소로 전환하는 같은 서술법을 사용하고 있기 때문이다.[25] 각 저서의 도입 부분인 첫 장을 보게 되면, 허위에푸는

---

14) 집필을 진행함에 있어 이야기의 윤곽, 경계를 설정하고 구상된 것을 도식화하여 요점 또는 개요를 정리하는 것.

'전근대 사회의 사신과 사무라이', 왕시엔밍은 '천 년의 변천, 사신계층의 역사고찰'이라는 제목으로 시작된다. 두 저서의 첫 장은 이처럼 모두 기원에 관한 내용을 서술하고 있으며, 뒤이어 각 장에서 서술한 사신계층과 관련된 각각의 요소에 대한 세부적인 서술이 이루어지고 있다. 이러한 두 저서의 각 장의 제목은 아래와 같은 대응이 가능하다.

> 허위에푸: "내우외환에 대한 정책, 사신과 단련團練[15]"
> 왕시엔밍: "보갑부터 단련까지, 기층사회의 통제와 사신계층"
>
> 허위에푸: "사신과 상인, 청나라 말기 사신과 상인의 연구"
> 왕시엔밍: "세찬 바람, 이권 운동의 회수 및 신상의 궐기"
>
> 허위에푸: "신권과 민권, 사신이 청나라 말기의 사신의 정치 동향"
> 왕시엔밍: "희미해진 신권, 초기 민권의 역사"

이렇듯, 사신의 역할과 각 요소의 대응 관계는 그의 신분전환이 근대화라는 흐름에 어떻게 적응하였는가를 반영하는 것으로, 그 적응에 대한 정도를 신분전환의 성공 여부를 평가하는 유일한 지표로 삼은 것이었다. 다만, 사신계층이 구체적으로 어떠한 상황에서 어떠한 행위를 하였는가에 대해서는 그리 주목하지 않았으며, 명제를 반복적으로 서술하는 방식을 통하여 각 개인에게 독창적인 능력이 있다는 환상을 만들어내게 되었다. 이에 따라 본인의 연구에 대한 출발점에서 작용하는 규범에 소홀하게 되고 이는 곧 학술적 퇴행이라는 부정적인 결과를 불러일으키게 된다. 예를 들어, 허위에푸와 왕시엔밍의 저서는 모

---

15) 송나라 시기부터 중화민국 초기까지 농민봉기를 진압하기 위해 존재했던 지주 계급의 지방 무장 조직.

두 사신과 단련團練에 대한 관계에 대하여 다루었는데, 왕시엔밍의 저서는 허위에푸보다 3년 늦은 1997년에 출판되었음에도 서술방식에 큰 차이가 없다. 그는 허위에푸의 연구에 대한 조사와 분석이 이루어지지 않은 상태로 지식의 축적 및 사신의 기능의 이해력을 촉진하기 위하여 일찍이 묘사된 사신과 단련의 기본적인 관계를 재차 반복하여 서술한 것이다. 그 결과 역사적 사실에 대한 문제의식의 혁신과 깊은 분석이라는 가능성은 찾아볼 수 없게 되었고 사신과 단련의 관계에 대한 구체적인 묘사를 추가할 수는 있지만, 지식의 축적이라는 측면에서는 아무런 의미가 없는 것이었다. 이와 같은 문제는 사신계층에 관한 연구뿐만 아니라, 다양한 역사연구 저서에서도 발견된다. 중국의 역사학계에서 이루어졌던 역사연구의 현황을 총체적으로 보면, 거대한 틀과 거시적 동향에 관련된 내용이 다수를 차지하고 있다는 것과 세부적인 사항에 대한 정밀하고 세심한 연구 및 분석 자료를 통하여 역사의 현장감을 느낄 수 있도록 서술된 저서들이 매우 드물다는 것을 알 수 있다.

2. 공통체의 기능변천 및 지방조직에 대한 해석의 다의성

1) 역사발전단계론에 기초한 기층조직의 형태

1950년 이후, 중국 사회의 기층조직에 관한 전문적인 연구 저서의 출간이 드물었던 이유는 중국의 사학계가 긴 시간 마르크스의 5단계론을 바탕으로 역사연구의 구조를 구축하고 계획해 왔기 때문이다. 5단계론의 기준에 따라 사회사의 단계가 발전과 변화의 요소를 지니고 있는가를 판단하게 되면, 생산력과 생산 관계를 토대로 그 사회의 발전수준을 평가하고 생산 관계를 잣대로 생산력의 발전이 적합한가를 비교하여 일련의 사회사에 관한 진화적 단계성을 구분하게 된다. 따라서 어떠한 연구 대상이 규정된 범위에 포함될 수 있는지, 혹은 중시될 수 있는지는 흔히 경제사와 국가주의라는 두 가지 지배적 요소의 관계에 근거하여 결정하는 것이다. 이 두 가지 요소는 토지의 점유 관계에 대한 식별 및 국가의 통제가 미치는 정도라는 기준으로 간소화할 수 있다. 토지점유의 관계를 식별하는 방법은 흔히 신분 계급과 관련되어 있다. 예를 들어, 토지를 점유한 자의 신분이 노비를 소유한 세력가勢力家의 신분인지, 혹은 그 지역을 다스리는 영주領主의 신분인지에 대한 여부는 그 사회가 노예제도 또는 봉건제도의 단계인가를 확정하는 중요한 기준으로 작용하는 것이다. 토지의 점유 관계로 역사를 논하는 것이 주도적이었던 당시의 상황에서 지역의 사회조직에 대한 학자들의 토론과 논쟁은 흔히 경제적 기능과 관련된 통제형식에 국한되었으며, 각 계층의 사회조직이 가지고 있는 기타 방면의 독립적 기능과 그 작용에 대한 중점적인 분석은 이루어지지 못하였다.

흔히 경제사연구에서 얻어진 결론은 정치사연구와 사회사연구의 방향을 좌지우지하기도 한다. 예를 들어, 경제사연구는 토지의 점유 관계와 관련하여 노비가 소속되어 있는 가주家主의 사적토지점유에서 봉건국가의 토지국유제로 전환된 상황을 바탕으로, 진한秦漢시기 이후에 나타난 토지국유제가 모두 봉건시대의 역사와 연결되어 있다는 점을 재차 확인하려는 경향을 보인다. 황족 지주皇族地主는 전국적으로 그 규모가 가장 거대한 토지 소유자이며, 소위 말하는 토지가 국가의 소유라는 의미를 이러한 황족의 토지 소유권의 독점을 근거로 들어 주장하고 있다. 황족의 토지 소유제는 역사적으로 둔전屯田, 점전佔田,

균전均田, 관전官田, 황전皇田, 관장官莊, 황장皇莊 등의 서로 다른 구체적인 형식으로 나타나고 있으며, 황족 지주는 토지를 타인에게 이전할 수 있는 권한을 가지고 있었고 농민은 토지에 대한 사용권만 가지고 있을 뿐, 토지사유권에 대한 법률적 권리는 상대적으로 부족하였다. 이와 동시에 황족의 토지 소유제는 대규모 보수공사 및 관개 사업의 조직형태와 밀접하게 연관되어 있다. 이는 경제적 공공직무公共職務를 바탕으로 하고 있으므로 토지에 대한 정치적 지배권이 필연적으로 발생하게 되며, 향촌지역의 공동체 조직은 봉건사회의 토지 소유제에서 물질적인 역할을 하게 된다. 이러한 사회적 배경에서 최고위층에서 모든 토지의 소유주로 군림하고 있는 군주君主는 전국의 모든 종주宗主16)를 총괄하는 최상위 종주였다.[26] 다시 말해, 계층사회의 조직운영방식에 대한 이해는 황권의 정치적 지배력에 대한 이해를 기반으로 해야 하며, 일말의 독립된 의의는 없는 것이다. 또한, 계층사회조직에 관한 연구가 필요한 이유는 국가의 관료제가 중앙조정에서 지역사회의 하위계층에 이르는 통제에 대한 작용을 반영하는 것이며, 이는 국가 행위의 연속이라 할 수 있다.

위에서 논의된 문제에 대하여 두 가지의 구체적인 예를 들어보도록 하겠다.

첫째, 1956년 3월, 고대사연구에 관한 궈모뤄의 저서에서 고대의 계층조직에 대한 문제가 언급된 적이 있다. 그는 초기에 출현한 중국 사회의 계층조직인 '읍邑'을 정의할 때, 최초의 원시 사회조직임과 동시에 노비를 소유한 지역 유지들의 통제를 받는 강제노동수용소로 변화하였고 이는 곧 일종의 행정기관의 형식으로 발전되었다고 인식하였

---

16) 중국의 봉건시대 제후들 가운데 패권을 잡은 지역의 맹주.

다. 이 때문에 읍에 속한 사람들은 때로 집단적 혹은 개인적으로 대항하기도 하였는데, 이러한 대항이 곧 지역 유지, 세력가들에 대한 반란의 형태라는 것이다. 점진적인 지역경제의 발전에 따라 읍이라는 공동체 내부에서도 빈부의 격차가 발생하게 되었는데, 이는 농토의 경작방식이 농노를 이용한 소작농의 형태로 전환되었던 점이 원인이며, 이로 인하여 읍이라는 조직은 노예제의 성격을 띠게 된 것이라고 논하였다. 궈모뤄는 또한 계층조직의 잔류형태가 존재한다고 인지하고 아래와 같이 분석하였다.

> 근대 시기 이후 등장한 동종공재同宗共財는 해방 전 시기의 사당祠堂, 회관會館, 공산公産, 상평창常平倉 등과 같은 원시사회의 유물임이 분명하다. 그러나 그 형태나 일시적인 역류 현상을 사회적 제도로 과장해서 정의하는 것은 역사유물주의에 맞지 않는다. 유물의 형태를 인정한다고 하더라도 그것은 질적으로 변화가 완료된 것이기 때문에 노예제사회의 내부구조는 노예제의 생산방식에 의하여 결정되며, 봉건사회에서의 내부구조는 봉건적인 생산방식에 의하여 결정되는 것이다.[27]

이는 계층사회조직이 독립적인 사회제도로 존재하는 것이 아닌, 생산형태의 변화에 따른 일종의 지표일 뿐이라는 뜻이다.

둘째, 역사학자 양콴楊寬도 마찬가지로 당시 사학계에서 폭넓게 논의되었던 정전제도井田制度[17])의 구성형식 및 변천의 관점에서 향촌의

---

17) 고대 중국의 하나라·은나라·주나라에서 실시한 토지제도. 주나라에서는 사방 1리里의 농지를 '井' 자 모양으로 100무畝씩 9등분 한 다음, 그 중앙의 한 구역을 공전公田이라고 하고, 둘레의 여덟 구역을 사전私田이라고 하여 여덟 농가에 맡기고 여덟 집에서 공동으로 공전을 부치어 그 수확을 나라에 바치게 하였다.

공동체 조직에 대한 논의를 진행하였다. 그의 서술법은 궈모뤄의 연구 방향과 달리, 향촌의 공동체 조직 내부의 구성요소와 공공생활의 형태에 대한 세밀한 묘사를 이루고 있다. 고대 중국 향촌의 공동체는 조직적인 성향을 띠고 있었고 나이가 많거나 학식이 비교적 풍부한 장로長老를 지도자로 삼고 조직의 생산 및 기타 공공업무를 책임지도록 하였으며, 구성원들 간에는 상호협력이라는 관습이 존재하였다고 인식하였다. 또한, 고대의 지방 교육기관인 상庠, 서序, 교校는 공동체의 공공 건물로써 그 구성원들의 공공집회와 활동의 장소임과 동시에 회의실, 학교, 대강당 및 집회소의 역할을 겸하고 있었다고 논하였다. 그의 연구 중에는 제사 활동과 관련된 묘사도 포함되어 있다. 그러나 글의 마지막 부분에서 고립된 소규모 마을의 성격을 정의할 때, 노예화된 소집단으로 깎아내렸고 공동체를 구성했던 농민들에 대한 명칭을 '노비'로 칭하여 서술하였다. 이는 지역의 세력가, 귀족, 국가가 당시의 실질적인 향촌 공동체의 소유주인 것이며, 지역사회의 각종 생산에 관련된 노예를 점유하고 노역을 시행하였던 역사적 시기였기 때문이라는 것이다. 소유주 신분의 계층은 기존의 공동체 조직에 노동을 강요하고 노예화된 소집단으로 취급하였으며, 매우 비참한 조건에서 생산 작업을 하도록 강제하기도 하였다. 이렇게 변질된 공동체 조직은 이후에도 장기간 유지되어왔다. 무엇보다 중요한 점은 이러한 공동체가 은나라 시기부터 서주시기에 이르기까지 노예제 국가의 종속적인 계층조직이 되었으며, 그 구성원과 노예들은 똑같이 억압을 받고 착취를 당하였다는 점이다. 서주시기 후기에 발생한 봉건적 관계는 춘추시대에 이르러 국가 제도의 형태로 발전하였고 공동체 조직은 각 지방의 영주에 예속되었으며, 촌락의 구성원들은 영주에 종속된 농민이 되었다.[28] 이처럼 공동체 조직이 연구적 가치를 지니게 된 것은 국가가 지방을 통제하기 위한 확장성의 형태를 띠고 있는 상징적인 존재이기 때문이며, 동시에 생산형태의 특성에 대한 보충설명도 가능하기 때문이다.

2) 공동체 조직의 개념에 관한 논쟁과 그 문제의식

공동체 조직의 존재 여부에 관한 논쟁은 사실 일본의 중국학계에서 이루어진 '사회공동체'의 문제에 대한 논의에서 시작되었다. 일본의 동양사학자인 우쓰노미야 키요요시宇都宮清吉는 중세시대의 전환기였던 중국의 진한秦漢 시기, 계층사회조직과 상위 관료제체계 간의 관계를 재정립할 필요성이 있다고 주장하였다. 그는 자율성과 타율성의 개념을 기준으로 하여 황제와 국민 사이에 존재하는 제약과 자치의 관계를 구분하였다. 만일 황제와 주민과의 관계가 타율적인 세계라면, 반대로 가족과 종족 및 동향인同鄕人을 일컫는 향당鄕黨은 국민에게 있어서 자율적인 세계라고 인식하였다. 황제는 주민들을 단일적인 존재로 여기고 장악하려 하였지만, 주민들의 실제 생활은 상호 간의 연대를 기반으로 공동체를 형성하고 있는 것이었다. 결국, 황제가 통제하고자 하였던 권력과 지역주민들의 생활에 관한 권리는 그 성질이 다를 뿐만 아니라 대립적이기도 한 것이다.[29]

다니가와 미치오谷川道雄는 우쓰노미야의 해석을 한층 발전시켜 한나라 시기 이후의 왕권과 지방사회의 관계가 '자치의 세계'와 '정치의 세계'로 구분되어 형성되었다고 인식하였다. '리里18)'의 출현은 곧 자율적 공간의 확장을 의미하는 것이며, 각 혈연가족과 친족의 관계가

---

18) 전국 시기, 진나라는 행정구역의 체계를 14개의 군郡과 군 아래 15개에서 30개 정도의 현縣, 그리고 현 아래에는 5개의 향鄕, 향 아래에는 5개의 정亭, 정 아래에는 5개의 리里, 리 아래에는 5개의 십오什伍로 구성하였다.

이루어지는 일상적인 장소임과 동시에 모든 친족이 모인 거주형태라고 주장하였다. 리의 개념은 일종의 지역공동체의 단위로써, 다수의 리가 모여 향鄕 또는 정亭이라는 단위의 성곽도시를 형성하고 이 도시가 다시 모이면 바로 현縣이 된다. 따라서 '향, 정, 리'는 군현제의 하부구조이기는 하지만 단순한 종속기관은 아닌 것이다. 리는 나이가 많은 남성으로 이루어진 부로父老계층을 중심으로 자치제도를 구축하고 있었고 각 리의 부로계층을 구성하는 인원 중에서 향삼로鄕三老를 선출하여 향 내부의 교화를 담당하게 하였다. 더 나아가 향삼로 중 현삼로縣三老를 선출하게 되는데, 이는 현령縣令 이하의 지방 관원과 대등한 지위를 가지고 있다. 다시 말하자면, 리를 기초단위로 한 자치체제는 향을 거쳐 현으로 확장되고 종족 관계와 향당의 관계를 통하여 각 혈족 간의 일상적인 연대로 결합 된 공간적 범위를 구축하는 것이다. 그러나 이러한 공간적 경계는 다시 현의 1급 수준에 달하는 행정영역을 가지고 있었을 뿐이며, 향이란 실질적인 자치 세계의 경계를 나타내고 그 경계 밖의 '현', '군' 및 중앙조정의 세계는 이른바 정치의 세계라고 할 수 있다는 것이다. 이러한 구분법은 정치의 세계로서 국가의 존재 이유가 향리사회의 유지 및 재생산 기능에 있음을 반영하고 있다. 다니가와는 한나라 조정이 정치의 세계로 자치의 세계를 종속시키는 과정은 국가의 지배권을 확립하기 위한 통합과정이었지만 그 과정으로 인하여 오히려 자치의 세계가 점차 완벽해지고 독립적인 공간으로 그 지배력을 형성하게 되었다고 인식하였으며, 당시의 상황에 대하여 국가의 쇠퇴와 동시에 고대의 전통이념을 극복하는 현상이라고 주장하였다. 그의 주장을 보면, 앞서 페이샤오퉁이 주장하였던 국가의 병진노선 정책인 쌍궤제의 원칙과 맞닿아 있는 것처럼 보인다. 즉, 양자의 사고방식은 어느 정도 유사한 점이 있다는 것인데, 그것은 바로 자치의 세계에서 중요한 공간적 변화가 일어났고 그로 인하여 계층사회조직의 형태도 전환되었으며, 결국 공동체 조직의 출현을 유발했다는 것이다. 후한後漢 시기에서 위진魏晉 시기에 이르기까지 중국의 공동체 조직에는 큰 변화가 나타난다. 그중 하나가 바로 '촌村'의 출현이다. 당나라 현종顯宗 시기 반포된 조세율령인 호령戶令에 의하면, 당시의 도시와 향촌은 명확한 경계가 존재하지 않았고 모든 지방은 리의 단위로 통일하고 있었는데, 도시의 리는 방坊, 향촌 혹은 농촌의 리는 촌으로 칭하였다고 한다. 삼국시대 이후, 한나라의 향리 제도가 흔들리게 되자 전란을 피해 이주민들은 스스로 촌락을 구성한 것이다. 다니가와는 이에 대한 구체적인 논의를 통하여 진한에서 육조六朝 시기에 이르는 공동체의 구조를 '리里공동체'와 '호족豪族공동체'로 구분하였다. 이 두 집단의 공통점은 모두 자립형 농민을 위주로 하는 공동체이며, 후자는 전자의 내부적 갈등으로 파생된 것이고 각각 중국의 고대 시기와 중세시기를 대표하는 계층 구조이다.[30]

일본의 중국학계가 공동체연구를 중시하는 이유는 제2차 세계대전 이후 중국학연구에서 반성의 요소가 실현된 것이라고 볼 수 있다. 초기 일본의 중국학계는 과거부터 존재해 온 '정체론'의 위기를 극복하기 위하여 중국사를 세계사의 발전단계에 포함하고자 하였다. 이는 역사유물론을 구성하는 세계사의 발전법칙을 공식화하여 중국사에 대응시키고 세계사의 한 단계로 해석하고자 하는 것이다. 이러한 단계는 고대 - 노예제, 중세 - 봉건제라는 틀로 이루어져 있다. 하지만, 중국에서 나타난 노예제와 봉건농노제를 사회구성의 단계라는 틀로 어떻게 증명해 낼 것인가에 대한 방법론적인 문제가 발생하게 된다. 이 때문에 위와 같은 접근방식은 전후 시기 일본의 중국학계에서 점점 사라지게 되었다. 과거의 연구법은 생산방식이 뚜렷한 형태로 나타나는 서양사에서 활용 가능성이 크지만, 중국 사회의 기본적인 바탕인 자립적 소농민小農民의 구조라는 존재로 인하여 중국사연구에 관한 획일적인 기준이 되지 못한 것이다. 따라서 중국사를 연구하기 위해서는 중국 사회에 존재하였던 자립적인 소농민이라는 본연의 형태를 통하여 역사발전을 끌어낼 수 있었던 요소를 탐구하여야 한다. 다니가와는 중국 사회를 구성하는 공동체 조직 자체가 중국사를 형성하는 주체적인 요소라고 가정하였으며, 이는 정체론이 애써 외면하고 있는 과제이기도 하다. 만약 유럽 사회의 특징이 사유재산제의 발전으로 이루어진 역사라고 가정한다면, 중국사의 특성은 공동체 조직의 자체적인 자기계발의 과정에서 우선적인 이해가 이루어져야 한다.[31] 동시에 공동체에 대한 논의는 계층사회조직의 권력 관계를 단순히 독립적인 계급 관계로 추상화해서는 안 되며, 신분 계급에 대한 관계 및 공동체 조직 간의 갈등상황을 토대로 하여 파악해 나가야 한다. 신분 계급은 공동체의 내부갈등으로 빚어낸 산물이기 때문에 신분 계급보다 공동체가 더욱 기본적인 개념이라고 할 수 있으며, 신분 계급에 대한 원리는 공동체 조직의 자체적인 발전에 따라 나타난 결과이다. 이렇듯 기본적인 사회의 수준을 토대로 구현된 구체적인 계급 관계는 계층 공간의 연구를 위한 길을 제시해 줄 수 있다.

3. 구조적 기능분석에서 지역사연구로

1) 근대화에 대한 서술법의 차이점. 지표화와 요소화

중국의 계층사회조직에 관한 연구 상황을 제대로 파악하기 위해서는 무엇보다 그들이 토론하는 지식의 전제가 무엇인지부터 분명하게 파악해야 한다. 1980년 이후, 중국의 사회사연구는 대체로 근대화이론 modernization theory[19]을 바탕으로 하여, 혁명에 관한 정치사의 내용에 초점을 두고 이루어졌다. 다만, 이는 서양의 중국학연구와는 다른 양상을 보여 왔는데, 필자는 이러한 점에 대하여 지표화와 요소화라는 두 가지 유형의 차이점을 통하여 분석을 진행하겠다.

서양의 중국학연구에서 이루어지는 근대화서술법은 기본적으로 역사적 동향에 관련된 연구이며, 중국 사회의 구조적인 변화를 살펴보는 차원에서 전통사회와 근대 사회를 구분 짓는 것을 강조하고 있다. 또한, 중국을 중심에 둔 세계관을 토대로 하여 계층사회의 상세한 묘사를 이루고 있다. 전체적인 구조에 관하여 일부 사회학적인 지표로 말미암아 중국 사회의 근대화 수준을 판단하고 그 일정 수준을 토대로 분석을 진행하는 연구 방식을 따르고 있다. 지역사에 관한 연구는 주로 중국 사회의 내부적인 시각에서 그 변천 과정을 관찰하는 것에 목적을 두고 있으며, 중국의 사회발전에 관한 심층적인 요소를 찾기 위하여 당시의 사회적 상황에 내재된 성질 혹은 성격에 대한 성급한 판단은 지양하고 있다.

예를 들어, 길버트 로즈만Gilbert Rozman은 『중국의 근대화The Modernization of China』에서 근대화이론에 대한 완벽한 지표를 통해 중국 사회의 변천 과정을 분석하였다. 그는 탈코트 파슨스가 주장한 구조기능주의Structural-Functionalism[20]의 원칙을 토대로 근대 사회와 전통사회의 근본적인 차이점을 각 계층의 분화와 통합에 대한 정도에 있다고

---

19) 근대성의 개념을 바탕으로 발전을 설명하는 정치경제이론. 서구의 역사적 경험을 근대화라는 보편적 발전모델로 일반화하여, 모든 국가가 이러한 선형적 발전과정을 따를 것이라는 점을 전제로 두고 있는 유럽 중심적 이론.
20) 현대 사회학자들이 일반적으로 사용하는 사회조직에 관한 사회학적 연구방법론.

논하였다.

　　사회의 각 계층에서 일어나는 상황을 통하여 근대화의 여부를 판단한
다. 일부 사회적 요소는 상황에 따라 직접적인 변화가 이루어지기도 하
며, 오히려 더욱 심층적인 변화를 발생시킬 수도 있다. 이러한 새로운
사회적 요소는 표면적 큰 관련성이 없어 보이지만 역사를 변화시키는
환경적 요인으로 작용할 수 있다.[32]

　또한, 그는 사회학계에서 논란이 일고 있는 근대화에 대한 지표를
다음과 같이 정리하였다.

　　국제관계에서 상호의존도가 강화됨에 따라 제조업 및 서비스 산업의
상대적인 성장이 이루어졌다. 또한, 출생률과 사망률이 하락하게 되고
지속적인 경제성장을 이룩하게 되며, 소득의 공정한 분배와 함께 기술의
확산에 따른 다양한 조직화와 전문화가 진행된다. 이는 정치참여의 대중
화(민주화 여부) 및 각 계층으로의 교육수준 확대로 이어진다.[33]

　근대화이론가의 표현에 따르면, 국가의 체계가 전환되는 복잡한 과
정을 통하여 사회적 흐름과 구조의 변화 및 사회와 인구가 연결되는
특정 시기에 근대화의 현상이 이루어지며, 이는 정치, 사회, 경제, 문화
의 변화로 확장된다고 한다. 따라서 근대화는 사회가 갖추고 있는 능
력을 의미할 뿐만 아니라, 그 능력을 통하여 일종의 제도적 구조를 구
축할 수 있고 그것은 끊임없이 변화하는 사회적 문제와 사회적 요구
에 적응해가는 것이다.[34] 근대화의 지표에 관한 해석은 학자들 간의
인식 차이로 인하여 논쟁이 되고 있지만, 길버트 로즈만은 이러한 기
본적인 지표를 통하여 중국사의 틀을 명확하게 설명하였다. 그는 자신

의 저서에서 정치와 경제구조, 경제성장, 사회적 통합, 지식, 교육의 관점에서 중국의 근대화 수준을 가늠하고 19세기와 20세기의 서로 다른 두 시대를 같은 지표를 기준으로 하여 비교하였다.[35]

길버트 로즈만이 제시한 방법의 장점은 전체적인 동향에 관한 분석이라는 점이다. 예를 들어, 그는 정치구조를 관찰할 때 보조적인 연구내용이 없이 직접 국가의 행위에 관해서만 연구를 진행하였는데, 특히 정부가 실시한 자원의 통제 및 분배에 관련한 정책이 근대화가 진행되는 과정에 영향을 미쳤다고 판단하였다. 이로써, 정치구조가 지역에서 책임과 권리의 범위가 확장되었고 그 분포는 촌락 및 혈족과 같은 단위에까지 분산되었다고 서술하였다. 이는 각 조직의 자생적인 형태와 내부적 동기를 위해서가 아닌, 국가가 추구하는 정책의 성패를 가르는 데 있어서 중요한 역할을 한다. 이러한 구조는 근대화가 진행됨에 있어서 상당한 의미가 있으며, 조정의 결정과 정책집행에 대해 큰 영향을 미치게 된다. 다만, 각각의 소규모 단위에서 서로의 협조와 통제를 통하여 그에 상응하는 선택이 이루어질 뿐, 사회의 각 계층이 근대화의 거대한 흐름 속에서 자체적인 판단력과 합리성을 지니고 있었다는 것은 아니다.

사회통합이라는 관점에서 길버트 로즈만은 인적자원의 양과 질, 인적자원의 공간 배분과 조직, 재분배의 다양한 과정 및 인간관계 등에 주목하였다. 각각의 요소는 근대화의 지표가 될 수도 있으며, 근대화 과정에서 보조적인 요소로 작용할 수도 있다.[36] 그러나 이러한 지표와 전체적인 자원배분 및 자원관리의 관계, 대규모 사회적 통제에 관한 과정은 여전히 고려해야 할 핵심적인 문제로 남아있다. 즉, 그가 제시한 근대화 지표는 일부 분산된 요소들을 하나로 통합하고 구분했던 근대화서술법을 통하여 통일적인 해석이 가능하다는 장점이 있지만,

이는 중국의 역사를 근대화라는 전체론에 강제로 편입시킨 것임과 동시에 정책이 자원 분배에 미치는 전반적인 영향과 각 계층사회조직 및 전통사회의 자발적 운영이라는 형태가 가지고 있는 중요성을 간과한 것이다. 특히 전통조직을 수동적인 요소로 분류하여 개선의 여지가 필요한 조직으로 분석했던 방식은 유럽 중심의 사고방식이며, 이는 곧 중국 사회를 비롯한 세계 여러 국가의 근대화연구에 있어서 유일한 방법으로 오인誤認되어 버렸다.

반면, 많은 중국학 학자들은 여전히 근대 중국 사회사를 연구할 때 전반적인 역사의 복합적 체계를 구축하고 있었다. 예를 들어, 페르낭 브로델Fernand Braudel과 같은 프랑스 역사학계의 아날Annales학파21) 학자들은 중국의 역사학이 가지고 있는 중요성을 정치사, 외교사 등의 서술법이 아닌 심리학적 요소를 강조하여 서술하였다. 전반적인 사회사의 틀을 구성하는 과정에서 중국 국내의 사학자들은 사회학 이론과 개념을 도입하기 꺼린다는 점을 알 수 있다.[37] 사회학자 차오즈창喬志强은 『근대 화베이 지역 농촌사회의 변천近代華北農村社會變遷』을 통하여 앞서 나타난 문제점을 지적하였다. 사회사의 체계는 사회구성, 사회생활, 사회기능이라는 세 가지 요소로 이루어져 있다. 사회구성은 사회 자체의 구성과 다양한 형태의 개발 및 변천 과정에 관련한 요소이고 사회생활이란 사회적인 생활과 운영에 관련된 방법에 관하여 탐

---

21) 프랑스 학술지인 『경제와 사회사의 연보Annalesd'historie economique et sociale』는 빠르게 성장하는 사회과학을 재구성된 과학적 역사로 통합시키려는 목적을 가지고 새로운 역사이론을 위한 전달 수단으로서 창간되었으며, 이 연보는 역사가, 경제학자, 지리학자, 사회학자들을 포함하고 있다. 그들은 역사는 일차적으로 과거 사실의 수집이라는 지배적인 견해와 대조적으로 인간 사회에 관한 과학으로서의 역사라는 관점을 발전시켜 왔다.

구하는 데 필요한 요소를 의미하며, 사회기능은 주로 사회적 기능의 발휘 및 장애에 있어서 폐해가 발생하는 경우, 조정과 변혁의 진행방법 및 변화, 실현에 관한 양상을 검토할 때 필요한 요소이다. 차오즈창은 '사회구성'에 관한 요소를 인구, 결혼가정, 종족, 지역사회, 민족, 계급, 계층으로 정확하게 분류하였고 '사회생활'에 관해서는 물질생활, 정신생활, 인간관계, 사회조직 등의 요소로 분류하였으며, '사회기능'은 교양의 기능, 구조기능, 통제기능, 변천기능의 요소로 수치화하여 구분하였다.[38]

표면적으로 보았을 때, 이러한 사회사의 체계는 구조 - 기능의 틀을 기초로 하여 구축된 것처럼 보이지만 사회구조와 사회기능의 상호 작용에 대한 위치가 전도되었다고 볼 수도 있다. 파슨스는 모든 사회체계는 제도적 기초를 바탕으로 이루어졌다고 주장하였는데, 제도적 기초는 사회기능에 만족 될 수 있는 요소를 실현하는 것이므로 최상위 개념이라는 것이다. 사회학연구는 씨족의 구조, 직업 구조와 계층분화, 지역의 사회적 능력과 권리의 통합, 종교와 가치의 통합[39] 등과 같은 규모의 틀을 바탕으로 제도적 장치와의 교류를 통하여 발전 및 변화의 지수와 정도를 예측하는 것이다. 차오즈창은 인구, 종교, 계층과 같은 요소를 기초로 하여 분석을 진행하였으며, 이를 토대로 구축된 사회사의 체계는 내부적인 변천 과정을 사회사의 차등적인 요소로 표현되었다. 파슨스는 사회의 변천 과정에 대하여 그가 자체적으로 분류한 네 가지 사회학적 연구지표를 통하여 발전 동향을 분석하였지만, 차오즈창은 사회의 차등구조의 요소를 지표로 하여 사회사를 분석하였고 그 차등요소의 기능을 하나하나 세밀하게 관찰하였다. 차오즈창은 사회사를 분석할 때 인간의 신체에 비유하여 아래와 같이 묘사하였다.

내가 만난 한 저명한 의사는 인간을 구성하는 여러 기관에 대하여 심층적인 지식을 습득한 후에 인체의 운동, 신진대사, 혈액순환을 이해하고 인체의 각 기관의 기능을 숙지하여야 인간이라는 생물의 모든 면을 정확하게 알 수 있다고 주장하였다. 사회사를 구성하고 있는 여러 차등요소의 기능을 분석하는 것은 앞서 말한 인체의 여러 기관을 분석하는 것과 같다고 할 수 있다.[40]

필자는 그가 각 기관의 단독적인 기능에 대한 과도한 분석으로 인하여 인체의 전체적인 운동이라는 면은 이해하지 못하였다고 생각한다. 즉, 차등요소의 기능을 분석하고 구분하게 되면, 그 요소로 인한 사회조직의 변화를 알 수는 있지만, 사회조직의 관계와 교류를 통하여 발생한 전체적인 변화는 볼 수 없다. 이렇듯 연결고리가 없이 각각의 요소만을 분석하는 그의 서술법은 전체적인 맥락에서 느슨해질 수밖에 없다. 이점을 통하여 중국 국내에서 이루어지는 전체적인 역사에 관한 연구는 아직 성숙하지 못한 단계에 있다는 점을 알 수 있다.

2) 요소정합론要素整合論을 탈피하기 위한 인류학 방법론의 활용

최근에는 문학, 사회학, 인류학, 법학 등 학계의 학자와 지식인들이 중국사연구에 뛰어들기 시작하였는데, 여기서 이들이 자신의 전문분야의 지식을 통하여 역사학의 내용을 재해석하고자 한다는 점에 주목하여야 한다. 이러한 현상은 크게 두 가지 서로 다른 진행 과정을 밟게 된다. 그 대표적인 두 가지의 예는 바로 왕후이가 근대성이라는 개념을 바탕으로 근대 중국사상사에 대한 수정을 진행하였다는 것[41]과 법학자 량즈핑이 법률문화를 바탕으로 중국 법률개념의 기원과 관련된 문화요소의 관계에 관해 연구했다는 것이다.[42] 이외에도 인류학적 방법을 통하여 지역사회의 역사연구를 재구성하기도 하였는데, 중국 계층사회조직의 역사연구에 있어서 인류학의 도입은 그 의미가 매우 큰 것으로 보인다. 그에 따른 영향은 주로 두 가지 측면에서 나타난다.

먼저, 사회구조와 경제체제의 변화의 측면을 들 수 있다. 계층사회 조직과 권력 형태에 관한 부분은 사회학과 인류학에서 집중적인 분석 이 이루어졌던 공통대상이다. 하지만 과거의 연구에서는 그 구조형식 의 변천에 대하여 다루고 있지 않았기 때문에, 현재 학자들의 집중적 인 관심을 받게 되었으며, 이를 통해 역사적 측면에서 그 변화를 연구 하고자 하는 관점도 중요시되기 시작하였다.

두 번째로 많은 학자가 지역사회의 역사를 묘사할 때 단선적인 발 전사發展史 중심의 서술법을 반대하기 시작한 경향을 들 수 있다. 지 역사회의 형성과 계층조직의 변천이란 요소가 단순히 근대화의 정도 를 파악하기 위한 척도로써 서술되는 수동적인 요소가 아니라는 것이 다. 이점에 대하여 런던경영대학의 인류학자 스테판Stephan Feuchtwang 교수는 아래와 같이 논하였다.

과거, 근대화의 의미는 많은 사람에게 전통이라는 개념을 뒤로하고 다음 세대로 나아가는 과정인 것으로 인식되었다. 하지만 현재 우리는 근대화의 의미에 사회의 전반에 걸쳐 공통으로 자리 잡은 체계의 재생 산이라는 뜻도 내포되어 있다는 것을 인지하기 시작하였다. 즉, 근대화 는 사회적 상황에 따른 각 기층민의 체감體感과 제도를 포함하고 있으 며, 이는 곧 시간적 제약이라는 개념은 존재하지 않는다는 것이다. 전통 이란 개념도 마찬가지로 시간적 제약이 존재하지 않으며, 현재를 살아가 는 사람들에게 방송 매체, 여행, 관광을 통하여 현대적 의미로 재창조되 는 것이다.[43]

스테판 교수가 논한 전통의 개념은 현대 사회에서 재창조될 수 있으며, 이러한 과정은 해당 지역이 가지고 있는 역사적 자원의 재활용 및 재해석과 관계가 있다는 것이다. 전통이란 늘 경직된 형태 혹은 근대화로 인해 사라지는 존재가 아닌, 지속해서 창조되는 능력을 갖추고 있으며, 이와 동시에 지역사회를 조직하는 원천이기도 하다. 지역조직을 재구성시키는 전통적 특성에 대한 사회학자와 역사학자의 견해에는 일부 차이점이 존재한다. 근대화이론의 영향을 받은 사회사연구는 전통사회의 조직으로 구성된 지역사회를 근대 시기의 산업국가와 비교하여 선통석인 지역사회가 비이성의 산물이라는 것을 거듭 설명하려는 경향을 보인다. 즉, 근대 사회를 이성의 산물로 정의하게 되면, 전통적인 지역사회는 비이성적인 사회로 규정되기 때문에 반드시 이성적인 근대 국가에 통제와 침략을 받아 소멸하여야 한다는 논리와 같은 것이다.[44] 이는 향촌 문화와 도시문화의 대립 범위를 '전통-근대'라는 이분법적 방법론을 통하여 확장한 형태와 같다. 이러한 이론은 중국 사회사연구의 기본적인 방향과 분석 방법의 측면에 상당한 영향을 미쳤는데, 차오즈창은 이점을 지적하여 아래와 같이 주장하였다.

중국의 전통사회는 봉건封建, 종법宗法, 정체停滯, 폐쇄閉鎖적인 특징이 주를 이루고 있지만, 근대 사회는 민주화, 공업화, 도시화, 사회계층의 유동화, 교육의 보급 등과 같은 특징을 나타내고 있다. 전통사회가 근대 사회로 변화하는 것은 바로 사회적 근대화의 과정인 것이다.[45]

근대화이론의 영향으로 도출된 연구 결과는 전통과 관련된 개념을 소멸시켜가는 과정에 과도하게 집중하고 있는 형상을 보이며, 이를 원인으로 전통계층사회의 생활상과 이미지가 가지고 있는 역할에 대해서는 논하지 않거나 심지어 철저하게 무시하였다. 예를 들어, 계층사회조직에 관한 연구는 그 구조가 근대 국가의 틀에서 어떻게 적응하여 변화와 쇠퇴를 거듭하였는가에 관해서만 이루어지게 되었으며, 그 연구 결과는 곧 근대성의 가치를 평가하는 유일한 지표로 작용하게 되었고 근대 국가의 정책적인 측면에서 계층사회의 변화와 혁신으로 발생한 기타 현상의 내용은 고찰되지 않은 것이다.

인류학자들은 전통사회의 조직형태에 대한 변화를 고찰하고 이를 바탕으로 통시通時[22]적인 요소를 통하여 연구를 진행하고자 하였다. 근대화이론을 지지하는 학자들은 사회의 구조가 더 개방적일수록 전통적인 요소가 빠르게 소멸할 것이라고 인식하였지만 1970년 중국의 개혁개방 시기 전후에 발생한 사회의 변천 과정은 근대화이론에 부합하지 않았다. 당시 중국은 세계와 분리된 지역으로 여겨졌고 국가가 전통적인 각 지역조직과의 협력을 통해서 지역사회를 성공적으로 통합하였으며, 이를 통하여 국가의 목표에 부합할 수 있는 새로운 형태의 기관으로 변화시켰다. 즉, 중국에서 일어난 근대화는 이론상의 내용과 정반대로 각 지역의 전통과 관련된 종교 및 제사의식을 서서히 회복하였으며, 심지어 향촌 문화의 부흥 운동이라고 하는 대규모의 전통문화 복원사업이 이루어지기도 하였다. 행정시스템이 체계적이지 못했던 원인으로 인하여 일부 지역에서는 1950년대부터 유지되어온 향촌조직이 지역의 행정체계를 대체하고 있기도 하였으며, 과학적이고 산업적인 특징을 가지고 있었던 근대화의 흐름 속에서 종적을 감

---

22) 언어의 양상을 역사적으로 연구하고 기술하는 입장. 시대의 변화에 따라 달라지는 어느 시점부터 다른 시점까지의 시간이라는 개념으로 이해가 가능하다.

추고 있었던 제사 문화까지도 근대화 이후 더욱 큰 조직적 능력을 갖추게 된 것이다. 심지어 많은 사람은 근대화 과정을 거쳐 구축된 현대 국가의 정치적 개념에 대해서도 이상적이고 모호한 것일 뿐만 아니라 현실적이지 않은 것이라는 비판적 인식이 있기도 하였다. 또한, 가족도급제家族都給制23)의 실시를 통하여 과거의 농업사회를 구성하고 있었던 가족의 구조형태를 재현하였고, 가족이라는 개념에 대한 전통적인 의식을 부활시켰다. 이는 지역 내에 존재했던 이익집단의 힘을 약하게 만들고 지역사회의 생산과 생활을 풍족하게 만드는 작용을 하였다. 과거의 전통적인 가족문화, 혼인문화는 근대화가 진행되고 있는 각 지역사회의 내부적 자원으로 다시금 중시되기 시작하였고 이러한 당시의 현상은 사회학적인 의미에서 근대화이론에 부합되지 않는 근거로 작용하게 되었다. 이러한 특이점은 중국의 근대 시기에 관한 사회사연구들이 근대화이론을 토대로 구축하였던 기본명제들을 흔들어 놓은 것이다.

일부 인류학자들은 과거 사회구조의 변화와 체계가 안정적으로 유지되었음을 나타내고 있는 역사적 사실들을 무시하려는 경향이 내포된 사회학 기능론의 문제점에 주목하였으며, 이점을 유의하며 계층사회에서 상징적인 의미가 있는 지역조직들에 관한 집중적인 연구를 시작하였다. 예를 들어, 각 지역사회의 토속민족, 사찰, 제사의식 등과 같은 조직에 대하여 고찰을 진행하던 중, 과거의 인류학자들은 그 연구의 틀을 구축할 때 여러 기능적 요소를 어떻게 통합할 것이며, 하나의

---

23) 개별 가구에 농지를 할당한 후, 거기서 생산된 농산물의 일정 부분을 국가에 세금으로 납부하고 그 나머지는 개인이 자유롭게 처분할 수 있도록 하는 제도.

단순한 계획을 어떠한 방식을 통하여 총체적인 목표로 전환할 것인가와 전체적인 틀의 완벽한 구축을 위하여 어떠한 역할이 이루어져야 하는가에 대해서는 그리 중시하지 않았던 점을 발견하였다. 이점을 반성한 후대의 학자들은 계층조직이 운영되었던 본래의 형태를 복원하기 위하여 각 지역사회의 생활과 일상의 행위를 지배하는 안정요소의 역할을 주목하였으며, 이러한 인류학자들의 동향은 일부 사회사연구자들에게 영향을 주었다. 이를 기점으로 복잡한 근대화이론의 측면에서 사회구조에 대한 분석에 치중하고 있었던 과거 사회사연구계의 동향도 종교 및 제사의식과 같은 지역사회의 비교적 세밀한 부분에 관한 연구에 집중되기 시작한 것이다.

필자는 계층조직의 연구에서 나타난 인류학적 연구법의 공헌이란, 사회학적인 의미에서 근대화 과정의 단순한 도구로 인식되었던 계층조직을 자발적인 조정기능과 문화체계의 측면으로 전환하였다는 점에 있다고 본다. 예를 들어, 왕밍밍王銘銘이 중국 남부 푸젠성福建省의 소규모 향촌마을에 관한 연구를 통하여 주장했던 이론은 과거 기든스가 제시한 전통 국가가 근대민족 국가로 전환되는 국가이론의 과정을 토대로 하고 있다는 것이다. 다만, 왕밍밍은 기든스의 이론을 기초로 중국사의 변천 과정이라는 특성에 맞춰 수정을 진행했다는 점이 중요하다. 기든스가 주장하는 지역사회의 계층조직이란, 전통국가의 지역사회에서는 비교적 약한 정도의 통제를 받는 편이었지만, 민족 국가의 시기로 접어들면서 그 통제력이 강해짐과 동시에 지역사회의 기본적인 운영수단으로 발전하게 되었다고 인식하였다. 즉, 전통국가의 지역사회에서는 경제, 교육, 문화에 관련된 조직들이 자체적으로 구성되는 특징을 가지고 있지만 민족 국가의 사회에서는 이를 지역 단위부터 시작하여 국가 전체에 걸쳐 정부의 제도 및 행정의 영향력을 통하여 계층조직이 구축된다는 것이다. 반면, 왕밍밍은 향촌마을들의 연구를 통해 국가가 지역사회에 개입하여 변화를 계획하는 역할을 하기는 하였지만, 그 과정과 맞물려 각 지역의 전통도 시대적 흐름에 자체적으로 적응하고 변화해 나갔다는 것을 증명하고자 하였다. 그는 지역사회의 자체적인 변화 중 특히 전통이라는 개념이 가지고 있는 사회변화의 적응능력을 강조하기 위하여 지역사회의 변천과 향토전통 사이에 지속해서 존재하였던 분화 및 통합이라는 과정에 대하여 한층 더 깊게 탐구하고자 한 것이다.[46]

예를 들어, 중화민국 시기까지 시행된 보갑제는 계층사회에 개입된 국가권력을 상징하는 향토조직으로써, 지역의 가구 수에 따라 단위를 정하여 향촌을 관리하였는데, 사실 이는 전통적인 제도를 억압하거나 소멸시키지 않고 일종의 새로운 정치 지역과 권리로 대체시켰을 뿐이었다. 즉, 마을을 이루고 있는 씨족집단들의 조직, 근거리통신망, 경제적 기능과 의식은 보갑법이 시행되기 이전과 같게 보존하였던 것이며, 씨족사회의 공동체 의식, 통혼通婚제도, 윤작 및 제사에 관한 전통행사 등은 그대로 진행된 것이다. 이는 국가가 보갑법을 시행함에 따라 발생할 수 있는 향토세력의 사회문화적 갈등상황을 원하지 않았음을 알 수 있는 것이며, 각 지역사회의 지속적인 발전이 가능하도록 일정한 생산 공간을 제공하기도 한 것이다.[47] 이점을 들어 왕밍밍은 아래와 같이 설명하였다.

계촌溪村[24])지역에 교육시설이 설립되었다는 것은 그 지역사회가 근대화로 전환되었음을 의미한다. 다만, 그 시설을 관리하는 이는 마을에

------

24) 소규모 향촌.

서 권세가 가장 큰 진씨陳氏 가문이 책임지고 있었으며, 운영에 필요한 자금지원 및 행정과 사무에 관련된 모든 업무도 그 가문의 가족들이 담당하였다. 이렇듯 향촌의 전통문화는 근대성을 띤 정치적 체계로 전환되어 그 기능을 지속해서 수행한 것이다.[48]

인류학계에서 제시하고자 하는 점은 근대 시기 이후의 사회적 변화를 고찰할 때, 국가와 제도라는 거대한 틀에서 시작하여 지역사회의 소규모 계층조직까지 아우르는 모든 변천 과정의 형태와 동향을 분석하는 방법을 되도록 지양하자는 것이다. 또한, 전통이라는 관념을 근대화라는 파도에서 휩쓸려 사라지는 대상으로 규정하는 연구 방식도 논외로 하여야 한다고 주장한다. 사회의 변화란, 국가의 정책에 따른 여러 근대화의 요소가 전통사회를 단일적으로 변화시키는 것을 보여주는 것이며, 더불어 전통사회는 그 변화에 대하여 적응해가거나 저항해가는 과정이라는 것이다. 인류학자들은 각 계층의 권리구조에서 나타나는 전환과 의식 및 지도자와의 관계 등의 각도에서 교차연구를 통하여 사회학에 대한 학술적인 인정을 얻게 되었다.[49] 여기에서 주목하여야 할 것은 사회적 상황이란, 역사라는 '기억'을 구성할 때 지대한 영향을 미친다는 점이다. 이러한 역사의 '기억'이라는 개념과 관련하여, 1996년에 출판된 징쥔(景軍)의 『기억의 신당: 중국 촌락의 역사, 권리와 도의記憶的神堂: 一個中國村落的歷史、權力與道義』라는 저서를 예로 들 수 있다. 그는 프랑스의 사회학자 모리스 알박스Maurice Halbwachs가 주장한 집단기억集團記憶25)의 구조를 토대로 연구를 진행

---

25) 집단기억Collective Memory, 프랑스의 사회학자 모리스 알박스가 기억을 사회적 혹은 집단적 그리고 구성적인 관점에서 바라보고 과거는 순수하게 기억되는 것이 아니라 사회적 상황에 따라 재구성된다고 주장한 개념.

하여 정치와 사회 간에 존재하는 교류 및 상호 작용을 이해하는데 있어서 새로운 사고방식을 제시하였다.[50] 중국의 근대 사회사에 관한 연구는 늘 정치적인 측면의 사회적 개입이라는 과정만을 강조해 왔으며, 그 합리성에 대해서는 입증이 이루어지지 않았다. 또한, 전통사회가 가지고 있는 재생능력에 관해서는 연구범위에 포함되어 있지 않으며, 계층사회의 생활사에 관한 실질적인 각도에서 전통사회의 창조와 생존능력을 이해하고자 하지 않은 것이었다. 근대화서술법에서 이루어지는 전통에 대한 묘사는 수동적인 요소가 되어서는 안 되며, 자체적으로 논증이 가능한 진화적 규칙이 존재해야 한다. 적어도 전통과 변화가 동시에 존재한다는 관점에서 그 규모와 영향력을 비등한 선상에 놓고 이루어져야 하며, 그 정도가 평행을 이루고 있는 상황에서 섣부른 판단을 내리는 것은 적절하지 않을 것이다.

3) 계층사회조직의 연구에 관한 대서사 서술법의 특이점

앞에서 알아본 바와 같이, 일부 사회사연구의 틀은 근대화에 대한 진보적 이념과 고대 중국의 통치와 관련된 전통적인 개념의 영향을 모두 받았다는 것을 알 수 있다. 즉, 고대로부터 지금까지 발생하였던 모든 역사적 요소들이 그 틀 안에 존재하고 있는 것이며, 이를 바탕으로 근대화 과정이라는 구조를 분석하고 계층조직을 구성하는 요소를 분화해 나가는 것이다. 그 틀은 실질적인 국가의 의식형태와 권위구조가 사회과학 분야를 지배하는 일련의 작용에 대하여 묘사하고 있으며, 그 작용에 따라 나타나는 특징은 정치사를 표현하는 전통적 서술법과 상당 부분 상응하고 있다. 이를 토대로 계층조직의 여러 요소를 근대화의 지표로 판단하여 그 안에 어떠한 변천 과정이 존재하였는가를 해석하는 것이 역사학계의 주요한 과제로 인식한 것이다. 사실 마르크스를 모더니즘의 성향을 가지고 있는 사회학의 창시자로서 인식한다면, 본래의 정치사가 구축하고 있는 서술법의 틀로 사회단계를 구분할 때 단선적인 해석을 초래하게 된다. 이는 곧 전통사회와 근대 사회라는 이분법적 영역에 갇혀버리는 결과를 발생시키게 되는 것이다.[51] 역사를 연구하는 과정에서 인류학적 방법이 도입됨에 따라, 각 계층에 대한 기본적인 구성형태와 지역발전의 합리성이라는 두 가지 측면의 표현방법이 구축되었다. 최근 몇 년 동안 일부 사회사연구자들은 계층조직의 운영에 관한 측면에서 안정성이 있는 요소를 탐구하고자 하였다. 그들은 인류학자와 달리, 역사를 회상하는 관점에서 전통이라는 개념이 가지고 있는 재생기능을 주목하지는 않았지만, 계층조직이 독립적으로 진화할 수 있는 시간적 위치를 설정하였으며, 이는 주로 민족, 제사, 호적과 같이 발생 시기를 규정할 수 없는 사회의 기본구성단위에 집중되어 있었다. 정전만鄭振滿은 『명청 시기 푸젠성의 가족조직과 사회의 변천明淸福建家族組織與社會變遷』이라는 저서를 통하여 유가 사상이 서민사회로 유입되는 과정에서 나타나는 지배능력의 영향에 관하여 연구를 진행하였다.

정전만은 중국사학계의 관점으로 가문家門이란 정치성을 띠는 일종의 사회조직이라고 정의하였으며, 당나라와 송나라 시기 이후 신분 계급의 갈등이 격화됨에 따라 가문이 형성되고 발전되어 정권의 한 조직으로 전환되었음을 밝혔다. 사실 대부분의 중국학자는 송나라 이후에 가문이라는 조직에 대하여 봉건제도를 구성하는 유기적인 부분으로 인식하고 있었고 계급투쟁과 계급분화를 방해하는 요소로 작용하였기 때문에 중국의 봉건사회에 대한 해체과정을 지속시켰다는 견해를 가지고 있었다. 최근 몇 년 동안 학계에서 가문의 경제적인 기능을 중시함에 따라 많은 학자가 명청 시기의 후이저우徽州, 강남(장강 남쪽 지역), 푸젠성 및 주장삼각주珠江三角洲 등 지역의 가문이 소유하고 있었던 농경지에 관하여 연구하기 시작하였으며, 이를 통하여 그들이 경영한 산업 및 상업적 활동이 도시경제에 작용하는 역할에 관한 서술이 이루어지게 되었다. 하지만 중국의 국내 학자들은 사실 이러한 연구를 통하여 일반적으로 '가문'의 역할에 대하여 경제활동을 통해 재산의 계급대립을 유화시키고 봉건적 통치를 강화했다는 점을 설명하고자 한 것이다.[52] 이는 가문이라는 요소를 봉건사회의 상위계층의 의식형태를 관찰하는 도구로 인식하고 있었던 정치사와 사회사의 연구 경향을 뚜렷하게 보여주는 것이다. 이렇듯 일반화된 정치사의 이해 방식은 가문이라는 조직을 지역적 차이가 없는 집단으로 일반화하여 인식하고 있을 뿐만 아니라, 각 지역에서 오직 단일적인 기능을 수행하는 조직으로 판단하였기 때문에 그들이 지역사회에서 가지고 있었던 치안, 사법적 중재, 호적관리, 조세징수, 부역, 종교의식, 민속 행상 등의 통합적 기능을 무시하게 된 것이다.

정전만은 송나라 시기 이후의 정이程頤, 주희朱熹 등의 유학자들이 주장한 이론을 토대로 민간조직의 발전을 위하여 진행된 의식형태의 측면을 전제조건으로 하여, 서민화庶民化라는 통합적 의식을 도출하였다. 그 의식의 주요한 목적은 문화와 윤리의 측면에 대하여 지역적인 관점에서 설계된 제사 예법 및 왕권 제도가 아닌, 인간의 도리를 목표로 두고 귀족과 관료사회에서만 적용되었던 도리인 경종수족敬宗收族[26]의 범위를 사회의 각계각층의 공통적 행동 규범으로 확장하는 것이었다. 서민화의 개념과 규범은 과거 법전에 공식적으로 기재되어 있

----

26) 선조를 공경하고 가정을 보전한다.

지는 않지만 앞서 말한 경종수족의 도리를 그 이론적 근거로 삼고 있다. 특히 주자학朱子學의 창시자인 주희는 선조에게 예를 다하여 제사를 지내고자 하는 의미로 사당祠堂의 제도화를 제창하였고 그 틀을 바탕으로 지역사회가 가지고 있는 창조성의 진화를 거쳐 제사의식의 변화가 이루어졌다. 또한, 이를 통해 종족제도의 발전 규모를 확대하고 지속시켰으며, 주거 양식에 관해서도 제사를 목적에 둔 별도의 사당을 설치하도록 장려하면서, 서민계층이 단독으로 제사를 지낼 수 없었던 금령禁令을 자연스럽게 해지解止 시킴과 동시에 제사 방식에 존재하는 많은 차이점이 사라지게 되었다.

그는 이점에 초점을 맞추고 유가 사상에 따라 규범화된 주거 양식의 서민화를 통해 명청 시기 지역사회에 존재했던 조직들의 자치성이 강화되었음을 주목하였다. 푸젠성에서는 명나라 중엽, 뒤늦게 종족집단이 이갑제와 결합하여 계층의 정권조직으로 변화하였음을 발견하였고 호적관리와 부역체계에 미치는 종족집단의 기능을 연구하여 그 결과를 도출하였다. 사실 학계에서는 명청 시기 황권 독재의 고도화를 관료정치의 한 단면일 뿐이며, 집권의 유지는 계층사회의 자율화를 대가로 하고 있었다고 추정하고 있었다. 반면, 정전만의 연구에 따르면 당시의 관료정치는 사실상 아무런 사회적 역할을 하지 않았고 효율적인 사회의 통제력도 존재하지 않았으며, 이는 결론적으로 계층조직이 발전해 나가는 원동력으로 작용하였다고 논하였다. 이를 통하여 지역사회에 대한 향토조직과 종족집단의 전면적인 통제가 이루어졌고 민간화된 통치체계에서 가문이란 개념은 가장 기본적이면서 가장 효과적인 지역사회의 통제수단으로써 그 역할을 하게 되었다는 것이다. 결국, 이러한 사회적 현상으로 인하여 계층사회의 자율화라는 흐름은 가문이라는 조직의 보편화를 초래하였고 정치화와 지역화로 이어지게 되어 많은 부수적인 사회조직을 양산하게 되었다는 것이다.[53] 이러한 정전만의 주장은 1940년에 사회의 구조적 변화라는 측면에서 페이샤오퉁이 주장한 쌍궤제와 상응하고 있었기 때문에 연구의 창의성이라는 측면에서는 그 역량을 발휘하지 못하였다. 그러나 그의 연구는 종족집단이라는 차원에서 푸젠성 지역을 중심으로 유가 사상에 의한 서민화 과정을 강조하여 지역사회의 재산가 혹은 권력가의 역할 및 대중사회연구의 범위를 넓혔다는 점에서 큰 의미가 있다.

사회학자 리우즈웨이劉志偉는 다비드 포르David Faure와 함께 『종족과 지역사회의 국가 체계宗族與地方社會的國家認同』[54]라는 사학연구서를 통하여, 혈연 혹은 친족에 대한 시각의 폭을 한층 확장해야 한다는 점을 강조하였다. 명청 시기 이후 중국 화남지역에서 발전한 종족집단은 중국 역사상 유례가 없었던 제도적 조직이었을 뿐, 사회적으로 통일된 체계적인 조직은 아니었다. 여기서 말하는 종족은 인류학자들이 주장하는 혈연집단이라는 통념 혹은 일반적인 의미의 선조 및 혈통의 개념은 아니다. 당시 화남지역 종족집단의 발전은 국가의 정치변화와 경제발전의 한 단면임과 동시에 국가의례라는 측면의 변화가 지역사회로 침투하는 과정을 의미한다. 리우즈웨이는 화남지역에서 국가적 행위에 따라 변화하는 종족구성의 구조적인 면을 강조하였다. 이는 인류학자들이 전통적 관념의 재건을 강조하였던 점과 정전만이 주장했던 종족의 자족성에 대하여 대립 관계를 형성한 것이다. 이데올로기의 측면에 이론적 기반을 두고 민족주의의 행위가 어떠한 경로를 통하여 이루어졌으며, 그것이 지역사회에서 어떠한 형식으로 확대되었고 친족집단의 의례儀禮가 지역에 대한 국가적 상징과 어떠한 점에서 결부된 것인지에 관하여 진행하였던 리우즈웨이의 연구 과정은 매우 독특한 접근법이라고 할 수 있다.

종족제도와 제사의식을 중심으로 사회의 기반 조직에서 나타난 변화를 연구하는 것은 분명 인류학계의 연구방법에서 영향을 받았다고 볼 수 있다. 한편, 정통역사학의 새로운 틀에서 새로운 방법을 모색하고자 하는 흐름도 형성되었다. 일부 학자들은 낡은 사회사의 명제에서 참신한 연구방법을 발견하였고 새롭게 구축한 방법론의 틀 속에서 해석을 진행하고자 하였다. 그 중, 리우즈웨이는 명청 시기 광둥성 지역에서 시행된 이갑제가 각 사회계층에서 작용했던 기능 및 변천 과정을 되짚어 보았으며, 기존의 경제사연구에서 나타난 과도한 실증주의를 뛰어넘어 사회에 대한 국가의 통치행위에 대한 상호 작용을 고찰하였다.[55] 이러한 연구의 출발점과 관심의 초점은 제도 변화의 측면이 아닌, 당시 이갑제의 시행으로 나타난 지방정부와 계층사회 간의 관계와 그 변동을 고찰하고자 함에 있는 것이다. 그는 이갑제라는 제도가 지역사회의 질서 및 사회조직의 규범화에 대하여 어떠한 역할을 하였는가를 근본적으로 규명하고자 하였으며, 이는 그 역할이 어떠한 사회적 자원을 토대로 하여 효율적으로 작용할 수 있었는가와 더불어 당시의 제도가 어떠한 사회질서의 혼란을 일으켰고 어떻게 몰락하게 되었는가에 중점을 둔 것이다. 이러한 점을 이해하게 되면, 사회적 압력이라는 영향에 의해 이루어진 과세제도의 변혁이 사회체계의 근본적인 변화와 어떻게 맞물려 돌아갔는지도 파악할 수 있게 된다.[56] 리우즈웨이는 명나라 말, 청나라 초기에 이갑의 개념이 도갑圖甲으로 전환된 이유를 기존의 호구戶口 수 중심의 조세정책 기준이 각 지역의 친족집단이 가지고 있는 산업의 경제 규모에 따른 토지와 세금의 기준으로 변환된 것에 있다고 논하였으며, 그와 관련된 화폐화, 정액화, 비례화, 단일화라는 과세 동향의 근거를 통하여 호적제도의 변화도 설명하였다. 도갑의 개념은 가정과 인구의 중심이 아닌, 경작지를 중심으로 하는 정부의 조세체계가 되었다. 도갑제의 도圖와 이갑제의 리里는 지역 혹은 토지라는 공통적인 의미가 있지만, '도'는 호적등록의 형태에 치중하고 있으며, '리'는 사회를 이루는 가장 기본적인 조직 그 자체에서 비롯된 명칭이다. 두 명칭은 같은 의미이면서도 확실한 차이를 가지고 있지만 확실한 점은 청나라 시기에 시행되었던 제도의 핵심은 바로 도갑제의 '도'가 가지고 있는 의미인 호적등록에 따른 체계라는 것이다. 이는 지역사회의 일부 계층조직을 대상으로 하는 것이 아니라, 모든 집단조직을 대상으로 한 것이며, 호적편제와 조세징수라는 두 가지의 복잡한 정책적 관계를 맺은 것이다. 당시 조성의 공분을 보면, 호戶는 표면적으로 토지 혹은 세금의 형태로 등록되어 있지만, 실질적인 지역사회조직의 구성원들은 친족집단의 단위로 체계화된 것이다. 정부의 관리체계와 실제 지역사회의 체계가 일치되지 않았기 때문에 지역조직이라는 중간관리자의 역할에 의존할 수밖에 없었으며, 그들이 역할을 발휘할 수 있는 공간도 제공되어야 했다. 결국, 그 공간에서 종족, 사대부, 하급관리 등의 지역계층이 지역사회의 통제에 있어서 중요한 역할을 맡게 되었으며, 이들은 정부와 민간사회의 중재자라는 역할을 실행함과 동시에, 이해관계를 조합 및 분석하고 정부와 지역사회의 움직임을 좌우지함에 따라 양측 모두에게서 외압을 받기도 하였다. 청나라 중기 이후의 사회질서는 그들의 이러한 복잡한 갈등 관계를 통하여 일종의 균형상태와 안정을 이룬 것이다.[57]

명나라에서 청나라 시기까지 지역사회에서 이루어진 국가의 통제방법, 통제 강도, 성향에 대한 논의에는 아직도 많은 난제가 산재해있다. 일각에서는 계층사회조직의 자생적인 공간이 확대되었을 가능성이 있다는 주장도 나오고 있는데, 이와 관련하여 학자들은 일찍이 많은 연구 저서를 발표하였다. 그중 대부분 저서는 19세기 초엽에 등장한 전통적인 지방자치단체인 '선당, 향약, 상회'라는 조직을 근거로 하여 중국의 사회영역에서 서양과 유사한 공공영역이 존재하였고 이는 근대사회의 기능을 갖추고 있음을 증명한다는 내용으로 이루어져 있다. 다만, 이러한 전통적 개념을 가진 조직의 사회적 역할이 어떠한 방법을 통하여 국가의 통제에서 벗어날 수 있었는가에 대한 원인이 설명되지 못한 상황에서 단순히 서양식 시민사회의 논리와 대응시키는 것은 적절치 못하다는 주장도 존재한다.

리우즈웨이는 청나라 중엽 이후, 국가 권력체계에서 나타난 계층조직의 역할에 관하여 연구를 진행하였다. 그는 도갑제를 토대로 전통적인 공간에서 일어난 변화에 대하여 설명하였고 전통적인 사회조직의 전환을 통하여 국가의 통제에서 벗어날 수 있었다는 점을 논하였다. 또한, 사회조직의 각 구성원이 각자의 사회적 지위를 가지고 있었다고 간주하고 일정한 토지에 대한 소유주를 조사하여 정부를 대신해서 조세징수의 역할을 실행하였다고 명시하였다. 호적은 일반적으로 민간사회를 구성하는 모든 구성원이 공통으로 소유하고 있어야 하는데, 만일 호적이 박탈되면 재력財力을 사용하여 복구할 수 없을 뿐만 아니라, 복구가 가능하다고 하더라도 상당한 대가를 치러야 했다. 이처럼 명청 시기의 향촌제도는 지역주민의 토지 및 재산을 기준으로 한 종속적 관계로 형성되었으며, 과거 중앙집권체제에 편입되었던 직접적인 예속 관계의 성격을 가지고 있다는 것을 알 수 있다. 이러한 종류의 전통적 사회질서에서 민간사회조직은 필연적으로 국가권력과 정치적 이익에 의해 일체화된 것이며, 그 조직은 민간사회와 국가권력 사이에서 중개의 역할을 했던 중요한 의미가 있는 것이다.[58] 또한, 명나라 중엽 이후에 종족조직이 보편화 되고 기능이 강화되었던 현상은 호적체계의 변화가 일어난 원인이기도 하다. 리우즈웨이의 주장은 단순히 씨족이라는 개념의 범위를 넘어서 모든 친족집단과 호적 관계를 동시에 대조하여 근대 국가의 사회적 관계를 정립하는 새로운 발상이었다. 기존의 연구는 조직을 구성하는 하부요소인 인종과 예법에 따른 사회적 기능 및 문화적 기능에 집중하여 자발적인 변화과정에 초점을 맞추고 있었다. 이 때문에 호적에 대한 동향조사와 같은 지역적 요인들을 놓친 것이다. 즉, 국가와 지역사회의 양측에 관련된 계층조직들은 지방 자치체제의 형성과 통제에 대응하는 탁월한 능력을 지니고 있었다는 것이다. 이처럼 경제사의 관점을 통해 바라본 사회사연구 및 문제 인식은 시방자치와 권력 구조를 분석하기 위한 연구영역의 출발점으로 자리 잡게 되었고 이를 통하여 극도로 왜곡되었던 청나라 초기 황권 제도에 대한 정치사의 대대적인 수정이 이루어지게 되었다.

최근 사회사연구영역에서는 또 다른 중요한 진전이 이루어졌다. 이는 인류학 이론의 영향과 관계가 있으며, 문화적인 의미에서 계층사회의 구조 및 하위계층의 동향을 나타내는 것이다. 과거의 사회사연구에 관한 이론은 일반적으로 두 가지 경향을 보였다. 첫 번째로 경제결정론과 계급분석이론이라는 정치경제학파의 영향이다. 이들은 토지 및 재산과 같은 경제이익의 점유율을 비교하여 사회계층을 분석하고 각 계층 간의 상호 작용이 일어나는 원인에 대한 이해를 목적으로 하는 학파로써, 이러한 분석법은 사회적 생활상에서 나타나는 복잡한 기능을 이해하기보다 경제적 이익의 각축장이라는 관점으로 이해되기 쉽다. 두 번째는 사회학적 측면에서 기능학파機能學派[27]의 영향으로 인

---

27) 기능학파Functionalist, 일반적으로 말리노프스키Bronislaw Kasper Malinowski 와 래드클리프 브라운Alfred Reginald Radcliffe Brown 등의 인류학자에서 비롯된 민족학, 문화인류학 학파.

해 지역사회의 생활사를 당시 일반 계층의 눈높이에 맞춰 이해하고자 했던 경향이다. 이는 지역주민의 생활 욕구가 사회사의 주된 작용을 미치고 있음은 물론, 이익분배의 구조에 기반을 둔 역학관계가 복잡하게 얽혀있기 때문에 서민들의 생활에 대한 이해가 더욱 깊어질 수 있다는 점을 강조하고 있다. 제사의식과 같은 일부 비근대적인 기능인 심리 및 정신에 관한 측면의 분석은 이루어지지 않았지만, 인류학적 관점으로 해석을 진행한 것은 이론적인 측면에서 진일보한 것이라고 볼 수 있다.[59] 서양에서의 중국학연구는 이미 점진적으로 성과가 나타나기 시작하였으며, 중국의 학계에서도 이미 여러 차례 이와 관련된 크고 작은 학술적 시도가 이루어졌다. 예를 들어, 1999년에 출판된 천춘성陳春聲의 저서 『신앙공간과 사회역사의 변화信仰空間與社區曆史的演變』에서는 중국 광둥성 동부 한강삼각주韓江三角洲 지역 신당들의 체계와 종교적 공간에 존재하는 사회적인 상호 관계에 대하여 앞서 기술한 두 가지 이론의 응용을 시도한 것이다. 이러한 시도는 사회적인 통제에 관한 다중적인 요소들의 작용에 주목한 것이라고 볼 수 있다.

천춘성은 과거의 사회사분석의 틀 중에서 신앙심과 제사의식에 관한 연구가 대체로 집단이라는 영역의 범위로 이해되고 있다고 인식하였다. 더불어 광둥성 동부지역의 한 마을 신당의 연구를 통하여 상호 간에 중첩되고 역동적인 작용을 일으키는 종교적 공간의 변천 과정 및 이를 둘러싼 신앙사회의 지배 관계와 지역사회의 심리적 상황을 묘사하고자 하였다. 사실 신당의 건립은 폐쇄적인 종교 활동이라는 측면이 아닌, 지역사회의 내부에 존재하고 있는 역학 구도와 상당히 밀접한 관계를 맺고 있다. 서로 다른 다양한 형태의 신당들은 각각 다른 사회계층의 기층민이 구축한 것이며, 각 신당이 가지고 있는 상징적인 의미도 서로 큰 차이가 있다. 예를 들어, 광둥성 동부 항구도시 장린樟林의 화제묘火帝廟는 주변 상가구역의 화재를 막아달라는 의미에서 신에게 기도를 드리는 신당이다. 사실, 초기에 화제묘를 건립한 목적은 장수를 기원하기 위한 것이었지만 이후 세대를 거치며 지역의 수호신으로 신격화되어 지금의 의미로 전환된 것이다. 장린에는 화제묘 외에도 민간신앙 혹은 토속신앙에 근거하여 건립된 여러 신당이 존재하며, 이러한 신당들은 각각 일종의 등급체계를 가지고 있다. 관제묘關帝廟, 문창묘文昌廟, 풍백묘風伯廟, 신위천후궁新圍天后宮 등의 명칭을 통하여 각각의 특별한 의미와 상징성을 나타내고 있으며, 각각의 건립이념과 운영방식에 따라 서로 다른 역할과 기능을 하고 있다. 그러므로 각 신당과 관련된 지역사회의 상호 관계에 대한 이해가 없이, 모든 신당을 통일적으로 일반화시켜 묘사하는 것은 적절하지 못하다. 이는 그 지역사회의 내부에서 복잡하게 얽혀있는 사회의 흐름을 나타내는 결정체이자 역사의 축소판이기 때문이다.[60]

예를 들어, 화제묘에서 나타난 집단의 신앙심은 곧 그 지역사회를 구성하고 있는 대중의 심리적 공감대라고도 볼 수 있다. 이러한 주민들의 공통적인 의식은 지역주민이라는 자격資格의 개념과도 상관관계를 이루고 있다고 할 수 있는데, 화제묘의 상징적인 의미에서 보면, 지역주민과의 유대감이 존재하였다는 것을 알 수 있으며, 이러한 유대감을 느끼는 주민들은 해당 지역의 진정한 주민이라는 자격을 갖추게 되었다고 인식할 수 있다. 다른 지역의 신당들도 마찬가지로 제사의식과 신당관리는 지방자치단체의 통제 혹은 지역 외부의 상단商團들의 왕래와 관계없이 현지주민들에 의해서 진행되었다. 즉, 토착화와 민간화의 과정을 거치지 않은 사원 및 사찰들은 지역주민의 생활과 유대감을 형성하지 못하였다는 것이며, 이는 곧 지역사회의 생활상을 반영하는 역사적 근거로서 활용가치가 없다는 것을 증명하는 것이다.

천춘성은 이러한 공간분석을 일종의 향토 지역이 가지고 있는 심리상태라고 해석하였다. 그는 장린의 상황을 예로 들어, 민간사회에 존재하는 신앙의 개념을 지역주민이 가지고 있는 심리적 공감대 혹은 신당과의 유대감으로 표현하였으며, 이를 자격이라는 상징적인 개념을 통하여 설명하였다. 이는 지역사회와 지역주민의 전통적인 제사의식 혹은 신앙과 관련된 생활사와 반복적으로 교차 되어 발생하는 현상이며, 신당이 가지고 있는 지역주민의 심리상태를 반영하는 것이다. 장린에 존재하는 이러한 유형과 무형의 복잡하고 역동적인 사회체계는 단순한 제사 문화, 종교문화, 신앙문화라는 분석적 개념으로 파악하기 어렵다. 신앙 공간이 거쳐 온 시공간적인 과정과 각 역사적 장면을 복원하고 재현하는 것이야말로 실제 지역사회에 존재하는 체계를 올바르게 이해하는데 있어서 큰 도움이 될 것이다.[61]

4) 지방자치에 대한 다중해석 및 기초사회연구에 대한 적합성

근대 시기의 중국은 자치自治라는 개념을 활용할 때 복잡한 변화를 겪고 있었다. 이는 근대화를 겪으면서 발생한 몇 가지 정치적인 현상과 밀접한 관계가 있다. 자치의 개념은 반만주反滿洲의식, 의회민주주의, 입헌, 분권이라는 당시의 각기 다른 정치적 이념과 맞물려 정치 담론의 집약적인 화두로 급부상하였으며, 각기 다른 정치세력의 영향력에 의해 구축된 제도는 다양한 정치적 이상을 실현하기 위한 수단으로 작용하였다. 의미적인 측면에서 자치란, 자체적인 통제와 절제를 뜻하며, 이는 국가의 권력 장악이라는 개념과 정면으로 대치되는 것이다.

전통적인 중국 사회는 일찍이 자치의 구조와 비슷한 이념이 존재하였다. 그 예로 과거 중앙분권체제에 대하여 봉건제도와 군현제를 통한 논쟁이 이루어진 점을 들 수 있다. 청나라 초기의 사상가 고염무가 주장한 군현론郡縣論은 각 현에 현청縣廳을 설치하고 그 지위를 분할하여 지역을 관리하도록 하는 이론으로써, 이는 지방자치단체를 통한 국가 조정의 간접적인 통치를 목적에 둔 것이다. 근대 시기 이후 자치의 의미는 과거 전통적인 의미를 내포하고 있다고 볼 수 있지만, 사회적 배경에 존재하는 복잡한 원인으로 인하여 다른 의미도 내재 된 것이다. 태평천국운동 이후, 시방 세력의 팽창과 지역 행정 능력의 통제강화로 인하여 전통적인 질서로서 중앙 정부와 지역사회의 관계가 재정립 및 재배치되는 현상이 발생하였다. 예를 들어, 19세기 말에서 20세기 초까지 민족 국가를 수립하기 위한 과정에서 중앙 정부가 지역사회에 강제로 개입하여 지도자를 색출 및 척결하는 상황이 진행되었다. 이러한 상황을 바탕으로 중앙정부와 지역사회 간에 존재하는 경계선을 설정하기란 전혀 쉽지 않다는 것을 알 수 있다.

국가의 중앙조정과 지역사회라는 두 가지 공간의 관계를 설정하는 것은 사실상, 역설적인 요소로 작용한다. 만약, 태평천국운동 이후 나타난 국가의 정치구조가 지방자치단체의 발전에 있어서 고의로 유리한 공간을 내어주었던 것이라고 가정한다면, 중국이 민족 국가로 원활하게 수립될 수 있겠느냐는 점에 대하여 명확한 설명이 불가능할 것이다. 자치라는 개념도입에 대한 근대 지식인들의 고찰방법 및 기본적인 활용전략에 대하여 논하자면, 영어의 '지방자치'라는 단어가 가지고 있는 의미에서 시작할 수 있다. 지방자치는 'local autonomy'와 'local self-government'라는 두 가지 단어로 표기할 수 있다. 첫째, local autonomy는 특정 지역에 거주하는 사람들이 자신의 의사에 따라 사안을 결정하고 처리하며, 국가권력을 배격한다는 의미를 담고 있다. 둘째, local self-government는 지방자치단체가 국가권력에 속한다는 전제하에 특정 지역에 거주하는 사람들이 국가의 법률에 따라 일을 처리해 나간다는 의미가 강조된 단어이다. 일부 학자들은 개항開港을 통하여 서양식 근대화를 이루었던 일본의 역사적 사실과 그 당시의 지방자치제도의 성격에 대하여 후자의 의미를 담고 있다고 평가하였다. 당시 일본에서 나타난 지방자치의 실질적인 양상은 국가권력을 배격하는 양상은 아니었기 때문이다.[62] 중국도 마찬가지로 근대화 시기, 지방자치의 개념을 도입하고자 하였는데, 여기에서 주목해야 할 것은 당시 청나라의 정치가이자 사상가였던 황준헌黃遵憲이 바로 앞서 설명한 일본식 지방자치의 개념을 도입하여야 한다고 주장하였던 점이다. 일본식 지방자치의 개념은 독일의 법학자 그나이스트Rudolf von Gneist가 완성한 법치국가의 이론을 토대로 하고 있으며, 이는 영국에서 최초로 제도화한 지방자치의 개념이다. 그나이스트는 지방행정과 국가 전체의 법률체제는 통일적이어야 하며, 하나의 체계로 이루어져야 한다고 주장하였다. 단, 지방자치 체제에서 사법권은 행사할 수 있지만, 입법권의 권리는 존재하지 않는다. 더불어, 지역의 지방자치는 국가의 권력을 초월하는 기능은 가질 수 없으며, 자치단체는 중앙 정부와 행정기능의 측면에서 일체화되어야 한다고 명시하였다.[63] 여기에서 흥미로운 점은 이러한 개념의 접두어인 'local'의 의미가 일본에서 추가되었다는 것이다. 일본의 헌법 정립의 선구자였던 야마가타 아리토모山縣有朋는 그나이스트의 제자인 아이작 모세Issac Mosse의 영향을 받아, 이전에 시행된 지방자치제도의 퇴행적 양상에 대하여 학습하고 개선하여 더 적절하고 효율적인 제도를 구축하는 초석으로 삼은 것이다.[64]

반면, 근대 시기 중국의 지방자치 체제의 도입을 제창했던 황준헌과 양계초 등은 후난 지역에서 나타난 지방자치의 퇴행에 대한 원인을 지방의회가 가지고 있었던 실질적인 입법 기능에 주목해야 한다고 주장하였으며, 단순한 지방정부의 행정적 기능만을 주시하여서는 안 된다고 논하였다. 앞서 등장한 지방자치의 구조는 서양식 현대 국가의 성격을 띠고 있는 중앙집권적 정치체제로써, 지역사회를 구성하는 주민들의 일상생활에 영향을 미침과 동시에, 국가가 정치적으로 각 계층 구조에 세부적으로 침투하고자 하는 의도가 깔려있다는 것이다. 표면직으로 보았을 때, 황준헌이 일본식 지방자치의 개념을 후난 시억에 도입하여 일종의 실험을 거친 후, 마치 지역주민에게 자주自主와 자립自立을 지향하도록 한 것처럼 보일 수 있으나, 사실 내막은 그렇지 않다는 것이다. 이는 태평천국운동 이후의 청나라가 지방분권에 동참한 듯한 양상을 보여주기도 한다. 그러나 그가 추구한 지방자치의 본 모습은 결코 권력의 분산이 아닌, 근대민족 국가의 헌정憲政이라는 틀 속에서 지역이라는 개념의 위치를 새롭게 규정하고자 한 점에 있다. 이를 통해 탄생한 새로운 의미의 지역주의地域主義는 강한 근대성을 나타내고 있으며, 국가와 대립하는 상황을 지속하는 것이 아닌, 포용적 구조를 통한 관계조율에 집중한 것이다.

미국의 화교 학자인 쿵페이리孔飛力는 중국 사회에서 통제와 자치의 원칙The principles of control and autonomy이란 결코 분리될 수 없는 것이며, 이러한 상황에서 이루어지는 지방자치는 국가의 정치적 행위를 통하여 쉽게 전환될 수 있다고 주장하였다. 즉, 지방자치에 대한 국가의 정치적 행위는 고대 시기부터 이어진 시간의 과정에서 뚜렷한 변화로 나타나게 된다는 뜻이다. 예를 들어, 앞서 고염무가 주장했던 봉건이론에 입각한 지방자치란, 지역관리의 자주적 능력을 강화하는 것이 아닌, 중국 전체의 중앙집권제도를 안정적으로 실현하고 그 구조의 안전성을 지켜가는 것에 목적을 둔 것이다. 강유위도 마찬가지로 근대 시기의 지방자치제도와 고대 봉건 시기 분봉제分封制의 원칙이 같다는 주장하였고 정치 질서에 대한 사회질서의 자주성을 강조하였으며, 개인의 자아실현 및 자아관리, 자발적인 단체협력 등의 자연적인 동향을 통하여 질서가 발전해 온 것이라고 인식하였다.[65] 이것은 서양의 시민사회이론에서 등장하는 공공영역의 자주성 원칙과 상당히 비슷하다. 그렇지만 근대 시기 이후 인식된 지방자치란 국가와 지역사회의 지식인들이 민족주의와 국가부흥이라는 공통적인 목표에서 이해관계를 형성하였던 과정을 간과해서는 안 된다. 사실, 개혁을 추구하였던 사람들의 정치적인 계획은 새로운 통제절차를 통하여 각 지역의 지식인들에게 국가의 요구에 맞는 행위를 하도록 지시하고 근대성을 토대로 통치와 자치 간의 구조적 관계를 변화시키는 것이었다. 근대 시기에는 종종 국가의 계획 혹은 정책들이 지방자치를 통하여 실현되기도 하였다. 통제와 자치의 균형에서 계획된 근대 국가의 정책은 더는 안정된 사회와 경제체제를 유지하는 것에 국한되지 않고 경제성장과 국가권력의 촉진이라는 작용을 실현하는 것이기 때문이다. 국가를 중심으로 근대화가 실현되면, 지역사회에 대한 정치와 더불어 사회체계의 개선 및 변화가 이루어지게 되고 국가의 통제와 착취가 더욱 격화되며, 통제와 자치라는 이원화의 균형상태는 결국 무너지게 된다. 결론적으로 이러한 상황이 발생하게 되면 자연스럽게 중앙집권적 통치체제로 넘어가게 되는 것이다. 이점에 대한 예로 19세기 말에 일어난 변법자강운동을 들 수 있다. 이 현상은 청일전쟁의 패전과 제국주의 열강 세력에게 영토가 분할 당했던 상황에 따라서 망국의 위기를 실감한 지식인들이 전통적인 정치체제와 교육제도를 개혁하여 부국강병을 실현하고자 나타난 사회운동이며, 이를 통하여야만 중국이 세계적인 근대화의 흐름 속에서 살아남을 수 있을 것이라는 강한 의식이 있었다. 이는 결국 실패로 끝이 났으며, 국가와 지역 간에 존재하였던 정치 및 사회적 문제점에 대하여 청나라 조정은 더욱 강력한 직접적인 통제와 변혁을 실행하였다.

이러한 점을 보면, 중화민국 초기의 지방자치 체제가 민간사회에서 높은 지지를 받지 못하고 심각한 반향을 불러일으켰던 이유에 대하여 쉽게 이해할 수 있다. 당시 지방자치는 민간사회를 향한 국가통치의 부차적 도구 혹은 중개의 역할을 하고 있었기 때문에 자치가 내포하고 있는 본래의 뜻을 전승하지 못하였을 뿐만 아니라, 자치의 개념에 응당 존재하여야 할 의미조차 퇴색되어 소멸한 것이다. 그래서 중범위 이론을 토대로 지방자치에 관한 연구를 진행하기 위해서는 전통적인 의미에 집중하여서는 안 된다. 특히, 자치의 뜻에 내포된 근대성의 범위를 중앙 정부와 지역사회의 협조 및 협상의 관계라는 근본적인 문제의식에 국한하여 분석할 것이 아니라, 한발 더 나아가 세계민족, 국가의 인식체계, 국민정신의 형성과 밀접한 관계가 있다는 점에 주목해야 한다는 것이다. 강유위가 해석한 공양삼세설의 발전 동향은 사실, 중앙조정과 지역사회가 서로 의지했던 전통문화의 인식체계를 토대로 하여 이루어진 것이며, 이를 바탕으로 세계적인 시각을 통하여 민족국가의 인식체계를 설정하고 재차 관찰을 진행한 것이었다. 근대 시기에 지식인들이 진행하였던 여러 사회운동은 제도적 측면에서 국가권력에 영향을 미쳤고 결국 국가가 통제에 관한 능력을 강화하는 것으로 전환된 것이다. 계층사회에 대한 국가의 통제는 일종의 반사작용을 일으켰고 그 반응은 각 지역의 지식인들을 통하여 여러 가지 사회적 활동으로 나타남과 동시에 지역의 사회적 이익을 발생시켰으며, 결국 그들이 속해 있는 계층에 대한 권력의 지위를 확립하게 되는 계기로 작용한 것이다.

황둥란黃東蘭은 1909년 이후에 지방자치가 구체적으로 시행되기 시작하면서 각 지역에서 잇달아 일어나기 시작했던 자치제도에 대한 여러 가지 사회현상을 연구하였다. 그는 당시의 시대적 배경에서 지역주민들에게 인식된 지방자치의 부정적인 해석을 두 가지로 정리하였다. 첫째, 지방자치의 실무를 담당하는 사회계층이 그 권력을 이용하여 정부와 지역주민의 중간에서 이익을 착복하는 상황이 발생하였고 결국이는 대중의 강한 반향을 일으켰다는 점이다. 둘째, 지방자치제도를 통하여 각 지역사회에 존재하는 두 가지 세력이 서로 대치하게 되는데, 한 세력은 승려, 관료, 지역 유지 등으로 대표되는 구舊세력이고, 다른 한 세력은 지방자치에 새롭게 동참한 신新세력이며, 이 두 세력이 각각 지역사회의 주민들을 선동하여 내분을 발생시켰다는 점이다. 황둥란은 이와 같은 현상이 일어났던 많은 지역 중, 장쑤성江蘇省 촨사현川沙縣 지역의 사례를 바탕으로 연구를 진행하였으며, 특히 지방자치가 공간을 구축해 나가는 측면에서 나타난 실질적인 작용에 주목하였다. 그는 현 단위 지역 및 현 이하의 행정구역에서 계층사회에 의하여 운영된 지방자치의 실제 사례를 관찰한 후, 지방자치제의 도입이 전통적인 국가와 국민의 관계 및 국가와 사회의 관계에 있어서 근본적인 변화를 가져온 것은 아니라고 주장하였다. 청나라 말기 촨사현의 지방자치에 관한 사례를 보면, 지방자치제도의 실무자였던 해당 지역 출신의 지식인들은 관청과 지역주민의 사이에서 비관비민非官非民의 위치에서 그 역할을 실행하고 있었으며, 그 지역 내부에서 이루어진 통치체제는 근대행정체계의 종속적인 관계가 아니었음을 증명하는 것이다.[66] 이는 앞서 등장했던 로버트 혹은 쿵페이리 등과 같은 학자들이 청나라 말기의 지방자치에 관한 연구를 통해 주장하였던 청나라의 조정이 지방자치를 이용하여 각각의 기관에 지역 출신의 지식인들을 등용하고 국가의 행정적 통치의 수준을 한층 더 높였으며, 더 나아가 지역사회의 세밀한 틈을 파고들고자 했다는 견해와 반대되는 것이다.

이렇듯 과거의 이론구조에 대한 정면도전과도 같은 황둥란의 연구는 국가가 지방자치제도를 이용하여 해당 지역의 지식인들을 통제하거나 계층사회의 생활문화를 제어하지 않았을 뿐만 아니라, 오히려 그들에게 지방자치제도를 통하여 권력을 부여하고 합리적인 지위를 활용하여 광범위한 활동을 할 수 있도록 공간을 제공하였다는 것을 증명하고자 한 것이다. 그는 지식인들의 활동이 과거 전통사회에서 존재하였던 지역유지有志 혹은 그 유지계층을 중심으로 하는 지역조직에 국한된 것이 아니라, 지방자치의 규정에 따라 '성城', '진鎭', '향鄕'과 같은 향촌지역의 행정단위를 활동영역으로 활용하고 심지어 지역 행정의 영역을 합리적이고 효율적인 영역으로까지 확장하였다. 지역사회의 지식인계층이 주도했던 하의상달식의 개혁은 근대민족 국가의 특징인 상명하달식의 행정인 관료화와 구조화라는 근대화 과정에 대립한다. 황둥란의 연구사례에서 나타난 국가의 정치적 계획에 따른 지역자원의 활용양상을 보면, 두아라가 화베이 지역에서 국가권력과 대항하였던 향촌조직의 관계를 분석할 때 활용했던 이론적 틀과 비슷하다는 것을 알 수 있다. 두아라는 문화, 권력, 국가가 이루고 있는 문화적 네트워크를 통하여 중범위적 개념으로 근대 시기의 국가권력이라는 압력에서 계층사회가 어떻게 자원을 재생산하여 문제를 해결하였는지에 대하여 분석하고자 하였다. 황둥란은 두아라와 달리, 지역사회의 민간저항세력들이 국가의 정책수정에 미친 영향이 국가가 지역사회에 미쳤던 영향보다 더 큰 효과를 거두었다는 관점에 집중하였다.

리화이인李懷印은 향촌 사회의 전통적인 요소를 약화하기 위하여 진행하였던 국가권력의 동향에 관하여 연구를 진행하였다. 그는 성문화成文化되지 않은 관습을 토대로 구축된 공동체의 잠재적 담론형태와 명시적인 권력 간에 존재하는 쌍방관계라는 두 측면에 집중하여 분석하였으며, 이러한 쌍방관계가 향촌 사회의 공동체를 구성하는 데 미치는 역할을 탐구하고자 하였다. 그는 연구 중, 두아라가 주장한 문화적 네트워크를 중범위이론의 틀에 포함되지 않는 사항으로 간주하였고, 그것을 공간적 개념으로 정의할 수 없다고 논하였다. 또한, 향촌 사회의 권력 운영의 진실성을 탐구하기 위해서는 지역공동체라는 범위의 구체적인 공간에서 이루어져야 한다고 주장하였다. 하지만 향촌민의 공간은 특정한 사회집단의 범위에 포함하여 분석을 진행하는 것이 더 의미가 있다고 볼 수 있다. 사회집단은 일련의 조정 관계를 거쳐 구성되며, 그 구성원들이 소유한 자원의 공유권公有權을 규정하고 구성원이 받아 마땅한 권리와 수요들을 누리고 그 책임과 의무도 동반이 되어야 한다. 20세기 초, 화베이 지역 향촌에서 나타난 조정 관계는 일종의 관례와 규약의 성질로 실현되었으며, 실제로 이를 통하여 향촌 주민들의 구체적인 의무와 권리를 규정하고 있었다. 대부분 경우에는 사회집단의 범위와 향촌이라는 지역공동체의 경계가 서로 일치하는데, 이는 한 마을에 한 가지 규정만이 존재하고 있었음을 의미하는 것이다. 리화이인은 이러한 향촌지역들에 대하여 특정한 의의를 지닌 촌락공동체라고 칭하였고 촌락의 설립은 구성원 간의 권리와 의무를 조정할 수 있는 관례와 규정을 토대로 구축되며, 그 촌락의 규정이 실질적으로 운영되고 유지되는 지역공동체의 공통담론이 존재한다고 주장하였다.[67] 또한, 지역공동체의 안팎에서 서로 다른 권력요소를 가지고 있었던 내부담론의 통합에 관한 연구를 통하여 공간제약의 구조와 여러 가지 요소의 위치를 구분하고자 하였다. 물론 이것은 두아라가 제시한 문화적 네트워크보다 더 구체적이고 명확할 뿐만 아니라 중범위이론의 성질과 더 가깝게 맞닿아 있는 것이다. 하지만 훠루현獲鹿縣이라는 지역을 예로 들어 진행하였던 향촌 내부의 담론이 지역주민이 권력 쟁취에 관한 기능을 할 수 있었는가와 지역공동체의 측면에서 그 공간의 분화가 보편적인 의미가 있었는지 등에 관한 내용은 아직 증명해 나가야 할 과제로 남아있다. 이는 즉, 공동체에 존재하는 담론이 가진 중범위적 지배력에 관하여 많은 연구와 경험을 통한 검증이 이루어져야 한나는 것을 의미한다.

리화이인은 또한 향촌조직의 규정에 대한 지역주민들의 효율적인 활용에 시간적 제약이 존재하였다는 점을 주목하였다. 앞서 말한 상황들은 1910~1920년의 상황을 반영한 것으로써, 당시 중화민국정부는 주로 각 지역의 지식인들을 활용하여 향촌 사회의 자원을 동원하고 이를 통하여 국가의 근대화를 실현하고자 하였다. 그 결과, 지식인들은 이러한 기회를 이용하여 자신의 권력을 강화하였고 향촌 민중들이 정부 권력에 대항하도록 지원한 것이다. 현 단위의 지역에서 활약하고 있었던 지식인조직은 새로 설립된 지방자치 정부를 이용하여 자신의 영향력을 확대하고 자신과 자신이 속한 공동체의 이익을 보호하기 위하여 지역사회의 밑바닥부터 향촌 규정과 같은 내부행정 및 사법기관들을 상당히 효율적으로 운영하였다. 그러나 1930년 이후, 국민당國民黨 정부가 지방자치제에 대한 통제를 강화함에 따라 지식인들은 그들의 영향력이 미치던 향촌의 각 기관에 행정권을 빼앗기게 되었으며, 어쩔 수 없이 지역사회의 정치 권력에서 멀어질 수밖에 없었다. 하지만 마을의 구조와 관례에 대한 그들의 역할은 변함없이 견고하였으며, 약간의 조정이 이루어지기는 했지만, 여전히 지역사회의 지배력은 유지하고 있었다. 간단히 말하자면, 지식인계층이 과거와 같이 직접적인 실무를 담당하지는 않았지만, 지역사회의 곳곳에서는 아직도 그들의 영향력을 간접적으로 작용한 것이었다. 1930년 이후, 휘루현에서 이루어진 재산권의 명의등록에 관한 제도를 살펴보면, 지역사회가 정부의 지속적인 개입에도 불구하고 분열 혹은 해체되지 않는 견고한 집단이었다는 점을 알 수 있다. 이는 당시 향촌 사회와 정부의 관계에서 변화와 유지라는 두 가지 특성이 동시에 존재하였다는 것을 의미한다.[68]

황둥란과 리화이인의 연구는 미국 중국학계에서 구축한 국가와 지역사회의 관계라는 틀을 개선함과 동시에 보다 세밀한 묘사를 이루었다는 점에서 상당한 의미가 있다. 그들의 연구를 통하여 좀 더 정교한 학술적 토론이 가능하게 되었으며, 역사적 사건과 향촌 지역사회의 규정 및 제약에 대한 관점을 시작으로 과거 국가의 구체적인 지배방법과 소규모 지역 단위의 공간에서 일어난 복잡한 운영체계를 상세하게 파악할 수 있는 계기가 마련되었다. 또한, 지역사회의 과밀화過密化와 권력의 문화적 네트워크 등의 중범위적 개념에 대한 질의와 비평으로 탄생한 중범위이론을 기초로 하여, 지역의 계층사회연구에 대상과 범위를 선정할 때 많은 참고가 가능해진 것이다.

지방자치에 관한 과거의 연구를 보면, 국가권력을 토대로 근대적인 지방자치가 진행되었다는 주장이 대다수를 차지하고 있다. 더불어, 도시와 향촌에서 나타난 자치의 형태에도 차이가 존재하며, 주로 도시의 공간에 대한 정부의 관리 감독은 향촌지역보다 더 효율적인 것으로 묘사되었다. 그러므로 앞서 등장한 지방자치의 각종 형태는 더욱 변형된 국가의 통치행위로 볼 수 있다. 예를 들어, 어느 학자는 의료제도와 관련된 시각에서 사회사의 연구를 진행하였는데, 20세기 초, 베이징시

北京市에서 서양 의료제도가 도입된 이후, 정부가 국가의 질병을 관리할 때 베이징의 지방자치단체와 밀접한 관계를 유지했다는 점을 제시하였다. 이는 사실, 전통적인 도시 및 지역에 대한 재분할과 재편성을 통하여 근대 국가의 기능으로 지역을 운영하기 위한 정부의 목적과 관계가 있다. 전통적인 도시의 구조를 분화시킨 뒤, 지역 내부와 외부에 존재하는 생활사의 형태를 근대도시의 구조로 재결합할 때, 근대성을 상징하는 치안, 위생, 구제, 교육, 실업 등의 요소로 구성하는 것이다.[69] 앞서 등장하였던 징쥔景軍의 허베이성 딩저우定州 지역연구에서도 현대식 의료보건체계의 확립은 지방자지를 실행하여 나온 결과로 묘사되어 있다.[70] 반면, 많은 학자는 도시라는 공간이 향촌지역보다 국가로부터 더욱 엄중한 직접적인 통제를 받기는 하였지만, 그 내부에서도 공동체의 자아표현에 관련된 공간이 존재하였을 것이라는 가능성에 대하여 증명하고자 하였다.[71] 왕디王笛는 도시의 기본적인 요소인 도로와 주거지역에서 나타난 지역민의 사회생활상을 고찰하고 사회공동체 내부에 존재하는 지역조직들과 지방자치 체제에 관하여 탐구한 후, 지역사회에서 공동체의 개념은 대부분의 기본적인 인식과 큰 차이가 존재한다고 주장하였다. 그는 시정市政기관의 영향력을 받지 않는 지역민들은 그 지역의 공공영역을 자유롭게 이용하고 그 지역사회와 관련된 업무를 자체적으로 처리할 수 있으므로 자유로운 생활이 가능하였으며, 이는 곧 진정한 자치사회인 것이라고 논하였다. 특히, 하위기층민들은 실제로 도시의 거리를 상업, 일상생활, 명절, 축제 등을 위한 공간으로 자유롭게 활용하였으며, 이는 별다른 정부에 제약을 받지 않은 것이다.[72] 위에서 언급된 수많은 연구는 모두 공간 문제에 대하여 각기 다른 시각으로 진행되었지만, 각각의 결론은 모두 그 명확한 논리를 갖추고 있다. 다만, 공간의 경계와 기능의 측면을 어떻게 정의하였는가에 있어서, 각 주장의 해석을 동시에 호응할 수 있는 개념이 부족한 원인으로 그들의 견해에 존재하는 차이를 좁히기 어려운 것이다.

일부 학자들은 이러한 상황을 고려하여 새로운 방법으로 탐구를 진행하고자 하였다. 이는 공간적 관점이 아닌, 관계에 중점을 둔 시각으로 지방자치와 국가 간에 복잡하게 존재하는 작용을 이해하고자 하는 방법이며, 상당히 주목할 만한 새로운 시각이기도 하다. 장광성張廣生은 청나라 말기에 일어난 의화단운동 시기, 리위안툰梨園屯 지역에서 진행된 소송 사건을 연구하고 이를 토대로 논문을 집필하였다. 그는 논문의 내용을 통하여 리위안툰에서 벌어진 사건의 해결 과정에서 서로 다른 정치세력과 지역단체가 각각의 방식으로 이 사건에 개입하였다는 근거를 제시하고 있다. 사건 내부에 존재하는 복잡한 분쟁과정을 탐구할 때, 성곽을 경계로 하여 도시 내부와 외부 향촌지역의 서로 다른 질서체계를 보편적인 정치제도와 향촌관례라는 두 가지의 공간적 관점으로 묘사하기란 어렵다고 인식하였다. 그는 이 사건에서 나타난 국가의 제도적 통치와 지역사회의 자치제도는 그 차이점이 없으며, 통치와 자치가 대립적인 구조가 아닌 상호소통의 과정에서 지속적인 관계가 구축되었다고 보았다.[73]

이러한 사건 - 관계라는 분석의 틀은 사회학적 서술법에 중 하나인 과정 - 사건분석의 틀과 상당히 비슷한 구조를 하고 있다. 예를 들어, 향촌 사회와 도시의 생활사를 비교할 때, 향촌 사회의 구성요소는 도시와 큰 차이를 보이기 때문에 도식圖式과 통계로 나타냄에 있어서 그 수치가 낮게 책정될 수밖에 없다. 또한, 여러 상황에서 작용해야 할 고정적인 요소와 규범 및 규약도 그 역할이 미미한 것이다. 반면, 일부 주요한 상황이나 사건에 대한 해결 과정을 보면, 향촌 사회의 비제도적 혹은 불규칙한 방법을 어렵지 않게 발견할 수 있다.[74] 실제로 세금을 징수하는 정부관청과 세금을 내는 지역주민의 관계를 규범적인 측면만으로 이해하기란 상당히 어려우므로 보조적인 지표를 통한 추론이 필요하다. 특히, 중국의 향촌 사회는 근대 시기에 이르러 대대적인 전환기에 돌입하였기 때문에 그 불확실성이 더욱 뚜렷하게 나타날 것이다. 그래서 보편적인 시각으로 접근하게 되면 정확한 연구 진행과 결과도출이 불가능하다고 할 수 있다. 이때, 각 역사적 상황에서 나타난 향촌민의 사회적 행위 및 그로 인하여 발생한 사건과 과정을 관찰하는 것이 비교적 효과적인 방법이라고 할 수 있다. 또한, 향촌 사회의 불규칙적이고 비제도적인 사회적 행위의 원인도 바로 사건의 발생과정 속에서 찾을 수 있으며, 이는 보편적인 이론구조, 관련 문서, 심지어 다른 향촌지역에서 쉽게 찾아볼 수 있는 일반적인 요소가 아니다. 사회학적인 해석 논리에 부합하기 위해서는 지역사회의 전환기에 나타난 상황들에 대하여 경직된 구조와 보편화 된 요소를 토대로 분석할 것이 아니라, 각 현상에 따라 능동적인 특성을 부여하여 분석을 진행하여야 한다. 더불어, 그 관계의 구체적인 소통과정에서도 환경적 요인situation이라는 배경setting을 무시하여서는 안 된다.[75] 과정 - 사건 분석의 틀은 사회사연구에서 일종의 발전적 계시를 가져왔으며, 이를 통하여 지역사회의 발전 동향과 전환구조 등의 단선적인 연구가 일반적이었던 사회사연구자들에게 지역주민들을 지역사회의 주체로 하는 관점을 제공하였다. 이를 토대로 그들의 생활 양상을 중심에 둔 분석 진행이 이루어지게 되었다. 하지만 현재 진행되고 있는 사회사연구계는 인간의 행위에 내재 된 구체적인 의미를 파악해내는 능력이 부족한 실정이다. 많은 역사학자가 역사를 연구할 때, 실질적인 생활에서 나타나는 특성을 관찰하고 그 당시의 정서를 이해하는 능력은 발달시킬 수 있지만 이를 바탕으로 불확실한 추측과 가설이 난무하는 상황을 초래할 수도 있다. 그 결과 반복적으로 활용이 가능한 이론의 부재로 인하여, 검증을 진행하기 어려우므로 서술을 통하여 세부적인 사항에 대한 묘사는 가능하겠지만 각 요소의 관련성이라는 측면에서는 명확하게 인식하지 못하는 것이다. 올바른 역사연구는 추측과 상상에 의지하여 구축된 주관적인 역사 인식이 아닌, 개별 사건의 상세한 분석을 토대로 각 사건의 개연성을 탐구하는 것에 목적을 두어야 한다.

저자 주석

[1] 吴晗, 费孝通, 『皇权与绅权』, 天津人民出版社, 1988, p16.

[2] 吴晗, 费孝通, 『皇权与绅权』, 天津人民出版社, 1988, p21.

[3] 吴晗, 费孝通, 『皇权与绅权』, 天津人民出版社, 1988, p49.

[4] 吴晗, 费孝通, 『皇权与绅权』, 天津人民出版社, 1988, p52.

[5] 吴晗, 费孝通, 『皇权与绅权』, 天津人民出版社, 1988, p66.

[6] 费孝通, 「基层政权的僵化」, 『费孝通选集』, 群言出版社, 1999, p336.

[7] 费孝通, 「基层政权的僵化」, 『费孝通选集』, 群言出版社, 1999, p339.

[8] 费孝通, 「基层政权的僵化」, 『费孝通选集』, 群言出版社, 1999, p342.

[9] 费孝通, 「基层政权的僵化」, 『费孝通选集』, 群言出版社, 1999, p347.

[10] 胡庆钧, 「论绅权」, 『皇权与绅权』, 天津人民出版社, 1988, p118-129.

[11] 胡庆钧, 「论绅权」, 『皇权与绅权』, 天津人民出版社, 1988, p128.

[12] 胡庆钧, 「论绅权」, 『皇权与绅权』, 天津人民出版社, 1988, p129.

[13] 檀上宽, 「明清绅士论」, 『日本学者研究中国史论著选择』, 中华书局, 1993, p457.

[14] 檀上宽, 「明清绅士论」, 『日本学者研究中国史论著选择』, 中华书局, 1993, p458.

[15] 重田德, 「乡绅支配的成立与结构」, 『日本学者研究中国史论著选择』, 中华书局, 1993, p202.

[16] 重田德,「乡绅支配的成立与结构」,『日本学者研究中国史论著选择』, 中华
书局, 1993, p202.

[17] 重田德,「乡绅支配的成立与结构」,『日本学者研究中国史论著选择』, 中华
书局, 1993, p202.

[18] 张仲礼,『The Chinese Gentry: Studies On Their Role In Nineteenth-Century
Chinese Society』,『中国绅士——关于其在19世纪中国社会中作用的研究』,
上海社会科学院出版社, 1991, p1

[19] Joseph W. Esherick and Mary Backus Rankin,『Chinese Local Elites and Patter
ns of Dominance』, University of California Press, 1990, p3-24.

[20] Joseph W. Esherick and Mary Backus Rankin,『Chinese Local Elites and Patter
ns of Dominance』, University of California Press, 1990, p3-24.

[21] Joseph W. Esherick and Mary Backus Rankin,『Chinese Local Elites and Patter
ns of Dominance』, University of California Press, 1990, p3-24.

[22] Joseph W. Esherick and Mary Backus Rankin,『Chinese Local Elites and Patter
ns of Dominance』, University of California Press, 1990, p3-24.

[23] 贺跃夫,『晚清士绅与近代社会变迁——兼与日本士族比较』, 广东人民出版
社, 1994, p114.

[24] 贺跃夫,『晚清士绅与近代社会变迁——兼与日本士族比较』, 广东人民出版
社, 1994, p157.

[25] 王先明,『近代绅士——一个封建阶层的历史命运』, 天津人民出版社, 1997,
p1-3.

[26] 杜文凯, 马汝珩,「关于封建社会土地所有制形式问题的讨论」,『中国封建社
会土地所有制形式问题讨论集(下)』, 三联书店, 1962, p713-714.

[27] 郭沫若,「关于中国古史研究中的两个问题」,『中国封建社会土地所有制形
式问题讨论集(下)』, 三联书店, 1962, p340.

[28] 杨宽,「试论中国古代的井田制度和村社组织」,『中国封建社会土地所有制
形式问题讨论集(下)』, 三联书店, 1962, p362-366

[29] 谷川道雄,「中国の中世」,『日本学者研究中国史论著选择』, 中华书局, 1993,
p111.

[30] 谷川道雄,「中国の中世」,『日本学者研究中国史论著选择』, 中华书局, 1993,
p131.

[31] 谷川道雄,「中国社会构造的特质与士大夫问题」,『日本学者研究中国史论

著选择」, 中华书局, 1993, p181-182. 足立启二, 「历史发展的诸种类型与中国专制国家」, 『中国前近代史理论国际学术研讨会论文集』, 湖北人民出版社, 1991.

[32] Gilbert Rozman, 『The Modernization of China』, 课题组 역문, 『国家社会科学基金"比较现代化"』, 江苏人民出版社, 1988, p4.

[33] Gilbert Rozman, 『The Modernization of China』, 课题组 역문, 『国家社会科学基金"比较现代化"』, 江苏人民出版社, 1988, p4.

[34] A. R. Desai, 「现代化概念有重新评价的必要」, 『Comparative Modernization』, 杨豫역문, 『比较现代化』, 上海译文出版社, 1996, p135-138.

[35] Knight Biggerstaff, 「现代化与近代初期的中国」, 『Comparative Modernization』, 杨豫 역문, 『比较现代化』, 上海译文出版社, 1996, p212-232.

[36] Gilbert Rozman, 『The Modernization of China』, 课题组 역문, 『国家社会科学基金"比较现代化"』, 江苏人民出版社, 1988, p4

[37] 乔志强, 『近代华北农村社会变迁』, 人民出版社, 1998, p12.

[38] 乔志强, 『近代华北农村社会变迁』, 人民出版社, 1998, p14-15.

[39] D. P. Johnson, 『Sociological Theory』, 南开大学社会学系 역문, 『社会学理论』, 国际文化出版公司, 1988, p525-526.

[40] 乔志强, 『近代华北农村社会变迁』, 人民出版社, 1998, p13.

[41] 汪晖, 『汪晖自选集』, 广西师范大学出版社, 1997.

[42] 梁治平, 『清代习惯法:社会与国家』, 中国政法大学出版社, 1996.

[43] Stephan Feuchtwang, 『社区的历程:溪村汉人家族的个案研究·序』, 天津人民出版社, 1997.

[44] 王铭铭, 『社区的历程』, 天津人民出版社, 1997, p11.

[45] 乔志强, 『近代华北农村社会变迁』, 人民出版社, 1998, p15.

[46] 王铭铭, 『社区的历程』, 天津人民出版社, 1997, p84.

[47] 王铭铭, 『社区的历程』, 天津人民出版社, 1997, p89.

[48] 王铭铭, 『社区的历程』, 天津人民出版社, 1997, p102.

[49] 朱秋霞, 「家族、网络家族和家族网络在村庄行政权力分配中的作用」, 『中国社会科学季刊(夏季刊)』, 1998.

[50] Jun Jing, 『The Temple of Memories: History, Power, and Morality in a Chinese Village』, Stanford University, 1996.

[51] 陈支平, 『近五百年来福建的家族社会与文化』, 上海三联书店, 1991, p264-265.

[52] 郑振满, 『明清福建家族组织与社会变迁』, 湖南教育出版社, 1992, p9.

[53] 郑振满, 『明清福建家族组织与社会变迁』, 湖南教育出版社, 1992, p257.

[54] 『历史研究』, 2000, 第3期.

[55] 刘志伟, 『在国家与社会之间: 明清广东里甲赋役制度研究』, 中山大学出版社, 1997, p4.

[56] 刘志伟, 『在国家与社会之间: 明清广东里甲赋役制度研究』, 中山大学出版社, 1997, p12.

[57] 刘志伟, 『在国家与社会之间: 明清广东里甲赋役制度研究』, 中山大学出版社, 1997, p13.

[58] 刘志伟, 『在国家与社会之间: 明清广东里甲赋役制度研究』, 中山大学出版社, 1997, p259.

[59] 王铭铭, 『社区的历程』, 天津人民出版社, 1997,

[60] 『清史研究』, 1992, 第2期

[61] 『清史研究』, 1992, 第2期

[62] 黄东兰, 『近代中国地方自治话语的形成与演变』, 미출간.

[63] Philip A. Kuhn, 「Local Self-Government Under the Republic: Problems of Control, Autonomy, and Mobilization」, 『Conflict and Control in Late Imperial China』, Berkeley: University of California Press, 1970, p271.

[64] Philip A. Kuhn, 「Local Self-Government Under the Republic: Problems of Control, Autonomy, and Mobilization」, 『Conflict and Control in Late Imperial China』, Berkeley: University of California Press, 1970, p272.

[65] 张广生, 『从国家与社会关系的视角看康有为地方自治思想的现代品格』, 中国人民大学, 석사학위논문, p24.

[66] 黄东兰, 『清末地方自治制度的推行与地域社会的反应: 川沙"自治风潮"的个案研究』, 미출간.

[67] 李怀印, 「20世纪早期华北乡村的话语与权力」, 『二十一世纪』, 1999, 10월호.

[68] 李怀印, 『20世纪30年代河北获鹿县乡长制研究』, 미출간.

[69] 杨念群, 「北京"卫生示范区"的建立与城市空间功能的转换」, 『北京档案史料』, 2000, 제1권.

[70] 景军, 『定县实验: 西医与华北农村, 1927-1937』, 미출간.

[71] 王笛, 『街头、邻里和社区自治——清末民初的城市公共空间与下层民众』, 미출간.

[72] 王笛, 『街头、邻里和社区自治——清末民初的城市公共空间与下层民众』, 미출간.

[73] 张广生, 『从帝国到民族国家: 一个晚清村庄的冲突、控制与自治——梨园屯讼争的一种历史叙事』, 미출간.

[74] 孙立平, 「“过程——事件分析”与当代中国国家——农民关系的实践形态」, 『清华社会学评论(特辑)』, 鹭江出版社, 2000, p5.

[75] 孙立平, 「“过程——事件分析”与当代中国国家——农民关系的实践形态」, 『清华社会学评论(特辑)』, 鹭江出版社, 2000, p10.

제5장
"중범위이론"의 구축 및 중국사 문제의식에 대한 누적과 돌파

1. "중범위이론"의 해석과 활용

  20세 초 중국에서 근대성을 토대로 형성된 전통적인 사회사연구는 민족 국가의 정립에 존재하는 정당성과 부조리에 대해 지속적인 논증과 비판을 진행하고 이를 통하여 혁명적 동원에 대한 역사적 근거를 제공하는 것에 목적을 두고 있었다. 이 때문에 대부분의 사회사연구는 집단적 성격의 서술법을 통하여 중국 사회와 외부세계의 관계를 묘사하였으며, 대체로 통사通史[1] 혹은 단대사斷代史[2]의 형식을 취하고 있다. 1980년 이후, 전통적인 서술법을 따르는 사회학자들은 집단 서사에서 나타나는 이데올로기적 제약에서 벗어나고자 유학, 도교, 불교의 교리에서 연속성을 지닌 요소들을 분류하여, 서양세계의 전유물로 여겨지는 근대성의 의미를 타파하고 건가乾嘉 시기의 전통적인 역사연

---

1) 시대를 한정하지 않고 전 시대와 전 지역에 걸쳐 역사적 줄거리를 서술하는 역사기술의 양식. 또는 그렇게 서술된 역사.
2) 한 왕조에 한정하여 서술된 역사.

구 및 고증방법에 집중하여 사료를 탐구하였다. 역사에 대한 그들의 묘사는 개괄적 서술법에서 나타나는 미흡한 부분을 보완하기에 충분하였다. 그러나 이러한 노력에도 불구하고, 민간계층의 역사를 풀어내는 효과적인 틀을 완성하지는 못하였다. 오랫동안 중국의 사회학계에서는 방대한 서술법과 사료의 탐구방식을 효과적으로 연결할 수 있는 획기적인 방안을 찾아왔다. 목적성이 강한 정치적 해석과 조각조각 분화되어 흩어져 있는 박학樸學3)들의 틈을 메꾸고자 하였으나, 여전히 진행 상황은 이렇다 할 진전을 보이지 못하였다. 물론, 이를 단번에 해결할 수 있는 만능열쇠는 존재하지 않는다. 다만, 중범위이론을 통해 두 가지의 극단적인 방향성을 적절하게 조화시킬 방법을 찾아낼 수 있을 것이다.

사회학에서의 중범위이론이란, 원칙적으로 경험의 실증법이라는 지도방식에서 응용되며, 동시에 사회적 행위의 조직과 변화에 관련된 이론과 더불어 부분적 이론의 매개체의 역할을 한다.[1] 중범위이론 역시 추상적인 개념을 포함하고 있는 것이 사실이지만 실증조사empirical research를 통하여 관찰이 가능한 대상을 발견하였을 때 비로소 그 진정한 효율성을 발휘한다. 중범위이론을 제시한 로버트 머튼의 표현에 따르면, 중범위이론은 통일적인 이론들에서 벗어나 새로운 개념의 틀을 정립하고 해석하고자 함에 목적을 두고 있다고 한다. 통일적인 이론이란, 사회학 이론의 종합 체계a total system of sociological theory를 연구하는 것이며, 앞서 규정된 사회적 행동, 조직, 변화의 일면을 관찰하는 데 도움을 주지만, 수많은 사상이 합쳐진 철학 체계와 마찬가지로 각기 다른 방향에서 많은 비판을 받을 수밖에 없는 이론이다. 하지만

---

3) 질박質朴한 학문 또는 허황되게 꾸미지 않은 고지식한 학문.

일부 사회학자들은 이 종합체계가 사회학 이론에서 나타나는 행위, 조직, 변화의 세부내용을 폭넓게 포용하고 있으며, 경험연구에 대해 충분히 효과적인 이론이라고 주장하기도 한다.

머튼은 대부분 사회학자가 같은 종합적 철학 체계를 통해 학습해 왔던 상황을 원인으로 들어 지적하였다. 18세기에서 19세기 초에 등장한 철학자들은 본인의 가치를 높이기 위하여 자신의 철학적 체계를 발전시켜 나가야 하였고 이를 통하여 보편적인 자연과 인성 등의 문제에 대한 주관적인 견해를 표현한 것이다. 이렇듯 전체적인 종합적 체계를 구축하고자 했던 철학자들의 시도는 초기 사회학자들의 본보기가 되었다. 오귀스트 콩트Auguste Comte4)와 허버트 스펜서Herbert Spencer5)는 광범위한 철학의 체계 속에서 자신들의 사회학적인 관점을 표현하였고 일부 사회학자들 역시 '고전 학문에 존재하는 새로운 과학 new science of a very ancient subject'이라는 관점에서 지식의 적법성을 밝히고자 하였는데, 이는 사회학이 가지고 있는 특수성을 해결하기 위하여 발전적으로 설계된 특수이론이 아닌, 사회학 사상의 전체적인 틀을 정립하고자 한 것이다.[2]

사회학자 대부분은 스스로 습득한 지식의 원칙에 대한 적법성을 확립하고자 할 때, '철학 체계가 아닌 과학이론의 표준을 만들어내도록 노력한다'라는 대원칙大原則을 토대로 하게 된다. 이 대원칙은 사회학

---

4) Isidore Marie Auguste François Xavier Comte. 실증주의적이고 경험주의적인 사회학의 창시자. 그는 '실증주의철학'과 '사회학'이라는 용어를 명명하였다.

5) 영국 빅토리아시대의 철학자이자 사회학자, 실증주의의 입장에서 그는 과학의 개념을 서로 대립·항쟁하는 것이라고 보았다. 개인의 경험은 한정된 것이므로, 이것을 가지고 사물의 본질에 이르는 것은 불가능하다고 하면서 불가지자不可知者, the Unknownabel를 인정했다.

의 전체적인 체계를 정립하는 데 지대한 영향을 미쳤는데, 사실 이는 탐구와 관찰의 축적이 없이도 사상의 체계가 효과적으로 발전할 수 있다고 가정한 것과 같은 의미이다. 더불어, 그 기본신념은 생물학의 영향을 받아 학자들에게 다른 공간에서 나타나는 문화적인 성과를 같은 역사의 것이라고 인식하게 했다.[3] 여기서 중요한 점은 중국의 역사학자들도 일찍이 이 점에서 깨달음을 얻었다는 것인데, 과거에 그들은 이를 바탕으로 중국사와 세계사의 발전단계에 대한 관련성과 유사성을 탐구하기도 하였다. 이러한 사회학구조의 영향을 받은 역사학의 대표적인 사례가 바로 5단계론의 모방성 연구들이다.

머튼이 제시한 해결방법은 탈코트 파슨스의 거대 이론grand theory[6]과 낮은 단위의 명제를 정확히 구분 지을 수 있는 조작화操作化[7]의 개념을 동시에 포괄하는 이론을 구축하는 방법이다. 이러한 개념의 구축은 제한된 범위의 현상 간의 공변 관계covariant variation[8]를 설명할 수 있다. 중범위이론은 추상적인 개념이기는 하지만 경험세계와 연결하여 연구가 진행될 수 있도록 상당한 도움을 줄 수 있다. 경험적인 개념과 추상적 개념의 연결은 더욱 거대한 이론을 개괄해 내는 데 필수적인 절차이다.[4]

---

6) 일반화와 추상화에서의 매우 높은 수준의 사회이론을 말한다. 사회이론은 보통 세 가지 유형 중의 하나로 구분되는 것으로 간주 된다. 즉, 보통 몇몇 관찰에 기초한 경험적 일반화와 두 가지 혹은 그 이상의 경험적 일반화와 상호 관련되는 중범위이론, 모든 개념과 일반화, 중범위이론을 포괄한 거대이론이 있다.

7) 개념을 경험적으로 정의하는 과정으로서, 개념이 측정될 수 있으며 타당성과 신뢰도를 갖춘 반복된 관찰이 가능하게 만드는 것.

8) 경험적 관계에서 첫 번째 변수의 크기가 두 번째 변수의 크기에 따라 변하는 것을 말한다.

프랑스의 사회학자이자 참여지식인인 피에르 부르디외Pierre Bourdieu는 중범위이론의 활용에 대하여 비판을 지속하였다. 그 이유는 중범위이론에 존재하는 법칙이 실증주의의 요구를 만족하도록 편향될 가능성이 있기 때문이었다. 또한, 과학계에서는 중범위이론이 실증주의에서 나타나는 만족성을 철저히 배제하고 있다고 비판하였다. 개념의 진정한 의미는 각종 관계를 통하여 나타나며, 체계의 연계과정에서 이러한 개념들이 그 가치를 얻게 되는 것이기 때문이었다. 부르디외는 필드field[9], 아비투스habitus[10) 등의 개념들을 상세히 설명함과 동시에, 이를 통하여 중범위이론을 대체하는 경험적 유도의 방식으로 접근한 것이다.[5]

필자는 중범위이론에 관한 부르디외의 견해는 사회학 내부에 존재하는 맥락을 다시금 돌아보게 하였고 더 나아가 새로운 방법론의 변혁을 일으키는 결과를 낳았다고 생각한다.

> 사회의 여러 가지 사상들은 자신만의 논리와 필연성을 가지고 있으나, 그 논리와 필연성은 다른 영역을 지배하여 운영될 수 없다.

그는 위와 같은 견해를 통하여 고도로 세분된 사회체계의 내부에는 수많은 상대적인 자주성을 가진 작은 사상들로 구성되어 있다고 주장하였다.[6] 하지만 앞서 말했던 필드에 관한 연구는 내부경험을 실증적으로 제한하여서는 안 되며, 반드시 이에 근거하는 중범위이론을 통하

---

9) 공간, 정치, 사회, 문화 등 인간이 살아가면서 만나게 되는 어떠한 조건적 배경을 말한다.
10) 인간의 타고난 천성과 기질을 의미하는 것이 아닌, 일정하게 구조화된 개인의 성향체계 즉, 개인의 문화적인 취향과 소비의 근간이 되는 '성향'을 의미하는 말이다.

여 각종 사회적 역량에 존재하는 작용 관계로 필드의 경계가 결정됨을 파악해야 한다고 생각하였다. 따라서 중범위이론은 필드의 내부에 존재하는 방식만 볼 수 있을 뿐, 그사이에 존재하는 권력 관계로 인하여 발생하는 복잡한 갈등상황을 통찰하기에는 부족하다는 것이다. 다만, 부르디외는 필드의 한계는 경험연구를 토대로 하여야만 판단할 수 있다고 강조하고 있다.[7] 그의 이론도 많은 경험적 실증을 거쳐 구축되었는데, 『구별짓기Distinction』, 『호모 아케데미쿠스Homo-Academicus』, 『교육을 통한 사회와 문화의 재생산Reproduction in Education, Society and Culture』 등의 저서는 모두 경험적 실증언구를 토대로 한 작품들이다. 그가 중범위라는 개념에 존재하는 법칙을 비판한 것은 거대한 서술법에 대한 반항심과 과도한 실증주의의 혐오로부터 비롯되었지만, 중범위이론의 경험적 실증의 틀을 구축할 때 근거한 기본적인 방향성은 과거의 틀을 완벽하게 벗어나지는 못하였다. 그의 저서에는 필드, 아비투스, 문화 자본cultural capital[11] 등의 개념이 반복적으로 등장하는데, 이러한 개념들 속에는 사실 중범위이론의 기본적인 틀이 배어 있는 것이다. 하지만 그는 연구 대상을 내부구조의 실증주의적 연구로 파악하려 하는 것이 아닌, 권력의 상호 관계가 작용하는 범위라는 측면에서 묶어두고자 하였던 것이며, 이는 과거의 답습에 대한 비판과 관계가 있다고 볼 수 있다. 즉, 중범위이론을 통한 반성을 진행할 때 광범위하고 전체적인 이론으로 간단히 회귀하지 않겠다는 점을 더욱 명확하게 나타내고자 하는 것이다.

----

11) 사회적으로 물려받은 계급적 배경에 의해 자연스럽게 형성된 지속적인 문화적 취향을 의미하는 개념으로 널리 알려져 있으며 프랑스 사회학자인 피에르 부르디외가 개념화하였다. 상징적 표현이 화폐·재산과 같이 사회의 지배계급에 의하여 결정된 교환가치라는 주장에 근거하여 성립된 개념이다.

2. 과연 '현대화 서사'가 '혁명사 서사'를 대체했을까.

앞 장의 내용을 통하여 중국의 역사학계는 중범위이론의 범위 내에서 구축된 효용성 개념에 대한 능력이 부족하다는 것을 알 수 있었다. 이는 중국 사회학계가 19세기 이후 서양의 사회학계에서 구축된 철학체계 및 이에 관련된 방대한 서술법을 바탕으로 하는 연구 방식을 따르고 있기 때문이다. 이는 서양의 중국학계의 상황과 상반된 것이다. 특히, 미국의 중국학연구는 1960년대 이후 학술적인 성찰을 통하여 거대이론의 통제를 벗어나 시민사회이론 혹은 문화적 권력체계의 분석, 인볼루션Involution[12] 등과 같이 효용성에 관한 중범위적 해석의 틀을 구축하였기 때문이다. 이러한 이론들은 실질적으로 활용됨에 있어서 많은 논쟁을 불러일으키기도 하였지만, 연구 방식의 전환을 통하여 상당한 추진력을 얻기도 하였다. 다만, 이들의 공헌을 평가하기 위해서는 반드시 서양의 중국학이라는 범위 안에서 판단하여야 한다. 그렇지 않으면 비판적 시각에 오류가 발생할 수 있는데, 아리프 딜릭의 평가를 통하여 이러한 오류의 가능성을 살펴보도록 하자.

딜릭은 중국의 근대사를 분석할 때 1980년대 이후의 미국의 중국학계가 전통적인 혁명사의 패러다임을 부정하였고 그에 따라 일종의 위기가 발생하였다고 논하였다. 그는 윌리엄 힌튼William Hinton의 저서 『번신翻身』에서 서술된 토지개혁의 형상이 이상화理想化의 특성을 띠

---

12) 혁명Revolution과 진화Evolution를 통하여 역사적 문제를 해결해 나가는 개념이 아닌, 역사의 바퀴가 안in으로 말려 들어가는 문제를 의미하는 개념. 역사의 내권화內捲化, 퇴행退行, 착종錯綜. 프래신짓트 두아라가 근대중국 사회의 특징을 묘사할 때 당시의 중국 역사가 꼬여 들어갔다는 의미를 나타내기 위하여 사용한 개념.

고 있다고 평하였으며, 이러한 서술법을 활용할 때는 반드시 명확한 분석을 근거로 하여 오류의 존재 여부를 판단하며 진행하여야 한다고 강조하였지만, 대다수 저서는 토지개혁, 자산계급, 시민사회의 상황과 무관하게 오직 제국주의, 신분 계급 등에 근거한 해석에 반론하기 위한 '혁명'의 이상화로써 서술을 진행하고 있다.[8] 1980년 이후, 근대화의 패러다임은 기존의 '혁명'의 패러다임에 근거한 해석과 마찬가지로 지극히 단편적이라는 함정에 빠져들게 되었고 해석을 진행할 때 자체적인 위기를 맞게 된 것이다.[9]

딜릭은 저서를 통하여 사언과학과 사회과학의 패러다임을 엄격하게 구분하였다. 그는 역사해석의 패러다임과 자연과학의 차이점에 대하여, 역사학은 편향되거나 주도적인 특성을 가진 패러다임을 구성할 수 없으며, 설사 일부 패러다임이 지배성을 나타낸다고 할지라도, 그 특성은 역사학자의 사고체계를 지배할 수 없다고 하였다. 이는 역사학이 사회과학의 한 가지 이론에서 기존의 논리를 지속해서 포괄하고 포용하기란 불가능하므로 자연 과학적 해석이 가지고 있는 패러다임의 전환인 혁명적인 특성은 역사학에서 존재할 수 없다는 의미이다.

그러나 딜릭이 제시한 가설은 토마스 쿤이 주장한 '패러다임의 전환'의 이론을 토대로 하여 인식된 것이었다. 다만, 새로운 패러다임이 받아들여지기 위해서는 선행적으로 과거의 패러다임을 지탱하고 있던 근거를 해석할 수 있어야 하며, 이를 바탕으로 예전의 패러다임으로 해석할 수 없는 역사적 상황을 근거로 제시하고 그에 대한 설명도 가능하여야 한다. 즉, 새로운 패러다임의 성공은 그 해석적 포용성에 달린 것이다. 사실 딜릭의 가설은 토마스 쿤의 이론을 토대로 구축되었기 때문에 역설적인 함정에 빠지고 만다.

자연 과학계에서는 연구가 진행되는 일정 시기에 항상 주도적인 패러다임이 존재해 왔다. 비록, 그 패러다임에 의문이 제기된다고 하더라도 연구목표에 대한 성공적인 해석이 가능하기만 하다면, 그 패러다임이 가진 주도적 위치는 절대 흔들리지 않는다. 또한, 패러다임의 해석과 충돌되는 근거들이 어느 정도 누적될 시, 기존의 패러다임에 의문을 제기하고 누적된 근거를 효과적으로 해석할 수 있는 새로운 패러다임으로의 전환에 대한 필요성이 제시되는 위기가 발생한다.

하지만 딜릭은 역사학에서는 지배적이고 주도적인 패러다임이 나타날 수 없다고 주장하였다. 역사학의 연구 대상은 더 주관적이며 능동적인 특성이 있으므로 자연과학의 객관적 절차를 기초로 하여 파악할 수 없다는 것이다. 그러나 그의 이러한 주장은 누적된 패러다임을 활용하여 논증을 진행하는 자연 과학계의 방식으로 역사학을 해석한 것이다. 이는 자신의 주장에 대한 논리적 모순에 빠진 것과 같다. 혁명과 근대화의 관계에 대한 가설을 자연과학의 패러다임을 근거로 하여 명시한 것과 같기 때문이다.

역사연구는 그 대상이 가진 주관적인 특성이라는 요인이 존재하기 때문에, 자연과학과 같은 주도적인 패러다임을 구축할 수 없다. 즉, 중국의 근대사연구에서 '혁명'과 '근대화'의 요소가 가지고 있는 패턴에는 자연 과학계에 존재하였던 패러다임의 전환이라는 부정적 관계가 성립될 수 없고, 단지 내용의 나열과 중첩된 해석의 관계만이 존재할 뿐이라는 의미이다. 이는 정치적 권력이 강제로 개입하게 되는 특수한 상황이 나타나지 않았다면, 근대 시기 중국에서 나타난 각 사회의 발전과정에 대하여 이루어진 분석들이 단지 부분적인 측면을 두드러지게 해석한 것에 지나지 않는다는 것을 의미한다. 이 근대화서술법은 인볼루션, 권력의 문화적 네트워크, 사회자원 등의 중범위이론의 요소를 토대로 이루어졌다는 것에 주목하여야 한다. 비록 중범위이론이 혁명의 요소를 필연적인 원인으로 삼아 패러다임 전환의 효과를 나타내고자 하는 것은 아니지만, 기타 측면에서 다루어지는 혁명에 관한 서술에서 놓치고 있는 부분을 보충하기도 한다. 이러한 동향은 혁명의 개념에 내재 된 대규모 사회적 동원이라는 특성에 관한 논의를 배척하고자 하는 것도 아닐뿐더러, 혁명이 발생한 명확한 계기 혹은 배경에 대한 해석을 비판하고자 하는 것도 아니다. 왜냐하면, 그에 대한 부분이 해석영역에 포함되어 있지 않기 때문이다.

무엇보다 중요한 점은 딜릭이 혁명의 사회학적 반성이라는 학술적 배경을 제시하였다는 것이다. 그가 논한 근대화의 시각에서 바라본 역사학은 혁명에 관한 결과에 대하여 직접적인 반성을 한 것은 아니지만, 두 개념이 뚜렷한 연관성을 지니고 있다는 것을 밝히고 있다. 중국사 내부의 혁명에 대한 발생과정은 근대 국가로 발전하기 위한 절차의 일환이었으며, 혁명이 발생한 이후에 취하였던 수많은 정책도 근대화방식의 선택이라는 부분에서 관련되어 있기 때문이다. 개혁개방 이전의 폐쇄적인 시기에 축적되어온 공업적 발전이 국가 발전의 우선적인 정책으로 채택된 것도 이와 같은 맥락에서 이해가 가능하다. 따라서 지역사와 지역사회 연구에서 이루어지는 중국학연구의 미시적인 방향성은 혁명이라는 해석의 거대한 이론에서 낡은 이론을 버리고 새로운 이론을 취하는 것에 지나지 않는다. 이러한 이유를 원인으로 혁명사에서 운용되는 거시적 추세라는 평가를 부정적 요인으로만 활용할 것이 아니라, 중국 사회의 내부구조와 변화방식에 대한 이해라는 각도에서 심화 된 역할로 활용하여야 한다. 현재는 통일된 이론의 틀이 없으므로 근대화에 관련된 이론과 혁명에 관련된 이론적 틀에 대하여 각각의 전제조건과 논점을 수정하도록 요구하여서는 안 된다. 이는 혁명과 근대화 사이의 관계가 결코 패러다임의 전환이라는 방식이 아닌, 복잡한 중첩관계가 존재하기 때문이며, 각각의 처리대상의 범위가 일치되지 않는 상황에서 역사학과 자연과학을 동일시하고 패러다임의 전환을 추구해서는 안 되는 것이다.

중범위이론에 대한 평가도 이와 마찬가지 상황에 처해 있다. 근대화에 대하여 이루어진 딜릭의 비판은 중범위이론에 대한 비판이기도 하기 때문이다. 1970년 이후, 서양의 중국학계에서 포스트모더니즘을 토대로 한 근대화의 방법론을 구축하기 위하여 중범위이론을 그 기초로 삼았다. 앞서 한커우지역을 분석한 윌리엄은 근대화 방법론을 구축하는 상황에 대하여 아래와 같이 논하였다.

> 만일 우리가 좀 더 제한성이 강한 중도적인 기준을 적용하게 된다면 민족주의와 오리엔탈리즘의 딜레마에서 완전히 벗어나게 할 수는 없겠지만, 중국사연구에 잠재된 효과적인 하나의 방법으로 부상시킬 수 있을 것이라 믿는다.[10]

미국의 중국학계에서는 근대화이론에 대한 비판을 진행할 때, 특정 단계로 발전하는 각 지역의 상세한 분석을 이룰 수 있다면, 거시적 이론의 각도에서 미시적 연구의 방향으로 전환하고자 하는 목적을 보완할 수 있다고 여겼다. 그러나 반대로 그들의 변화가 경계를 나누지 않고 중국 국내의 사학계로 직접 유입되어 역사학자들의 사고의 토대로 자리를 잡게 된다면, 중국의 사회학계에서 '혁명'의 요소는 더는 역사의 서사 속에 있어서 존재하지 않게 될 가능성도 있다. 또한, 연구 방향의 한계와 전환이라는 측면에서 거대이론을 뛰어넘는 다양한 서술적 공간이 제공될 수도 없으므로 이후에 많은 문제점을 발생시킬 가능성도 있다. 중국 국내의 중국학계의 상황은 미국의 중국학계에서 이루어지는 다변적인 연구 상황과 상반되어 있지만, 중국이라는 공간적 범위에 존재하는 언어 환경 속에서 중범위이론을 구축하여 지역사연구를 진행하고자 하는 전략은 사회학계의 해석능력을 다원화할 수 있는 긴박한 과제이다. 물론 사회학에서 중범위이론을 구축하는 것은 서양의 사회학 이론을 직접 받아들이거나 패러다임을 돌파하는 것이 아닌, 연구의 방향성을 의도적으로 전환해 보고자 하는 시도이다. 이러한 전환은 기존의 해석 방법을 새롭게 교체하고자 하는 것이 아닌, 개선에 중점을 두고 있는 것이며, 중범위이론의 궐기와 그에 따른 연구 대상의 전환은 '혁명'에 대한 기존의 해석 방법과 함께 진행되어야 한다. 또한, 동시에 포스트모더니즘의 측면에 대한 활용도 이루어져야 할 것이다.

3. 황쭝즈의 "인볼루션"을 통한 "중범위이론"구축의 선도적 의의

필자는 앞 장의 내용을 통하여 중국 사회사의 연구계에서 논쟁을 거듭하고 있는 몇 가지 동서양의 이론모델들을 개괄하여 분석하였다. 1930년 이후 이루어진 중국 국내의 전통적인 사회사연구에는 정치적 이데올로기의 영향력이 지배적으로 작용하고 있었다. 또한, 심리주의적 방식 혹은 국가-사회라는 이원대립의 틀과 같은 일부 해석 방법은 기본적으로 민간현상에 집중된 입장이었기 때문에 주류사학으로 자리잡지 못하였다. 필자가 관찰한 바에 의하면, 중국의 사회학계에는 미국식 방법론을 토대로 한 단계전환의 문제의식이 존재하지 않았다. 미국의 중국학계에서도 패러다임의 의미에 대한 해석에 있어서 별다른 논의가 이루어지지 않았던 것처럼, 근대화에 관한 방법론도 표면적으로는 정체성의 효과를 강조하는 혁명적 해석과 철저하게 구분된다. 하지만 실질적으로 그 구체적인 명제를 분석할 때는 오히려 두 가지 방식이 내부적으로 연결되어 있다고 볼 수 있다. 예를 들어, '시민사회'와 '공공영역'의 개념을 도입하고자 했던 것은 19세기 초, 중국의 도시들에서 나타난 서양식 자본주의를 분석하기 위함이었다. 이는 중국사학계의 혁명사서술법이라는 제약에서 진행된 자본주의의 맹아에 관한 논쟁에서도 그 호흡을 맞춰나갔다. 자본주의의 맹아는 혁명사의 범주에 포함되어 있고 공공영역에 대한 논의는 전형적인 근대화서술법의 범주에 속해 있었다. 다만 이 두 가지는 모두 중국의 혁명에서 작용한 근대화 요소와 그 원동력을 탐구하고자 하는 같은 목적을 띠고 있었는데, 황쭝즈는 이를 패러다임의 위기라고 여기며 아래와 같이 논하였다.

> 패러다임이란, 각종 방식과 이론의 개념과 관계가 있으며, 이는 대립하는 방식과 이론이 공동으로 인정하고 명백하게 규정된 신념을 포함한 것이다. 이러한 신념이 우리의 연구에 미치는 영향은 이를 표방하고 있는 이론보다 훨씬 크며, 이는 곧 토마스 쿤이 1962년에 저술했던 『과학혁명의 구조The Structure of Scientific Revolution』에서 등장한 'Paradigm'이 나타내는 진정한 의미이다. 수년간 누적된 실증연구는 이러한 신념을 흔들게 되었으며, 현재의 위기를 초래하였다.[11]

이는 앞서 아리프 딜릭이 주장했던 패러다임의 위기와 같은 맥락이지만, 두 사람이 제시한 명제에는 차이점이 존재한다. 딜릭은 근대화와 혁명의 개념을 대립시켜 발생하는 문제점을 패러다임의 위기라고 보았던 것이며, 황쭝즈는 여기서 더 나아가 근대화의 방식과 혁명의 방식에서 공통으로 잠재된 언어자원이 존재할 때 나타나는 인지적 오류를 패러다임의 위기로 본 것이다. 그렇다면 과연 황쭝즈가 이 패러다임의 한계를 뛰어넘을 수 있었는지 계속해서 보도록 하겠다.

중국의 주류사학계에서는 혁명사에 관한 서술이 근대화서술법으로 전환됨에 있어서 양자가 가지고 있는 단절성을 보여주지도 못하였을 뿐만 아니라, 딜릭이 예로 들었던 패러다임의 전환에 관한 비약적인 과정도 표현하지 못하였다. 단, 두 가지 서술법의 연결성은 상당히 뚜렷하게 나타났다. 예를 들어, 리저허우李澤厚가 쓴 『고별혁명告別革命』이 출판되었을 때, 혁명의 방식에 존재하는 적합성과 합리성을 의심하게 만드는 가능성이 있다는 이유로 인하여 사학계로부터 많은 비판을 받았는데, 여기서 비판을 진행한 학자는 대부분 근대화이론과 현재 중국의 개방정책을 지지하고 있는 부류였다. 이렇듯 비판적 오류와 이데올로기적 작용이 가지고 있는 갈등 관계는 매우 의미가 깊다고 볼 수 있다. 필자는 이러한 혁명을 중심으로 한 서술방식과 근대화서술법이 서로 맞물리고 포용하면서 중국사연구의 위기를 초래하게 되었다고 생각한다. 먼저 근대화이론의 서술법은 전체적인 틀을 구성할 때 혁명운동의 요소로 주장에 대한 규범을 독립적으로 확정할 수 없으며, 표현에 있어서 명제의 과도한 정의overdetermined가 대부분의 서술을 차지하고 있는 특성을 띠고 있다.[12] 그 때문에 혁명이 가지는 합리성 여부나 패러다임의 전환을 위한 돌파방법 및 한계성은 역사의 서술과 관련이 없으며, 중국의 사회학계에는 혁명이라는 하나의 주제만이 존재하는 것이 아니므로 혁명이라는 요소 이외의 자체적인 해석공간을 구축하는 것이 중요한 핵심과제이다. 사회학연구의 현주소를 보면 알 수 있듯이, 혁명사서술법 외에는 근대 시기에 나타난 사회변화를 해석할 유력한 서술법을 가지고 있지 못한 것이다. 마찬가지로 근대화이론의 기본적인 토대도 혁명이라는 개념에 종속되어 있으며, 이 때문에 과거 유명한 학자들이 심리주의 전략이라는 선전방식을 통하여 사회의 변천 과정에서 신유학 등의 전통자원이 가진 역할만 강조한 것이다.

하지만 반대로 서양의 중국학계에서는 기타 복잡한 여러 가지 요소들을 축적하여 중범위이론의 틀을 구축하였다. 서양의 중국학계에서는 사회학과 인류학의 언어 인식방식에 관련하여 날을 세운 논쟁을 벌이기도 하였지만, 중범위이론의 광범위한 활용과 사료 탐색에서 나타난 선도적인 역할은 분명 중국 사회의 세부적인 분석에 대하여 크게 이바지했다고 생각한다. 물론 인류학의 영향을 통하여 사회학적으로 응용된 역사서술법은 극단적으로 편향될 가능성도 존재한다. 딜릭이 과거 거시적인 혁명의 서술법으로 회귀하고자 호소하였던 상황도 일정한 시기에 주기적으로 변화가 이루어지는 학술적 특성과 상당 부분 부합한다고 볼 수 있다. 그러나 중국의 사회사연구는 아직도 갈 길이 멀다. 혁명사의 서술법과 근대화서술법의 해석에 상관없이 모두 사회 저변에 깔린 문화에 대하여 설득력 있고 깊이 있는 발굴을 이루어 내지 못하고 있는 실정에서 중범위이론의 구축은 절대 불가능하기 때문이다.

사회학적 해석법을 통하여 나타날 수 있는 새로운 변화를 패러다임의 돌파로써 인식해서는 안 된다. 앞서 말했듯이 역사학의 근본적인 특성상, 자연과학에서 행해지는 패러다임의 전환과 같은 현상은 일어날 수 없기 때문이다. 새로운 패러다임으로 전환하기 위해서는 기존의 패러다임에 대한 무효성無效性을 증명해 내야하고 기존의 패러다임으로 진행되었던 논거도 재해석할 수 있어야 할 뿐만 아니라, 기존의 패러다임으로 해석할 수 없는 논거를 제시하여 그에 대한 해석을 만족해야만 성립하는 것이다. 그래야만 토마스 쿤이 규정한 철저한 반증의 요구에 부합될 수 있다. 통일된 역사 해법이 존재하지 않는 현재 상황에서는 과거에 구축된 패러다임을 무효화시킬 수도 없을 뿐만 아니라, 어떠한 창의적인 역사학 관점도 이전의 각종 해석법에 대한 전제를 완전히 귀납시키지 못하기 때문에, 반성을 통하여 또 다른 연구영역을 만들어 가는 수밖에 없다. 이때 명제의 유효성有效性에 대한 여부는 객관적인 기준에 의하여 결정되는 것이 아니라, 일반적인 현실이 직면하고 있는 주관적 수요에 의하여 결정된 것이다. 그렇다면 지금 역사학자들이 하고자 하는 것은 과연 무엇인지에 대하여 알아보자.

먼저 사회학에서는 패러다임의 선환을 추구하지 않는다는 짐을 도대로 현지의 언어환경에 부합하는 중범위이론을 구축해야 한다. 두정성杜正勝은 생태자원, 산업경영, 일용생활, 친족 인륜, 신분 역할, 공동체 마을, 생활방식, 예술 오락, 생활 예법, 신앙 금기, 생명체, 인생 목표 등의 범위에서 새로운 사회사의 틀을 구축해야 한다고 주장하였다. 그러나 필자는 범위를 나누어 정의하는 것보다 전통적인 연구방법과 다른 규범성의 개념과 해석의 맥락을 정리하는 것이 더 중요하다고 생각한다. 이전의 틀과 중복되지 않는 실질적인 제어의 의미가 전제되어야 하며, 그렇지 않으면 수많은 사료의 탐색과 탐구과정이 낡은 틀을 해석하기 위해서만 사용되는 한낱 일회성 도구로 전락할 수 있기 때문이다.

또한, 과거 경제사를 토대로 구축된 전체론의 틀에서 벗어나 미시적인 단위를 통하여 사회 저변에 존재하는 문화의 내면을 더욱 깊게 묘사하고 해석할 가능성을 모색하는 것이 곧 새로운 사회사연구법이라고 할 수 있다. 물론 이러한 깊은 묘사를 이루기 위해서는 서양학계의 연구 방식에서 나타나는 외부요인의 점진적 내재화 영향과 근대화를 희화화하는 구원론에 잠식되어서는 안 된다. 과거 이루어진 중국의 사회사연구는 모두 근대화가 중국 사회를 구원하였다는 것을 주장하기 위해 진행되었기 때문이다. 황쭝즈는 중국과 미국의 학술계가 상호 간의 소통과 논의를 시작하였던 1980년 초, 중국 국내 학자들이 생산과 관련된 영역에서 인구를 중점요소로 보고 있었던 미국의 중국학계에 대해 반론을 제기했다는 점을 주목하였다. 또한, 중국 학자들이 봉건주의 이론과 자본주의 맹아론을 추종하는 두 개의 세력으로 구분되어 있었다는 점에 대해서도 지속적인 관찰을 진행하였다. 여기서 봉건주의 혹은 봉건사회에 관련된 이론을 추종하는 학자들은 자급자족이라는 경제형태가 중국에서 자본주의의 발전을 저애하고 중국 사회의 장기적인 경제침체를 조성하였다고 인식하고 있는 부류이다. 후자의 자본주의 맹아론을 추종하는 학자들은 명나라와 청나라 시기에 이루어진 상품경제의 확장은 자본주의의 기초적인 요소들이 출현할 수 있도록 촉진하였고 이를 통하여 봉건적인 생산 관계가 쇠퇴 및 쇠락한 것이라고 보는 부류이다. 1950년대 시기, 미국의 중국학계에서도 중국은 전통이라는 본질적인 개념의 변화가 이루어지지 않았다는 관점을 토대로 봉건주의와 자본주의를 대립시키는 방식이 아닌, 근대화이론이라는 틀 안에서 전통적인 중국과 근대화된 중국이라는 국가구조의 대립 관계를 통하여 연구를 진행하였다. 이는 봉건국가의 신분 계급에 대한 관계가 아닌, 전통적인 제도와 이데올로기의 대립을 의미하며, 사회와 경제의 영역에서 침체가 발생된 원인을 인구라는 요소에 초점을 맞추어 연구한 것이다.[13] 황쭝즈는 역사학적 관점에서 비록 양국의 중국학계에서 여러 가지 차이가 존재하고는 있지만, 주요한 이론체계는 쿤이 주장한 패러다임을 토대로 하고 있다고 결론지었다. 그러나 이러한 결론을 토대로 축적된 실증연구에서 점진적으로 역설적인 현상이 나타나게 되었다. 예를 들어, 상품화가 반드시 경제발전을 불러오는 것은 아니라는 점이다. 명나라와 청나라 시기에 지속해서 확장된 상품화와 농경 산업이 병행되어 장기적으로 진행되었다는 역사적 사실만 보아도 자본주의 맹아론과 근대 시기 초기의 중국이라는 체계에 부합되지 않기 때문이다. 이로써 '상품화는 반드시 근대화를 일으킨 다'라는 패러다임의 전제는 당시 중국의 역사적 사실과 부합하지 않는 것이며, 이로 인해 그 위기를 맞게 되었다.[14]

황쫑즈는 중국과 서양의 중국학연구에서 나타나는 전반적인 차이점을 비교 분석하였다. 만약 각각의 자체적인 연구영역에서 개별화된 관찰을 진행하게 된다면, 실질적으로 그 깊이와 사고의 방향성에 관한 반성능력이 가지고 있는 유효성은 대등하지 않다고 볼 수 있다. 중국 국내의 학계에서는 5단계론과 환원론의 영향으로 인하여 연구의 대다수는 경제사의 관점에서 연구되고 있으며, 계급분석에 관한 정치사의 시야는 부분적인 측면에서만 고려되고 있는 상황에서 사회적 현상과 문화적 차원에서 축적된 분석은 상당히 미미하다고 볼 수 있다. 봉건주의 이론과 자본주의 맹아론은 사실 적절한 근대 사회의 이론을 탐구하고 분석할 때 비판적 시각을 나타내지 못했고 경제사의 분석구조라는 범위에 국한되어 있는 것이다. 서양의 중국학자들은 중국의 전통제도와 사회변천에 관한 요인에 대해, 많은 소통과 토론을 통해 다원화된 관점으로 분석하였다. 사회학, 인류학적 요소의 끊임없는 도입과 중국 사회에 대한 더욱 깊은 이해를 통하여 수많은 이론과 분석법들이 제기되었는데, 윌리엄 스키너G. William Skinner의 지역경제론, 샤오궁취안蕭公權과 조셉 에셔릭 등이 제시한 향신사회론gentry society, 윌리엄 로우의 시민사회분석, 황쫑즈의 경제적 내권화內捲化 분석, 프레신짓트 두아라가 구축한 권력의 문화적 네트워크 구조 및 지역사회 정권의 인볼루션 연구, 벤자민 엘먼의 문화자본해석 등이 대표적이다.

그들은 연구를 진행할 때 많은 비판을 받기도 하였지만 그러한 분위기 속에서도 중국학연구는 지속적인 발전추세를 이루어나간 것이다. 미국에서 이루어진 중국학의 구체적인 연구는 다원화의 형식을 넘어, 지식인들의 끊임없는 상호토론과 창의적인 해석능력을 효과적으로 창출하게 되었다. 반면, 중국 국내의 사회사연구에서는 개개인이 뛰어난 연구 성과를 나타내기는 하였지만, 토론과 소통이라는 심화 부분을 진행할 수 있는 능력이 부족하였기 때문에 앞서 도출된 연구 성과들을 활용할 수 있는 체계가 발전되지 못하였을 뿐만 아니라, 지속적인 개념을 구축해 나가지 못한 것이다. 이러한 원인으로 인하여 서양의 중국학계에서 유입되는 새롭고 효과적인 연구방법 혹은 이론들에 대응할 수 있는 능력이 없었으며, 이러한 문제는 중범위이론을 구축할 때도 영향을 미친 것이다.

예를 들어, 경제사와 관련하여 진행된 혁명적 요소에 관한 연구는 항상 농민계층을 하나의 전체적인 계급으로 묘사하였는데, 농민계층이 획일화된 신분과 의식을 갖추고 있다는 점을 전제로 하여, 전체적인 서술법을 통하여 그들의 행동을 촌락의 경계를 뛰어넘는 계층으로 묘사한 것이다. 그러나 자연적인 촌락구성원의 신분과 실질적인 농민계층의 의식이라는 부분에 대해서는 주의를 기울이지 않았다. 사실, 농민계층은 지역사회와 국가의 관계 속에서 국가권력이라는 외부적 요소에서도 제약을 받고 있었고 지역사회의 내부적인 구조에서도 영향을 받고 있었다. 이 때문에 농민계층 자체의 행위와 이념을 지역사회의 저변에 깔린 내부적인 차원에서 이해하는 것이 적절하다고 볼 수 있다. 서양의 중국학계에서는 형식주의와 실증주의에 대하여 명확히 구분하고 있다. 형식주의의 학자들은 자연촌락이 지역사회의 저변에 침투된 국가권력과 지역의 유지들에 의하여 통제된다고 강조하는 부류로써, 이는 최종적으로 상위계층의 체계로 통합되거나 더욱 방대한 무역체계로 완전하게 결합 된다고 주장한다. 반면, 실증주의의 학자들은 인류학의 시각에서 촌락의 수준에 따라 그 .내부에 존재하는 네트워크의 요소를 주목하는 부류이며, 그들은 내부의 권력조직과 종교 및 신앙에 관련된 응집력을 강조한다.[15]

다시 중범위이론에 대한 황쭝즈의 해석으로 돌아가서, 그가 자신이 비판하였던 패러다임의 위기가 가지고 있는 한계를 돌파하였는지 알아보도록 하자. 사실, 그의 내권화 이론은 패러다임의 위기라는 견해에서 설정한 한계를 넘어서지 못하였다. 경제사 차원에서 중국 사회의 내부에서 자본주의의 돌파구를 마련할 수 없다는 명제를 제시하기는 하였지만, 그에 대한 타당한 근거와 분석이 이루어지지 않았기 때문이다. 왕궈빈王國斌은 일찍이 황쭝즈가 제시하였던 농촌 지역발전에 대하여 인구와 자연 사이의 장기적인 관계에 과도하게 치중하고 있다는 점을 지적하여 비판하였다. 황쭝즈는 인구증가라는 압력으로 인하여 토지의 단위면적에 따라 투입된 노동력이 늘어나고 결론적으로 농업 총생산량이 증가한다고 논하였는데, 당시의 상황은 한 명의 노동력이 투입될 때마다 한계의 산출이 증가하지 않고 오히려 감소하였으며, 심지어 하한선 이하로 떨어지는 경제의 인볼루션 현상이 발생한 것이었다. 황쭝즈는 사실 중국경제의 특수한 원동력이 무엇인지를 설명하고자 하였지만, 위와 같이 중국에서 자본주의가 발전되지 못한 원인에 대해서는 주목하지 않았던 오류를 범하였다. 다만, 토론이 진행되는 과정에서 어떠한 문제가 토론할 가치가 있으며, 어떠한 문제가 중요하지 않다고 정의하는 것은 전자의 측면에서 결정되는 것이다.[16]

결론만 간단히 말하자면 황쭝즈는 패러다임의 한계를 돌파하지 못하였다. 그가 중-미학계의 대립한 두 개념을 모두 포함한 공통적인 패러다임을 통하여 상품화가 경제발전에 아무런 영향을 미치지 못하였다고 주장한 내용은 사실 사회발전의 해석에 있어서 새로운 패러다임을 제시하지는 못하였다. 비록 그의 견해는 중국이 19세기부터 어떠한 원인으로 인하여 근대화를 진행할 수 없었는가에 대한 총체적인 명제로 병합되어 버렸지만, 중국지역의 경제사라는 구성에서는 풍부한 중범위이론의 자원을 제공하였다고 할 수 있다. 특히, 그가 내권화라고 칭하였던 인볼루션에 관한 개념은 상품생산과 공업제조 간의 관계 및 구분이라는 문제 인식의 측면에서 중요한 시범적 의의가 있는 것이었다. 샤밍팡夏明方은 황쫑즈의 연구에서 등장한 전문화와 분업에는 애덤 스미스가 제시하였던 생산의 기원과 동력이라는 필연적인 요소가 존재하여야 하며, 이에 대한 해석을 증명하여야 한다고 지적하였고 이를 바탕으로 역사상 분업에 의지하지 않았던 시장의 존재를 탐구하여야 한다고 논하였다. 여기서 분업에 관련된 시장구조에서 가짜 상품경제 및 생산기원과 동력이라는 개념에 근거하지 않은 시장을 연관 지을 수 있는 새로운 개념의 해석법을 구축하기 위한 가능성을 열어놓았다는 점이 중요하다. 이를 바탕으로 중국의 대다수 학자에게 멸시받았던 가짜 상품경제라는 개념을 일반적인 의미로 재정립시킬 수 있다. 이는 매매가 이루어지는 재화를 모두 상품이라는 범주에 놓고 소농민이 생계를 위하여 진행하는 상품화와 경제의 질적인 변화 및 발전을 촉진하는 자본주의의 상품화로 구분한 것이며, 서양의 근대 시기 초기에 나타난 시장발전과 자본주의의 관계는 사실상 우연히 발생되었던 예외적인 현상이기 때문에 이러한 방식을 통하여 세계 각지의 각 시대에 관련된 모든 상품화과정을 설명할 수는 없다는 점을 제기한 것이라고 볼 수 있다.[17] 황쫑즈가 구축한 이론의 틀은 거짓에 대한 명확한 증명을 진행하는 과정일 뿐만 아니라, 새로운 해석을 구축해 나가는 과정이기도 하다. 두아라도 마찬가지로 인볼루션의 개념을 통하여 중국 화베이 지역 농촌사회조직과 권력 네트워크를 분석하였고 이는 바로 경제사의 사고방식에 대한 계몽적인 사건으로 대표되었다. 그는 이 개념을 통하여 중국 지역사회의 권력과 국가 조정의 통제에 대한 관계를 더욱 심도 있게 해석하였다. 서양의 중국학연구에서 진정한 패러다임의 위기는 존재하지 않았지만, 대부분 근대화구조라는 틀 안에서 이루어지는 비슷한 해석 간의 충돌이라고 인식할 뿐, 현실적인 의의는 여전히 중범위이론의 축적을 통한 중국학연구의 반성 및 개선에 있었다. 그러므로 중국의 역사학계는 이러한 짐에 대하여 상호 긴의 소통을 이루어내야 하며, 특수한 배경으로 형성된 중범위이론의 내재적 논리와 해석 방법을 그대로 답습하는 것이 아닌, 중도中道의 관점으로 합리적이고 자체적인 분석구조를 형성해야 한다. 그렇지 않을 시, 공통적인 해석과 관련하여 규범의 측면에서 위기에 처하게 될 뿐만 아니라, 학자 개개인의 연구에서도 풍성한 지식축적이라는 특징을 내세울 학술적 계보를 형성할 수 없게 될 것이기 때문이다.

1990년 이후, 중국의 경제학계에서는 인볼루션의 개념을 활용하여 국내 지역의 경험연구를 통하여 중범위적 해석의 틀을 제시하고자 시도하였다. 그 중, 친후이秦暉는 남만주철도주식회사南滿洲鐵道株式會社[13])에 대한 자료 분석을 기초로 하여, 농민계층의 관점에서 서북지역의 경제상황을 분석하기 위해 관중關中[14]) 지역을 중심으로 하는 연구

---

13) 남만주철도주식회사South Manchuria Railways Co.는 러일전쟁 후인, 1906년 포츠머스 강화조약에 따라 일본이 러시아로부터 양도받은 철도와 부속지의 경영을 목적으로 설립되어, 1945년 제2차 세계대전이 종결될 때까지 중국의 동북지역, 즉 만주에 존재했던 반관반민半官半民의 특수일본회사로 '만철滿鐵' 혹은 '남만철도南滿鐵道'로 불린다.

의 틀을 구축하였다. 여기서 자신이 제시한 틀은 과거 강남지역을 중심으로 하여 서술된 타이후太湖[15] 유역의 사례와 극단적으로 대립 된 것이라고 거침없이 밝혔다. 타이후 유역의 사례는 줄곧 중국의 사회학과 경제학에서 주류로 자리 잡고 있었을 뿐만 아니라, 보편적인 틀로 확대되어 활용되고 있다. 그 내용은 간단하게 다음과 같다.

중국의 동남지역에는 상품경제가 상대적으로 발달하였고 지주를 중심으로 한 소작농제도가 압도적인 우세를 차지하는 산업방식이 존재하고 있었다. 그중에서도 특히 타이후 유역을 중심으로 하는 절강성 지역이 가장 전형적인 예라고 할 수 있다. 이곳의 농민들은 현지의 지역사회와 국내시장의 많은 영향을 받았을 뿐만 아니라, 국제시장에서도 부분적인 영향을 받게 되었다. 한편, 이 지역은 송나라와 원나라 시기 이래, 자작농이 쇠퇴하고 토지가 지주에게 비정상적으로 집중되었으며, 지주는 자신이 소유한 토지를 직접 개발하지 않고 농민들에게 임대해주는 방식을 통하여 경영하였다.[18]

타이후 유역의 사례에서 나타난 중요한 의미는 중국의 역사학계에서 서양 사회의 발전 형태와 대비되는 구조를 이루고 있었다는 것이다. 이러한 연구사례에서 나타나는 뚜렷한 특징은 행위의 주체에 대한 개념과 제도에서 나타난다. 예를 들어, 서양의 농민은 농노農奴의 개념이지만 중국의 농민은 소작농의 개념이며, 서양의 농업 제도는 장원제莊園制이지만 중국은 소작제小作制라는 것이다. 서양의 봉건주의 사

---

14) 고대의 지명으로 지금의 산시陝西성에 해당함. 동쪽에 함곡관이 있고 남쪽에는 무관, 서쪽에는 대산관, 북북에는 소관이 있는데, 이 4관의 중앙에 있으므로 붙여진 이름.

15) 장쑤江苏성에 있는 중국의 3대 담수호.

회는 귀족이 영지의 영주로써 토지매매를 관리하였지만, 중국은 신분과 관계없이 매매할 수 있었다. 이후, 중국 국내의 역사학계에서는 타이후 유역의 사례를 바탕으로 지역의 사회적 모순을 양극 분화[16]와 토지겸병兼併의 위기라는 개념에 귀결시키고 이를 통하여 서양의 고속발전과 중국의 발전 정체라는 여러 가지 인과 관계의 결과를 도출해 내었다.[19]

이렇듯, 친후이는 어느 한 지역의 경제 관계를 보편적인 역사해석의 통합적인 틀로 일반화시키는 폐단을 막기 위해서 관중 지역의 사례에 내재된 특수성을 중국 본토의 사회사와 경제사에서 참고하도록 적극적인 주장을 펼쳤다. 그는 관중 지역의 사회와 경제 간 관계에서 나타나는 상황을 고찰을 통하여 일반적인 추론과 상반되는 현상을 밝혀내었다. 예를 들어, 송원 시기 이후에 관중 지역의 농촌은 점진적으로 소농화가 진행되었고 대토지경영Latifundium과 토지를 소유하지 못한 농민들의 수도 같이 감소 되었으며, 중화민국 시기에 이르러 이러한 소작 관계는 거의 소멸하였다는 것이다. 이는 흔히 말하는 양극 분화와 토지겸병 또는 소작경제의 개념과는 판이한 상황이라고 볼 수 있다. 또한, 상품화폐의 출현이 종법宗法[17]의 유대를 끊어버렸다는 일반적인 추론의 측면에서 근대 시기 중국에서 상품경제가 가장 발달한 동남지역의 농촌은 종족宗族 관계와 족장族長 권력의 세력이 가장 강대하였던 것에 반해, 관중 지역의 농촌은 상대적으로 폐쇄적이고 자급자족에 의존하고 있었으며, 그에 따라 영향력이 강한 종족조직 및 권력

---

16) 원래는 자본주의 초기 자본가는 점점 더 부를 축적하고 노동자는 점점 빈곤해지는 현상을 의미하였으나 현재는 고소득층과 저소득층의 '빈익빈, 부익부'현상을 의미한다.

17) 친족조직 및 제사의 계승과 종족宗族의 결합을 위한 친족제도의 기본이 되는 법.

조직을 찾아보기 힘들다는 것이다. 다만, 관중 지역의 농민들은 각각의 독립적인 특성으로 인하여 교류가 다분하게 이루어지지 않았기 때문에 오히려 동남지역의 사회보다는 발달하지 못하였다.[20] 과거의 이론적 구조에 반하는 관중 지역의 역사적 현상은 무지주無地主와 무소작無小作으로 요약할 수 있다. 무소작은 상품생산과 임금노동의 구조가 가지고 있는 필연성과 관련하여 자연경제체제인 화베이 지역의 고용증가와 상품경제체제인 강남지역의 소작임대율 증가에 대한 의문점을 제시할 수 있다. 또한, 자연경제의 고용제와 상품경제의 소작제를 비교하였을 때 어떤 체제가 봉건주의와 자본주의에 가깝다고 볼 수 있는가에 대한 문제도 제기할 수 있다.[21]

친후이는 관중 지역의 경험연구를 통하여 보편적으로 적용되고 있었던 이론들과 연관된 일부 결론들에 대해서도 문제를 제기하였다. 고용된 노동자는 일반적으로 밀 혹은 목화와 같은 현물을 통하여 급여를 받았는데, 그 생산이 시장을 대상으로 한 것은 아니라는 점과 더불어, 지주가 소유하고 있는 경제적 상품에 관한 비율도 일반인과 큰 차이가 없었다고 주장한 것이다. 관중 지역에서는 목화와 같은 작물의 상품 가치가 비교적 높았지만, 지주의 경제적인 측면에서 특별한 중요성을 지닌 상품은 아니었으며, 반대로 일부 재화에서는 고용 관계와 상품경제의 역접逆接 관계도 존재하고 있었다고 논하였다. 이는 관중 지역의 고용 관계가 상품경제 및 사회분업의 발전과 아무런 관계도 없다는 점을 증명하는 것이다.

관중 지역의 역사적 상황에 관한 경험연구는 과거의 지주와 소농의 노동생산에 관한 능률에 대하여 그 정도를 탐구하는 문제에서도 범상치 않은 해석을 내놓았다. 비교적 전통적인 경제사의 관점에서는 지주의 토지경영이라는 방식이 선진적인 자본주의의 생산방식이며, 그 노동생산에 관한 능률은 반드시 소농민보다 높을 것이라고 여긴 것이다. 황쫑즈의 내권화 이론의 핵심도 이와 같은 지주와 소농의 노동생산율의 차이를 탐구함에 있다. 인구증가에 따라 소농의 급여가 점차 감소하는 현상이 발생하였을 때, 지주는 토지의 생산량과 균형을 이루도록 고용노동자를 해고함으로써 신축성을 유지할 수 있고 이를 통하여 노동이 지나치게 밀집되는 인볼루션의 문제를 해결할 수 있었다. 그래서 화베이 지역의 지주는 소농과 비교하였을 때, 기술 수준 및 생산성에서 그 차이가 크지 않지만, 노동생산율은 비교적 높다고 결론을 내린 것이다. 다만, 관중 지역을 중심으로 이루어진 친후이의 연구에 의하면, 지주의 경영에 있어서 노동력의 밀집화에 대한 정도는 다른 지역과 큰 차이가 없었으며, 심지어 소농보다 높았을 것이라고 한다. 또한, 청나라 시기 기록된 『농서農書』에서 관중 지역과 관련된 부분을 보면, 자연경제체제를 유지했던 일부 농장들의 지주는 노동력을 지나치게 투입하여 고의로 급여의 제한을 낮추어서 당시의 소농들보다 높은 생산율을 나타내었다고 한다. 이러한 조건에서는 그 토지의 생산율이 일반적인 소농보다 약간 높게 측정될 수 있는데, 이점은 황쫑즈가 주장했던 내용과 반대되는 것이다.[22] 관중 지역에서 존재하고 있었던 높은 토지세는 급여의 제한을 낮추는 특수한 원인으로 작용하였고 인볼루션에 따른 급여의 감소는 토지감소에 의한 세금의 절감으로 보상받을 수 있었다. 이로 인하여, 지주는 고용노동자의 급여가 극히 낮은 상황에서도 급여의 감소율이라는 위험을 실감하지 못한 것이었다.[23] 이러한 점에서 볼 때, 관중 지역의 고용은 자본주의적 특성도 아닐 뿐만 아니라, 화베이 지역의 경영과도 매우 큰 차이가 존재한다는 것을 알수 있다. 또한, 사회의 내부에는 근대성이라는 특성이 존재하지 않았지만 그렇다고 해서, 봉건사회의 소작경제보다 성공적인 체제를 구축하고 있었다고 말할 수도 없다.

관중 지역의 사례는 사회조직구성의 관점에서 볼 때, 전통적인 봉건적 이론에 대한 도전이기도 하였다. 일반적인 사회사연구에서는 토지점유를 경제사의 관점에서 봉건사회의 성격과 특징으로 규정하기 쉽다. 관중 지역의 사례는 타이후 유역의 사례와 비교하였을 때, 전근대적인 색채가 더욱 짙다고 할 수 있다. 중국학계에서는 대부분 소작제도와 상인의 지주화地主化 현상을 연결하여 중국 봉건사회의 큰 폐단으로 여기고 있었으며, 이를 통하여 공업과 상업에 관련된 자본축적이 형성되었다고 본 것이다. 그러나 관중 지역의 지주들은 공업과 상업에 관련된 자본축적에 큰 관심을 두지 않았을 뿐만 아니라, 심지어 토지를 확장하고자 하는 의식조차 없었다. 또한, 관중 지역의 사회적 하층민들이 지주가 될 가능성은 지극히 낮았는데, 반대로 권세를 가진 자는 지주에 대한 욕망이 없는 특수한 현상도 존재하였다. 이는 세도를 부리던 자들에 의해 형성된 봉건적 할거割據가 토지독점에 의한 축적이 아니라는 점을 의미한다. 예를 들어, 악덕 지주라고 불릴 정도였던 관중의 지주들은 주로 재산의 소유 관계를 기초로 규정된 신분 계급의 개념이 아니라, 통치와 복종을 토대로 한 예속 관계의 개념이었다. 왜냐하면, 그들이 차지할 수 있는 유형자산有形資産은 그리 많지 않았기 때문이다.[24] 관중 지역의 종족들은 남방지역과 같이 법제화된 가문의 법규와 재력을 통하여 지방관청과 국가 조정에 대항할 힘은 없었지만 보다 발전된 강한 종족 관계를 통하여 국가 단위에서 행해졌던 집단적인 부역의 권리를 쟁취할 수 있는 연환連環 체계가 구축된 것이다. 이러한 지역 특성의 차이점은 관중 지역이 화베이 지역과 다른 방향의 지방통제체계를 형성하게 되는 요인으로 작용하였다.

친후이는 봉건주의를 기초로 하는 지주의 토지 소유제와 봉건적 생산 관계, 지주의 토지점유 및 소작농의 고용착취에 대한 관계를 증명하였다. 이는 논리적인 면에 치중된 연구이며, 전통적인 관점에 대한 큰 반향을 불러일으켰다. 그의 연구는 학계에 봉건사회와 봉건주의의 본질을 규정할 때 재인식이 필요하다는 흐름을 불러왔으며, 봉건사회의 형태를 이성적으로 재구성할 때도 논리적인 사고방식과 탐구 및 고찰의 가능성을 일깨워 주었다.

그렇다면 경험과 논리라는 연구의 요소 중에서 어느 것이 더 중요한가? 친후이의 저서 『전원시와 광시곡田園詩與狂想曲』의 내용을 분석해보면, 앞부분의 세 장에서는 상당히 깊이가 있는 경험연구를 기초로 하여 다량의 관중 지역의 사료와 지역 문헌을 수집 및 활용하였음을 알 수 있다. 그중에서도 특히 눈여겨볼 만한 부분은 토지개혁이 시행된 시기에 나타난 관중 지역의 계급 및 경제 현황에 관한 분석이라고 할 수 있다. 관중 지역의 사례연구에서 나타난 논리요소인 무지주와 무소작 등은 모두 경험연구의 결과인 것이다. 유감스럽게도 이러한 분석법은 사회발전의 원동력에 대한 중범위적 해석 방안으로 확대되지 못하였지만, 지역 비교에 관한 문제를 심도 있게 토론할 수 있는 새로운 기점으로써 작용하였다. 만약, 그가 한 걸음 더 나아가 관중 지역의 사회조직구성 또는 더욱 구체적인 운영상황까지 제시하였다면 경제사와 관련하여 지방의 통제와 방식에 대한 깊이 있는 토론으로 확대될 수 있었을 것이다. 친후이는 관중 지역의 사회적 형태에 대한 세밀한 묘사를 통하여 구체적인 차원에서 타이후 유역의 사례 및 화베이 지역의 연구와는 다른 해석법을 제시하기는 하였지만, 일부 지역의 사례를 통한 모든 사회사 이론의 일반화에 대한 부정적인 의사만 전달하였을 뿐, 관중 지역의 분석이 중국 사회사연구의 문제에 대하여 제시하고자 하는 새로운 패러다임에 관한 증명은 이루어내지 못한 것이다.

즉, 관중 지역의 사례를 통하여 나타난 일부 현상을 이론적으로 증명하는 것에 그치지 않고 그 근거를 통하여 여러 가지 연구들의 결론에서 나타난 오류를 구별해 낼 수 있는 새로운 전제조건까지 구축하여야 한다. 그러나 아쉽게도 그의 저서의 뒷부분은 자유 봉건주의, 종법 농민문화의 사회통합, 농민문화의 윤리관, 농민 사유방식 등의 내용을 통하여 관중 지역의 사회구조와 형태분석이라는 추상적인 구조의 토론으로 마무리된다. 그는 본질적인 특성을 띠고 있는 거대한 명제를 구축하고 관중 지역의 사례를 통하여 보편적 방식에 대한 전통적인 요구의 유효성을 증명하고 강화하는 것에 노력을 기울였지만, 명제에 대한 해석은 단지 절제되지 않은 서정적인 결론으로 귀결되고 말았다. 이러한 결론은 중범위이론에서 추구하는 자아의 제어라는 측면에서 나타나는 문제를 여지없이 드러내고 있는 것이라고 할 수 있다. 친후이는 농민학農民學에 대한 수많은 개념을 판단할 때도 관중 지역에서 나타난 사례를 증명하여 결론 내리고자 하였다. 하지만 농민학을 구성하고 있는 방대한 명제들에 대하여 각각의 합리성을 완벽하게 증명해 낼 수는 없다. 반대로, 이러한 방대한 농민학의 명제 때문에 관중 지역의 사회적 현황에 대한 구체적인 담론이 가려질 가능성도 농후하다. 그러므로 중범위이론의 측면에서 칭후이의 연구는 비록 중범위적인 형상을 갖추고 있지만, 규범적 의미가 있는 인볼루션 개념에 대항할 수 있는 논리를 구축하기는 어려운 것이다.

4. "유학의 지역화"개념: 지식사회학 구축의 득과 실

앞서 말한 바와 같이, 서양의 중국학계에서는 중범위이론을 통하여 근대 중국 사회에 존재하는 수많은 문제에 대한 해석을 진행하였다. 오랜 시간 이어진 연구는 점진적으로 주류의 자리를 잡게 되었고 모두가 주목할 만한 연구 결과를 나타내게 되었다. 반면, 중국에서 이루어진 관련 연구는 아직 걸음마 단계에 머물러 있다. 많은 학자는 서양의 중국학연구에서 영향을 받고 있거나 자체적으로 중범위이론에 대한 의식을 정립하고 지식공동체를 육성할 때 성숙한 단계에 이르지 못하였던 점을 그 원인으로 들 수 있을 것이다. 비록 중국 국내에서 중범위이론의 정립 방식에 대한 비판적인 시각이 존재한다고 하지만, 서양의 중국학이 가지고 있는 규모와 정형화된 연구를 비교하는 것은 의미 있는 시도라고 볼 수 있다. 필자는 여기서 유학의 지역화라는 개념이 가지고 있는 구조적인 득과 실을 통하여, 앞으로의 중국사연구에 있어서 중범위이론이 어떻게 응용될 수 있는지 탐구해 보고자 한다.

필자의 또 다른 저서인 『유학 지역화의 근대적 형태儒學地域化的近代形態』에서는 근대 시기 후샹湖湘[18], 링난嶺南[19], 장저江浙[20]로 이루어진 3대 지역의 지식인계층이 각 지역에서 유서가 깊은 전통유학의 자원을 활용하여 서로 다른 일상생활과 사회운동을 진행하였다는 점을 설명하였다. 즉, 근대 시기의 지식인층에 대한 행동 근거는 유학의 전체적인 틀로 해석할 수 있는 것이 아닌, 지역적으로 분화되어 발전한 유학에서 나타나는 언어 환경의 차이점을 전제로 한 것이다. 필자는 이를 통해 지식인들의 지역별 언어 환경에서 이루어진 행위들 속에서 합리적인 해석 관계를 형성하고자 하였으며, 유학의 지역화라는

---

18) 후난湖南성과 후베이湖北성.
19) 우링五嶺 남쪽 일대의 땅. 광둥廣東성과 광시廣西성.
20) 장쑤江蘇성과 저장浙江성

중범위적인 개념을 활용하여 이러한 복잡한 상호 관계를 정리[25]하고 자 시도한 것이다.

유학이라는 개념을 총체주의의 관점에서 분석하고 각 지역에서 나타난 유학과 관련된 언어들의 상호 작용을 정립하고자 했던 노력은 역사학계에서 큰 반향을 일으키지 못하였다. 오히려 새로운 연구 방식의 동향을 불러오기는커녕 일부 학자들의 토론과 비판을 받게 된 것이다. 평론가들은 유학의 지역화라는 분석법에 대하여, 총체주의의 시각 및 그 방법론에 관한 연구에 별다른 이견이 없었다. 다만, 문제는 분석방식이 전통적인 해석의 범위에서 이루어지고 있느냐에 관한 점에 있는 것이다. 과거, 중국의 정치학자인 덩정라이鄧正來는 지식론의 위치를 규정하는 문제에 대하여 매우 명확하게 평가를 진행하였다. 그는 지식의 생산과 증가라는 측면에서 중국의 역사학연구가 대체로 토마스 쿤이 말하는 비혁명적인 단계에 처해 있다고 보았으며, 고도의 정치성을 가진 사건사의 논법 혹은 날조된 객관적인 사례의 지배를 받고 있다고 주장하였다. 다만, 그가 말한 일반적인 지식인계층이 지배하는 울타리에서 벗어나기 위해 노력하는 일부 학자들도 존재한다는 점을 배제해서는 안 된다. 필자도 마찬가지로 그 울타리를 벗어나기 위한 노력에서 『유학 지역화의 근대적 형태』를 집필하였던 것이기 때문이다. 먼저 해당 저서에서는 근대 시기 중국 지식인계층의 분포 및 그들이 인식하고 있었던 지식이 근대 시기 사회운동 간의 관계를 중심으로 서술하고 있다. 그 내용 중에서 의미가 있다고 생각하는 두 가지 부분이 있는데, 첫 번째로 필자가 서술하고 있는 논제의 목적은 기타 연구들과 명확한 차이점이 존재한다는 것이다. 『유학 지역화의 근대적 형태』의 집필목적은 사실 옳고 그름을 논하며 역사적 시간상의 사건에 관한 기원과 사상형태에 대하여 변론하고자 함이 아닌, 근대 시기 중국의 지역사회에 존재하였던 지식인계층을 연구하고 내재 된 그들의 지위를 일반적인 역사연구의 이론적 틀에 의하여 실천된 특성을 탐구하는 것에 있다. 필자는 저서의 서두 부분에 지식론에 대한 본인의 생각을 명확하게 표명해 두었다. 그 입장은 필자가 설정한 역사연구에 관하여 역사철학을 구성하는 개인적인 의도를 표명하고 있을 뿐만 아니라, 온전한 사상사와 사회사의 연구경로를 지향하기 위한 내용을 구체적으로 서술하고 있으며, 주관적인 추론과 객관적인 근거의 상호 작용을 나타내는 지식사회학에 대한 본인의 개인적인 주장도 포함하는 것이다. 덩정라이는 필자가 서서에서 지식사회학의 입장에 근거한 구체적인 분석 과정 중, 근대 시기 중국의 각 지역에서 지식인계층의 차이를 발견하였던 점에 대하여, 서로 다른 지식인계층이 사회적 교류를 하는 과정에서 각자의 지식을 기반으로 나타난 상반된 주장 및 상반된 사건에 더욱 집중하여야 한다고 평가하였다. 필자는 그의 평가를 바탕으로 1980년대 린위성이 제기한 반反총체주의의 인지 방식으로 이루어진 연구에 대하여 반성과 비판을 진행하게 되었다. 린위성은 총체주의를 반대하면서도 실제로는 유학의 특성을 통합적인 지식 유형으로 보는 총체주의의 정형화된 사고방식에 빠져있었으며, 필자가 채택하고 있었던 비총체적 방식론을 원칙으로 삼고 있었다.[26]

청능은 유학 지역화라는 개념에 대한 해석법을 정립하기 위하여 노력하였다. 그는 역사를 서술할 때 다른 역사학자들과 마찬가지로 연구대상의 '역사적 사실'과 '역사적 사건'의 입장에서 고찰을 진행하였다. 과거의 이론가들이 구축해 놓은 연구 대상과 해석법은 이후의 새로운 방식을 통하여 다채롭게 나타날 수 있다. 하지만 이를 위해서는 우선 새로운 연구 대상 혹은 계몽성에 대한 노력이 축적되어야 한다. 물론 여기서 말하는 해석법의 정립에는 반드시 실질적이고 새로운 문제의식 및 역사 관념이 존재하여야 한다. 중국 국내의 학계에서 공백을 메우는 의미로 자주 논해지는 전보공백塡補空白이라는 말은 사실 해석법의 정립에 대한 실질적인 의의를 갖추고 있지 못하다. 이는 그저 기존의 문제의식과 역사 개념을 기초로 하여 과거의 역사학자들이 접근하지 않았던 부분에 관하여 상세한 연구를 전개하고 있을 뿐이다. 이러한 각도에서 고려해 보면, 필자의 저서 『유학 지역화의 근대적 형태』는 주관적이며 독창적인 견해가 두드러지게 나타난다고 할 수 있다. 이는 유학의 지역화에 대하여 필자 본인이 만들어 낸 하나의 새로운 역사 개념을 토대로 새로운 문제의식을 표현하고 있기 때문이다.[27]

물론 필자는 저서를 통해 지식사회학에서 이루어지는 유학에 대한 총체주의적인 고찰이 가장 완벽하고 합리적인 것이라는 견해를 나타내는 것은 아니다. 다만, 이를 원인으로 이루어지는 평가들이 집중적으로 유학의 지역화라는 개념의 지식형태를 실체화하고 제도적 요인을 일반화시키는 실수를 범하고 있다는 점을 밝히고자 하는 것이다. 이 두 가지 문제점은 필자가 인용하였던 푸코의 언어분석이론과도 밀접한 관련이 있다. 푸코의 언어분석이론에서 나타난 지식이라는 개념은 역사적 시기와 권력 사이의 관계 및 그 관계에 관련된 언어를 수렴하는 개체의 지배와 통제에 초점이 맞춰져 있을 뿐만 아니라, 구조주의와 같은 맥락에서 시작된 다른 언어 간의 대립 및 상호 작용을 강조하고 있다. 또한, 그는 구조주의 철학의 변이에 대하여 각 관계에서 나타나는 현상의 순서가 아닌, 현상으로 나타나는 각종 관계에 중점을 두고 있었다. 사실 필자는 푸코의 이론을 파악할 때 구조주의가 기본적으로 추구하고 있는 중요성에 대해서는 크게 집중하지 않았다. 다만, 근대 시기 중국의 각 지역에 존재하는 유학의 형태를 강조함과 동시에 각 지역과 관련된 지식의 형태를 실체화시키는 것에 치중한 것이다. 이렇듯 지역별 지식의 형태를 실체화하는 과정을 통하여 실제로 다른 지역의 지식형태 간의 차이와 그 차이로 인하여 발생하는 다툼의 과정을 강조하였다. 또한, 이를 토대로 지식 언어의 지배력과 모종의 정통성을 지닌 지배권의 정치 관계 추구 및 정치 관계로 인하여 형성된 지식형태의 끊임없는 강화가 이루어진다는 틀을 구축하였다. 이는 모든 지식형태가 표명하는 각 지식의 정당성 및 생존에 대한 합리성과 밀접한 관련이 있는 것이다. 앞서 필자가 서술한 내용은 총체주의라는 관점을 타파하기 위하여 유학의 지역화라는 개념으로 근대 시기 중국의 지역 형태를 확립함과 동시에, 푸코의 지식 언어에 관한 이론과 유학의 지역화에 대한 관점 사이에 존재하는 긴장요소를 풀어낸 것이다. 학술적 관점에서 나타나는 중국사연구의 제약을 벗어나기 위하여 자연적 관점으로 시각을 전환하였고 지역적으로 구축되었던 자체적인 교육기관에 한정하여 연구를 진행하였으며, 이를 통하여 근대 시기 중국의 지식형태에서 나타난 지리적 요소에 대한 특성을 강조하였다. 그러나 푸코가 강조한 지식 언어라는 개념은 필자와 달리 자연적 특성을 갖추고 있지 않다. 왜냐하면, 그의 분석대상이었던 교도소, 군부대, 국립학교 등은 국가의 제도적 성질을 지닌 공간이며, 이는 자연의 지리적 요소에 의하여 나타난 산물이 아니기 때문이다. 이렇듯 그가 지식 언어의 형식과 경계선을 규정할 때 호소한 내용은 국가가 인위적으로 구축한 제도적 요소를 토대로 하고 있었다고 볼 수 있다.[28]

청눙의 평가에 대한 방향성은 덩정라이와 차이가 있다. 그는 공간의 구축이라는 관점에서 유학의 지역화라는 개념의 해석능력을 파악하는 것에 중점을 두고 있었는데, 과거에 규정된 지리적 분포, 사대부의 구성, 학파의 분야 등의 관계에 대하여 상당히 주의를 기울이고 있었다. 다만, 청능은 유학의 지역화라는 개념을 제시하고 토론하고자 하였던 필자의 저서를 통하여, 의식적인 관찰을 넘어 다소 복잡한 역사 서술을 발전시켜야 한다는 점을 인식하였다. 그는 필자의 저서에서 나타난 근거가 유학에 관련된 역사를 명확하게 정리하고 있고 당나라와 송나라 시기 이후에 전환되는 유학의 큰 맥락의 범위에서 유학의 지역화라는 개념을 구축하고 있으며, 청나라 말기에 변화된 발전상황에 대한 현상을 묘사함과 동시에, 더 나아가 그 측면에서 근대사상사와 정치사를 고찰하고 있다고 평가한 것이다. 그의 평가에 대한 전체적인 내용은 필자가 이전의 연구에서 그다지 주의를 기울이지 않았던 몇 가지 중요한 역사적 측면을 강조하고 있는 것이었다. 필자는 이를 반성하고 연구에 대한 감각을 좀 더 발전시킬 수 있다고 생각하였다. 예를 들어, 유학의 지역화라는 개념이 내포하고 있는 한 가지 중요한 내용은 바로 공간적 관계라는 측면에서 사대부의 역사를 파악하고자 하는 것이다. 이러한 공간적 특성은 자연 지리적 요소일 뿐만 아니라, 사대부계층의 각종 행위에서 형상화된 것이며, 그들은 그들이 형성한 공간에서 행위를 진행하게 된다. 이를 바탕으로 각 학파가 어떻게 각각의 학술적 공간을 구축하고 이를 토대로 각 지식 언어의 복잡한 병렬구조를 형성하게 되었는가에 관하여 탐구하게 되었고 유학의 지역화를 이루었던 중국 역사의 체계 안에서 민간계층의 경계에 대한 위치를 토론하고자 생각하였다. 비록, 이에 대한 필자의 문제 인식에는 모호한 부분이 존재하지만, 유학이 가진 복잡한 공간적 관계는 변화 및 발전하였음을 알게 되었고 이로 인하여 역사상 유례가 없었던 주장을 제시할 수 있었으며, 상세한 논증을 얻게 되었다.[29]

청메이바오程美寶는 크게 보편화 된 부분적 연구의 관점에서 더욱 깊게 접근하는 방향으로 평가를 진행하였다. 그녀는 현재 중국사학계가 지역연구라는 명목을 내걸고 연구를 진행할 때 나타난 이론적 원리 혹은 법칙의 근거 자체를 의심하였다. 오吳 지역 문화[21]와 후난 지역 경제를 하나의 분석단위로 하는 연구들은 이미 많은 학자와 대중에게 충분히 익숙한 연구영역이었다. 이렇듯 널리 알려진 영역을 기초로 하여 이루어진 연구는 그 어떠한 의문점과 반론이 제기되지 않는다. 하지만 수많은 실증연구에서 그와 관련된 사실이 상당히 주관적이고 즉흥적이라는 점을 알 수 있다. 그녀는 이렇게 맹목적으로 과거를 답습하는 유형화된 연구 경향에 대하여 문제점을 지적하였으며, 지역연구를 위한 대상의 범위를 규정할 때, 기준과 타당성을 전제로 비판한 것이 아니라, 보편적인 연구 동향의 측면에서 과연 역사관과 역사의 방법론에 어떠한 혁명을 일으킬 수 있느냐는 점을 중심으로 비판한 것이다. 그녀는 이를 바탕으로 유학의 지역화가 지역연구의 방향에서 출발하였다는 점에서, 양계초의 선형식 서술법과 같은 서술방식을 이루고 있다는 문제를 제기하였다. 하지만 사실 필자는 시간순으로 이루어진 양계초의 선형식 서술법을 공간적인 관점으로 전환하여 서술하였으며, 소위 말하는 사물의 변화에 관해서는 상학湘學[22]에 근거하여 서술하였고 제도의 변화에 관해서는 영학嶺學에 근거하여 서술하였는데, 문화의 변화에 관해서는 저장성 지역 학자들의 관점에 근거하여 서술하였다. 청메이바오는 유학의 지역화라는 개념이 그 기준에 대한 이유와 근거가 상세하게 고려되지 않은 상태라고 보았으며, 한 가

---

21) 오吳는 오늘날의 중국 장쑤江蘇성 남부와 저장浙江성 북부 일대를 나타낸다. 오 문화는 중화문명의 가장 중요한 구성 부분으로, 중국 고금의 물질문명과 정신문명의 모든 성과를 대표한다고 볼 수 있다.
22) 일관된 취지를 기초로 하여 지속적으로 발전해 온 하나의 지역적인 지식 전통.

지의 거시적인 명제를 분화시켰을 뿐만 아니라, 과거 린위성과 같이 총체주의의 함정에 빠진 것과 같은 인상을 받았다고 평가하였다.

유학의 지역화는 세 가지 지역에 존재하였던 지식인계층의 특색으로 귀납할 수 있다. 더 나아가 인문 지리적 요소에서 시작하여 각 지역에서 나타나는 특징의 배경이 각각 다른 요인으로 형성되어 있음을 설명하고자 하였다. 그러나 필자는 중국의 사대부계층을 서술할 때 지역적 특징을 과도하게 신뢰하였으며, 인용한 자료는 각 지역 문헌에 근거하였는데, 그 지역 문헌에서 나타난 내용은 대체로 역사성을 갖추지 않은 주관적이고 감정적인 측면에 가깝다고 볼 수 있다. 여기서 필자는 그 문헌들에서 나타난 언어의 함의숨意를 고찰하고 분석해야 한다는 점을 망각한 것이다. 청메이바오는 필자가 과거 사대부계층에 관한 서술을 종합하여 지역적 특색으로 전환할 때, 자체적으로 개괄한 지역의 지식인계층에서 나타난 특징에 대한 해석이 중첩되어버릴 수 있다는 위험성을 지적하였다. 그 첫 번째 위험성은 특색과 개성이라는 요소 자체가 역사적 사실에 관련한 것인가 아니면, 필자의 관점인 것인가에 대한 것이며, 두 번째 위험성은 한 가지 특색이라는 요소를 활용하여 또 다른 특색을 해석하고자 하는 것인데, 이것은 단순한 순환성에 입각한 논증이 될 수 있다는 것이었다.

청메이바오는 지역사의 연구자들이 흔히 필요에 따라 지역을 구분하기 때문에 연관성이 없는 분석이 진행되는 것이라고 주장하였다. 정치와 경제의 요소를 분석할 때는 행정, 조세, 군사적 관할범위, 지역 생산품, 화폐유통의 범위 등의 객관적인 참고 수치가 다분히 존재한다. 반면, 문화 현상에 관련된 분석에서는 연구자의 가설과 추론으로만 진행할 수밖에 없지만, 연구자의 개인적인 안목을 바탕으로 한 연구 대상의 주관적인 인식은 배제해야 한다. 이러한 점은 최근 인문사회과학에서 주목하고 있는 동질성identity에 대한 문제가 결부된 것이라고 볼 수 있다. 연구자들은 각자 개개인이 인식하고 있는 언어와 생활양식에 따라 문화에 대한 영역을 구분한 후, 객관적인 배경 및 환경적 조건이 전혀 고려되지 않은 지극히 주관적인 관점을 연구 대상에게 무리하게 적용해서는 안 된다. 지역사의 문헌을 읽다 보면 사대부 계층의 지역의식에 대하여 대략 이해할 수 있지만, 일반 백성으로 불리는 지역주민들이 가지고 있는 지역의식에 대해서는 파악하기 어렵다. 역사연구에 있어서 평면적인 청사진을 통하여 주목하고자 하는 요소를 중심으로 지역을 구분할 수도 있으며, 입체적인 관점에서 시공간의 범위에서도 문헌을 통하여 지역을 구분할 수도 있다. 하지만 반드시 주의해야 할 점은 연구 대상에 내재 되어있는 지역에 대한 관념을 연구자가 구분한 지역의 범위에 완벽하게 결부시켜서는 안 된다는 것이다.

더불어, 청메이바오는 유학의 지역화에서 나타난 지역의 전통적 언어분류원칙이 가진 타당성에 대하여, 문제 인식의 중점을 어떻게 분류할 것인가에 있는 것이 아닌, 왜 분류해야 하는가에 두어야 한다고 논하였다. 행정구역을 기준으로 문화와 연구영역을 나누는 방법은 양계초를 비롯한 동시대의 학자들에 의하여 구축되었고 그들이 직접 실증을 거친 후 사회적 풍조로 자리 잡게 되었다는 주장이 존재하지만, 이 점에 대해서는 좀 더 심도 있는 고증이 필요하다. 여기서 중요한 점은 이러한 과거의 연구방법을 현재의 시점에서 다시 생각해봐야 한다는 것이다. 과거 중국의 광둥 지역을 중심으로 이루어진 연구들은 사실 청나라 말기까지 광둥 지역 출신의 학자들에게 인정받을만한 수준에 이르지 못하였다. 이는 양계초의 등장을 통하여 광둥 지역의 학자들이 학계에 발을 들인 후에야 비로소 보편적인 연구가 이루어진 것이다.

그 결과 이후 이루어진 광둥 지역에 관한 모든 연구는 지역사회의 현상과 지역주민의 생활사를 중심으로 하는 것이 아닌, 양계초라는 한 사람의 학자가 진행한 분석법을 토대로 하여 이루어지게 되었다. 이렇듯 포괄적인 영역의 개념을 적용할 때는 반드시 역사상 존재하였던 모든 사람의 자아정체성을 존중하고 그 당시의 사회적 개념을 정의하게 된 배경을 이해하여야 한다. 학자의 책임감이란, 각 지역의 관념이 형성된 역사의 과정을 이해하는 것일 뿐이지, 자신의 의식을 주체로 하여 새롭게 정의를 내리거나 구분을 내려서는 안 되는 것이다.[30]

이러한 청메이바오의 비판은 덩정라이가 우려했던 부분과 일부 일치한다. 그들은 모두 유학의 지역화라는 필자의 개념이 푸코의 언어분석이론이 가지고 있는 목적성에 대한 오해를 발생시킬 수 있다는 점을 걱정하였다. 제도의 구축과정에 대하여 단순히 자연적 영역이라는 한 가지의 요소로 서술되는 과정은 전통 역사학의 함정에 빠질 가능성이 크다는 것이다. 필자는 그들의 평가는 상당히 일리가 있는 비판이며, 부족한 부분과 중요한 부분을 정확하게 지적하였고 동시에 일종의 깨달음을 얻을 수 있었다고 본다. 다만, 그렇다고 할지라도 필자는 유학의 지역화라는 개념이 계속해서 견지되어야 한다고 생각한다. 이는 절대 간단하지 않은 전통에 대한 분류법이며, 이와 관련하여 지역적 공간이라는 개념의 이해도 마찬가지로 결코 단순히 단일적인 자연 및 지리적 요소에 국한되지 않았다는 것을 이야기하고 싶다. 비록 지역사의 문헌을 다분히 인용하고는 있지만, 그 문헌에서 나타난 사회적 배경을 논제의 근거로 사용한 것은 아니다. 필자는 이 두 가지 문제에 대하여 그들과 상당히 큰 견해의 차이가 있다고 생각한다. 유학의 지역화라는 개념을 연구 분석의 배경으로 사용하여 딱딱하고 기계적인 비교 및 대조를 이루고자 하는 것이 아니며, 전통지식에 대한 지역적 묘사의 서술에 대한 반성 없는 적용이 가능하다는 것도 아니다. 필자가 제시한 개념은 전통 역사학의 단순한 답습이 아닌, 그 실천행위에서 나타나는 특징과 지식 언어의 형성에 대한 상호 관계를 주의하여 분석해야 함을 의미한다. 이를 통하여 근대 시기의 지역사회와 그 발전양상을 관찰함과 동시에, 서원書院23)의 제도화를 지식생산의 단위로 간주하고 공간을 재건할 때 이를 둘러싼 국가의 제도와 통제 및 지식 언어가 상호 검증된 관계임을 인식할 수 있어야 한다. 이 점은 필자의 저서인 『유학 지역화의 근대적 형태』의 하편下篇에서 중점적으로 서술하였다.

5. "유학의 지역화"개념이 서양의 중국학계에서의 위치

일부 학자들은 '유학의 지역화'라는 개념이 중국사연구에 있어서 중범위이론에 근거한 해석의 틀을 구축하고자 하는 의미를 포함하고 있으므로 그 틀을 한층 더 보완하여 서양의 중국학연구에서 제기되었던 중범위적 논제에 답하고 그들과 소통을 전개하여야 한다고 생각한다. 이를 이유로 필자는 『유학 지역화의 근대적 형태』에서는 불가피하게 서로 다른 전통과 배경의 두 가지 영향을 받게 되었음을 시사하고 그 영향을 중국의 전통의식과 서양식이론으로 명시하였다. 하지만 왕후이는 이 점에 대하여 필자가 사실은 세 가지 전통적인 요소에서 영향을 받은 것이라고 주장하였다. 첫 번째는 중국의 전통 역사학의 영향이다. 그는 필자가 낡은 사학 전통의 영향과 중국 근대사의 영향에서

---

23) 옛날 사립 혹은 관청이 설립한 학문을 배우고 가르치던 곳으로 송宋대에 백록白鹿·숭양嵩陽·응천應天·악록嶽麓 등의 4대 서원이 있었다.

벗어나고자 끊임없이 시도하면서도 여전히 그 전통을 매우 중요시하였다고 평가하였다. 두 번째, 푸코의 계보학에 관한 영향으로 인하여 필자가 일관된 하나의 언어로 해석하고자 하는 경향을 보인다는 것이다. 예를 들면, 필자는 과거 송나라의 이학理學을 관학關學으로 분류하였고 정호程顥와 정이程頤에 관련된 학설을 각각 낙학洛學과 민학閩學으로 분류하였는데, 이 자체가 바로 하나의 담론이라고 볼 수 있으며, 만약 이 담론으로 언어의 배경을 분석하게 된다면, 이는 필자의 독립적인 방식이 아니라 푸코의 계보학에 입각한 전형적인 해석방식이라는 것이다. 이러한 방식은 사실 중국의 전통사학의 경로를 존중하고자 함을 의미하는 것일 뿐, 지역화를 하나의 역사적 사실로 간주하여 두루뭉술하게 처리하고자 하는 것은 아니다. 마지막으로 본 저서인 중범위이론의 구축을 전제로 하기 위하여 미국의 중국학계에서 자리 잡은 중요한 위치와 그 영향에 대하여 논하고 있다는 것이다.

왕후이는 유학의 지역화에서 나타난 서술법을 미국의 중국학계의 이론에 존재하는 맥락에 포함시켜 해석함으로써, 사상과 사회의 관계를 구축하는 과정에서 나타난 차이점을 비교하였다. 미국의 중국학은 과거 유럽의 한학漢學과는 그 성질이 전혀 다르고 제2차 세계대전 이후 발전하기 시작하였기 때문에 비교적 긴 발전과정을 거쳐 왔다고 볼 수 있다. 또한, 전략연구와 근대화이론의 출현을 통하여 미국의 중국학은 중국을 연구하고 관찰하기 위한 중요한 연구 배경을 갖추기도 하였다. 이 때문에 페어뱅크를 시작으로 충격 - 반응론의 틀이 구축된 것이었다. 이후의 중국학자들은 대부분 페어뱅크의 이론적 틀을 기초로 하여 토론과 논의를 진행해 왔으며, 그 과정을 통하여 자체적인 체계를 구축해 나갔다. 또한, 필립 쿤으로 시작된 지역사연구의 새로운 영역도 발굴하게 되었는데, 그 영역을 통하여 중국의 근대성에 대한 문제를 다음과 같이 추론하기 시작하였다.

도대체 이 '근대'라는 명제는 어디에서 온 것인가? 이는 외부적인 요소에 의한 반응인가? 아니면 당시 중국의 역사 내부에 이미 존재하고 있었던 기본적인 원동력의 전환으로 나타난 것인가?

이러한 추론을 통한 지역사연구는 점진적으로 사상사의 틀을 구축하기 위한 움직임으로 전이되었다. 일부 학자들은 각 지역 지식인계층의 사상이 어떠한 방법을 통하여 전 지역의 사회적인 변천을 일으킬 수 있었는가에 대한 결론을 도출할 수 있었고 이는 이후 대중문화의 연구와 결합되어 발전하게 된다. 이러한 과정에서 일부 학자들은 사상사에 관한 연구를 견지함과 동시에 사회사의 요소를 결합하는 연구도 진행하였다. 그 대표적인 인물로 벤자민 엘먼을 들 수 있는데, 그는 필자의 『유학 지역화의 근대적 형태』에 대한 장점과 한계를 자신의 저서에서 서술하였다. 공양학파公羊學派에 관한 엘먼의 연구에서 이학, 박학에 이르는 과정에 대한 부분은 실제로 중국의 근대사상이 어떻게 발생하였는가를 설명해 준다. 그 내용은 금문경학을 근대 시기 개혁사상의 발전으로 해석하는 것이 외부적인 충격에 의한 중국 내부의 반응인 것인지, 아니면 또 다른 전후 관계에 대한 문제인 것인지에 관한 것이다. 그는 공양학파의 발현을 청나라 조정의 정치와 창저우常州 지역사회의 생활사에서 형성된 관계를 바탕으로 찾을 수 있다고 주장하였는데, 이는 지역사연구의 범위를 벗어난 것이다. 왕후이는 따이이戴逸 교수가 베이징이라는 도시의 역할을 중시해야 한다는 의견에 강한 동의를 표하며, 이 점을 고려하지 않고서는 지역사의 범위에서 공양학파와 청나라의 사회 및 정치 사이에 존재하였던 상호 작용에 대한 관계를 해석할 수 없다고 주장하였다. 이는 전반적인 근대 사회에서 나타난 사회적 동원, 유동流動, 상호 작용이라는 관계는 지역적 범위로 해석할 수 없는 문제이기 때문에, 순수한 지역사연구는 혁명의 탄생에 대한 해석이 불가능하다는 것이다. 예를 들어, 지역사의 범위에서 홍수전洪秀全24)과 마오쩌둥이 서로 다른 지역에서 등장하였음에도 불구하고 어떠한 원인을 통하여 이들의 혁명이 전국적으로 전파되었는지 설명하기란 쉽지 않은 것처럼 말이다.

근대사를 해석할 때 가장 큰 난점은 지역적 기원과 사회적 동원 간의 관계를 하나의 통합된 시각에서 설명하기 어렵다는 것이다. 엘먼은 강유위와 양계초가 재정립한 공양학이 전체적인 지식전통과 사회의 상호 작용이라는 관계에서 어떠한 위치를 차지하고 있는가에 대한 명쾌한 설명은 불가능할 것이라고 전하였다. 만약, 공양학파를 전제로 하여 강유위와 양계초의 공양학을 설명할 수 없다면, 단순한 청나라 조정의 궁중 암투를 근거로 하여 공양학의 발생을 해석할 수 없기 때문이다. 마치 공양학의 발생을 서구열강이라는 외부의 '충격'에 대한 청나라 내부의 '반응'으로 삼을 수 없는 것과 같이, 그 관계는 상당히 복잡하다고 할 수 있다. 그러므로 유학의 지역화라는 개념이 가진 가장 큰 장점은 지역사의 각도에서 출발하여 동시에 몇 개의 지역을 관찰한 후, 다시 그들 사이의 상호 작용에서 나타나는 관계를 연구할 수 있다는 것이며, 이러한 관점이 중요하다고 주장하는 것이다.[31]

---

24) 중국 청나라 시기의 농민봉기의 수령, 광동화현花縣 사람. 1851년 광시성 계평桂平지역에서 농민봉기를 일으키고 나서 농민정권을 세워 국호를 태평천국太平天国이라 하고 금릉(지금의 난징)에 도읍을 정하고 나서 천경天京이라 개명하고 자신을 천왕天王이라 칭하였다. 1864년 태평천국이 청나라 정부에 의해 진압되자 홍수전은 자살하였다.

청능은 본 저서의 논점과 미국의 중국학계에서 구축된 중범위이론이 중국의 전통이라는 개념을 해석할 때 나타나는 연관성에 대하여 아래와 같이 인식하였다.

근대사상사의 초점은 사회에서 제도, 제도에서 문화로 이어지는 변천에 두어야 한다. 전체 사대부계층의 사상 인식이라는 점차적인 발전과정으로는 해석할 수 없다. 그러나 서로 다른 지역의 지식인 집단은 서구열강에서 가해진 충격에 대한 다른 반응을 더욱 다양하게 구현하였다. 그렇다면, 근대 3대 변혁의 점진적인 단계가 지식영역의 범주에서 분석된다면, 매 변혁의 배후에는 모두 그에 상응하는 지식 유형이 언어의 제어를 진행하고 있었음을 발견하게 되는 것이다. 예를 들어, 양무운동은 흔히 상학湘學 지식 언어의 경제적 원칙과 연관되며, 무술유신은 영학嶺學의 지식계통의 특수한 표현방식과 갈라놓을 수 없다는 것이다. 또한, 청나라 말기의 교육개혁의 형식도 기본적으로는 장쑤성과 저장성 지식인들의 언어에서 영향을 받았다고 볼 수 있다.

청능은 이렇듯 해석의 단순화가 일어날 가능성을 인식하였고 이를 통해 필자는 자체적인 관점에서 서로 다른 영역의 상호 관계에서 근대사상사를 파악하고자 하는 의지를 강하게 피력하였으며, 그 관점을 토대로 역사의 중요성에 대하여 더욱 주의하게 되었다. 필자는 랜킨의 일부 논술에 특히 주목하였는데, 그는 청나라 말기의 청의淸議에 대한 연구논문과 저장성 지식인계층의 정치적 적극성에 관한 연구 저서에서 다음과 같이 주장하였다.

19세기 후기, 지방관청의 중급 이하 관리계층과 지역의 유지 및 재력가財力家는 지역사회의 계층관리 및 강 유역의 부두에 대한 개항開港과 관련하여 정치적인 이견을 발생시키는 지역사회의 주요한 세 가지 계층

요소로써, 그들 사이에는 복잡한 상호 관계가 존재한다. 이러한 맥락에서 점차 양무운동의 맥락과 구별되는 정치적 관념의 실천이 형성되었고 1880년대에 이르러 전반적인 개혁 사상이 나타나게 되었다.

사실 랜킨은 사상사의 측면에 집중하지 않았을 뿐만 아니라, 그의 저서에서도 이러한 논의를 진행하지 않았지만, 필자가 구축한 유학의 지역화를 통해 중국사의 근대적 형태라는 공간 관계에 대한 상세한 분석이 이루어지게 될 시, 그 해석의 의미를 이해하고 충분히 전개할 수 있다는 가능성에 대해서는 고려할 가치가 있다고 전하였다.[32]

필자는 근대적 공간과 시간적 관계에서 나타난 득과 실을 토대로 서술법의 합리성을 평가하였는데, 이점에 대하여 많은 학자가 독특한 자신의 견해를 내놓기도 하였다. 그 중, 주쑤리朱蘇力는 필자의 근대사 변혁과 관련된 삼단논법에 대하여, 근대화 시야의 중국의 동질성에 관한 가설 및 양계초의 근대 시기 3대 변혁을 서술할 때 지식인계층의 형상과 그들의 성찰에 관련된 유형을 타파하였다고 논하였으며, 유학의 지역화에 관한 연구는 적어도 일정 수준에서 지식발전의 상대적인 독립성과 지식구조에 대한 지식인계층의 특성을 나타내었다고 평하였다. 즉, 이는 과거의 지식과 사회, 지식과 정치가 지나치게 직접 연관되었던 관점에서 벗어나, 지식의 독립적 발전이라는 가능성을 위한 사회적 의의를 쟁취하였음을 의미한다. 그러나 유학의 지역화에 관한 연구는 지식과 사회의 연관성이라는 관점에서 완벽하게 벗어난 것은 아니다. 오히려 지역화의 측면에서 유학의 발전적 맥락을 기타 지역적 요소인 서원, 사회의 동원 및 변천과 더불어 자연적 인문환경에 연관하여 지식과 사회의 관계에 대한 분석을 통하여 다양한 해석을 진행하였기 때문이다. 동시에, 지식이 어떻게 활용되었고 누가 활용하였으며, 언제 활용되었는가에 대한 분야도 포함하고 있다. 필자는 중범위 이론과 같이 상대적으로 독립된 유학의 지역화라는 개념이 특정한 환경에서 생계, 취미, 신념, 교제 등의 편리성을 위하여 발전한 것은 아니었지만, 중국 근대사의 특정 시기에서 비목적성非目的性과 그 역사의 실질적인 기능이라는 두 가지 서로 다른 역할을 하였다는 것을 알수 있다고 생각한다.

주쑤리는 필자가 역사를 서술하는 방식에 대해서도 비판을 제기하였는데, 그는 필자의 저서에서 주제를 명확하게 파악하기 힘들고 내용이 분열될 가능성이 있다고 지적하였다. 저서의 제목과 관련하여 서술된 내용을 전체적으로 보았을 때, 유학의 지역화 과정에 관한 내용이 대부분을 차지하여야 하지만 서론을 비롯한 결론에서 나타난 내용만을 두고 볼 때, 유학의 지역화와 근대 시기 중국의 3대 변혁의 관계를 토론하는 것으로 보인다는 것이다. 물론 두 가지의 연구 주제가 교차할 수는 있지만, 이들은 각각 다른 두 가지 주제이므로 서술의 구조와 방식은 반드시 구별되어야 한다. 만약 이 두 가지를 모두 고려하게 된다면 그 주제가 오히려 모호해질 것이다. 즉, 주쑤리는 이론적 틀과 자료가 같은 뿌리에서 출발한 것은 맞지만 서로 다른 결과를 초래할 수있다는 것이다. 또한, 서론이 비교적 독립되어 있다는 사실 이외에도, 실증적인 분석에 치중하는 내용을 통하여 유학의 지역화라는 개념의 틀을 고려하기 위하여 노력했지만, 그 분석은 여전히 이론적인 단서와 긴밀한 연관 관계를 형성하지 못하였으며, 자료의 분석은 이론적 근거를 충족시키지 못하였다는 것이다.

그는 또한 지역사회에 존재하였던 지식과 근대 시기 일어난 3대 운동의 상호 작용에 대한 관계를 토론하기 위해서는 해당 지식이 중국사에 진입하게 되는 시간적 위치를 중시해야 한다고 여겼다. 예를 들어, 상학을 토대로 교육을 받은 증국번, 강유위와 양계초, 장쑤성과 저 장성 학자가 각각 중국의 역사변혁이라는 무대에 진입한 시기에는 시 간상으로 차이가 존재하는데, 이러한 차이는 국가의 체제 및 문화의 변천 등의 요소에서 영향을 받은 것으로써, 이 세 가지 개념을 통하여 진입 시기와 공간적 위치를 분석할 때 지식의 언어 자체가 무엇을 말 하고 있느냐는 전혀 중요하지 않다. 사실 중요한 것은 이런 언어들이 어떻게 근대 시기 중국의 민중들에게 인식되었고 역사적으로 표현되 었는지를 보여준다는 점에 있다. 그러므로 만약, 필자의 저서가 진정 으로 3대 지식인계층의 상호 작용 혹은 3대 운동과의 관계를 토론하 기 위해서는 반드시 이런 측면에서 더욱 많은 사회적 언어의 실천요 소와 메커니즘을 분석하는 내용을 포함해야 한다는 것이다. 즉, 지식 발전의 맥락에서 그 자체에 독립성이 존재한다는 것을 인정하게 되면, 지식형태와 언어의 실천은 곧 근본적으로 사회적인 연계와 함께 이루 어졌다는 점을 강조하여야 하며, 단지 지식인계층의 지식형태의 메커 니즘만을 고려하는 것은 불충분해지기 때문이다. 또한, 단순히 지식형 태와 사회운동 간의 관계만을 고찰할 것이 아니라, '지식이 어떠한 경 로에서, 누구를 통하여, 어느 시기에, 어떠한 우연적인 사건으로 인하 여, 어떠한 방식으로, 누구와 어떠한 논쟁을 발생시켜, 사회로 진입되 었는가?'에 대한 점을 반드시 고찰하여야 한다. 동시에 '이 서술의 목 적은 무엇이며, 그것은 사실상 무엇을 남겼으며, 어떻게 중시를 받았 고, 누구의 중시를 받았는가?'라는 것 또한 고찰하여야 한다. 그렇지 않으면 지식 자체의 논리와 메커니즘이 유심론의 관점에서 지나치게 강조되는 오류를 범하게 되기 때문이다.[33]

필자가 유학의 지역화와 관련된 개념을 근대 사회의 이론으로 전용 轉用하고자 했던 측면에서 발생하는 득과 실에 대한 논쟁도 진행되었는데, 그 중 량즈핑은 유학의 지역화라는 개념의 활용에 대한 문제를 중점적으로 논하며, 푸코의 이론을 인용하는 것이 조금 억지스럽다는 견해를 가지고 있었다. 그는 푸코의 서양식이론이 가진 특성을 명확하게 인식해야 한다고 강조하는 저서의 앞부분을 예로 들어, 큰 문화적 배경에서 적용이 가능할 수는 있지만, 각각의 구체적인 영역에서는 적용되지 않을 수도 있다고 해석하였다. 필자는 저서에서 고대 시기 유학의 기원에서 시작하여 선진先秦시대를 거쳐 다시 양한兩漢25)에 이르는 역사의 시간을 연속적인 것으로 고찰하였고 이를 도통道統의 연속성으로 보았다. 그 이후의 역사서에서는 도통이 분리된 것으로 기록되어 있지만, 실제로는 여전히 연속적인 것이라고 언급하였기 때문에, 푸코의 이론과 상관이 없다는 것이다. 또한, 푸코의 이론을 따르고 있다면 파괴적인 분석을 전개해야 하는데, 사실 전반적인 서술의 맥락은 그렇지 않았다고 지적하였다. 이러한 의미에서 푸코에 대한 인용은 대부분 필자 자신의 서술방식과 모순되는 현상을 나타내며, 그 해결책으로 푸코의 이론을 활용할 필요가 없다는 것이다. 필자는 유학의 발전은 불변하는 것이 아니며, 사상사는 꼭 사상만 연구할 것이 아니라 사회실천과 연결하여 연구해야 하고 지식의 형성과 지식의 활용은 연결되어 있어야 한다고 강조할 때, 비로소 지식사회학의 방법이 적용 가능한 것이 된다고 생각한다. 저서에서 지역성, 민속과 풍속, 역사적 사건이 어떻게 한 지역의 지식형태를 형성하였는가에 대한 것은 바로 지식사회학의 각도라고 볼 수 있다.

만약 이 개념을 한층 더 추진하게 된다면, 지역적 개념을 활용한 토론이 진행되어야 하며, 해당 지역의 개념이 어떻게 정립되었는가와 왜

---

25) 중국의 전한前漢과 후한後漢의 시기를 통틀어 이르는 말.

그러한 형식으로 확립되었는가에 대하여 이해하여야 한다. 량즈핑은 이점과 관련하여 다음과 같이 질문하였다.

> 지역과 언어가 연결되었음에도 왜 이를 '유학의 언어 형태'가 아닌, '유학의 지역화'라고 칭하는가? '지역'이라는 어휘를 반드시 사용해야 할 만큼 상당히 중요한 의미를 내포하고 있는 것인가?

특별한 인물 및 사조思潮와 사상이 주로 후샹 지역과 링난 지역에서만 나타났다고는 쉽게 말할 수 없다. 또한, 반드시 지역화 과정에서 지역의 상황이 어떻게 작용하는지를 설명해야만 한다. 필자는 서론의 일부 주석註釋에서 해당 저서가 각 지역의 서로 다른 지리적 환경, 경제구조 등의 장기적인 요소를 면밀하게 토론하고자 한다고 전하였다. 이는 유학의 심층적인 요소인 전통이 장시간 동양세계의 주요 사상으로 자리 잡고 있었음을 나타내는 것이며, 실질적으로 지역화라는 개념이 빠져있는 것이다. 학자들은 실제로 지역이라는 공간이 지식 유형에 어떠한 영향을 미칠 수 있는지 탐구하고자 한다. 필자가 지역화라고 칭하는 것은 매우 중요한 문제일 뿐만 아니라, 사실상 필자의 저서에서 제시하는 가장 중요한 핵심이기도 하기 때문이다. 서양의 중국학자 중, 밀턴 프리드먼Milton Friedman은 가족이론家族理論[26]을 주장하였는데, 이는 그가 지역이라는 개념을 중국학에 도입하여 연구한 이론이다. 그는 지역과 중앙조정의 관계를 반영하고 생산과 수리시설에 관련

---

[26] 가족의 성격을 규정하고 가족의 구성을 밝히며, 가족의 유형을 비교 연구하기 위한 일정한 연구의 틀. 한 인간이 사회의 구성원이 되려면 그 사회가 요구하는 문화유형文化類型을 습득해야 하는데, 이 문화유형을 습득하는 사회화의 과정을 가족이 담당한다는 점에 중점을 두고 있는 이론.

된 내용을 서술하기 위하여 지역의 개념화가 필요하였다. 윌리엄 스키너 역시 마찬가지로 각 생산 작물의 식물군을 지역에 따라 구분하였다. 필자도 일부 지역의 지리적 형상에 대한 문제를 언급할 때, 후난 지역의 독특한 사회풍속을 예로 들어 설명하였으며, 대부분의 연구 저서들은 이러한 서술법을 활용하고 있다. 간단히 말하면, 어느 지역의 사람들이 거리에서 수다를 떨기를 가장 좋아한다던가, 어느 지역 사람들이 가장 순박한가에 관한 내용이다. 이러한 내용은 논증을 파악하기에 어렵다는 문제를 가지고 있었기 때문에 지역화의 형식을 논술하는 새로운 방법을 탐구해야 하였다. 필자는 세 지역에 관한 내용을 서술할 때 지역화 그 자체가 어떻게 형성되었는가를 탐구하기 위하여 두 가지 근거를 통해 접근하였다. 송나라와 원나라 시기에 지역화 현상이 나타나게 된 원인, 유학의 분열이 지역화의 형식으로 나타나게 된 원인이 바로 그것이다. 이 점에 대하여 통치의 범위가 작았던 점을 원인으로 국가가 직접 통치할 수 없었으며, 그 범위가 확대된 이후에는 어쩔 수 없이 각 지역사회의 권력계층의 힘에 기대게 되었다고 해석하였다. 이 해석의 타당성 여부와 관계없이, 그 해석법을 통하여 국가가 무엇 때문에 그것을 관리하지 않았고 그 이유에 내재 된 원인은 무엇이며, 그 자체가 왜 다른 것도 아닌 지역화를 요구하게 되었는가에 대한 문제를 해결할 수 있어야 한다.

유학의 지역학에 관한 세 지역의 상황에서 필자는 링난 지역과 후샹 지역을 비교하고 그 사상적 계보의 차이점에 대하여 강조한 뒤, 뒤이어 장쑤성과 저장성 지역연구를 진행하였다. 그런데 장쑤성과 저장성 지역에 관한 서술을 진행할 때, 이 두 지역이 전입지가 아니었다는 점을 발견하였고 지역의 부유함과 문화 수준에 관련된 현상으로 연구 방향을 옮기게 되었다. 사실 이 장쑤성과 저장성 지역에서는 특정한 역사적 상황에서 지역사회의 주민들이 지식을 핍박하는 과정이 일어 났는데, 그 방법은 지식사회학의 이론을 활용하여 설명할 수 있다. 링 난 지역과 후샹 지역의 연구는 모두 사상적 원인을 토대로 하여 서술 을 진행하였는데, 두 지역은 지식사회학의 각도에서 해석하기가 쉽지 않기 때문에 상사의 각도에서 해석을 진행할 수밖에 없었다. 후샹 지 역을 예로 든다면 그 논거를 뒤집어서 생각할 수 있다. 즉, 어떠한 사 상이 후샹 지역민에게 영향을 주었느냐는 점이 아니라, 후샹 지역의 사람들이 유학과 관련된 어떠한 사상을 선택하여 공적이고 외재적인 이론으로 발전시켜 왔는가에 초점을 맞추는 것이다. 그러나 이는 단지 하나의 가설일 뿐, 반드시 성립되는 분석법은 아니다. 다만, 필자는 이 러한 가설로 시작하여 지역의 지식형태에 대한 점을 사회적인 각도로 부터 설명하였는데, 이는 절대 지식이 어떠한 단서로부터 전해지고 전 승되었다는 것을 의미하는 것은 아니다.

어떠한 원인을 통하여 사람들이 특정한 지식을 받아들이게 되었는 가에 대하여 말하자면, 후난성의 지역에서 나타난 지역사회의 분위기 에 냉혹함과 위험성이 녹아있었기 때문이라고 말할 수 있다. 왜냐하 면, 당시 그 지역은 누가 산적이고 누가 일반 백성인지 분간할 수 없 을 정도로 무법지대의 형상을 보였기 때문이다. 작가로 유명한 후난 지역 출신의 선충원沈從文[27]도 사실은 지역의 군인 신분이었다는 점 을 보면 그 상황을 쉽게 파악할 수 있다. 바꾸어 말하자면, 한 지역에 서 농업을 집중적으로 장려함과 동시에 군사와 무예를 중시하는 사상

---

27) 후난湖南 펑황鳳凰 출신의 중국 근대 시기의 작가. 그의 대표작으로는 『변성 邊城』, 『아리스의 중국여행기阿麗絲中國遊記』, 『중국 고대복식 연구中國古代服 飾研究』 등이 있다.

을 계속해서 유지한다면, 학술적 내용을 실용화하고자 하는 공리공담
空理空談[28) 혹은 현기玄機[29)와 같은 이론들은 유행하지 못할 것이다.
왜냐하면, 군사적 성격의 전통과 학술적 성격의 전통은 그 자체가 서
로 융합될 수 없는 다른 차원의 성격을 가진 전통이기 때문이다. 군사
적 전통은 그 자체가 실용성이 강하기 때문에 지식으로 승화시키기가
어렵다. 필자가 여기에서 말하고자 하는 것은 상반된 방향성은 상호
의식하지 못하게 되는 모순점에 직면할 수 있으므로, 더욱 합리적인
방식으로 해석을 진행해야 한다는 것이다.[34]

6. 중국식 "중범위이론"을 구축하기 위한 다양한 자원

중범위이론을 기준으로 경험연구와 이론적 축적이라는 측면에서 중
국사의 연구현황을 평가해보면, 1980년부터 등장하기 시작한 대부분
의 새로운 연구법들은 사실 독특한 시각이나 독창적인 분석능력을 갖
추고 있지 못하였다고 볼 수 있다. 단, 1990년 이후에 이루어진 사회사
연구는 주제의 선정과 설계 및 방법의 측면에서 이전 시기와는 다른
명확한 발전 형태를 이루었다. 비록, 당시 역사연구에서 분석 방법을
재설정하거나 새로운 의미로써 정확한 해석이 이루어졌다고 구체적으
로 말할 수는 없지만, 구체적인 연구토론과 문제 제기 및 비판이라는
과정을 통하여 융합된 세계적인 관점으로 역사상에서 나타난 사조를
관찰할 수 있으며, 이러한 융합된 관점을 통하여 중국 사회의 변천을

---

28) 위진魏晉시대에 사인들이 노장老莊철학을 숭상하여 속세를 떠나 청담淸談을
   일삼은 것에서 나온 말.
29) 도가에서 말하는 현묘한 이치.

새롭게 이해할 수 있는 발전적 요소들을 제공하게 된 것이다.

필자는 중국식 중범위이론을 구축하기 위해서 관련 자료 및 연구 경험에 대한 시간적 요소가 축적되어야 한다고 생각한다. 현재 진행되는 연구 상황으로 볼 때, 몇 가지 구체적인 측면에서 중범위이론의 유형과 관련된 서술법에 근접하고 있다는 것을 알 수 있었다. 예를 들어, 고대 전통사회에서 현재까지 이르는 사회적 공간의 구조에 내재 된 규칙성과 형식을 연구하는 것으로 시작하여, 사회적 변화로 인하여 전환된 공간의 개념과 그 구조를 특별히 중시해야 한다. 필자는 과거 베이징시 기록보관소에 소장된 위생국衛生局과 사회국社會局의 자료에서 조산사助産師와 음양사陰陽師의 훈련 및 단속에 관한 내용을 근거로 하여, 서양의 의료체계가 베이징시에 도입된 이후에 나타난 도시 공간의 변화와 여러 영향에 관해 연구를 진행하였다. 이 연구는 서양의 의료교육에 존재하는 규칙과 숙련에 관한 메커니즘이라는 요소가 중국의 폐쇄적인 전통사회로 유입되어 그 사회적 공간을 변화시키고 새로운 형태로 확대되어 갔다는 점을 세밀하게 밝히는 내용으로 이루어져 있다. 필자의 연구는 순수한 의학사醫學史의 관점에서 이루어진 것이 아닌, 그 문제를 하나의 의학적 사회사로 전환한 것이다. 이전의 연구 결과에 따르면, 근대 시기 중국의 도시 공간은 청나라 말기 이후 중요한 변화가 나타났고 특히 도시의 지역사회에서 새로운 치안시스템이 등장함으로 인하여 감시와 통제의 기능이 강화되었는데, 지역사회의 전통조직들이 가진 기능은 여전히 주도적인 위치를 차지하고 있었고 베이징시는 신정 개혁이 발생하기 이전까지 사회적 자아를 규제하였던 대표적인 도시였다고 한다. 이러한 규제는 회관會館, 무역협동조합, 민간 소방대, 가정 등을 통하여 개인을 규제하는 상당히 막강한 권위를 가지고 있었다. 지역사회의 공간에 대한 경찰력의 침투와 분화

능력은 상당히 제한되어 있었지만, 1920년대의 베이징에 설치된 서양식 의료시범구역은 당시의 치안시스템을 더욱 효과적으로 발전시켜, 전통지역사회의 이념과 형식을 흔들어 놓게 됨에 따라, 조산사와 음양사가 가지고 있었던 기존의 이미지와 전통적 의식은 근대적 인식이라는 잣대를 원인으로 점점 변화를 맞이하게 되었다. 먼저, 해당 시범구역이 기존의 지역사회에 설립된 이후, 기존 의료종사자들의 지위는 지역사회의 전통구성원에 의해서 선택되는 것이 아니라, 국가의 전체적인 통제하에서 적법한 의료절차를 통하여 선발되었으며, 이는 지역사회에서 조산사의 신분에 대한 변화를 발생시키게 되었다. 다음으로 조산사와 음양사의 개념은 종교의식의 관점에서 전문적인 공동체 의식이라는 기능으로 전환되었는데, 이러한 기능은 지역사회의 자체적인 의사결정으로 인하여 독점되는 것이 아닌, 국가의 의료계통에 의한 통제를 받게 된 것이다. 예를 들어, 보건소의 설립을 통하여 조산사의 신분에 새로운 의미를 부여하였고 이는 곧 현대의학 시스템에 존재하는 산부인과의 조산기술이라는 전문적인 요소의 숙지 및 숙달 여부를 확인하였다. 이러한 전문적인 요소를 토대로 국가에서는 조산사를 교육 및 양성할 수 있는 기관을 설치하게 되었지만, 음양사에 대한 단속 및 규제를 통하여 도시사회에 대한 국가의 권력을 더욱 강화하게 되었다.[35] 필자는 후난성 지역의 서원에 관한 연구에서도 위와 마찬가지의 상황이 나타났으며, 이를 공간적 문제로 인식하였다. 고대 중국에는 응성應星이라고 불리는 점성가占星家계층이 존재하였는데, 학자들은 이 계층을 토대로 지역사회의 권력자에 관한 이론의 수정을 시작하였고 앞서 등장한 부르디외의 '필드 - 자본 - 관습'이라는 상호 작용의 관계를 활용하여 청나라 말기의 과거제도가 폐지된 이후, 중국의 근대 사회에서 나타난 지배 관계가 후난성 지역에서 복잡하게 표현되었다는 점을 세밀하게 분석하였다. 이는 서양식 교육기관인 학교가 과거장科擧場30)을 대신하는 새로운 공간으로 대체됨에 따라 지역사회에 대한 강제적이고 통제적인 특성을 갖추게 되었기 때문에 전통적인 과거장을 유지하고자 했던 권력가들의 관습에 큰 변화를 일으켰다는 내용이다. 1905년부터 1913년까지의 기간 동안, 학교가 과거장을 대체할 수 있는 새로운 문화자본력을 축적하였고 각 권력과 관계된 영역에서도 그 관계에 대한 변화가 일어나게 되었다. 특히 학교에 대한 국가 조정의 권력 지배는 사실상 지역사회의 권력가들에 의하여 배척당하였지만, 학교라는 교육기관이 가진 사회의 지배구조를 근본적으로 개혁하지는 못하였으며, 그에 따라 기존의 피지배계층에 좀 더 많은 신분 상승의 기회는 제공하지 못한 것이었다. 오히려 문화 자본, 경제 자본, 정치 자본31)의 상호 작용이 점차 공개적으로 개방되어, 이런 지배 관계의 결점을 지닌 상태로 메커니즘이 파괴되었다. 학교라는 공간이 잉태한 반체제적 충돌은 사실상 여전히 지역사회 권력가들의 권력 재생산을 유지하는 수단으로 활용되었지만, 지배 관계의 합법화를 지속해서 실현할 수는 없는 현상이 나타나게 되었다.[36] 이 연구에서 가장 중요한 점은 전기傳記의 분석법을 취했다는 것이며, 각 지역사회에서 일정한 대표성을 띠고 있는 150명의 권력가에 대한 자료를 토대로 근대 시기 중국의 변화 속에서 나타난 후난성 지역 권력가들의 생활사를 재건하고 사회사연구의 방법을 다양화시키는 공헌을 했다는 것이다.

---

30) 과거科擧(수당시대부터 청나라시기에 이르기까지 실시한 관리 등용시험)를 보는 시험장試驗場
31) 사회자본의 특징을 정치 분야에 적용한 것.

1990년대 이후, 사회사학계에서 나타난 중대한 변화는 바로 사회학과 인류학적 연구법의 대대적인 소통이라고 할 수 있다. 특히, 인류학계에서는 현장조사를 토대로 대량의 지역사회에 관련된 문헌을 연구하는 방법을 도입하여, 동일시기의 역사를 평면적인 역사 공간으로 하는 이론의 기본적인 개념을 구축하였다. 이러한 방향성은 향후 몇 년간 사회사의 측면에서 중범위이론을 구축해 나가는 것과 더불어 역사 공간이 가진 함축적 의미를 다시금 확정 짓는 것에 큰 영향을 미치게 될 것이다.[37] 왕밍밍의 연구 저서에서는 푸젠성 취안저우의 고성古城 지역에서 시행된 포경鋪境이라는 독특한 공간적 제도를 예로 들어, 지역사회가 어떠한 방식으로 중앙집권제도의 통제에 적응하고 대항하였는지에 대하여 상세하게 서술하였다. 그의 연구에 따르면, 포경은 지방 관원官員에 의하여 활용되는 도시의 제도와 국가의 권력 구조를 묘사하는 도구의 역할을 하였고 그에 따라, 지역주민들의 상황도 정부 당국이 강요한 공간 질서의 개선을 목적으로 하는 개체로 묘사되어 본연의 기능과 의의에 상응하도록 변화시킨 것이다. 포경이 각종 권력집단에 의하여 끊임없이 구축되고 변화해 나가는 역사를 분석하여 복잡한 사회의 행정 공간과 민간의식의 관계 및 지역통치기술과 대중문화 간에 상호 작용에서 나타나는 함축적 의미를 밝히고 있다.[38] 이러한 그의 연구 저서는 미국의 인류학계에서 중국 지역사회의 변천을 분석할 때 자주 사용되는 두 가지 이론인 행정 공간과 종교의 상징성을 토대로 반성 및 수정을 진행한 것이다.

한편, 징쥔은 서북지역 사당의 재건과정이 묘사된 지방 문헌들을 조사하고 해당 민족학 자료를 참조하였으며, 이를 바탕으로 종교와 문화적 측면에서 지식이 어떠한 역할을 하고 있었는가를 상세하게 서술하였다. 그는 부르디외가 상호변환이론을 통하여 제기한 상징 자본

symbolic capital[32])의 개념을 핵심으로 삼아 사회의 하위계층이 종교적 상징을 재건했던 과정을 분석하였다. 그 주된 내용은 그들이 어떠한 지식을 선택적으로 존중하고 어떠한 경로를 통하여 지식을 소유할 것인지 결정하며, 사당을 재건하는 과정에서 그 지식을 어떻게 활용하고 이를 어떠한 방법으로 사회적 변화에 반영시키는가에 대한 문제로 이루어져 있다. 이는 지역사회의 하위계층에서 축적된 서로 다른 지식은 사당을 재건하는 과정에 없어서는 안 될 기초적인 자원이 되었으며, 이러한 자원은 경제적 자원, 조직적 자원 등과 마찬가지로 중요할 뿐만 아니라, 지역사회의 조직형태를 구성하고 그 조직을 통제하고자 하는 특수한 개체가 전략적인 판단을 통하여 구축된 것이라는 관점이다. 그 관계를 논증할 때 중요한 것은 제도에 따른 권력과 개개인의 욕망을 결합하는 것인데, 그는 사당을 재건하는 과정이 사회조직운영의 집중적인 영역에 속해 있으며, 이를 둘러싼 지식인계층은 흔히 비교적 높은 명성과 타인의 존중을 받게 된다고 여겼다. 즉, 사당을 재건하는 과정을 통하여 일반적인 인간관계를 강대한 사회조직의 역량으로 전환할 수 있다는 것이다.[39] 그가 서술한 제도화된 지식이라는 영향을 묘사하는 과정은 상당한 가치는 가지고 있다. 그는 부르디외의 이론을 토대로 하였지만, 중국이라는 상황에 맞추어 부분적인 수정을 진행하였을 뿐만 아니라, 중국 사회의 변천에 적합하고 효과적인 개념으로 전환하였으며, 특히 경제사의 서술형식에 갇혀있었던 중국 사회사의 연구방법의 방향성을 다양화시키는 공헌을 하였기 때문이다.

기존의 사회사연구에서 나타난 법률해석법은 줄곧 국가 차원의 형

---

32) 지식knowledge과 승인recognition을 통하여 명예, 위신, 명성을 획득할 수 있는 역량.

식과 제도적 규범으로 묘사되었다. 지역사회의 하위계층의 행위에 관련된 규칙이나 조례에 대해서도 국가 전체의 법률과 마찬가지로 취급하였으며 별도의 토론을 진행하지는 않았다. 량즈핑은 인류학과 법학의 두 가지 측면에서 연구를 진행하였는데, 쓰촨성 바현巴縣 지역에 보관된 과거의 판례를 참조하여 청나라 지식인의 지역적 풍습과 일반적인 관습법 사이의 차이를 구체적으로 분석하였다. 필자는 법이라는 개념의 경계를 '사회적 통제의 형식'이라는 통상적인 범위에서 설정하는 것은 부족하다고 생각하며, 민간사회에 출현한 전문적인 사법조직에는 사회적 행위에 대해서 깊게 들여나보지 않은 것과 같다고 생각한다. 또한, 지방관청에서 이루어진 법률행위와 도덕적 규범 및 관습법을 식별하기란 어려울 뿐만 아니라, 도덕과 기타 일상생활에서 나타나는 규범들은 기본적으로 같은 메커니즘을 토대로 하고 있으므로 개별적 풍습과 관습법에 관한 척도를 설정하는 것은 지역사회의 권리와 의무의 분배와 더불어 서로 충돌하여 발생하는 이익을 조정하는 측면에서도 깊은 관계를 맺고 있다고 볼 수 있다.[40] 관습법에 대한 량즈핑의 정의와 실질적인 상황에 대한 고찰은 아직 검증해 보아야 하겠지만, 국가의 법률과 관습법이라는 두 가지 지식체계의 상호 작용에 관한 분석은 중국의 사회사연구에서 지역사회의 하위계층에서 나타난 운영방식에 대하여 유익한 시각을 제공할 수 있을 것이다.

현재 이루어지고 있는 중국의 지역사연구는 과거 역사학자들의 연구 자료를 답습하고 민속 문화 및 풍속에 대한 사료를 수집하거나, 기층민의 민족의식과 행위를 구분하여 분석하는 연구가 주를 이루고 있다. 이러한 연구법은 흔히 지역 문화를 실체로 한 서술을 반복하여 지역 문화의 특성을 귀납시키는 것에 집중해 있는 방법으로써, 지역사회가 내부적으로 문화적 요소의 누적을 통해 탄생했다는 점을 간과한 상태로 분석을 진행하는 문제점을 안고 있다. 사실, 이처럼 역사적 진실을 추구하기 위해서는 지역 문화의 발전과정을 연구하는 것보다 오히려 관련 문헌의 서술을 하나의 구조과정으로 규정하고 연구 및 토론을 진행하는 것이 더욱 의미가 있다고 할 수 있다. 청메이바오는 현실 구성construction of reality을 바탕으로 광둥 지역의 문화에 대하여 분석을 진행하였는데, 이는 광둥 지역의 문화를 연구할 때 하나의 명제와 관련하여서만 서술하는 분석법이다. 이는 서로 다른 시대에 존재하였던 권력층의 지배하에서 나타난 각각의 현상들을 광둥 지역의 문화적 범위에서 어떠한 구조로 위치시킬 것인가에 대하여 분석하고자 하는 것이다. 그는 광둥 지역의 문화를 실체주의의 대상으로 분석하는 것은 적절하지 않다고 여겼고 역사적 언어라는 경계에서 나타나는 현상에 대한 상세한 관찰을 통하여 권력과 자원의 관련된 요소를 정의하여야 하며, 특히 근대 시기의 언어구조에서 광둥 지역의 문화가 민족 국가주의라는 거대한 틀에 관한 서술에 부합 및 통합됨에 따라 기존의 의미를 어떻게 전환하였는가에 집중하여야 한다고 주장하였다.[41] 이는 이후의 지역 문화사연구에 또 다른 방향성을 제공할 수 있을 것이다.

중국의 구전 역사oral history[33)]에 대한 연구는 지금도 왕성한 발전을 거듭하고 있다. 이러한 연구법은 문자에 근거한 사료는 역사에 존재하였던 실제 진실을 은폐하거나 왜곡시킬 수 있다는 인식에서 출발한 것이다. 대부분 역사서는 당시의 집단 서사의 논리를 토대로 구축된 틀에서 집필된 것이며, 이는 곧 역사라는 기억을 특정한 집단에서 독

---

33) 사회사연구의 한 방법으로서, 생존해 있는 사람들의 회상, 기억 등을 수집하는 것을 말한다.

점하여 표현하였다고 볼 수 있다. 그러므로 반드시 개별적인 음성으로 표현된 역사를 통하여 그 안에 내재된 진실을 발굴하여야 한다는 것이다. 팡후이룽方慧容은 토지개혁 시기 중국 서부지역 농민들의 생활에 관한 기억연구를 진행하였다. 그는 생존해 있는 농민 개개인을 방문하여 취재하였고 그 내용을 녹취하여 정리한 자료들을 대량으로 확보하였으며, 이에 근거하여 토지개혁 운동에 대한 농민들의 집단 기억 collective memory[34]에서 나타난 특징을 분석하였다. 그는 유럽의 구전역사에 관한 연구방법을 종합적으로 참고하여, 농촌 지역사회의 역사에 대하여 농민들이 직접 역사를 서술하는 방식을 제시하였다. 이러한 서술법은 특정한 사건에 대한 기억을 통한 심리적인 묘사로 이루어져 있으며, 기본적으로 한 가지 사건에 대한 여러 사람의 중첩된 기억을 통하여 세부적인 내용으로 함축시키는 것에 목적을 두고 있다. 이는 전통적인 농촌 지역사회의 경험을 가진 농민과 그렇지 않은 현대인을 구별하는 가장 큰 기능을 지니고 있으며, 농민들의 개인적인 기억을 통하여 권력 지배층의 집단 서사로 이루어진 과거의 역사 논리에서 벗어날 수 있는 가장 효과적인 역사의 인지수단인 것이다. 그는 자신의 저서에서 개별적 사건의 각도에서 나타난 토지개혁과정을 관찰하였고 권력의 간섭과 농민들의 기억 속의 존재하는 상황의 묘사를 통하여 나타나는 상호 관계를 분석하였다. 특히 이러한 기억연구의 분석방법은 권력의 지배하에서 나타난 무의식적인 역사 서술을 진행하는 것이 아니라, 농민계층에서 나타나는 의식을 재조합하는 방법으로 진행되기 때문에, 이는 과거 집단논리에 의하여 기록된 역사를 충분한 공감대를 형성할 수 있는 역사해석의 틀로 전환할 수 있다. 우페이吳

----

34) 부모 세대에서 자식 세대로 전달되는 하나의 공동체에 내재 된 기억.

飛가 천주교 신자의 구술口述을 통하여 연구를 진행하였던 구전연구도 마찬가지로 위와 같은 효과를 거두었다.[42]

　앞서 서술한 내용을 통하여 많은 학자가 전통 역사학과 다른 접근방식 및 서술방식을 추구하고 있다는 점을 알 수 있었다. 그들은 역사연구라는 범위에 있어서 각자의 학술영역과 중첩되는 부분을 파악하고 관찰하여야 한다는 점을 인식한 것이다. 이러한 인식이 형성되어야 사회사연구의 범위를 넓힐 수 있으며, 학술적 방법의 영향으로 새로운 지식공동체를 형성할 수 있다. 이러한 흐름은 경험연구를 토대로 하여 다원적인 틀을 구축하려는 시도이며, 그 구조는 반드시 중범위이론의 틀과 서로 맞물릴 수 있도록 개방적인 방향으로 구축되어야 한다. 또한, 일반적인 유형들에 내포된 보편적이고 단선적인 특성을 타파하고 사회사와 관련된 사회이론들의 상호 작용을 통하여 지식의 전제조건을 구축하는 것에 목적을 두어야 하며, 특히 개별적인 계층들의 생활사연구에 있어서, 과거 전통적인 집단 서사에 의하여 은폐되었던 진실된 목소리를 발굴함에 집중해야 한다. 하이에크는 일찍이 사회적 사실 social facts과 개인적 행위는 모두 주관적인 유형을 전제로 하여 정의된 결과라고 주장하였다.

　지역사회, 국가, 특수한 사회제도, 사회현상 등의 개념이 그 사회를 이해할 때 가장 객관적인 요소라고 주장하는 견해가 많은데, 본인은 이러한 견해는 지극히 순진한 발상이라고 생각한다. 자연과학에서 사용되는 '사실'이라는 어휘가 가진 특수한 의미는 곧 사회적 사실을 의미하는 것이다. 이는 개인의 행위는 사실이 아니라는 것을 표명하는 것인데, 소위 말하는 이러한 '사실'은 이론사회과학에서 정립된 유형과 마찬가지로 개인의 머릿속에서 찾아낸 요소에 근거하여 정립된 사상적 유형이다.[43]

하이에크는 사회구조와 개별 활동의 영역을 분리하여 진행하는 역사연구방법에 대해 비판적인 시각을 가지고 있었다. 사회구조에 관한 연구는 자연과학의 명확성과 획일성이라는 측면에서 규범적인 특징에 대한 해석을 얻을 수는 있지만, 그 구조의 질서 속에 존재하고 있는 개개인의 작용을 무시하거나 등한시해서는 안 된다는 것이다. 이 두 가지 요소를 모두 고려하는 시각으로 역사를 서술하면, 역사의 다양성과 생생한 현장감이 존재하는 역사서가 탄생하게 되는 것이다. 수많은 학술적 수단을 활용하여 구축된 지식을 토대로 사회사의 영역을 확장하기 위해서는 지식공동체를 구축하여야 하며, 반드시 이를 목표로 장기적인 노력이 진행되어야 할 것이다. 필자는 그의 연구논문에 이론을 구축하기 위한 원칙적인 부분이 포함되어 있다는 점을 발견하고 이는 곧 지역사회에 대한 중국식 중범위이론을 구축하는 자양분이 될 것이라고 믿는다. 앞서 등장하였던 관중 지역연구, 기억연구를 통한 구전역사, 베이징시 의료 공간의 전환 등이 바로 그 자양분을 통하여 발아된 것으로 생각한다.

수많은 사회사의 연구 저서들의 서술법은 전통적인 마르크스주의 분석 혹은 포스트모더니즘의 관점을 중심으로 하고 있다. 이는 서양학계의 사회이론이라는 측면에서 강한 영향을 받았음을 증명하는 것이며, 이를 부정하기는 어려울 것이다. 즉, 세계화가 이루어지는 현재의 시대적 배경에서 사회제도의 역사를 판단할 때, 이미 서양학계의 이론과 분석법의 영향에서 벗어날 수 없다는 것이다. 그러나 앞서 소개한 중국 국내 학자들의 저서들은 비록 서양학계의 사회이론을 응용하고는 있지만 대부분 수정과 반성의 방법을 통하여 중국식 연구방법으로 전환하고자 노력하고 있다는 점을 간과해서는 안 된다. 이렇듯 자문자답의 형식으로 요점을 강조하는 수사법은 비교적 성공적일 수도 있지만, 일부는 여전히 과거를 답습하고 있는 것처럼 보일 수도 있다. 하지만 중요한 것은 이러한 점을 통하여 중국의 사회사연구가 점진적으로 중국식의 자체적인 시각으로 현지화되어가고 있다는 것이다.

저자 주석

[1] Robert K. Merton, 「On Sociological Theories of the Middle Range」, 『On Social Structure and Science』, The University of Chicago Press, 1999.

[2] Robert K. Merton, 「On Sociological Theories of the Middle Range」, 『On Social Structure and Science』, The University of Chicago Press, 1999.

[3] Robert K. Merton, 「On Sociological Theories of the Middle Range」, 『On Social Structure and Science』, The University of Chicago Press, 1999.

[4] Jonathan H.Turner, 『The Structure of Sociological Theory』, 吴曲辉 역문, 『社会学理论的结构』, 浙江人民出版社, 1987, p105-108.

[5] Pierre Bourdieu, 『An Invitation to Reflexive Sociology』, 李猛 역문, 『实践与反思——反思社会学引导』, 中央编译出版社, 1998, p133.

[6] Pierre Bourdieu, 『An Invitation to Reflexive Sociology』, 李猛 역문, 『实践与反思——反思社会学引导』, 中央编译出版社, 1998, p134.

[7] Pierre Bourdieu, 『An Invitation to Reflexive Sociology』, 李猛 역문, 『实践与反思——反思社会学引导』, 中央编译出版社, 1998, p138.

[8] Arif Dirlik, 「革命之后的史学: 中国近代史研究中的当代危机」, 『中国社会科学季刊』, 1995春季卷, p141.

[9] Arif Dirlik, 「革命之后的史学: 中国近代史研究中的当代危机」, 『中国社会科学季刊』, 1995春季卷, p143.

[10] William T. Rowe, 「The Problem of 'Civil Society' in Late Imperial China」, 邓正来 역문, 「晚清帝国的"市民社会"问题」, 『国家与市民社会——一种社会理论的研究路径』, 中央编译出版社, 1999, p413.

[11] 黄宗智, 『中国农村的过密化与现代化: 规范认识危机及出路』, 上海社会科学院出版社, 1992, p135-137.

[12] Benjamin A. Elman, 「中国文化史的新方向: 一些有待讨论的意见」, 『学术

思想评论』, 辽宁大学出版社, 1998, p425.

[13] 黄宗智, 『中国农村的过密化与现代化: 规范认识危机及出路』, 上海社会科学院出版社, 1992, p138.

[14] 黄宗智, 『中国农村的过密化与现代化: 规范认识危机及出路』, 上海社会科学院出版社, 1992, p139-141.

[15] 黄宗智, 『中国农村的过密化与现代化: 规范认识危机及出路』, 上海社会科学院出版社, 1992, p141.

[16] 王国斌, 『China Transformed: Historical Change and the Limits of European Experience』, 李伯重 역문, 『转变的中国: 历史变迁与欧洲经验的局限』, 江苏人民出版社, 1998, p45.

[17] 夏明方, 「生态变迁与"斯密型动力"、过密化理论——多元视野下的旧中国农村商品化问题」, 난카이대학교(南开大学) 논문집 『明清以来的中国社会国际学术讨论会』, 1999.

[18] 秦晖, 苏文, 『田园诗与狂想曲——关中模式与前近代社会的再认识』, 中央编译出版社, 1996, p46.

[19] 秦晖, 苏文, 『田园诗与狂想曲——关中模式与前近代社会的再认识』, 中央编译出版社, 1996, p53-57.

[20] 秦晖, 苏文, 『田园诗与狂想曲——关中模式与前近代社会的再认识』, 中央编译出版社, 1996, p89.

[21] 秦晖, 苏文, 『田园诗与狂想曲——关中模式与前近代社会的再认识』, 中央编译出版社, 1996, p94-95.

[22] 秦晖, 苏文, 『田园诗与狂想曲——关中模式与前近代社会的再认识』, 中央编译出版社, 1996, p98.

[23] 秦晖, 苏文, 『田园诗与狂想曲——关中模式与前近代社会的再认识』, 中央编译出版社, 1996, p100.

[24] 秦晖, 苏文, 『田园诗与狂想曲——关中模式与前近代社会的再认识』, 中央编译出版社, 1996, p101-102.

[25] 杨念群, 『儒学地域化的近代形态——三大知识群体互动的比较研究』, 三联书店, 1997.

[26] 총서, 「现代知识论可以为中国历史学提供什么?——〈儒学地域化的近代形态〉研讨会观点汇录」, 『中国书评』, 1998.

[27] 총서, 「现代知识论可以为中国历史学提供什么?——〈儒学地域化的近代形

态〉研讨会观点汇录」,『中国书评』, 1998.

[28] 총서, 「现代知识论可以为中国历史学提供什么？——〈儒学地域化的近代形态〉研讨会观点汇录」,『中国书评』, 1998.

[29] 총서, 「现代知识论可以为中国历史学提供什么？——〈儒学地域化的近代形态〉研讨会观点汇录」,『中国书评』, 1998.

[30] 程美宝, 「区域研究取向的探索——评杨念群〈儒学地域化的近代形态〉」,『历史研究』, 2001.

[31] 총서, 「现代知识论可以为中国历史学提供什么？——〈儒学地域化的近代形态〉研讨会观点汇录」,『中国书评』, 1998.

[32] 총서, 「现代知识论可以为中国历史学提供什么？——〈儒学地域化的近代形态〉研讨会观点汇录」,『中国书评』, 1998.

[33] 朱苏力, 「发现中国的知识形态——〈儒学地域化的近代形态〉读后」,『学术思想评论』, 1998.

[34] 총서, 「现代知识论可以为中国历史学提供什么？——〈儒学地域化的近代形态〉研讨会观点汇录」,『中国书评』, 1998.

[35] 杨念群, 「"兰安生模式"与民国初年北京生死控制空间的转换」,『社会学研究』, 1999.

[36] 应星, 「社会支配关系与科场场域的变迁——1895-1913年的湖南社会」,『中国社会科学季刊』, 1997, 春季卷.

[37] 赵世瑜, 「社会史：历史学和社会科学的对话」,『社会学研究』, 1998.

[38] Mingming Wang, 「Place, Administration, and Territorial Cults in Late Imperial China: A Case Study From South Fujian」,『Late Imperial China』, 1995.

[39] 景军, 「知识、组织与象征资本——中国北方两座孔庙之实地考察」,『社会学研究』, 1998.

[40] 梁治平, 「论清代的习惯与习惯法」,『梁治平自选集』, 广西师范大学出版社, 1997.

[41] 程美宝, 「地域文化与国家认同——晚清以来"广东文化"观的形成」,『中国社会科学季刊』, 1998, 夏季卷.

[42] Maurice Halbwachs, 『On Collective Memory』, The University of Chicago Press, 1992. Paul Connerton, 『How Societies Remember』, Cambridge University Press, 1989. Jun Jing, 『The Temple of Memories: History, Power and Morality in a Chinese Village』, Stanford University Press, 1996.

[43] Friedrich August von Hayek, 『Individualism and Economic Order』, 賈湛 역문, 『个人主义与经济秩序』, 北京经济学院出版社, 1991, p66.

제**6**장
포스트모더니즘 흐름속의 우리
: 역사를 어떻게 볼 것인가?

1. 포스트모던에서 포스트식민으로: 중국어 환경에서의 차이와 선택

근대화이론을 따르던 일부 학자들은 근대화의 총체적인 목표에 방향성을 두고 연구를 진행하여 세계화라는 발전단계에 빠른 속도로 진입하고 있었지만, 시대적 흐름을 역행하는 듯한 모습으로 비쳤을 뿐만 아니라, 마치 여러 전통적인 사조와 어우러진 이론적 경향을 나타내기도 하였다. 이러한 상황에서 새롭게 등장한 포스트모더니즘 이론은 중국의 사상계에 많은 변화를 불러일으켰다. 더불어 뒤이어 등장한 포스트식민주의 이론에 대해서도 중국의 사상계와 문학계를 비롯한 여러 국가에서 국제적인 논의가 이루어졌다. 사실 이러한 논쟁을 통하여 중국의 학계에서 지향하고자 하는 점은 세계자본주의 세력이 언론에 압력을 행사하고 있는 상황을 통해 중국의 생존이라는 상태가 위협을 받고 있다고 피력하고자 하는 것이다. 이러한 주장은 세계의 중심 국가들을 한 축으로 놓고 그와 반대되는 국가들을 중국과 결집하여 대치시키는 이항대립의 설정이라고 볼 수 있다. 다만, 그 논리에는 중국 내부에서 실제 나타났던 근대화의 구체적인 현상은 없는 것이다.[1] 이는 정부 당국이 토대로 삼고 있는 이데올로기에 대한 구체적인 권력의 운영체계와 복잡한 대응 관계를 이루고 있었기 때문이며, 이를 원인으로 포스트모더니즘과 포스트식민주의의 사조가 민족주의의 정서를 변질시킬 수 있다는 위험성의 측면에서 부정적으로 비추어진 것이다.

중국 국내의 사상계에서는 포스트모더니즘의 이론을 흔히 급진적인 전략으로 해석하였다. 이를 통하여 근대화의 과정에서 중국학자들이 취해야 할 정치적인 입장과 민족 진흥에 이바지할 수 있는 태도라는 두 가지 관점을 연결하였으며, 이는 당시에 상당히 합리적인 방법으로 받아들여진 것이다. 그러나 이러한 견해를 가진 학자들은 포스트모더니즘이란 반근대화의 졸렬한 정치적 표현이 아니며, 그 이론 내부에는 근대화로 인한 권력 구조의 형성과정과 패권霸權작용에 대한 깊은 분석 및 실질적인 반성이 내포되어 있다고 인식하였다. 또한, 이를 토대로 중국이 다른 국가와 긴밀한 관계를 맺음과 동시에 세계자본주의 체제의 확장에서 존재하는 국제적인 질서에 합류하여, 국제권력의 구조와 새로운 동향에 적응해나가야 한다고 주장하였다. 이러한 흐름은 자주적인 공간을 유지할 수 있는 효과적인 방법을 찾기 위한 일종의 첫 발걸음이기도 하다. 자본주의의 생산과 소비라는 개념은 강제적인 수단으로 작용하여 중국의 문화와 풍습을 재구성하고, 이를 통해 중국 사회를 국제적인 체계로 끌어들이는 결과를 발생시킬 수 있기 때문이다. 이러한 일련의 흐름은 포스트모더니즘 이론의 지식 - 권력이라는 틀로 세밀한 서술이 가능하다.

포스트모더니즘 이론은 사회사연구의 측면에서 근대화서술법이 아닌, 새로운 방식의 구체적인 분석 방법을 제시하였다. 즉, 근대성을 바탕으로 역사연구에 대한 권력의 지배 관계를 집중적으로 연구하여 역사적 상황을 구체화하고자 하는 것이다. 벤자민 엘먼은 근대 시기 중국의 사상사와 관련된 사료와 문학 자료의 관계에 관한 연구를 근거로 하여, 초기의 상주학파와 금문경학파에 대한 상황을 청나라 말기에 나타난 학술개혁의 범위에 포함해야 한다고 주장하였다. 과거 근대화 서술법에서는 위원魏源과 공자진龔自珍, 강유위에 이르는 중국의 근대 사상사의 중요한 인물들에 대한 상황을 통합하여 일반화시켰고, 특히 18세기 금문경학파가 직면하고 있었던 당시의 역사적 상황과 그들이 해결하고자 하였던 문제에 대해서는 전혀 서술하지 않고 있었다. 그러므로 상주학파와 금문경학파에 내재 된 가족 단위의 연원과 지역사회의 관계를 탐구하고 사상사의 명제를 지역이라는 공간으로 전환해야 하며, 이러한 전환을 통하여 금문경학에서 나타난 지역사회의 상황을 더욱 정확하게 복원해야 한다는 것이다.[2] 이러한 점을 보면 포스트모더니즘의 서술법이란, 이데올로기적인 특징을 가진 반근대화의 견해를 나타내는 것이 아니라, 역사의 상황과 문제 인식을 구체화하기 위한 방법론적 전략이라는 것을 알 수 있다. 또한, 이러한 서술법은 중국의 사회사연구에 있어서 중요한 해석자원이 될 수 있다.[3]

포스트모더니즘 이론을 역사학에서 활용한다면, 비서구권 국가의 역사를 서구권 국가의 민족 - 국가라는 이분법적 이론의 발흥과 확장에 관한 맥락으로 고찰할 수 있다. 이는 프레신짓트 두아라가 논한 민족 - 국가의 틀, 의식형태로 구축한 문제 인식, 역사의 분류 등에 관한 내용과 같은 형식을 띠고 있다.[4] 민족 - 국가를 토대로 한 역사 교육학이 전반적으로 자리를 잡게 되면, 그 영향에 따라서 무의식적으로 국가에 대한 찬양과 찬사 혹은 국가에 대한 소원함 및 배신에 대한 부끄러움, 창피함, 분노 등의 현상이 동시에 나타나게 된다. 또한, 문제를 제기할 때 정리된 규칙을 찾을 수 없게 되며, 역사연구의 목적이 해당 정체성의 틀을 잡기 위한 역사교육의 기술적인 수단으로 전도되어 버릴 수 있다. 역사연구의 방법론은 과거로부터 존재해 온 지식과학의 측면에서 지배적인 영향을 받고 있으며, 역사적 사실에 대한 증명은 역사연구에 있어서 가장 중요한 핵심일 뿐만 아니라, 이러한 연구의 축적을 통하여 수많은 가설을 실질적인 역사로서 복원시킬 수 있는 역할을 해온 것이다. 과학적인 법칙은 구조와 조직에 대한 지식의 이해라는 방식으로 역사연구에 도입되었으며, 객관성을 추구하는 것이 그 핵심이다. 만일 이러한 관점이 없으면, 역사라는 객관적인 시공간의 배열과 주관적인 자아정체성의 경계를 구축하기 어려울 것이다. 자연과학의 관점에서 개인과 역사는 주체와 객체로 구분되어 있으며, 이는 개인이란 역사를 구성하는 요소임과 동시에 역사를 인식하는 과정의 '주체'일 뿐이라는 것이다.

포스트모더니즘을 사상적 토대로 삼고 있는 역사학자들은 성찰적 사회학reflexive sociology이라는 이념을 바탕으로 지속적인 자아비판의 과정이 진행되어야 한다고 논하였다.[5] 그들은 전통적인 근대사의 개념이란, 도구의 역할을 하는 것이기 때문에, 시공간이라는 개념이 역사 속에서 어떻게 구축되고 생산되는가를 고민하여야 한다고 주장한다. 이러한 전제조건이 없이 진행되는 연구에서 민족이라는 요소는 국가권력의 대변인으로 치부될 수밖에 없으며, 이러한 사고방식이 점차 일반적이고 보편적인 의식으로 굳어지게 될 가능성이 크다고 주장하였다. 또한, 그들은 이론분석의 유용성을 통하여 역사적 진실을 밝히는 것뿐만 아니라, 역사연구의 주체가 바로 역사학자 자신이라는 점을 계속해서 강조하고 그들의 존재의식을 상기시키고 있다. 이는 개개인의 일시적인 감정이라는 측면에서 역사적인 반응을 추구할 수 있을 뿐만 아니라, 각자 자신의 자아에 대한 자기이해self-understanding라는 사고의 방향성도 넓혀 나갈 수 있다는 점을 강조하는 것이다.[6]

또한, 포스트모더니즘의 이론가들은 역사의 원형에 대한 접근을 현대적인 지식에 의한 사후적 판단에 의존하기보다, 오히려 이러한 점을 억제하고 심리적인 공감을 통한 연구를 진행하여야 한다고 주장하고 있다. 그러나 대부분 학자는 당시의 시대적 배경 및 개개인의 전공 분야에서 학습한 체계적인 교육방식의 영향으로 인하여 근대성이라는 개념을 전통적으로 이해하고 있을 수밖에 없었다. 이 때문에 내부적으로 누적된 자아의 제약을 벗어나기란 쉽지 않다. 그래서 이 두 부류의 연구자들의 차이점을 분명하게 구분할 필요가 있다. 근대라는 명칭은 항상 과거의 전통 관념에 대하여 대립한 의미로 느껴지지만, 이는 사실 반드시 전통을 부정하는 의미만을 나타낸다고 볼 수는 없다.[7] 이와 관련하여 폴린 로제나우Pauline M. Rosenau는 서양의 포스트모더니즘 이론가들을 회의론자懷疑論者와 정의론자定義論者로 나눌 수 있다고 말하였으며, 특히 후자는 근대성의 원칙이라는 조건에서 역사를 표현하는 이론가라고 명시하였다.[8] 과거 중국에서는 후학後學의 중요성을 제창하는 학자들이 나타나기도 하였지만, 포스트모더니즘의 개념과 이론에 상응하는 연구를 진행했던 학자들은 없었다.

덩샤오망鄧曉芒은 현상학자인 리오타르Jean François Lyotard의 저서 『포스트모더니즘의 조건La Condition postmoderne: Rapport sur le savoir』에서 포스트모더니즘의 정의가 단순한 현대적 사상이라는 것을 발견하였다. 이는 리오타르 본인이 헤겔의 사변철학思辨哲學1)을 강력하게

---

1) 사변철학speculative philosophy, 경험 철학에 대하여 사변을 인식의 근거나 방법으로 하는 철학.

반대하는 반면, 칸트의 이원론二元論과 지식의 선험先驗 조건 등의 원칙은 긍정적으로 평가했기 때문이다. 따라서 그는 포스트모더니즘이란, 역사적인 환경에서 모더니즘 혹은 계몽운동 이래의 근대주의에 존재하는 휴머니즘적인 요소를 활용하여, 그 속에 내포된 과학주의에 반대되는 견해를 조합시킨 것에 불과할 뿐, 특별한 의미는 없다고 논한 것이다.[9] 그러나 포스트모더니즘의 이론가들은 이와 상대적으로 여전히 근대라는 주체를 철저하게 현대적인 발명품과 계몽적 이성의 허구로 간주하고 있다. 사실 그들은 통일 혹은 통합된 주체라는 존재가 가지고 있는 가치에 대하여 중점적으로 문제를 세기하고 있다.

　　그것은 이데올로기의 구성일 뿐이며, 기껏해야 사람들이 과거를 그리
　워하게 만드는 초상에 불과한 것이다.[10]

이러한 상황 속에서 중국의 사상사와 사회사에서 '근대'라는 틀에 근거하여 이루어졌던 연구들에 대한 의구심도 제기되기 시작하였다. 예를 들어, 포스트모더니즘의 성향을 띠는 역사학자들은 '신유학'을 유학의 도통에 근거하여 지속적인 해석을 진행하는 것은 과거에 대한 향수일 뿐이라고 비판하였다. 그들은 도통 그 자체가 양지良知를 지탱하고 있는 이론적 토대가 아닌, '신유학'이라는 사상을 구축하는 일종의 구성요소라고 인식하고 있었기 때문이다. 앞서 위잉스가 논하였던 도통의 계보는 사족계층의 정신적인 명맥을 계승하는 천년대계의 이상적인 형태로 보일 수 있지만, 사실 그다지 많은 역사적 경험을 통하여 밝혀진 강력한 증거는 존재하지 않는다. 포스트모더니즘의 이론가들은 유학의 각종 관념과 행위의 표현에 대한 형식이 종종 구체적인 역사적 시기에 사회, 정치, 문화와 같은 특정한 문제에 대처하기 위하

여 조성된 것이라고 인식하였다. 그러나 이러한 사상적 형태를 보여주는 역사는 절대 목적론의 법칙에 따라 발전되는 것은 아니므로 이를 통해 구체적인 언어 경계의 붕괴와 더불어 그 구조를 지탱하고 있는 기반마저 사라지게 될 수 있다. 그렇게 된다면, 유학이라는 개념도 자연스럽게 사라지거나 다른 형태로 전환되게 된다.

포스트모더니즘의 영향을 받은 역사학자는 중국의 철학사를 연구할 때 대부분 관념사의 연역법에 대한 감각이 부족하다는 점을 인식하지 못한 상태로 경제적인 측면에서 결정론 방식의 역사연구와 같은 환원주의적 경향을 나타내게 된다. 따라서 막연히 관념사의 틀 안에서 보편적인 의의를 탐구하기보다 당시의 역사적 상황에서 각각의 개인들이 처했던 사항을 중심적인 맥락으로 전환하는 편이 낫다고 볼 수 있으며, 사회사와 사상사의 결합을 촉진할 수 있는 새로운 연구방법을 활용하여야 한다.[11]

포스트식민주의의 이론은 포스트모더니즘의 이론에 비하여 그 한계가 명확한데, 그 차이를 각각의 이론에 내재 된 관념에서 찾을 수 있다. 포스트모더니즘은 과학의 진보, 사회발전, 인성의 실현과 같이, 계몽주의를 토대로 설계되는 서구권 문명의 사상으로 시작하여 근대적 사상으로 가정된 수많은 이성적인 명제들에 대한 의문을 제기해 왔다. 반면, 포스트식민주의의 이론은 서구권 국가와 비서구권 국가의 지배 - 피지배의 틀에서 공간적 관계를 통하여 시작되었으며, 이 때문에 연구 범위가 서구권 국가의 식민지 패권주의와 관련된 통제와 억압의 전략에 대한 비서구권 국가의 대항 및 대응이라는 형태를 분석하는 것에 갇혀 있는 것이다. 이렇듯 두 가지 이론에는 이론적 한계에 관한 차이점이 존재하고 있지만, 각각의 이론을 제기하고 선전했던 주체들이 모두 서양세계의 학자 혹은 서양식 교육을 받고 서구권 국가에 정착한 비서구권 국적의 학자들이라는 공통점을 가지고 있기도 하다. 포스트모더니즘과 포스트식민주의의 이론을 제시한 인물로는 에드워드 사이드, 가야트리 스피박Gayatri C. Spivak, 프란츠 파논Frantz Fanon 등이 있는데 이들은 모두 교단에서 직접 강의를 진행했던 인물들이기도 하다. 그래서 그들은 주로 식민주의에 존재하는 언어구조에 관하여 집중적인 연구를 진행하였으며, 동양세계에서 출현한 사상을 서양세계라는 테두리 안에서 서양의 언어로 표현하고 있다. 서양이론의 학술적 배경은 그들이 진정한 객관적 입장에서 관찰을 진행하는 것에 영향을 주고 있으므로 그들의 개관성은 서양의 언어 환경에서 비롯된 문화적 근원이라고 볼 수 있기도 하다. 예를 들어, 오리엔탈리즘과 같은 포스트식민주의를 토대로 한 비판은 서구권 국가에 대한 대항 정신을 강조하고 있지만 좀 더 깊게 보면, 주로 서양세계의 언어구조에 집중된 분석이 대부분을 차지하고 있으며, 이보다 중요한 동양국가의 내부로 서양식 패권주의의 언어들이 침투된 상황에 대한 구체적인 대응방식은 찾아보기 힘들다. 특히 사이드의 저서는 동양권 사회에 존재하는 인물들을 표현할 때, 다른 서구권 학자들의 저서보다 더 풍부하고 독립적인 서술법의 특징이 나타나지 않는다는 지적을 받기도 하였다. 사이드는 팔레스타인계 미국인으로 미국의 중국학계에서는 뛰어난 학자임과 동시에, 모국에서 쫓겨난 피지배계층의 일원이자 사회적 측면에서 지배적인 지위를 차지하고 있으며, 문화적 측면에서도 특수성을 가진 입장의 인물이기 때문이다.[12] 중국학연구에 있어서 그의 이러한 특이점을 구체화한다면, 중국의 문명이 서양의 서술법이라는 범위에서 어떠한 객관적 위치를 차지할 것인가에 주목할 수 있다. 또한, 근대성이라는 틀에서 벗어난 원시 형태의 표현으로 어떠한 묘사가 이루어질 것이며, 어떻게 탐구될 것인지에 대한 방법론의 측면도 빼놓을 수 없을 것이다. 원시적 형태는 상대적인 개념이지만 어떠한 원시 형태의 문화일지라도 그 구조는 과거 근대 시기의 권력 관계에 관한 사례가 될 수 있기 때문이다. 중국의 전통은 이러한 권력 관계에서 부여되는 정당한 명분인 작업취사(作業取捨[2])의 관점에서 영향을 받았기 때문에 서구권 문명의 국제적인 권력을 형성하는 과정과 필연적인 관계를 형성하고 있다. 이점을 원인으로 권력 관계가 세계의 지배적인 위치를 차지하기 이전에 존재하였던 중국의 전통방식을 설명하는 것은 그 의미가 상당하다고 볼 수 있다. 다케우치 요시미는 자본주의 정신의 발생이란, 그 자체가 끊임없는 운동을 통해서만 자아를 유지할 수 있으며, 시공간으로 확장해 나아가는 것으로 말미암아 그 자아가 유지되는 것이기 때문에, 유럽의 확장이라는 현상도 마찬가지로 아시아를 대상화하여 자아의 존재를 실현한 것이라고 주장하였다. 진보적인 관점과 역사주의 사상은 유럽에서 먼저 확립되었으며, 당시 유럽은 자아의 확장을 기초로 자아의 확립과 자아의 보존이라는 과정을 진행하여 이성적인 성과를 이룬 것이다. 이러한 점에 대하여 다케우치는 아래와 같이 논하였다.

　　유럽의 발전은 동양권 국가의 퇴보 과정에서만 그들의 자아를 유지할 수 있으므로 그것이 역사적으로 발전이라는 시간적 기준에서만 합리적으로 작용하는 사고방식이라고 할 수 있다. 이 모든 것에 대해 진리가 존재한다고 인식하는 것은 순간적인 노력에서 나오는 것이다. 유럽의 발전과 동양권 국가의 퇴보 과정을 동양권 국가의 입장에서 바라본다면, 분명 적합하지 않은 표현으로 받아들여질 것이다.[13]

---

2) 무슨 일에나 안眼 · 이耳 · 비鼻 · 설舌 · 신身 · 의意 6근의 작용(작업作業)을 통해, 정의는 취하고 불의는 버리는(취사取捨) 것.

또한, 이어서 서구권 국가에서 규정한 아시아라는 공간적 범위의 근대적 위치에 대해서도 논하였다.

서구권 국가의 관점에서 규정한 과거의 아시아는 유럽의 존재를 이해할 수 있는 능력 자체가 없었던 문명이었을 뿐만 아니라, 자기 자신조차 이해하지 못하는 존재였다. 아시아 지역을 이해시키고 변화시킨 것은 바로 유럽지역을 중심으로 불어 닥친 세계화의 영향이며, 아시아 지역의 문화가 형성된 것 또한 유럽이라는 개념에 예속시켰기 때문이라는 것이다. 이는 즉, 서구권 국가의 문화는 당연히 유럽문화를 중심으로 이해되어야 하며, 아시아 국가들의 문화도 마찬가지로 유럽문화라는 기반을 토대로 하여 실현될 수 있다는 의미이다.[14]

다케우치가 언급한 문제는 일단 근대 시기에 진입하게 되면 동양권에 존재하였던 모든 국가의 자아정체성은 유럽의 정체성 위에서만 실현될 수 있다는 내용이다. 근대 시기, 중국인들은 일반적으로 서양의 현대적인 문화와 외적요소를 거울로 삼아 자신을 비교하는 것이 보편적이었으며, 이러한 체험을 통하여 중국의 지식인계층은 일찍이 서양의 각종 현대적 이념의 대변자로 훈련받은 것이다. 하지만 사회사적 관점에서 중국학 연구가 두각을 나타내기 위해서는 서양의 근대 자본주의 체제라는 외부의 영향을 통하여 새로운 아시아의 이미지를 구축하고 그에 따른 시스템의 매커니즘을 제시하는 것보다, 영향을 받기 이전의 상황에서 나타난 중국의 사회와 문화에 대한 실질적인 모습을 최대한 복원해야 한다. 필자는 자본주의의 확장이라는 시스템을 근거로 제기되는 주장들이 근대 국가와의 관계를 논증하는 측면에서 적절하지 않다고 생각한다. 비록, 역사적 상황이 다중적인 권력에 의하여 구축되었다고 하지만, 중국이라는 한 국가가 그 시스템에 포함되기 이전에 어떻게 그러한 상황에 놓이게 되었는가를 먼저 밝혀야 한다는 것이다.

세계자본주의 체제의 이론은 중국 사회를 연구할 때 새로운 관점을 제공하였지만, 그 시각은 자본주의가 중국의 근대화 과정에서 나타난 작용의 측면만을 지나치게 부각하고 있는 원인으로, 여전히 전 세계를 일체화시키는 기본적인 틀에서 동서양의 이원대립에 중점을 두려는 경향이 두드러지고, 이에 근거하여 민족독립이라는 정치적 주장을 설명하고 있는 것과 같다고 볼 수 있다. 이러한 이원대립적인 해석 방법은 서양세계의 언어에 근거한 결과라는 점을 의식하지 못하였기 때문에 민족주의는 곧 제국주의와 동일시되어 쇠락의 길을 걷게 된 것이다. 민족주의적 서술법에서 나타나는 표현에 대한 정도는 제국주의적 표현방식과 비교를 통하여 판단할 수 있으며, 이는 곧 일종의 표준이 되었다. 20세기 초부터 사회사의 서술법이 점점 광범위해지고 있기는 하지만, 그 수많은 저서는 '중국은 어떻게 근대화를 향해 나아갈 것인가?', '중국은 왜 근대화를 이루지 않고 있는 것인가?'라는 비슷한 주제를 표현할 뿐이다. 따라서 일찍이 진행되었던 사회사연구는 사회주의라는 정치적 사상의 틀 안에서 민족이라는 개념을 근거로 하여, 국가의 정치에 관한 언어로 한 층 더 탐구하고자 한 것이다. 이러한 구조주의적인 방식은 서양의 계몽주의 시대 이후에 구축된 선형적 발전이라는 세계관과 비슷한 형태를 띠고 있다.

사카이 나오키酒井直樹는 근대 시기 이전과 이후를 구분하는 것을 역사의 지정학적 구성의 결과라고 인식하고 이는 19세기의 서구권 문명에서 나타난 국가, 민족, 문화의 위치설정이라는 과정에서 발생한 언어적 스키마schema3)의 일환이라고 주장하였다.[15] 지정학적인 관점에서 볼 때, 19세기 이후의 서구권 국가들은 그들과 관련된 경계를 설정할 때 한계를 두는 것을 꺼렸는데, 이는 끊임없이 객관적인 입장에서 정복과 침투에 대한 서구 문명의 실질적인 이미지를 대조하고자 하는 것으로써, 마치 시공간을 초월하는 존재로 인식했기 때문이다. 19세기 이래, 근대화이론은 주로 역사주의 시각으로 서양식 개별주의 Particularism를 이해하고 이를 결과적으로 보편주의Universalism의 과정으로 표현하는 것에 중점을 두고 있었다. 이 과정에서 객관적인 입장으로 비서구권 문화를 표현하는 개별주의는 결국 보편주의의 구성요소가 될 수밖에 없었고 모든 사회를 보편적인 법칙에 따라 합리화시킬 수 있는 근대화이론의 잠재력을 증명하고자 하였다. 그러므로 비서구식 이론이란, 근대화의 배경에서 자신의 사회문화의 개별주의방식에 대하여 설명할 때, 사실 보편주의의 측면에서 부여된 합리성을 고증하는 것과 다름없다. 이렇듯 단일적인 작용만이 발생하는 과정에서는 순수한 역사의 실증주의positivism란 존재할 수 없다. 앞서 말한 바와 같이, 중국 사회의 윤리라는 요소를 추적하여 신도통이 신유가 사상에서 내재적 전환을 일으켰다고 주장한 위잉스의 연구는 보편주의의 관점에서 '동양문화의 특수성을 수호한다.'라고 묘사되었고 이는 베버가 서양식이론을 토대로 '당시 중국의 문화적 윤리와 정서가 자본주의의 원동력으로 작용할 수 있었는가?'라고 한 질문과 큰 차이점이 없는 것이다. 필자는 서구권 세계의 보편주의라는 매커니즘과 비서구권 세계의 개별주의 간에 발생하는 충돌을 묘사할 때, 절대 폭력적인 측면에서 표현이 이루어져서는 안 된다고 생각한다. 또한, 개별주의의 존재 방식이 보편주의로 확장되어 간 과정을 분석할 때 각 역사적 표

---

3) 기억 속에 저장된 지식. 지식의 추상적 구조.

현에 효과적으로 대응할 방법을 위주로 연구가 이루어져야 한다. 근대화이론의 영향을 받은 연구자들은 세계사의 진보라는 길 위에 존재하는 각각의 개별 문명individual civilization에서 나타난 특수한 현상들을 국제적인 상황을 토대로 이해할 수 있지만, 비서구권의 각 문명의 내부에서 일어난 여러 세부적인 현상이 발전양상에 따라 어떠한 차이점을 나타내고 있는가에 관해서는 괄시하는 경향이 있다. 이는 세계라는 기준의 범위를 어떻게 설정하느냐에 따라서 발생하는 문제점이다. 그들의 관점은 과거 중국사에서 군주와 지식계층의 관계를 보편적 시각에서 기록했던 것과 같이, '공간적 역사의 망각'을 보여주는 것이다. 이러한 방식은 그들이 중국 중심의 이론을 깎아내리고 서구중심주의를 주장하는 것과 같이, 비서구권 문명의 합리화 된 존재가치와 서양식 보편주의로의 편입에 대한 거부반응을 지적할 때, 오히려 세계화라는 개념에서 탈피하고자 하는 원동력으로 작용할 것이다. 이러한 두 가지 종류의 보편주의는 시간과 공간이라는 관계의 변화를 통하여 그 무게중심이 이동했을 뿐이지만, 그 최종적인 형태와 그에 따른 평가는 전혀 판이한 것이다. 이 같은 상황이 발생한 것에는 물론 복잡한 원인이 존재할 것이다. 다만, 서양 중심의 이론에서는 그 패권체계가 더욱 복잡하고 확장력의 효율성과 관계가 있다는 점으로 인하여 영향력의 확장에 대한 더욱 강력한 의미를 지니게 된 것이다. 그러나 근대 국가의 사회적 제어라는 형태를 단지 토론을 시작하기 위한 유일한 출발점으로 삼아서는 안 된다. 이는 실질적으로 서양세계에서 구축한 근대화라는 방법을 역사발전에 꼭 필요한 필연적인 논리로 인정하는 것과 다름이 없기 때문이다.

동양권 국가의 사회를 근대 사회로 진입시키기 위한 중요한 과정 중 하나는 바로 주체적인 위치를 재확립하는 것이다. 대부분의 비서구권 국가의 근대의식에 대한 구조는 자신을 주체로 하고 있지 않다. 중국의 주체적 위치를 회복하는 방식의 한 예로 유가 사상을 들 수 있다. 과거로부터 지금까지 존재하였던 유교적 사상을 복원하기 위해서는 전통적인 심리주의를 통해서만 가능할 것이다. 이렇게 되면, 동양권 사회가 주체적인 감각을 재건할 때, 근대성이 제한하고 있는 법칙에서 벗어난 독특한 생활상과 공간이라는 틀을 발견할 수 있다. 이러한 과정에서 포스트모더니즘과 포스트식민주의에 대한 평가의 전제는 제3세계의 문화에서 구현된 근대 시기 이후의 사상일 뿐이며, 포스트식민주의의 형태 또한 포스트모더니즘에 기초하여 구축되었다고 인식할 수 있게 된다. 근대 시기에 중국의 전 영토가 식민지화되지 않았던 사실로 미루어 볼 때, 앞서 내려졌던 판단에는 그 오류가 존재한다는 점을 알 수 있고 이는 중국 사회의 권력구축에 대한 문제를 단순히 포스트식민주의의 이론으로 분석할 수 없다는 것을 의미한다. 예를 들어, 파논과 스피박의 연구는 국가의 전 영토가 식민화되었던 아프리카와 인도를 대상으로 이루어진 것이며, 이는 중국의 구체적인 사회상황과 명확한 차이점이 존재한다. 물론, 당시의 중국도 마찬가지로 서양세계의 식민지 확장정책의 대상이었지만, 그 관계를 중국과 서양세계의 외부적인 교류라는 측면에서는 완벽한 설명이 불가능하며, 세계자본주의의 확장이라는 배경에서 단순히 예외사항으로 이해하고 넘어갈 수 있는 문제도 아니기 때문이다. 즉, 중국의 사회구조, 의전儀典 형식, 상징적 제도, 가치이념 등과 같은 전통적인 요소가 세계화라는 큰 변화를 겪으면서 나타난 특징에 대하여 충분한 추론이 가능하여야 한다. 그렇지 않으면, 세계자본주의라는 거대한 틀에 존재하는 단순한 개별요소로 규정되어 향후, 같은 상황이 발생될 위험성이 있을 수 있기 때문이다. 세계라는 구도에서 근대화가 지닌 확장성에 시선을 과도하게 집중하게 되면, 제3세계에서 발생한 각각의 상황에서 나타난 개별적인 반응을 통하여 각 국가의 주체성을 재구성할 때 필요한 차이점과 변화라는 요소를 무시해버리는 결과를 초래할 것이다.

2. 중국사 연구에서의 포스트모던 방법의 구체적인 실천

1990년부터 미국의 중국학계에 나타난 대표적인 현상은 포스트모더니즘의 사조가 방법론적 해석에 영향을 미치기 시작했다는 점이다. 그 출발점은 역사발전에 관한 법칙과 최종적인 목표에 대한 해석을 통하여 전통 관념의 비판과 반성을 제기하고자 하였던 근대화이론이었다. 이는 역사의 진화라는 흐름은 종착역을 찾을 수 없는 것이며, 그 기원을 거슬러 올라가는 행위도 무의미하므로 역사의 과정을 단편화 fragmentation[4]하여 조합하는 것을 바탕으로 역사적 현상에 고의로 덧붙여진 각종 본질적인 규정에서 벗어나고자 하는 것이다.[16] 푸코의 계몽 이성에 대한 의혹과 근대화라는 선형적 발전 논리에 대한 비판은 1990년대 초부터 미국의 중국학계로 파급되기 시작하였다. 사실, 중국을 중심으로 하는 세계관이 제시되었을 때, 코언은 서양 근대화발전의 보편성에 대한 의구심을 갖기 시작하였으며, 그러한 의구심을 다음과 같이 논하였다.

개인이 직접 역사를 경험하는 것은 매우 중요하다. 역사가가 제기하는 역사적 사실이라는 것은 외재적이고 객관적이며 한계가 분명하지 않

---

4) 프로세스(병행으로 주행하는 태스크)에 대한 기억 영역의 할당과 프로세스에 의한 기억 영역의 해방을 반복함으로써 작은 기억 영역의 분할 부분이 다수 생성되는 것.

다. 그 이유는 당사자가 자신의 마음속에서 체험한 소감을 기록한 후, 또다시 역사가 자신의 개인 경험으로 전환하여 표현된 것이기 때문이다. 역사학의 임무는 바로 개별적인 역사적 사건에 존재하는 다채로운 특성에 근거하여 과거를 재현하는 것일 뿐, 역사발전의 법칙과 공식을 탐구하는 것은 아니다.[17]

코언은 『History in Three Keys: The Boxers as Event, Experience, and Myth』에서 의화단운동을 역사연구의 대상으로 삼는 이유에 대하여 세 가지 측면으로 논거를 진행하였다. 그는 의화단운동을 순수한 역사석 사건으로 인식하였고 재한災旱5), 서양 열강의 침략, 강신부체降神附體6), 선전 선동으로 인한 공황사태와 죽음 등의 개인적 경험 및 신문화운동, 1920년대에 일어난 반제국주의와 문화대혁명 등의 전면적인 상황에 대한 분석은 서로 다른 특성의 차이를 보이므로 반드시 다양한 방식으로 접근하고 이해하여야 한다고 주장하였다. 그가 인식한 의화단운동의 성격은 단순한 역사적 사건이 아닌, 사회 내부에서 나타난 일종의 집단기억을 문화적으로 구현시킨 것이며, 권력의 운영 과정에서 서로 다른 파벌들의 이해관계에 따라 다르게 나타난 결과일 수도 있다는 것이다.[18] 이는 중국의 학자들이 의화단운동의 성격, 사회구성 및 원류의 추적에 집중하였던 것과 달리, 상당히 뚜렷한 포스트모더니즘의 견해가 깔려있다.

일찍이 엘먼도 문화사연구의 측면에서 청나라의 역사를 단편화하고자 시도하였는데, 상주지역의 금문경학파의 형성 원인을 분석할 때 19

---

5) 기근과 같은 자연재해.
6) 부적을 삼키고, 신을 청하는 등 초자연적인 힘으로 외국의 침략자들을 몰아내기를 기원하는 의식.

세기 말 강유위가 금문경학의 방법으로 시행한 변법자강운동과 사회의 근원적인 관계를 전면적으로 부정한 것이다. 그는 상주지역의 금문경학을 변법자강운동의 선구자임과 동시에 근원으로 인식하는 관점이 근대화이론의 함정에 빠진 것이라고 지적하였다. 이는 전혀 관계가 없는 역사적 사실을 의도적으로 연결하여 그에 따른 사회발전의 적절한 목표를 몇 가지 단계와 부분으로 구성할 때 오류를 범하였는데, 이에 대한 수정과 반성이 이루어지지 않았기 때문에 후대에 인위적인 역사적 맹신을 형성하였다는 것이다.

1990년대에는 포스트식민주의 이론을 통하여 중국 여성에 관한 연구가 최초로 진행되었다. 그 대표적인 예로 게일Gail B. Hershatter이 집필한 『Dangerous Pleasures: Prostitution and Modernity in Twentieth-Century Shanghai』를 들 수 있다.[19] 일찍이 포스트식민주의의 이론가인 스피박은 일찍이 근대 사회에서 여성은 사회적으로 이차적 집단 secondary group[7]에 속한 계층이라고 논하였다. 비록, 여성은 자주적이지만 성별의 이데올로기라는 지배적인 사회구조에서 여전히 남성에게 종속된 존재였다. 여성이 대상화되어 관찰되고 해석되는 것도 모두 당시의 권력 네트워크에 깊이 의존하고 있었으며, 심지어 여성의 해방을 추구하는 지식인조차도 여성의 이미지를 피해자의 형상으로 묘사하여 자신의 우월감과 해방적 열망을 표현한 것이다. 이렇듯 혼탁한 권력 사회에 물든 여성들은 자신의 진정한 목소리를 낼 수 없었을 것이고 여성을 지지하는 언론이 존재하였다고는 하지만 사회적인 이유로 인

---

7) 제1차 집단의 개념은 미국의 사회학자 C.H.쿨리가 제기하였는데, 그 뒤 이와 대치되는 개념으로 제2차 집단의 개념이 많은 학자들에 의하여 사용되기에 이르렀다.

하여 사라졌을 것이라고 추론할 수 있다. 스피박은 이와 같은 원인으로 인하여 여성의 이미지를 왜곡시키는 변태적인 실언失言 현상이 나타났다고 설명하였다.

사회의 소외계층에 대한 스피박의 관심은 포스트식민주의가 성행하던 시기, 서양세계의 역사패권이라는 분노를 반성함으로 인하여 비롯되었다. 이는 근대화이론의 선형적 발전이라는 관점에 대한 근원을 탐구하는 논거 방식을 통해 각기 다른 학계에 파급되었고 다양한 장소에서 동시다발적인 난전亂戰이 발생하게 되는 도화선으로 작용하였다. '침묵의 역사에 대한 재건'과 '역사기억의 재구축'이 바로 가장 큰 사례이다. 포스트식민주의의 학자들이 등장한 이후, 근대화서술법에 중점을 두고 있었던 학계와 역사적 인물들의 진실한 목소리를 듣고 분석한다는 기억연구의 방법은 서로 마찰을 빚게 되었다. 이때부터 사회적 약자의 사회관계를 판별하고 분석하는 것이 당시의 역사학계의 화두로 자리 잡게 되었고 사회적 풍조로 발전하게 되었지만, 그 결과는 그리 좋지만은 않았다. 현재의 수많은 사서와 역사가들의 이론은 당시의 각종 제도를 바탕으로 구축되었다는 사실을 잊어서는 안 된다. 아무리 부지런한 역사학자라고 할지라도 구석에 버려진 서류들까지 집중해서 관찰, 탐색, 해석을 진행하거나 그 영향력이 미미하여 파악하기 어려운 사회 하층민들의 목소리를 표현하려고 하는 것은 결코 쉬운 일이 아니기 때문이다. 역사학자들이 역사를 복원할 때, 모든 사료가 보여주는 서로 간의 관계를 자신의 관점으로 상상하는 방법을 통해 귀결될 수밖에 없다. 그래서 필자는 스피박이 역사의 진실을 탐구하기 위하여, 하층민의 목소리를 통한 역사복원이라는 방식을 단호하게 포기한 것도 어느 정도 이해는 된다.

하지만 그를 제외한 학자들은 오히려 그의 분석 방법에 크게 공감하였는데, 그중 게일은 그의 견해를 바탕으로 앞서 논하였던 저서를 집필할 정도로 발전시킨 것이었다. 게일의 저서는 당시 학계에 큰 충격을 안겨주었는데, 총 600쪽으로 구성된 내용의 주석만 해도 160여 쪽에 달한다. 과거 푸코가 『감시와 처벌Surveiller et punir』을 통하여 수감收監제도에 대한 연구를 제기하고 정신병에 관한 연구를 규범화한 이래, 서양학계에서는 여성연구에 관심이 집중되기 시작하였지만, 중국의 사학계에서는 이러한 탐구방식을 엽기적인 발상이라고 받아들인 것이다. 필자는 이점에 대해서는 일종의 해석이 필요하다고 생각한다. 게일은 상하이지역의 윤락녀를 대상으로 연구를 진행하였는데, 윤락녀가 속한 계층에서 당시 사회문화에 대한 목소리를 정확하게 알 수 있다고 판단하였다. 비록 그 계층을 나타내는 명확한 학술적 근거는 존재하지 않지만, 오락, 매체, 호객행위 금지에 관한 규정, 의사의 성병 관련 보고서, 부녀자 유괴에 관련된 포주들의 기록, 윤락녀를 묘사한 소설, 윤락녀의 단속 혹은 합법화에 관한 논란 등의 자료에서 일종의 단서를 얻을 수 있다. 게일은 윤락녀 그 자신에 대한 주체성의 유무가 아닌, 그들을 통하여 당시의 권력 관계에서 나타난 특징을 추적하는 것에 중점을 두었다. 또한, 역사적으로 나타난 윤락녀의 형상은 우연성을 가지고 있다는 점에서 스피박의 견해와 비슷한 점을 가지고 있었다. 거대한 사회의 전경 속에서 한낱 물건으로 치부되어 사람들의 욕구를 해소하는 위치에 처해 있는 윤락녀의 특성은 상소, 계산, 관리, 치료, 경고, 구조, 배정, 소멸의 과정을 거칠 때 비로소 역사라는 기록의 시야에 나타난다는 것이다. 스피박이 약자의 진실성에 내포된 순수함을 강조한 것과 달리, 게일은 윤락녀란, 사회적 관계에서 사회의 독립적인 계층으로써 특징을 나타내는 개체가 아닌, 외부적인 개체 혹은 사물과의 관계를 통하여 혼합적으로 형성된 복합적인 계층이라는 점을 주장하였다. 이는 다른 개체와의 미묘한 상호 관계에서 나타나는 특징을 탐구하면, 당시 사회상에서 표현된 윤락녀 본인의 진정한 목소리를 복원할 수 있다는 것이다. 이를 판단하기 위한 가장 중요한 문제는 윤락녀라는 계층의 목소리 주변에서 동시에 발생하는 다양한 '소음'이 존재하고 있는 상황에서 그 차이점을 어떻게 분석 및 식별하고 분류하여 범위를 확정할 수 있는가에 달려 있다. 게일은 이러한 점을 토대로 하여 상하이지역의 윤락녀에 대한 이미지가 서로 다른 각종 사회에서 반복적으로 형상화되고 전환되었는가에 대한 그들의 경험을 서술하였다.

앞서 등장한 게일의 저서를 보면, 유곽遊廓의 몽환적인 생활 속에서 이루어진 교제술, 흥정 방식, 윤락업계의 절차, 노비와 주인의 마찰 등의 장면들을 묘사하여 이야기의 긴장감을 고조시키고 권력이라는 울타리 안에서의 윤락녀에 대한 관점과 그 구조에 대한 과정을 구체적으로 깨달아가도록 하는 흥미로운 요소들이 많다. 근대 시기의 유곽, 바로 홍등가에 대한 이 내용은 상하이지역의 윤락녀를 단순한 '오락'의 계층이 아닌 '위험'한 계층으로 전환하거나, '미적 대상'에서 무질서하고 질병의 근원이 되는 계층으로 전환하는 등의 복잡한 변화를 보여주고 있는데, 그중에서도 성性에 대한 통제와 사회적 특징의 전환에 대한 구분과 고찰이 바로 저서의 전체적인 핵심이라고 할 수 있다.

19세기 말에서 20세기 초 사이, 상하이지역의 윤락녀라는 계층에 대한 경계는 줄곧 '상위계층의 언사言辭'와 '하위계층의 언어'라는 두 가지 표현으로 형성되었다. 전자는 전통적인 상위계층의 남성이 윤락녀를 심미적 소비의 대상으로 삼고 있는 표현으로써, 지식인계층 혹은 지식인계층은 서적이나 신문을 통하여 상하이지역의 윤락녀에 대해 미적 요소를 감사하는 자세로 묘사를 진행하였고, 낭만적이고 고급스러운 서사를 통하여 남성 우월주의의 권력과 영광을 과시하는 표현을 사용하였다. 이와 같은 표현 방법은 전통 사대부계층이 유곽에서 기생들과 함께 잔치를 벌이고 시를 지어 읊조리는 심미적인 정서를 그대로 모방하였는데, 이는 당시에 상당히 유행하던 표현법이었다.

반면, 후자는 어깨를 움츠리고 아첨하며 웃음을 파는 모습을 통하여 윤락녀에 대한 억압 및 성병의 원인이라는 요소로 묘사하여, 암담했던 당시 중국의 시대상을 표현하는 방식이다. 5.4운동 시기, 윤락녀계층은 성병을 전파하여 모든 중국인의 건강을 해칠 수 있다는 내용의 매체를 통하여 지식인들의 시야에 들어오기 시작하였고 이때부터 윤락녀 문제에 관한 토론이 점차 공공보건과 관련된 화두로 자리를 잡게 되었다. 이는 곧 윤락녀에 대한 법률적 제도의 등장으로 구현되었고 도시의 무질서라는 측면에서 근원적인 위험요소로 인식되어 추방과 단속 또는 감시를 받게 되는 배경이 되었다. 19세기 초, 경찰과 사법계층은 도시의 치안 및 민생관리의 범위를 넓혀감에 있어서 홍등가의 호객행위에 대한 단속을 강화하였고 19세기 중반에 이르러서는 윤락녀를 국가의 쇠망과 민생 파탄과 관련한 원인으로 묘사하였다. 이로 인하여 전자와 같은 시각에서 묘사되었던 아름답고 우아한 모습은 완전히 사라지게 되었다.

윤락녀계층이 남성 중심의 시각에서 탈피되어 가는 동향의 원인은 향락에 대한 통제 및 제어가 아닌, 도시에 전반적으로 자리 잡고 있던 오락적 요소에 미친 권력 운영의 다양한 변천 과정에 있다. 윤락녀의 이미지에 담긴 성적의미를 끊임없이 해석, 재할裁割, 왜곡, 억압하는 것은 바로 국가권력이 도시의 세부사항까지 통제하고 관리하는 마이크로 매니지먼트micromanagement의 방식을 고수하고 있었다는 점을 보여주는 것이다. 윤락녀에 대한 국가와 지방 권력의 대응방식은 여러 가지 측면에서 나타난다. 그중 하나가 바로 언어에 관련된 훈육과 통제라고 할 수 있다. 예를 들어, 1935년 상하이지역에서 한 윤락녀가 체포되는 사건이 발생하였는데, 윤락녀가 된 이유에 대한 경찰의 질문에 생활고 문제 때문이었다는 윤락녀의 대답이 간략한 진술 기록으로 남아있다. 이는 자발적이 아닌, 당시의 상황이라는 배경적 원인에 의한 비자발적 행위였다는 것을 의미한다. 게일의 저서에서는 이러한 내용이 20년 동안 체포되었던 수많은 윤락녀 사건에서 같은 동기로 진술되었다고 증명하고 있으며, 이를 통하여 윤락녀들은 비교적 낮은 수준의 벌금형을 부여받거나 단기간에 석방될 수 있었던 점을 서술하였고, 결론적으로 이러한 진술은 지극히 장기적으로 훈련된 본능적인 반응일 것이라고 주장하였다. 즉, 체포와 석방이라는 과정을 겪어감에 따라 자연스럽게 학습효과가 나타나게 되었고, 이는 결국 생활고에 시달렸다는 실용적인 진술을 감정이 없이 반복하게 되는 언어의 통제와 훈육이 이루어졌다는 것이다. 이와 관련된 역사는 경찰기록과 관계없이 재구성된 것일 뿐, 윤락녀의 진술은 경찰이라는 권력의 암시와 조종의 결과로 이루어진 것이라고 볼 수 있다.

당시의 윤락녀계층에 대한 또 다른 표현 중, 성병의 하나인 매독 syphilis와 관련된 기록이 존재한다. 이는 중국이 해외의 자본과 치명적인 질병에 의해 이중으로 식민지화되었다고 생각했던 당시의 사조와 긴밀한 관련이 있다. 이러한 사조는 여성의 신체가 성병에 의해 침식되어가는 과정을 당시 서구열강의 침략을 받고 있었던 중국의 모습에 빗대어 은유적인 방식으로 표현한 것이며, 성병의 발생과 억제를 중국인의 생존을 위한 투쟁과 직접 연결한 것이다. 여기에서 윤락녀의 몸을 육체정치학body politics[8])의 관점에서 서술하였는데, 이는 성병을 일으키는 병균이 남성들에게 전이되고 뒤이어 남성의 가정으로 확산해 나가는 과정을 빗대어, 당시 중국과 서구열강의 경계선에 있는 변절자들이 중국의 국정과 민족 화합에 손실을 입혔다는 것으로 묘사한 것이다.

정치 권력의 운영을 여성의 몸으로 대체해서 본다면, 중국 여성의 이미지는 근대성이라는 특성과 끊임없이 얽혀있다는 것을 알 수 있다. '성性'은 공공위생, 과학 만능주의, 민족주의, 여성의식 등과 서로 얽혀 있기 때문에 분리할 수 없는 개념일뿐더러, 근대 시기 중국의 형상과 개인의 어두운 과거의 형상을 대비하고자 하는 급진적 지식인들에게 중요한 참고 요소이기도 하다. 윤락녀계층은 당시 빈약했던 국력을 반영하는 상징성을 가지고 있을 뿐만 아니라, 지식인계층이 암울했던 과거의 역사를 돌아보게 하는 자화상으로 비유되기도 하였다. 이러한 비유법은 시기에 따라 구국救國과 관련된 정치적 언사의 구성 부분으로 활용되기도 하였다. 5.4운동 시기 활동하였던 여러 구국조직의 구성원 중에도 이러한 윤락녀계층의 인원이 존재하였고 이를 통하여 그들의 목적을 달성할 수 있는 합리적인 구성요소로써 작용하기도 하였는데, 이와 반대로 윤락녀계층의 구성원을 통하여 과거의 전통적인 도덕 수준을 회복하기 위한 금욕주의禁慾主義9)의 동기로 이용하기도 하였다. 이처럼 윤락녀계층은 당시 지식인계층에서 정치적 언사와 관련하여 활용도가 높은 다중성을 갖추고 있는 것이었다.

이러한 점을 근거로 한 육체 정치학의 의식은 1949년에 이르기까지 장기간에 걸쳐 여러 실험적 연구가 이루어졌으며, 이를 통하여 윤락녀계층에 대한 억압과 통제가 지속해서 변화하였다는 점을 밝혀왔다. 그

---

8) 개인의 육체를 지배하는 정치적 권력에 의해 형성된 담론 및 규범.
9) 인간의 정신적·육체적인 욕구나 욕망을 이성理性이나 의지로 억제하고 금함으로써 도덕이나 종교상의 이상을 성취시키려는 사상 및 태도.

이후, 윤락녀계층에 대한 개념은 근대성의 구성요소로 인식되었고 근대화 과정에서 반드시 사라져야 할 요소로 치부되어 점점 배제되기 시작하였다. 개혁개방 시기 이후에도 성매매와 관련된 행위는 근대성을 표현하는 방식으로 묘사되었는데, 종종 제도적 기반과 관련되었다는 점에서 완벽한 회피란 사실상 쉽지 않았다. 이렇듯 개방정책을 위하여 윤락행위를 근절시키는 것은 세계의 자본주의 체제와 상대적으로 분리된 상태에서 진행되었다. 그러나 중국이 점진적으로 국제화라는 흐름에 동참하게 되면서, 윤락녀계층이 가진 근대 사회의 구성요소라는 특성 때문에 자본주의 체제의 울타리에서 더욱 벗어나기 어려워졌으며, 이는 서양의 학계에서도 난제로 남게 되었다. 서양의 사회과학계에서는 윤락녀의 역할에 대하여 논의할 때, 도덕의식을 논외로 한 상태에서 주로 성노예 혹은 매춘부의 두 가지 관점에 집중하였다. 이러한 논의에서 비교적 일치되었던 의견은 윤락녀계층을 하나의 사회계층으로 인식하는 것이며, 그들은 근대 시기의 언어적 환경에서 이미 합리성을 가지고 있었고 '성'이라는 상품을 제공하는 노동자로 간주한 것이다. 이는 그다지 공감되지 않는 결론이기는 하지만 상당히 현실적인 선택이었다고 할 수 있다.

중국에서는 윤락녀계층을 구분할 때, 비노동자의 범주로 분류하고 있다. 이는 여성 신분에 대한 평등과 근대성이 부족한 표현일 수 있다. 중국의 지식인들은 경제발전과 도덕적 의식을 분리하여 평가하지 않았는데, 경제적 발전은 필연적으로 도덕의 진보를 이루게 할 것으로 생각했기 때문이다. 이는 전통적 의제의 하나인 사회번영에 따른 도덕의 상실이라는 현상과 반대되는 인식이며, 이를 계기로 도덕에 관한 사상적 훈련이 촉발되었다. 사실 이러한 심리상태는 바로 뿌리 깊게 박혀있는 전통적인 도덕주의 역사관에 관한 문제점이다. 세계화라는 거대한 역사적 배경에서 사회의 변혁은 이미 비도덕의 관념을 배제할 수 없는데, 반대로 상대적인 악惡을 규정하고 제도화하여 그 제도의 틀과 경계 안에서 선善과 악을 구별하는 기준을 세우게 된 것이다. 예를 들어, 과거의 유곽 및 홍등가와 같은 윤락가를 만들어 윤락녀의 활동 범위를 제한하였던 상황을 분석할 때, 정상과 비정상의 개념을 통하여 식별하고 윤락가를 상징적인 지역으로 구분하는 것이 비교적 타당할 것이다. 이를 항상 도덕적 잣대를 통하여 악을 이상화한 사회 혹은 선을 잃은 지역으로 둔갑시켜 훈계하는 방식으로 표현하여서는 안 되기 때문이다. 이러한 측면에서 게일의 저서는 상하이지역의 윤락녀에 대한 세밀한 관찰과 평가를 통하여 중국 사회의 변혁에 관한 전략적 선택이라는 현상을 자체적으로 되돌아볼 수 있게 만드는 거울의 역할이 될 수 있다고 생각한다.

게일의 저서를 읽고 나면, 20세기 중국 사회의 풍속에서 나타난 윤락녀계층의 모습이 더욱 선명하게 인식될 것이다. 그 내용은 대체로 상하이지역의 교사, 학생, 정치인, 의사, 사회개혁가, 경찰 등의 각 계층에서 묘사된 윤락녀의 모습을 각각 다른 각도에서 관찰, 연구, 규범화시키고 육체 정치학을 통하여 정치 권력과 지역사회의 연결고리를 구축하는 형식으로 이루어져 있다. 20세기의 상하이라는 도시의 분위기에서 윤락녀의 이미지는 일반 대중과 지식인계층의 언어를 통해 표현되는 미적 대상aesthetic object[10]이 아닌, 상하이지역 남성들의 욕망, 위험, 성 그리고 국가의 운명에 관한 이야기의 주인공으로 그려진 것이다. 하지만 묘사를 통해 나타나는 중요한 의미는 최초 게일의 주장과 분명하게 어긋나있는데, 윤락녀가 이야기의 주인공이 된 것과 본인의 목소리

---

10) 미적 태도에 의하여 비로소 나타난다고 생각되는 대상.

를 낼 수 있었던 원인은 명확하게 다른 측면의 논제이기 때문이다.

사실 게일은 상당히 보기 드문 사료들 속에서 윤락녀들의 미약한 목소리를 찾아내고 복원하고자 하였다. 하지만 진정한 윤락녀계층의 목소리는 여전히 독립적으로 들을 수 있는 것이 아닌, 소음과도 같이 복잡한 주변 목소리와 함께 분석하고 탐구할 수밖에 없다는 한계를 벗어나지 못하고 있다. 즉, 그녀의 저서에서 참고자료로 사용된 경찰 조서, 신문 기사, 당사자와의 인터뷰 등과 같은 사료들은 윤락녀 자신의 진정한 목소리를 독립적으로 표명하고 있는 것이 아니므로 이는 오히려 윤락녀들이 극심한 실어증aphasia을 앓고 있다는 점을 증명하는 것으로 인식될 수 있다.

하지만 필자는 발생과 전달의 관계전환에서 윤락녀계층의 목소리를 가리고 있는 시스템이 어떻게 운영되고 작동되는지 명확하게 파악할 수 있었다. 학술적으로 볼 때, 인류가 의미를 창조하는 과정에서 '사실'이란 개념은 구축된 것이지 발견된 것이 아니라는 점을 선양하는 것처럼 보일 수 있으나, 윤락녀계층의 진정한 목소리를 복원하기 위한 그녀의 노력에서 근대화서술법을 종결시키고자 하는 태도가 분명히 나타났다는 점은 부정할 수 없다.

중국 국내의 학계에서는 윤락녀계층의 문제에 대하여 두 가지 극단적인 방법을 취하게 된다. 첫째, 윤락녀계층의 기형적인 특징을 통사적으로 표현하여 아편, 폭력배, 도박 등과 연결하여 근대화서술법에 대한 신뢰감을 구축하려는 방법이다. 윤락녀계층을 사회의 위협적인 존재로 규정하게 되면, 모든 서술은 그 선입견으로 이루어지게 될 것이고 윤락녀계층의 구조 및 남성들과의 관계에서 형성된 이익체계와 윤락녀 자신의 자아의식구조 등과 같이 일상생활과 관련된 매커니즘은 자연스럽게 사라지게 될 것이다. 통제와 억압의 개념은 근대화서술법에서 여성해방의 이념을 구성하고 있는 부분이기 때문에, 단절된 역사의 틈에 짓눌려 있는 사회이론과 부합되지 않는 요소를 삭제하고 윤락녀를 중심으로 구성된 복잡한 권력 관계에 대한 연결 부분을 모두 가려버리게 될 것이다. 둘째, 윤락녀계층을 고대 문화의 본질적인 산물로 과장하여 묘사하는 방법이다. 각 시대에 존재하였던 여러 세력은 그들이 가하였던 각종 폭력의식의 작용을 무시하는 경향이 있다. 이 때문에 중국의 사학계는 모더니즘의 사조와 복고주의Rastoration[11) 사조라는 두 양극 체제에서 맴돌게 되었고 결국 윤락녀에게서 나타난 이미지의 결함과 학술적 해석이 부족해지는 결과를 초래하였다. 이러한 틈을 돌파하고 전진하면서 드러난 윤락녀계층에 관한 연구는 아직 완전하다고 볼 수는 없지만, 이를 통하여 다원적인 기법으로 재구성된 그들의 이미지는 상당히 합리적인 학술 가치가 있는 것이다. 특히, 중국사학계에서 발생한 학술적 인볼루션이라는 폐해를 해결할 수 있는 미세한 역할을 할 수도 있다고 생각한다.

포스트모더니즘 이론이 지역사연구의 영역에 발을 들이기 시작함에 따라, 수많은 논쟁이 일어나게 되었다. 조셉 에서릭은 문화와 관련된 연구방법이 점진적으로 사회사연구에서 지배적인 위치를 차지해 나가는 상황에 대하여 비판적인 견해를 제기하였다. 그는 최근 몇 년간, 중국의 전반적인 사회사연구가 과거보다 총애寵愛를 잃게 된 원인은 역사연구의 주된 목적이 향촌지역에서 도시로 전환됨에 따라 혁명이라는 요소가 역사 무대의 중심에서 벗어났기 때문이라고 주장하였다. 또

---

11) 좁은 의미로 볼 때, 유럽에서 일어난 정치적·문화적인 복고의 경향을 의미하고 넓은 의미에서는 모든 시대를 초월해서 과거로 돌아가자는 경향을 총칭하는 것.

한, 에밀리 호니그Emily Honig의 『Sisters and Strangers: Women in the Shanghai Cottoon Mills』, 게일의 『The Workers of Tianjin』 등과 같은 도시연구에 관한 초기 저서들의 내용이 노동자계급에 편중되어 있다고 지적하고 계급의식과 노동자계급이 중국의 혁명에 지대한 영향을 미치고 유지한 것이라고 논하였다. 더불어 1990년 이후의 저서인 두아라의 『민족으로부터 역사를 구출하기Rescuing History from the Nation』, 게일의 『Dangerous Pleasures』 등은 여러 언어에 내포된 근대적인 표현들을 찾고 그 문장을 해독하여 내재 된 논리를 구축하고는 있지만, 그 논리는 정치와 경제에 대한 기초지식이 없다고 평가하였다.

에셔릭은 자신이 보수주의자가 아님을 밝힘과 동시에 전통적인 사회사연구의 폐단과 관련하여 무엇을 발견하였는지 다음과 같이 말하였다.

> 사회사라는 학문이 사회과학의 형태에 더욱 근접해 나감에 따라, 인류의 행동을 조장하고 제한하는 사회제도에 주목하고자 하는 특성이 나타난다는 것을 발견하였다. 이러한 특성으로 탄생한 마르크스주의와 베버의 학설에서 얻은 가장 중요한 성과는 비교와 대조의 가능성이다. 사실 이러한 비교와 대조는 사회, 경제, 정치구조의 측면에서 사회적 실천과 집단행위를 설명하는 것에 활용도가 높다는 장점이 있지만, 실행자의 중요성을 부정하려는 경향도 있다. 이와 관련하여, 본인은 새로운 문화적 사료에 내포된 매력이란, 역사 속 인물들의 목소리와 주체성을 부여하고 역사 진행이라는 과정의 원동력이 될 수 있도록 노력하는 조력자의 역할이라고 생각한다. 그러므로 역사과정을 구성하는 단순한 부품으로 치부해서는 안 된다.[20]

단, 문화사연구의 중요한 문제는 바로 당시의 현실상에 대해 사회구성의 측면을 강조하는 관점에서 시작되었다는 것이며, 이는 당시의 문화와 언어의 구성을 강조하는 관점까지 이어지게 되었다는 것이다.

즉, 푸코와 같은 학자가 포스트모더니즘을 토대로 구축한 언어분석 방법의 영향으로 인하여, 변혁의 원인을 권력다툼 및 권력의 통제와 실행으로 귀납하게 되었고 이는 단지 국가와 자본주의 체제에서 지식인 계층이 언론을 통제하는 부분에 대해 상상력에 의존하도록 만들었다는 것이다. 이 때문에 발생 원인과 발생과정 그리고 문화의 흥망성쇠에 대한 원인은 전혀 탐구되지 않은 것이다. 그 결과 단순히 언어적 권력을 기초로 하여 구축된 문화사연구는 많은 역사서에서 근대 시기 중국의 독특한 역사성을 표현할 수 없었던 원인을 설명하지 못하였다.[21]

3. '현대 서사'와 '포스트모던 서사'의 논쟁
: 연구문제에서 몇 가지 분석

포스트모더니즘 이론을 중국의 사회사연구에 구체적으로 결합할 방법에 대해서는 지금까지도 지속적인 연구가 이루어지고 있다. 제임스 허비아James L. Hevia의 저서 『Cherishing Men from Afar』가 미국의 학계에서 비판을 당하고 있는 상황을 보면, 서양의 중국학계에서는 아직 포스트모더니즘의 이론을 기초로 하여 중국을 연구하는 방법에 그다지 관심이 많지 않다는 것을 알 수 있다. 하지만 중국학 연구방법의 다원적 발전이라는 측면에서 보았을 때, 허비아의 분석법은 20세기 초부터 사회사연구계를 지배하고 있었던 전체주의에 입각한 목적론 구조와 정치적 이념이라는 속박에서 벗어날 방법이라고 할 수 있다. 또한, 과거 서양식 근대성을 통하여 중국사의 진보적 가치를 평가해야 한다는 지배적인 인식을 절감시키는 효과도 발휘할 수 있다.

이러한 사조는 중국의 사회사연구영역으로 확대되어 근대민족 국가에 관한 서술법의 구조를 의심하게 만드는 시발점이 되었다. 허비아는

『Cherishing Men from Afar』에서 영국의 외교관 조지 매카트니George Macartney가 청나라를 방문했던 상황을 근대민족 국가의 서술법을 기준으로 평가하였다. 더불어, 청나라의 건륭제乾隆帝가 대외업무를 진행하였던 상황을 묘사할 때, 반드시 근대 시기의 국제관계와 관련된 논리와 규범에 맞춰 명확하게 진행되어야 한다고 주장하기도 하였다. 허비아는 당시 매카트니가 접하였던 청나라의 예법에 대하여 '구조 - 기능'의 틀을 활용하여 판단하는 것은 적절하지 않다고 인식하였다. 왜냐하면, 청나라의 예법에 대한 개념을 충분한 자발적 이성이 부족하다ㄱ 단정하고 그에 따른 해석을 진행하는 것은 고대 시기 혹은 근대 사회의 전형적인 특징으로 표현될 수밖에 없기 때문이라는 것이다.[22] 이는 사실 오리엔탈리즘의 논리와 같은 것이다. 허비아는 당시 외국의 사신을 접대하는 빈례賓禮12)에 내포된 이성적인 특징을 적절하게 해석하고, 전통적인 조공朝貢 체계와 중국의 화하중심주의華夏中心主義를 근거로 하여 대외관계사에서 나타난 오류를 반증하고자 하였다. 청나라의 이미지는 조공이라는 요소로 요약할 수 없음을 표현함과 동시에, 만주족 출신의 황실을 국가의 최고 군주로 하는 다군주제multitude of lords에 대한 특징을 증명하고자 한 것이다. 이를 통하여 빈례를 자발적인 행위로 해석하고 고정된 규범은 아니었다는 것으로 판단하였다.[23] 허비아는 매카트니의 방문을 통해 영국의 주권 평등sovereign equality13)이념과 청나라의 차등적 서열 질서인 차서격국次序格局의 이

---

12) 오례五禮의 하나로, 외국에서 온 사신을 접대하는 의례.

13) 국제연합헌장 2조 1항은 가입국의 주권 평등의 원칙을 규정하였는데, 1970년 의 우호 관계원칙 선언은 국제법상 기본원칙의 하나로서 '국가의 주권 평등 원칙'을 언급됨과 동시에, '국가는 법률상 평등할 것', '각 국가는 주권에 내재하는 여러 권리를 가질 것'과 같은 주권 평등의 구체적 내용인 여섯 가지 항

념이라는 두 가지 전혀 다른 관념체계의 충돌이 발생한 것이라고 주장하였다.[24] 오늘날의 국제관계는 국제법에 기초하여 형성된 것으로써, 이는 16세기 유럽의 확장정책에 의하여 생성되었다. 이는 시간의 흐름에 따라 자연스럽게 패권적인 담론이 되었고 국가 간의 교류가 중시되어야 한다는 의식을 통하여 세계 각국이 받아들이는 상식적인 이념으로 내재화internalization14)되었다. 하지만 당시 대부분 국가는 외교에 있어서 방법에 대한 자유로운 선택의 범위와 자주적인 권리를 유지하고 있었으며, 자본주의의 확장을 통해 그 경계가 변화함에 따라 전통 국가는 점진적으로 영국에서 출현한 주권 평등이라는 원칙의 지배를 받게 된 것이다. 이는 타국에서 제정된 준칙에 따라 외교적 행동을 자체적으로 구속하게 됨을 의미한다. 페어뱅크와 같은 시기에 활동하였던 중국학자들은 전통적인 조공체계를 구축하고 있었던 청나라를 국제질서의 관념을 토대로 평가하였으며, 이를 통하여 문화와 관련된 심층적인 원인을 제기하는 방향에 중점을 두고 있었다.[25] 허비아는 이러한 사고의 방향이 근대성을 지닌 국제관계의 우선적 위치를 예설豫設하였다고 간주하였다. 빈례에 대한 해석은 사실상 매카트니가 속해 있던 런던의 문학단체의 일원인 에드먼드 버크Edmund Burke, 애덤 스미스Adam Smith 등 지식인들의 분석법에 근거를 두고 서양의 이성관으로 중국의 이미지를 형상화한 것이라고 할 수 있다. 이러한 서양식 외교 규범은 19세기 아편전쟁으로 시작되는 중국침략에 관련된 각종 사상적 근거로 활용되었다. 이러한 허비아의 견해는 서양의 근대적

목을 명기明記하였다.
14) 넓은 의미에서, 외부세계의 측면들과 그것들과의 상호 작용이 유기체 내부로 들어와 내적구조가 되는 과정을 말한다.

이성이라는 편향된 관점에서 청나라의 빈례를 탐구하는 것이 아닌, 당시의 역사적 현장에서 나타난 진실성을 회복하는 것에 중점을 두어야 한다는 뤄즈텐羅誌田의 주장과 상통하는 것이다.[26]

허비아는 사료 그 자체와 해석 사이에 존재하는 일반적인 추론방법을 재구축하고자 하였는데, 특히 18세기 이후 발전된 유럽의 외교이론은 각종 협상법과 그 안에 내포된 국제관계의 규범을 통하여 중국의 전통예법에 담긴 세계관을 평가하고 그에 따른 '선진'과 '낙후'라는 개념의 차이를 규정하는 것에 목적을 두고 있었다. 근대적인 논리에 의하여 구축된 역사에 대한 사후 인식과 사회과학적 규범에서 나타난 지식이 한 국가의 역사를 당사자보다 더 정확하게 통찰할 수 있다는 인식은 포스트모더니즘을 주장하는 학자들의 반대를 받았다. 포스트모더니즘의 이론가들은 이러한 관찰방법이 근대와 고대의 생활사의 차이를 해소하고 역사의 진상을 완벽하게 복원할 수는 없으며, 역사적 진실을 모호하게 만들 수도 있다고 주장하기 때문이다.

『Cherishing Men from Afar』를 통해 레빈슨상Levenson Prize을 수상한 허비아의 분석법은 미국의 중국학계에서 뜨거운 논란을 일으키게 되었다. 그중에서도 청나라의 궁중 예법에 관한 문헌을 어떻게 해석하였느냐는 점이 중점적인 논제였다. 이 점에서 에셔릭은 허비아가 중국어 문헌에 대한 오독을 범하였고, 이로 인하여 빈례에 대한 상상적인 요소들로 해석이 이루어진 것이라고 비판하였다. 예를 들어, 중국어의 '방위타선方爲妥善'에 관한 해석에서 '방方'과 백화문白話文[15]의 '재才'는 모두 '~에 이르러서야, 이제야'라는 뜻이기 때문에 전체적인 의미

---

15) 백화白話란, 당나라 시대에 발생하여, 송, 원, 명, 청 시대를 거치면서 확립된 중국어의 구어체를 말하며, 이를 글로 표기한 것을 백화문白話文이라고 한다.

에서는 '이제야 적당하게 되었다'로 해석해야 한다는 것이다. 그러나 허비아는 '방'을 공간적 개념으로 인식하고 'Squaring(정방형화)'로 번역하여, '적절한 환경과 일치되었다'로 해석하였다.[27] 에셔릭은 이러한 해석을 문학적인 상상에서 나온 것으로 간주하였고 이는 언어의 표현과 화자의 기본적인 연관성의 측면에서 궁중 문서에서 나타나는 기록방법의 관습을 전혀 고려하지 않은 것이며, 이 때문에 심각한 오류를 범하였다는 것이다. 사실 이러한 해석법은 역사적 상황을 상상에 의존하여 친근한 묘사로 접근하기 위한 포스트모더니즘의 해석 방법이다. 이러한 논쟁은 사료의 해석과 문학의 해석 사이에 존재하는 차이점에 대한 문제의식을 내포하고 있는 것인데, 반대로 근대화이론의 관점에서는 역사학이란 상상이 필요한 학문이지만 문학과는 뚜렷한 차이가 있다고 규정하고 있다. 역사학에 대하여 상상의 관념을 활용하게 되면, 역사에 대한 해석이 한층 쉬워질 수는 있지만, 연구 대상인 문헌과 사료에서 나타난 서술법이 부합하는 방향으로 묘사해야 한다는 전제를 통해 상상의 측면에 제한을 두고자 한 것이다. 이에 비해 문학은 전반적인 창작 활동에 있어서 상상력의 무한한 활용이 가능하므로 자유도가 상당히 높다고 볼 수 있다. 이 때문에 역사적 문헌과 문학작품을 해석할 때 수많은 방법이 존재하는 것이다. 문학작품에 대한 해석법은 작가와 작품을 서로 분리하여 독립시킬 수 있는 특징으로 인하여 작품의 구성과 평론가의 상상이 완전히 일치될 수 있지만, 역사적 문헌은 당시의 특수한 언어 환경에서 특정된 인물에게 어울리도록 서술된 것이기 때문에 분리하여 이해할 수 없다. 그러나 비교적 극단적인 포스트모더니즘의 이론가들은 문학과 역사학 간에는 근본적인 차이가 없으며, 그에 따른 해석법도 구분하지 않아야 한다고 주장한다. 에셔릭은 이러한 점을 근거로 하여 허비아의 저서는 '사실'과

'상상'의 관계에 대한 개념이 완전히 뒤집혀있다고 비판하였다.[28] 문학의 관점에서 파생된 이론으로 서술된 허비아의 저서는 역사적 자료가 특정한 의의로 고정되어 있다는 전제조건을 고려하지 않은 상태에서 기술되었고, 독해에 대한 정확도와 오류를 구분하는 개념과도 부합되지 않은 것이며, 각종 이론을 포괄적으로 활용하였다는 것이다.

　필자는 에셔릭의 비판도 일리가 있다고 생각한다. 그 원인은 근본적으로 포스트모더니즘의 서술법이 근대화서술법에서 나타나는 비판 능력에 영향을 미치기에는 아직 역부족이라고 보기 때문이다. 다만, 상상의 요소를 결합한 역사학에서 나타나는 개별적인 오류를 단지 상상이라는 그 자체의 합리성에 문제가 있다고 해서 전면적으로 부정할수는 없다. 전통적인 서양 중국학계의 입장에서 기능주의의 관념에 따른 만주(滿洲)지역의 통치는 근대적인 측면에서 이성이 부족한 것으로 판단할 수는 없는 것처럼 말이다. 에셔릭도 청나라와 근접 국가들의 관계 및 교류에 관한 규칙을 단순히 근대 시기의 화하중심주의의 시각만으로는 요약할 수 없고, 중국과 영국 간에 이루어진 외교 관계가 서로 다른 외교적 규범을 기초로 하였다는 허비아의 견해에 대해서는 동의를 표하고 있다. 당시의 역사적 상황에서 상대국이 어떠한 규칙을 선택하고 합리성을 규정할 때, 그 선택을 현재의 기준으로 왈가왈부할 자격은 없기 때문이다. 그 합리성이 때로는 훈련된 결과일 수도 있고 새롭게 구축된 것일 수도 있으며, 그 배후에 복잡한 권력의 매커니즘이 존재하고 있을 수도 있다. 당시 중국에서도 서구권 문명에서 유래된 보편적 이성universal reason의 원칙이 점진적으로 구축되어 가고 있었으며, 현재 습관적으로 받아들여지고 있는 국제관계 및 국제교류에 존재하는 준칙도 마찬가지로 서양의 현대적 의식과 제도를 훈련함에 따라 나타난 것이다. 그러므로 과거 건륭제시기의 중국인에게 현재의 결과를 받아들이도록 요구할 수는 없다. 이성이 지배하고 있는 역사적 과정을 복원한다고 하더라도, 그 결과를 과거에 일어난 외교정책에 대한 우열을 평가하는 유일한 근거로 삼을 수는 없다. 하지만 포스트모더니즘의 시각에서 볼 때, 천샤오메이가 주장한 자발적 오리엔탈리즘 selfimposed orientalism이 발생하지 않도록 예방할 수는 있다.[29]

에셔릭은 또한, 허비아가 정치와 이데올로기적 입장에서 비판과 찬동贊同을 동시에 진행하는 모호성도 지적하였다. 허비아는 이와 관련하여 아래와 같이 답하였다.

> 역사를 서술하는 것은 지식의 창조 및 전파와 깊은 관련이 있다. 정치적 활동도 마찬가지로 모든 학술연구와 관련이 있다. 그러므로 논쟁의 초점은 어떠한 서술법을 통하여 편견과 이데올로기적 색채를 덜어낼 것인가가 아니라, 다양한 해석을 통하여 권력 구조와 연결하여 서술하고 그렇게 서술된 내용에서 독자 개개인이 스스로 역사가의 입장을 판단하고 확정하는 것에 달린 것이다.[30]

에셔릭은 이러한 허비아의 태도에 대하여 다시금 다음과 같이 평하였다.

> 이러한 연구방법은 사학자들에게 자신의 해석과 사료의 내용에 부합하는지와 관련한 적합성의 유무와 관련하여 일말의 책임감도 심어줄 수 없는 방법이며, 사료를 해석할 때 개인적인 편견과 이데올로기적 요소를 최소화할 필요성도 무시되는 것이다. 즉, 역사연구의 가장 중요한 특성인 정확성이 사학자 개인이 자신의 사고방식과 사상에 맞추어 자유롭게 재구성 및 재구축할 수 있다는 것을 의미하는 위험한 발상이다.[31]

이렇듯 역사 서술과 관련하여 에셔릭과 허비아 사이에는 심각한 갈등 관계가 존재하였다. 하지만 그 둘은 역사를 완벽하게 객관적으로 서술할 수 없다는 점에서는 같은 견해를 가지고 있다. 에셔릭은 근대화이론의 분석법인 역사의 사후인식, 근대 사회사, 사회과학의 범주에서 축적된 지식을 토대로 하여 18세기의 청나라 조정보다 서구권 국가가 더 우월한 지식을 갖추고 있다고 단언하였다.[32] 그러나 그는 그 지식이 역사복원의 가능성과 어떠한 관련이 있으며, 역사복원에 있어서 어떻게 활용할 수 있는가에 대해서는 답하지 않았다. 반면, 허비아는 당시의 역사적 사건에 대한 자신의 판단이 더욱 합리적일 수 있다고 주장하며, 기능주의를 토대로 한 해식법은 현재에 이르러서 구축되었기 때문에 당시의 사건을 판단하기에 타당하지 않다는 것이다. 당시 청나라 조정은 본국의 예법을 합리화하고자 하는 명확한 인식을 지니고 있었던 것이 사실이지만 예禮의 기능을 논의할 때 당시의 역사적 인물들의 견해와 의도를 현재의 역사가들이 대신하여 판단할 수는 없는 것이라고 논하였다.

필자는 허비아가 건륭제시기의 외교정책에 대한 가치판단에 있어서 절대 현재의 국제법의 각도로 보아서는 안 된다는 견해를 통해 이러한 판단에 의존하고 있는 세력을 와해시킴과 동시에, 그 과정을 통하여 자신의 정치적인 입장을 구축하고자 하는 느낌을 받았다. 그렇게 되면, 당연히 정치적 측면과 맞물리게 될 것이고 동정과 이해라는 측면에서 중국과 영국 두 국가의 입장에서 비교적 평등하게 바라볼 수 있을 뿐만 아니라, 서로의 정치적 입장에서 존재하는 역사적 연유緣由도 이해할 수 있게 될 것이다. 또한, 근대화서술법을 와해시키는 책략으로 작용하여 포스트모더니즘 사상계의 공헌으로 나타날 뿐만 아니라, 역사를 다원화된 시각으로 해석하는 가능성에도 지대한 공헌을 미칠 수 있기 때문이다. 이러한 시각은 다른 차원에서 역사에 접근하고 그 해석을 심화시키는 발전을 이룰 수 있으며, 특히 신화적 요소로 미화된 역사에 관하여 실질적인 역사와 권력계통의 관계를 구성하는 것에 큰 영향을 미칠 수 있다. 이러한 서술법은 과거의 사건에 초점을 두지 않고 후세의 역사가들이 자신의 목적을 위하여 어떻게 역사를 재구성해야 하는가에 중점을 둔 것이다. 이는 실제로 과거 역사가들이 소홀히 했던 부분이기도 한데, 코언은 이에 대해 라쇼몬 효과rashomon effects를 예로 들어 설명하였다. 라쇼몬 효과란 같은 사건에 대하여 각자의 기억이 엇갈리면서도 그 각각의 기억이 모두 같은 개연성을 가지게 되는 기억의 주관성에 관한 이론이다. 이처럼 포스트모더니즘의 이론가들은 기록된 역사와 서술된 역사 사이에 장력이 존재한다고 인식하였다.[33] 실증주의positivism[16])란, 역사적 대상에 내포된 서로 다른 공학적인 이해득실의 관점을 절대적으로 배제하는 사상으로써, 진리를 탐구하는 방법에서 지배적인 위치를 차지하고 있다. 그래서 포스트모더니즘 이론이 근대화이론을 논파論破하기 위해서는 적어도 두 가지 측면의 내용이 포함되어야 한다. 첫째, 역사적 자료에 존재하는 상상적인 측면의 내용을 타파하여야 한다. 이는 역사적 사건을 경험과 신화라는 구조에서 분리하여 인식해야 한다는 것으로써, 코언이 의화단운동에 관한 연구를 진행할 때 반드시 지키고자 하였던 요소이다. 둘째, 근대화이론에 기초를 두고 구성된 사료의 주체와 객체를 명확하게 구분해야 한다는 것이다. 사실 이점을 통하여 주목받지 못했던 일부 사료들이 속속 연구범위에 포함되었고 성별 연구, 의학사 연구 등의 새로운 연구 분야가 생성될 수 있었다. 이렇게 보면, 포스트모더니

---

16) 19세기 후반 서유럽에서 나타난 철학적 경향으로 형이상학적 사변을 배격하고 사실 그 자체에 관한 과학적 탐구를 강조하였다.

즘을 토대로 이루어진 연구가 자신의 사학적 해석을 공상적인 측면에서 구성한 것일 뿐, 사료의 수집과 해독을 경시하는 연구법으로 오해될 수 있다. 사실, 진정한 포스트모더니즘의 역사학은 사료의 해독에 중점을 두고 있는 것이며, 근대화이론의 관점과 달리, 눈앞에 있는 사료를 집중적으로 선별하는 것보다 주류사학계에서 경시된 객체적인 사료에 더욱 관심을 기울인 역사학이다.

허비아의 저서 『Cherishing Men from Afar』에 대한 논쟁과 관련하여, 필자는 학문적 비판의 과정에서 어떻게 규칙을 지킬 것이며, 비판적 시각에서 어떻게 하면 오류의 발생과 감정의 손실을 최소화할 수 있을 것인가에 대하여 생각해 보았다. 사실, 허비아에 대한 비판은 미국의 중국학계에서 나타난 내부적인 학술논쟁이었지만, 저서의 일부 문장이 중국어로 번역되어 발표됨에 따라 일부 중국학자들도 참여하게 되었고, 결국 광범위한 논쟁의 양상을 띠게 되었다. 물론 중국학자들이 해외의 중국학연구토론에 참여하는 것은 지극히 정상적인 일이며, 견해를 주장하고 비판을 진행하는 일 또한 비정상적인 것이 아니다. 다만, 일부 중국 학자들은 허비아가 취하고 있는 포스트모더니즘의 사상적 근원과 배경을 철저히 무시한 상태에서 각자 자신의 견해 및 주류사학계의 이론을 기준으로 하여 저서의 우열만을 평가하면서, 이와 관련된 언어 환경에 대한 학술적 측면에 대한 문제는 논외로 치부해 버린 것이다. 에셔릭은 이러한 일부 학자들에게 먼저 포스트모더니즘의 역사학에 존재하는 상상의 역사를 규정하고 그들이 마주쳐야 하는 사상과 관련된 분야의 복잡한 배경을 이해하여야 하며, 각자 자신의 이론적 맥락을 재차 관찰하고 포스트모더니즘의 이론이 역사를 오독한 이유를 찾아야 한다고 지적하였다. 포스트모더니즘에 대한 기초적인 이해가 수반된 후에 토론을 진행하게 되면 양측이 서로 다른 입장이라고 하더라도, 같은 수준에서 대화와 상호 비판을 보장할 수 있게 되고 이론상의 오해에서 비롯되는 기본적인 문제점에서 벗어날 수 있으며, 좀 더 개방적이고 자유로운 분위기를 형성할 것이다. 반면, 중국의 학자들은 포스트모더니즘 이론에 대한 기본적인 이해가 없이, 해당 저서가 단순히 주관적인 입장에서 서술된 방법으로 중국을 연구하고 있다고 인식하고 무시하였으며, 심지어는 읽어 보지도 않은 상태에서 허비아를 비하하기만 하였다. 이와는 별개로 인류학자의 역사연구에 대한 비판에서도 이와 비슷한 상황이 벌어지고 있다. 인류학계 자체의 언어 환경으로부터 인류학과 역사학계가 방법론적으로 상호 통용될 수 있는 점에 대해서는 이해하려 하지 않고 인류학적 역사학 연구방법 자체를 부정하며, 인류학자가 사료를 이해하지 못하고 있다고 직접적인 공격을 하는 것이다. 이러한 논쟁은 서로 같은 입장에서 같은 관점으로 문제를 살펴보지 못하였던 상황으로 인하여, 명확한 논점을 찾을 수 없게 되었다.[34]

4. 포스트모더니즘 연구방향의 수정과 발전

포스트모더니즘이 중국사연구계에 미친 가장 큰 영향은 근대 시기에 나타난 변화에 대하여 세계의 발전이라는 권력 구조의 맥락을 재조정하고 상대적으로 평등한 문맥을 사용하여 양측의 상호 작용과 그 관계를 명확히 인식할 수 있게 하였다는 점이다. 이러한 과정을 표면적으로 보면, 중국과 서양의 사상을 동시에 활용하여 역사적 현상을 관찰하는 것으로 인식되지만, 그 세부적인 내용은 충격-반응론과 제국주의론에 내포된 패권주의의 방향성 및 정치적 이데올로기를 표현하고 있을 뿐만 아니라, 중국인의 감정 세계에 대하여 변화의 각도로 만 바라보는 관점에서 탈피할 가능성을 제기하는 것이다. 이는 중국의 지역사회에 존재하는 전통의 불변성을 강조하고 세계의 권력적 네트워크를 통하여 재구축한다는 과거 근대화이론의 제약을 무시하고 있다.

실제로 허비아의 저서 『Cherishing Men from Afar』는 청나라의 외교사와 관련한 출처에서 일차적으로 오독이 일어났기 때문에 중국인의 감성과 사고방식을 이해할 때 부차적인 오류가 나타난 것이라고 할 수 있다. 포스트식민주의의 측면에서 보면, 서구권 국가는 주로 외교문서를 통하여 동양 사회를 인식하였고 일종의 상상이 가미된 인식법이라고 볼 수도 있다. 이는 국제무대에서의 권력을 확장하는 근거로 표현되는데, 오히려 내용상의 허술한 면에 대한 비판을 통하여 독자의 심리를 관통하는 능력도 갖춘 것이다. 허비아의 또 다른 학술논문인 『The Archive State and the Fear of Pollution: From the Opium Wars to FU—Manchu』에서는 20세기 초부터 1960년까지 서양세계에서 생산되었던 소설과 영화를 통하여 푸만추傅滿楚라는 가상의 중국인의 이미지가 탄생했다고 소개하고 있다. 아더 핸더슨 스미스Arthur Henderson Smith도 『중국인의 특성Chinese Characteristics』에서 푸만추라는 인물에게 여러 선교사의 편저, 외교관의 회고록, 세관 보고서에서 묘사된 모든 중국인의 특성을 주입하였다. 스미스의 저서에서 나타난 푸만추의 이미지는 지능적이지만 교활하고 잔인성을 가지고 있음과 동시에 근면 성실하며, 각자의 가치관을 추구하는 성격의 인물로 묘사되었다. 그중에서 가장 중요한 것은 푸만추라는 가상의 인물이 동양권을 대표하는 상징적인 모델로 인식되었고 이러한 인식은 냉전 시기까지 이어져 내려왔다는 점이다. 이는 중국의 위협을 표현하는 이론적 도구로 자리를 잡게 되었고, 심지어 새뮤얼 헌팅턴Samuel P. Huntington 의 국제정치학 저서인 『문명의 충돌The Clash of Civilizations and the Remaking of World Order』에서 언급한 문명충돌론의 역사적 근거로 활용되기도 하였다. 하지만 허비아는 서양세계가 어떠한 방식으로 상상 속의 동양인의 이미지를 구축하고 복원했는지는 그리 관심을 가지지 않았다. 사이드가 『오리엔탈리즘Orientalism』을 발표한 이후, 이러한 연구는 이미 현학화顯學化되어 관련된 출판물이 그 수를 셀 수 없을 정도로 쏟아져 나오기 시작하였다. 사실, 허비아가 제시하고자 하였던 것은 서양세계와 동양세계의 관계를 정리하는 과정에서 문화에 대한 상상력과 문서의 공생 관계가 어떻게 형성되었는가 하는 문제였다. 구체적으로 말하자면, 근대화서술법에서 구축된 문서들의 절대적인 진실성과 대중문화의 허구성虛構性이 이와 관계없는 사람들이 가지고 있었던 전통적인 역사관을 파괴한다는 것이며, 그에 대한 문제점을 제기하고자 한 것이다. 과거의 문서들과 대중문화의 관리는 영국 왕실에서 몇 년간 수집되어 온 중국에 관련된 기록과 연관되어 있다고 할 수 있다. 이는 오히려 실질적인 문화적 작품을 통하여 중국에 대한 편향된 인식을 형성시키고 각인시키는 것에 일조하였으며, 선교사와 상단 및 외교기관이 결합한 네트워크의 두 가지 기능으로 발현되었다. 그들은 정보를 유통할 수 있는 안정적인 경로를 구축하고 있었으며, 동시에 중국에 대한 깊은 인식과 중국의 지역 문화를 새롭게 이해하여 이를 세계와 연결하는 역할도 하였다.[35] 대중문화로 대표되는 푸만추에 대한 이미지도 사실은 모두 허상의 측면만으로 묘사된 것이 아닌, 역사적 문서들에서 나타난 서술을 토대로 하여 동양세계의 모습을 끊임없이 변화시켜 온 것이다. 20세기 초의 암울했던 상황을 시작으로 '붉은 공포'라는 특징을 갖게 된 공산주의 국가에 이르기까지, 중국의 모습을 다양하게 묘사하고 있지만 사실 그 주제는 서양세계의 생존을 위협하는 존재로 일관하고 있다. 이러한 가정은 중국의 중화사상中華思想이 내포하고 있는 의미를 추론하여 나타난 것으로써, 중국인이란 예로부터 습관적으로 자신들이 세계의 중심이라고 생각하기 때문에 반드시 서양세계의 공간을 쟁탈하고자 할 것이라는 점을 증명하려는 것이다. 또 다른 문제는 중국의 자체적인 변화에 두려움을 가지고 있다는 점이다. 예를 들어, 1960년에 중국에서 원자폭탄과 관련된 실험이 성공한 뒤, 영국에서는 1965년에서 1968년까지의 기간 동안 푸만추와 관련된 5편의 단편영화가 개봉하였다.[36] 이 때문에 허비아는 당시에 서양세계에 대한 중국의 위협이라는 맹신盲信이 형성되었다고 주장한 것이다.

허비아는 청나라에 대한 상상과 식민지를 지배하고 있는 국가들의 지식생산이라는 방식에 관련하여 과거의 전통적인 저서들의 내용을 초월하고자 하였다. 과거의 서적은 문서와 사료를 규합하여 실질적인 객체와의 관계를 재현하거나 식민지에서 발생한 사건에 대한 도덕적 질타 및 비판의 측면에 집중되어 있다. 하지만 청나라에 대한 인식체계는 인구조사, 지도 제작, 민족 분포, 자연사自然史, 신문 매체와 같은 자료의 수집 및 정리로 이루어졌으며, 이렇게 축적된 자료를 사실에 가장 근접한 것이라고 맹신하였고 이러한 인식체계는 곧 다른 민족, 다른 지역, 다른 지식의 새로운 정보를 성공적으로 생산할 수 있게 된다. 또한, 개인이 생산한 지식정보는 문서화 되어 국가 기관으로 전파되고 퍼져나가기 때문에 그 실용성이 없이, 역사적 대상에 대한 다양한 해석 방법이 무시되고 획일화되거나 일반화될 가능성이 크다.[37] 이렇듯 근대화서술법은 역사적 현상에 대한 복원절차만을 강조하고 경험의 역사라는 상태에 가깝게 진행된다. 이렇게 복원된 역사는 근대화의 과정에 따라 주체와 객체의 측면에서 이루어진 추론이며, 역사를 해독하는 새로운 가능성을 결부시킨다. 포스트모더니즘의 역사관은 직접 경험하고 체험한 '과거'가 역사에서 구축된 '과거'보다 절대적으로 더 가치가 있다고 주장하는 것이 아니다. 다만, 역사를 대하는 방식들이 각 영역에서 모두 확실한 상당 부분의 증거로 존재하고 있으며, 또한 그 증거들이 각각의 상황에서 명확하게 작용을 하고 있다는 점을 강조하는 것이다. 역사 대상의 유형을 구분하고 정리하는 것은 실질적인 역사연구에서 다차원적인 해석의 가능성을 더욱 확장하였다. 분명, 포스트모더니즘 이론의 역사학에 대한 의구심이 발생하는 원인은 개인적인 경험의 특수성을 강조하고 있다는 점 때문일 것이다. 또한, 이러한 문제점은 '주의해야 할 유일한 위험요소일 뿐인가?', 혹은 '개인의 경험이 특수한 상태로 존재하게 된다면 어떻게 집단과 사회에 대한 의의로 인식시킬 수 있는 것인가'라고 하는 의문점을 파생시키게 된다. 이점에 대하여 포스트모더니즘의 이론가들은 그 특수성의 뒷면에는 사실 자각적인 체험이 깊이 각인되어 있으며, 이는 과거의 역사를 여러 방면에서 접근하는 기본적인 패턴이라고 답하고 있다.[38] 따라서 개인의 특수한 경험이란, 보편적인 의미의 집단적 경험에 대한 설명을 구축하는 요소로 작용할 수 있다. 예를 들어, 코언은 의화단운동의 의식에 관한 연구를 통하여 강신부체의 체험과 죽음이라는 위협에 대한 두려운 감정에서 비슷한 요소를 발견하였다. 이러한 경험은 비인격화非人格化[17]의 동향을 탐구하는 것과는 관련이 없어 보이지만, 반대로 또 다른 역사의 미시적인 현장을 구성할 수도 있다. 당시 푸코

---

17) 비인격화impersonalization, 인간이 개성, 이성, 감성을 상실하여 인격적 존재가 아닌 거대한 사회의 분자로서 존재하는 상태.

는 권력의 속성보다 권력이 생성되는 방식에 주목하였는데, 국가의 관료계층에 대한 분석을 인간이라는 주체에 대하여 권력이론의 틀과 육체 정치학의 틀을 위주로 전환해야 한다고 주장하였다.

포스트모더니즘의 문학비평이론은 역사연구에 있어서 다방면으로 그 영향을 미치게 되는데, 심지어 언어 및 서술법의 측면에서 근대 중국의 민족 언어를 구성하는 과정에까지 언급되게 된다. 이는 곧 사상사에 대한 해석의 방향이 바뀌었다는 것을 의미한다. 리디아 류Lydia H. Liu는 중국어와 서양 언어의 비교를 토대로 대역對譯18)의 번역방식을 연구하였다. 그녀는 이 연구를 통하여 근대 시기 중국의 서술법에 내재 된 배경지식과 권력 간의 상호 작용 및 그에 포함된 복잡한 함의含意를 밝히고자 하였으며, 전통사상사의 연구를 개선하고 근대 시기의 사상사연구에서 나타나는 서술의 자명성自明性을 수정하는 것에 목적을 두고 있었다. 그녀는 과거의 이론에서 나타난 언어의 투명성이라는 가설에 대하여 의문을 제기하였다. 이러한 번역이론에는 각 문학작품을 이루고 있는 언어에 천성적이고 본질적인 대응성이 존재한다고 주장하였으며, 번역의 목적은 단지 그러한 대응성이 표현되는 점에 있어야 한다고 주장하였다. 이는 어휘의 완벽한 대응을 통하여 역사적 내용이 포함하고 있는 기타 가능성을 배제함과 동시에 중국의 사상계가 서양의 언어를 당연하게 받아들이는 피동적 과정에서 해당 어휘와 관련된 배후에 권력 지배라는 관계를 밝히고자 하는 것이다. 그녀는 근대적 어휘의 번역을 사회와 역사를 구성하는 한 과정으로 인식하고 사회적 실천과 각종 역사운동 간의 대응 관계로 인하여 발생하는 통언어적 실천translingual practice이라는 개념을 제시하였다.

---

18) 원문의 단어, 구절, 문장을 맞대어서 진행하는 번역.

나는 통언어적 실천이라는 개념을 통하여, 하나의 어휘를 생성하고 그 의미의 범위를 규정하여 번역 및 소개를 진행하여 전통적 의미가 아닌 근대적 의미의 현지화에 도움을 줄 수 있기를 소망하며, 역문에서 나타나는 의미의 전도, 통제, 조절, 선동의 패턴이라는 언어의 권력 구조를 해석할 때도 그 역할을 할 수 있기를 바란다.[39]

통언어적 실천은 중범위이론의 개념으로 인식되어 1990년대 중국사상사의 서술법에 분명한 영향을 미쳤다. 왕후이는 근대성에 대한 키워드를 정리할 때 이 개념을 활용하였는데, 역사적 키워드를 구성하는 과정에 집중된 그의 연구는 전통사상사를 서술할 때 그 이론적 범위를 더욱 뚜렷하게 표현할 수 있었다. 그는 통언어적 실천의 활용을 통하여 역사적 배경과 구조의 관계, 언어의 전환이 일어나는 임계점 등의 범주에서 나타나는 사건에 집중한 것이 아닌, 언어의 전환이 발생한 이후에 등장한 전통사상가들의 언어에서 나타나는 모순적인 관계에 주목하였고 최종적으로 문화의 교차가 발생하는 시기의 언어의 체계를 사상계 내부의 자아인지self-cognition 언어체계에 관한 탐구로 전환한 것이다.

반면, 리디아 류는 통언어적 실천의 개념을 활용하여 개인주의 언어, 국민성 이론國民性理論, 민족 문학 등과 같이 학계의 저변에 깔려 있던 사상사의 명제를 탐구하였다. 그러나 근본적으로 통언어적 실천으로 분석이 곤란한 문제들이 많았기 때문에, 사이드의 오리엔탈리즘 구조 및 앞서 등장하였던 여행이론의 가설을 적용할 수밖에 없었다. 사이드는 자신의 목적을 위해서 구축하였던 동양세계의 이미지를 활용하여 역사를 재조합하는 것에 그치지 않고, 제도를 구축하는 과정으로 확장하여 함께 고려하였다. 그는 서구권 문명이란 본질화 및 일체화되어 있는 외부적 힘이라고 인식하였는데, 여기서 그의 기본적인 관점이 동양권 국가의 저항이라는 개념의 존재와 서양 언어의 재정립이라는 작용을 경시하고 이를 일방적인 형성과 침투의 과정으로 인지하였다는 점을 잊어서는 안 된다.[40] 통언어적 실천은 대역이라는 요소를 강조하고 있지만, 서양 언어의 지배 작용만을 강조하고 있는 개념이며, 동양 언어의 피지배 작용에 대해서는 경시하고 있는 방법이다. 이렇게 한쪽에 편중된 구조는 반대편에 존재하였던 영향들을 간과하는 오류를 범하게 된다. 그래서 통언어적 실천이 강조하고 있는 대역이라는 요소는 단순한 한 가지 번역방법일 뿐이며, 사이드와 같은 학자들이 서구권 국가에서 교육을 받고 그곳에서 교직을 행하며 장기적으로 이루어지는 교육과정에서 발생하는 일방적인 사유방식에서 벗어나지 못하게 되는 것이다. 사이드 자신도 이러한 모순점을 인식하고 있었는데, 『오리엔탈리즘』의 속편이라고 볼 수 있는 『문화와 제국주의 Culture and Imperialism』에서 동서양이 대립하고 있는 틀과 관련하여 서양세계는 주동적이고 강력한 모습으로 묘사하거나 동양세계는 피동적이고 나약한 쪽으로 표현하는 것이 아닌, 상호의존관계에 있는 근대사의 주류로서 묘사하였다.[41] 그러나 리디아 류의 통언어적 실천이라는 개념은 기본적으로 사이드의 오리엔탈리즘이 가지고 있는 사고방식에 머물러 있으며, 특히 대역의 작용에 대한 해석은 서양세계의 우수함과 그 힘을 바탕으로 동양세계를 지배한 과정에서 나타난 영향에 편중되어 있었다. 예를 들어, 국민성 이론의 형성 및 발전과정에 대하여 논할 때, 소외계층이었던 중국의 지식인이 어떻게 서양의 언어를 수동적으로 받아들이게 되었는지에 관한 점을 강조하였고, 이를 통하여 중국의 전통적 이념을 비판할 수 있는 강력한 도구로 전환되었다. 한편, 양계초는 국민성이라는 특성에 대하여 국민 개개인에게는 민족주의와 독립 및 자유 의식과 공익정신이 부족하다고 비판하였으며, 이는 곧 중국이 근대 국가로 발전할 때 장애로 작용할 것이라고 인식하였다. 리디아 류는 진독수가 시도하였던 신문화운동과 5.4운동 시기의 국민적 언어를 본질적인 이론의 측면으로 인식하였으며, 이때부터 중국인이 사건을 보는 방식이 단순화되었다고 생각하였다.[42] 하지만 그녀는 국민성이 명확하게 표현되는 언어를 구축하는 과정에서 중국의 지식인계층이 어떠한 자주성을 가질 수 있었는가와 지식인계층이 어떠한 방식으로 권력에 대항하는 전략을 세웠는가에 대해서는 주목하지 않았다. 이러한 시각에서 바라본 역사는 다시 선과 악을 구별하는 흑백논리로 전도되어 그 구조를 들여다볼 수 없게 되어버리는 악순환이 반복될 수밖에 없다. 예를 들어, 아더 핸더슨 스미스가 1845년부터 22년간의 관찰을 통하여 서술한 『중국인의 특성』에서 묘사된 중국인의 이미지는 노신이 바라본 중국인의 국민성과 전통이라는 복잡성 및 근대성의 반성이라는 능력이 전혀 반영되지 않은 모습을 하고 있으며, 적어도 노신의 사유세계에서 나타나는 중국과 서양세계의 모순점에 대한 교착상태마저도 무시된 형상이었다.[43]

리디아 류도 마찬가지로 노신의 사상이 국민성 이론과 융합됨에 따라 나타난 복잡한 의의를 탐구하고자 하였다. 그녀는 국민성이라는 개념에 대한 깊이 있는 비판이 이루어지기 위해서는 노신의 사상이 서양이론과 융합될 때, 수용과 대항이라는 간단한 개념으로 판단하는 것이 아닌, 양자 간에 발생하는 장력을 탐구하여야 한다고 주장하였다.[44] 또한, 구체적으로 노신의 소설인 『아큐정전阿Q正傳19)』을 통하여, 소설 속의 인물인 '아큐'와 같이 서술자의 역할을 하는 인물이 실

---

19) '중국 근대문학의 아버지'로 불리는 노신(1881~1936)의 소설로 신해혁명을 배경으로 당시 몽매한 중국 민중과 혁명의 허구성을 신랄하게 비판한 작품.

질적으로 존재할 것이라고 인식하였다. 그 역할의 존재는 아큐와 같이 행위와 사상을 평가하는 능력을 갖추고 있으며, 이는 곧 스미스의 저서인 『중국인의 특성』에서 묘사된 언어의 표현방식을 초월하는 존재일 것이라고 간주하였다. 하지만 그녀는 서술자와 노신의 사상적 발전이 얽혀있는 복잡한 맥락과 역설적 관계에 대해서는 명확한 접점을 두고 고찰하지 않았으며, 『아큐정전』을 단순한 텍스트로 취급하여 서양의 문학작품의 서술방식과 비교하는 방법으로 노신의 정신세계를 파악하였다. 이는 물론 중국의 근대문학에 대한 비평 및 연구에서 주로 이루어지는 방법이기도 하다. 다만, 근대 사상사연구의 측면에서 보면 여전히 그 구조가 허술하다고 할 수 있다. 서술자의 상징성은 형식적인 텍스트에서 그 의의가 존재할 뿐, 역사와 사회라는 전반적인 내용에 대한 구체적인 분석은 모호해질 수 있기 때문이다.

특히 최근 발표된 리디아 류의 『보편적인 역사구조, 〈만국공법〉과 19세기 국제법의 유통』에서는 비서구권 국가에서 나타난 서양 언어에 대한 대항과 해소 및 재정립의 작용을 논하고 있다. 그녀는 저서를 통해서 페어뱅크 이후에 이루어진 중국학연구에 대하여, 중화사상을 바탕으로 하는 세계관에서 청나라와 서구열강의 관계를 이해하고 서양 제국주의에 대한 저항을 전통으로 인식하는 것에 의의를 두어서는 안 된다고 강조하고 있다. 사실 저항을 전통으로 폄하시키는 것은 식민주의사학植民主義史學의 국제관계 연구에서 핵심적인 위치를 차지하고 있지만, 중국과 서양세계의 관계를 이렇듯 단순하게 제한해서는 안 된다고 주장하였다.[45]

식민주의사학은 주관적인 기준에 따르고 있는 것이기 때문에 비역사적인 것이다. 이는 곧 전통과 현대, 쇠락과 진보, 특수성과 보편성이라는 이항대립의 개념을 확고하게 명시하고자 하는 목적을 반복적으로 수행하는 것이며, 저항의 의의를 이해할 수 없는 오류를 범하는 것이다.[46]

그러므로 19세기에 발표된 〈만국공법〉이라는 국제법의 중국어 역서 譯書는 단지 하나의 문서에 관한 사건도 아닐뿐더러, 순수한 외교적 사건도 아니라는 것이다. 이는 또 다른 제3의 측면에서 바라보았을 때, 인지적 사건이라고 할 수 있다.[47] 인지적 사건이란, 문서에 관한 사건과 외교적 사건이 함께 구성되는 인지 언어학 측면의 사건을 말한다. 이 세 가지의 교차 분석은 문학적 비판과 문서의 분석에 대한 측면만으로 역문을 이해하는 것에서 벗어나기 쉬워지며, 더 넓은 역사의 현장에서 사상이 변화해 나아가는 의의를 포착하는 것을 추구하는 개념이다.

필자는 리디아 류와 사이드에게서 나타난 태도 변화에 어떠한 직접적인 원인이 있었는지는 모르겠지만, 포스트모더니즘의 관점에서 역사를 분석하는 방법은 확실히 역사학연구에서 나타난 사료의 근본적인 처리방식에 대한 학자들의 의구심과 도전을 일으켰다고 본다. 예를 들어, 전통적인 마르크스주의의 사학가는 생산방식을 사회변화의 가장 중요한 근거로 삼고 목적론에 기초하는 신앙으로 강조하였으며, 서양세계의 계몽주의 사상과 제도를 비서구권 사회의 역사적 변천을 발생시키는 전제로 삼고 있다. 또한, 식민주의를 비서구권 세계에 대한 압박이라는 관계로 인식하는 동시에, 이러한 관계에 의존하는 가치판단의 기준이 존재에 합리성에 있다고 인정하기도 한다. 더불어, 그들은 역설적으로 이러한 가치를 사용하고 선전할 때 폭력적인 방식은 불합리한 것으로 인식하고 있는데, 이렇듯 마르크스주의의 사학가가 사료의 가설과 자료를 분석하는 방법은 식민주의사학의 방법과 별다

른 차이점이 없는 것처럼 보인다.[48]

　포스트모더니즘에 입각한 분석 방향은 선형진화론의 관념 및 민족 - 국가의 은밀한 관계를 비롯한 정통역사관까지 뻗어 나가고 있다. 하지만 그들의 분석 방법은 민족 - 국가라는 틀이 형성하였던 기존의 역사적인 위치를 완전하게 배제하지 않고 하나의 역사적인 변화라는 구조로 표현하였으며, 국가의 개념이라는 공통된 인식체계에 대한 매커니즘과 각종 민족주의가 표현된 이념적 가설을 고찰하고자 한다. 국가는 역사를 구성하는 요소일 뿐, 본질적인 실체라고는 볼 수 없다는 것이다. 그들은 역사를 형성히는 과정에서 어떠한 집난은 포함하고 다른 집단은 배제하거나 논외로 하는 전략을 구축하였다. 포스트모더니즘을 바탕으로 하는 연구는 국가와 대립 된 측면의 객관적인 상황에 관심을 기울이고 국가가 성립됨에 있어서 내포되었던 객관적 원칙을 탐구하는 것이다. 과거의 학자들은 국가가 성립되는 과정에서 통합과 집중이라는 동향에 관심을 기울였지만, 그 과정에서 발생한 압제壓制와 그 속에 가려진 목소리, 또한 그 압제의 과정에서 국가가 어떻게 이념적인 목적을 달성하였는가에 대해서는 표현하지 못하였다. 일찍이 이루어졌던 연구들을 보면, 그 목적이라는 측면에서 부분적인 달성을 이루기는 하였다고 볼 수도 있다. 하지만 포스트모더니즘의 이론가들은 민족 - 국가라는 틀을 구성하는 배후세력들의 권력 관계에만 집중하였을 뿐, 그 구조에 존재하는 부분적인 원칙에는 의문점을 제시하지 않았기 때문에 자가당착의 함정에 빠질 가능성이 큰 것이다. 예를 들어, 두아라는 『민족으로부터 역사를 구출하기』에서 분기의 역사bifurcated history라는 구체적인 방법론을 제시하여 다양하고 복합적인 복수의 역사들hitories을 활용하여, 선형적이고 국가주의적인 단수의 대문자 역사History에 대항하고 있다.[49] 하지만 일부 평론가들은 두아라가 자신의 저서에서 지식인계층에 관한 서술에 지나치게 집중하고 있으며, 근본적으로 비주류 혹은 소수의 역사적 활동에 관한 내용이 부족하므로 분기의 역사도 선형적 역사의 성격을 띠고 있다고 비판하고 있다. 즉, 두아라가 제시한 개념으로 민족과 국가의 선에서 이루어진 단수의 역사를 부인하거나 비판하는 것은 일종의 모순적인 행위라는 것이다. 이러한 모순은 물론 어느 한 명의 학자가 직면하고 있는 개인적인 문제는 아닐 것이다. 이는 곧 포스트모더니즘의 이론이 역사학연구에서 가지고 있는 보편적인 난제이기 때문이다. 이러한 점은 앞서 등장하였던 게일의 윤락녀계층에 관한 연구와 분석의 문제점과도 일맥상통하는 것이다.[50]

5. "상식적인 비판": 입장과 방법을 어떻게 구분할 것인가?

허비아가 미국에서 『Cherishing Men from Afar』를 통하여 레빈슨상을 수상한 시기, 반대로 중국의 주류학계는 포스트모더니즘 이론에 대한 이해가 부족하여 이를 비주류로 치부하고 있었다. 그러나 짧은 침묵 끝에 중국학자들도 각자의 뜻을 표명하기 시작하였는데, 이는 허비아가 근본적으로 중국 문자에 대해 전혀 무지하였다는 비판적 견해로써, 결론적으로 포스트모더니즘을 거부한다는 표현이었다. 『Cherishing Men from Afar』에서 허비아는 중국을 방문한 해외 사신들의 대우를 평등하게 진행하였다고 설명하였는데, 반대로 당시 청나라의 조공체계는 근본적으로 불평등한 구조였으며, 이를 포스트모더니즘에서 제창하는 문화다원주의의 이론들을 토대로 환각hallucination과도 같은 결론을 유도하려 하였다는 것이다.

전통적인 중국 역사학에서의 맥락에서 볼 때, 중국학자들의 평가는 지극히 상식적인 비판이라고 할 수 있다. 중국에서는 청나라의 건가시기 이래, '식자識字'의 관념이 지식을 학습하는 절대적인 기본조건으로 자리 잡고 있었기 때문이며, 글을 아는 것은 곧 학문의 이해에 있어서 필요한 전제조건이었다. 학문의 길은 존덕성尊德性과 도문학道問學으로 구분되어 있었고 청나라 초기 이후에는 도문학이 학계에서 독점적인 경향으로 굳어진 것이다. 청나라 중기, 장학성의 육경개사설이 전파됨에 따라, 문자를 알아야 한다는 전통이 경학의 영역에서 역사학의 영역까지 급속도로 확대되었으며, 심지어 그 명제는 내적비판을 진행하는 수단으로써도 활용되었다. 학문과 의리義理에 대한 심한 논쟁도 발생하였지만, 기본적으로 연구 방식에 대해서는 양자 간에 별다른 차이가 없다. 다만, 근대 시기 중국의 학술 언어적 환경에서 글을 안다는 의미의 '식자'에 대한 상식적인 비판은 일종의 권력 지배적인 의미를 담고 있었다. 그 때문에 연구를 진행함에 따라 해명과 관점을 넓혀나가는 점에서도 권력에 의한 차폐遮蔽 혹은 억압을 당할 수 있다는 것이다. 이러한 중국학계의 입장은 허비아를 대하는 태도에서도 충분히 알 수 있다. 예를 들어, 한 학자는 '중국어도 제대로 알고 있지 못하는 사람과는 의리를 논할 가치가 없다'라고 발언하였는데, 이는 중국의 글을 제대로 이해하지 못한 상태에서 작성된 저서는 아무리 높은 차원의 이론으로 연구가 이루어진다고 할지라도, 영원히 수준 낮은 내용의 서술로써 남겨질 뿐이라는 것이다. 이렇듯 중국학자들이 '식자'라는 관념에 대한 오만한 마음가짐을 갖게 된 것은 오랜 기간 중국학계가 서양에서 등장한 수많은 연구 성과를 배척하고 무시했던 원인이기도 하다.

이런 오만한 마음가짐이 나타난 이유는 다양하고 복합적인 원인이 존재하지만, 본서에서는 논하지 않겠다. 단, 이러한 마음가짐을 원인으로 20세기 후반에 이르러 중국학계는 큰 위기를 맞게 되는데, 1980년대에 접어들어 중국학계는 역사학과 철학의 서술구조에서 결정론의 함정에 빠지게 되었고 인간의 모든 활동에 대한 묘사는 과거 일찍이 구축되었던 선형적인 목적론의 틀을 벗어나지 못한다는 인식이 각인되어 버렸다. 이러한 원인으로 말미암아 학계 내부에서는 마르크스주의에 대한 거부감이 나타나기 시작하였는데, 그 전환기에 홍콩과 대만지역의 학계에서는 다른 형태의 문화결정론과 같은 학술적 특징이 출현하게 되었다. 이는 신유학에서 강조되었던 중국 문명과 서구 문명의 이질성異質性 및 근대성의 전환과정에서 나타난 작용 등이 서양의 근대화이론가들이 줄곧 주장하였던 오리엔탈리즘의 이론과 일치한다는 견해였다. 이러한 경향이 왜 그 두 지역에서 나타났으며, 서양학계와 어떠한 연결고리를 가진지는 알 수 없지만, 오리엔탈리즘의 서술법과 관련이 있다는 사실은 명확하게 알 수 있다.

홍콩과 대만지역의 역사학계에서는 신유학의 정신과 중국 문명에 대한 본질적인 규범을 인정하지 않고 문화를 단지 구체적인 역사형성 과정의 일부로 인식하였다. 그러나 이처럼 명확한 역사주의적인 태도는 종종 사상사의 내부에서 단순한 해석적 효과로 표현되는 한계를 가지고 있다. 그러므로 이러한 추세가 나타난 특별한 언어적 환경에 주의를 기울일 필요가 있는 것이다. 위잉스는 지식인의 탄생과정을 설명할 때, 일반적인 근대화이념의 관점에서 사회적 속성을 지닌 결정론은 받아들일 수 없다고 주장하였다. 현재의 학계에서는 과거의 지식인계층과 사대부계층을 학자, 지주, 관료 세 가지의 신분이 일체화된 것이라고 인식하고 있는데, 이는 하나만 보고 둘은 보지 않는 편협한 결정론이며, 이를 통하여 지식인계층의 초월성超越性을 철저하게 말소시키는 사고방식이라고 볼 수 있다. 이는 사상사의 발전 방향이 다시 구시대적 사고방식으로 회귀하는 것이며, 더불어 사회적인 속성에 대한 편차를 지나치게 강조하여 지식인계층의 신분을 비역사적인 해석법을 통하여 진행하도록 유도하는 것이다. 결국, 그들은 지식인계층이 갖추고 있는 윤리, 책임, 의식 등을 역사적 정당성이라고 강조하며 신유학의 범위에 포함하게 되었다.[51] 한편, 역사연구는 외부요인에 집중되어 있었던 전통적인 사회사와 경제사의 측면에서 내부해석으로 순환되기 시작하였다. 이는 사상사의 모든 변화에 관한 중국학 자체의 발전이라는 맥락에서 답을 찾을 수 있나. 당시 중국학계는 문화의 측면을 강조하였고 그 결과로써 중국 문자를 잘 모르거나 오독을 행한 해외의 학자들을 지적하고 무시하였으며, 국제적인 문제의식이 없이 내부적으로 문제를 은폐시키는 자충수를 두게 되었다.

중국 내륙지역의 학계와 홍콩 및 대만지역의 학계가 급속도로 오리엔탈리즘의 흐름에 합류하고 있을 때, 서양의 중국학계에서는 끊임없이 중국을 바라보는 시각을 전환해 나갔다. 그중에서 문화란 단순히 글자와 문장만으로 표현되는 개념이 아니라는 견해가 제기되기도 하였는데, 이는 문화를 유가 사상과 같이 추상적인 사상이 아닌, 물질화된 표현의 형태로 주목하고자 하는 견해로써, 문화는 시간이 활용된 형식이자 개념의 위치일 수도 있으며, 복식服飾의 특징 및 예술품 등으로 나타날 수도 있다는 것이다. 문화를 이렇게 규정하게 되면, 기든스가 주장하였던 사동 - 피동의 개념의 중간적인 부분에서 그 위치를 확정 지을 수 있게 된다. 허비아는 미국의 학술지 『Position』에서 미국의 중국학계에서 진행되는 연구방법에 대한 근본적인 고찰과 비판적인 내용을 저술하였다. 그 내용은 중국의 조공체계가 문화적인 설계로 결정된다는 낡은 관념에서 벗어나, 더욱 개방적인 배경요인을 두고 관찰을 진행하자는 것이다. 그는 페어뱅크의 견해에 대해서도 탈코트 파슨스와 막스 베버에게서 받은 영향이 크기 때문에 중국 사회를 단순히 지식인계층이 통제하는 사회로 취급하였다고 비판하였다. 이러한 관념에서 보면, 지식인계층은 문화의 재생산에 대한 대외정책의 구조적인 차원에서 직접적인 연관 관계를 형성하는 계층이며, 심지어는 그 발전 방향도 결정할 수 있는 계층으로 규정할 수 있다. 또한, 이러한 이론상에서 문화의 관념은 무역과 법률 등에 얽혀있는 요소로 인식되어 그 작용과 방식이 규정되어 버린다.[52] 이후, 미국의 중국학계에서는 전체론의 맥락에서 벗어난 지역연구가 부흥하기 시작하였고 이를 통하여 문화의 구체적인 위치를 재정립하려는 시도가 나타났다.

이러한 관점이 새롭게 느껴지지 않을 수도 있지만 1980년대 이전의 중국학계는 일찍이 문화결정론의 틀에서 벗어나, 사회경제적 관점에서 역사의 변천에 관련한 복잡한 원인을 찾고자 노력한 것이다. 1940년대부터 시작된 중국 사회사에 관한 논쟁은 사학계의 구조연구에 관한 기초를 확실하게 다져주었다. 그 연구방법과 진행 과정은 중국학의 시각을 바탕으로 한 내부적인 해석과 문화적인 상상의 패러다임 위에 세워져 있던 오리엔탈리즘의 울타리를 뛰어넘은 것이다. 하지만 이는 지극히 평범하고 별다른 특징이 없는 것으로 평가되었고 결국 고대사에 관한 연구는 경제결정론으로 간략화되었다. 중국 고대사에 관련된 연구는 다섯 송이의 아름다운 꽃을 뜻하는 오타금화五朵金花라고 하여, 고대사 분기, 봉건적 토지 소유제 형식, 봉건사회의 농민봉기, 자본주의적 맹아, 한족漢族의 형성이라는 다섯 가지 명제로 분류되어 있다. 당시의 중국인들은 봉건이라는 두 글자의 진정한 의미를 이해하지 못하여, '봉건사회가 왜 이렇게 오래 계속되는 것인가'라는 문제를 지속적으로 제기하여 학계에서 웃음거리가 되기도 하였다. 다만, 이러한 의사 문제pseudo-problem[20])에 대해서는 많은 시간을 투자한다고 할지라도, 그 연구적 가치에는 큰 의미가 존재하지 않는 듯하다. 그렇다고 해서, 사회사와 경제사의 연구방법에서 그 원인을 찾을 수는 없으며, 앞서 언급하였던 지극히 평범하고 이렇다 할 특징이 없다는 평가의 책임을 뒤르켐, 마르크스, 베버, 푸코 등이 진행하였던 사회제도운영에 관한 연구로 전가해서도 안 된다. 중국의 역사학계가 반드시 버려야 할 것은 바로 흑백논리의 입장이며, 이를 버리지 못하게 되면 과거에 행해진 경제사의 관점에 대한 반성과 함께 사회이론의 양극화를 발생시킬 뿐만 아니라, 미래의 가능성마저 함께 잃게 될 것이 당연하기 때문이다. 이러한 관점을 깨끗이 털고 일어나야만 중국학을 새롭게 인식할 수 있을 것이며, 예로부터 존재해 내려왔던 상식적인 비판을 위한 적합하고 효율적인 원동력도 찾을 수 있을 것이다.

지금까지 추구해 왔던 상식적인 비판에 관한 방법은 '식자'를 근거로 한 것이었지만 최근에는 이와는 성격이 다른 방법이 학계에서 회자 되고 있다. 비판적 방향을 개인의 경험에서 출발하여, 어떠한 신념의 주장을 제기하고 실질적인 연구에서 취해야 할 가치의 중립적 입장을 구별하지 않은 상태에서 학술연구의 우열을 판단하는 근거로 삼는 방법이다. 예를 들어, 당시의 중국 사회는 완전한 근대화를 이루고 있지 못한 실정이었기 때문에 포스트모더니즘의 어떠한 이론을 적용하더라도 분석할 수 없는 것이며, 심지어 그 분석이 중국의 근대화에 관한 연구에 방해가 될 수도 있다는 견해이다. 반면, 근대화에 대한 관

---

20) 실증주의자가 전통적인 철학을 비판할 때 즐겨 사용하는 개념의 하나이며, 어떤 문제에 대한 대답의 진위가 검증 불가능하다든지 또는 그 문제 자체가 언어를 논리적으로 잘못 사용하여 파생되었을 때 그 문제를 가리키는 말.

념은 이미 보편화 되어 일종의 상식으로 자리 잡고 있다. 정치적인 측면에서 출발하여 개인적인 주장에 이르기까지 모든 측면에서 설명할 수 있음과 동시에, 심지어는 학문의 합리성을 가늠하는 유일한 지표이기도 하다. 그래서 이 지표를 기준으로 저술된 허비아의 『Cherishing Men from Afar』와 같이, 포스트모더니즘의 이론을 기초로 하여 작성된 수많은 저서에 대한 비판이 적지 않을 것이다. 중국의 전통 관념인 '식자'의 관점을 배제한 저서의 서술법은 근대성에 내포된 '의리'의 개념에 위배되기 때문이다.

포스트모더니즘을 바라보는 시각에 대한 문제는 심오하다고 할 수 있을 뿐만 아니라, 그 끝이 보이지 않을 정도라고 묘사할 수 있을 것이다. 포스트모더니즘을 뒷받침하는 이론적 배경은 상당히 복잡하지만, 역사적 측면에서 이해하게 되면 사실 그 방향성은 매우 간단한 것이다. 포스트모더니즘을 토대로 한 역사학의 목적은 바로 현대식 견해를 의미하는 프레젠티즘presentism의 이념적 틀에서 벗어나, 역사 속 인물들의 직접적인 발언과 내용에 집중하고자 하는 점에 있다. 예를 들어, 프레젠티즘의 기준에서 청나라 시기 여성의 미적 기준이었던 전족纏足 풍습에 관한 연구를 보면, 사상적으로 낙후된 행동이라고 규정할 수 있겠지만 포스트모더니즘의 시각에서는 근대화 과정에서 나타난 일종의 이성적인 결과일 수도 있는 것이다. 단, 이후에 일어난 반전족운동은 여성들이 주체가 아닌, 남성들에 의해 계획된 남성 운동이라고 할 수 있으며, 그 운동에 주체가 되어야 할 여성들의 목소리는 근대화라는 물결 속에 묻혀버렸다는 사실을 놓쳐서는 안 된다. 즉, 사건의 주체이자 대상인 여성들이 '전족'이라는 풍습에 대하여 어떠한 감정과 인식을 지니고 있었는지 물어야 한다는 것이다. 중국의 주류 역사서에서는 전족을 심미적인 행위로 서술하고 있는데, 아마도 근대화

이론가들은 이러한 심미적인 행위의 발생 원인도 남성의 권력 구조에서 구축된 것이라고 주장할 것이 분명하다. 근대화이론의 지배적인 환경에서 이러한 판단이 충분히 명확한 근거를 갖추고 있는 것이냐는 물음에 답하기란 참으로 어렵다. 왜냐하면, 근대화라는 합리성에 편향된 입장이 당시 여성들의 진정한 목소리를 차단해버릴 가능성이 크기 때문이다. 포스트모더니즘의 이론은 바로 이렇게 가려진 목소리들을 복원하고 발굴하고자 하는 목적을 두고 있으므로 그 가치가 상당히 뚜렷한 것이다. 필자는 푸코가 근대화서술법을 타파하고자 했던 깊은 뜻이 바로 여기에 있다고 본다. 그는 역사라는 이야기가 근대화서술법으로만 해석된다면, 역사연구도 마찬가지로 단일적이고 무미건조해질 것이라고 여긴 것이다. 이러한 패권적 성향이 강한 역사연구방법은 학계의 다원화된 접근방법과 다양성이라는 특성을 억제하게 될 것이 분명하기 때문이다.

'전족'의 당사자인 여성계층이 가지고 있는 감성에 얽매여, 많은 연구자가 '전족'이라는 풍습에 대하여 사회적 행위에 동의하는 것이 아닌, 역사를 재구성하는 방책이라는 점을 분명히 해야 한다고 주장하고 있다. 그러나 이러한 주장은 대외적으로 반근대적인 감정표현으로 오해될 수 있다. 도로시 고Dorothy Y. Ko는 그녀의 저서 『Teachers of the Inner Chambers』에서 17세기 중국의 강남지역 여성들을 여성주의적 시각에서 관찰하였는데, 이를 근대화이론의 관점에서 보게 되면, 일찍이 5.4 운동에서 나타난 여성억압의 역사라는 관점으로 설정한 정치적 허구라고 볼 수 있고, 그 속에는 반근대화의 입장이 상당히 뚜렷하게 나타나 있다고 할 수 있다. 반면, 여성계층이 사회생활에 대하여 섬세하고 명확하게 파악할 수 있는 포스트모더니즘의 특성은 남성의 시각에 의한 관찰이라는 근대화서술법의 부족함을 보충할 수 있다고 판단

되는 것이다.[53]

포스트모더니즘의 연구방법에 있어서 필요한 인식은 근대성의 특성을 개개인에게 투영하여 근본적인 역사에 각인된 각각의 의미를 구분하는 것이다. 이는 역사를 복원하고자 하는 희망을 추구하기 위해 근대화의 의미를 포기하겠다는 것이 아니라, 개인의 견해를 역사의 구체적인 장면에 담아내어 재검증하고자 하는 것이다. 만일, 이러한 과정이 제대로 활용된다면 포스트모더니즘의 이론은 중국학계에 큰 충격을 줄 것이 분명하다. 여기서 확실하게 구분해야 할 점은 문학계에서 비전문가들이 연구하고 있는 후학의 개념과는 완전히 다른 것이라는 점이다.

포스트모더니즘의 서술법에서 나타나는 한 가지 중요한 특징은 근대적 논리에 의하여 구축된 집단경험 중, 특히 개인적 경험에서 비롯된 집단경험에 기초하여 역사를 되돌아보는 방법으로 서술하는 것이다. 이와 같은 구조의 분석을 진행하게 되면, 근대사의 다양한 문제들에 대한 질문이 가능하게 된다. 예를 들어, 문화대혁명에 대하여 반성해 볼 때, 개개인의 비극이라는 범위를 넘지 못하는 이유에 관하여 알아볼 수 있다. 물론 개개인에게 일어난 '고통'과도 같은 비극적인 사실들을 허구라고 말할 수는 없지만, 더욱 중요한 문제는 '고통'에 대한 언어적 환경을 어떻게 뛰어넘을 수 있는가에 달린 것이다. 대다수 학자는 개인의 경험에 얽매인 가치판단에 만족하는 데 그쳐, 다원적 역사를 가진 고고학적 측면에서 나타난 판단과 관련하여 합리적인 기준을 규정하지는 못하였다. 즉, 문화대혁명에 대한 기본적인 반성은 근대적 가치와 이성적 가치를 동시에 내포하고 있는 개개인에게 일어났던 비극의 직접적인 반응이었으며, 수많은 역사 속의 인물들을 복원하기 위하여 각각의 '고통'에 대한 표현과 간격을 두고 진행하는 것이다. 이러한 방법이 바로 포스트모더니즘의 이론이 가진 계시와 공헌이라고 말할 수 있다.

현재 중국의 학계에서는 포스트모더니즘에 대하여 학술적 측면을 돌이켜보며 반성하고 있기보다, 무조건 반대하는 태도로 공격을 가하는 것에 집중하고 있다. 논의의 영역에서 볼 때, 근대화이론과 포스트모더니즘 사이에는 많은 문제가 얽혀있기 때문에 그 구분이 상당히 어려울 수 있다. 일부 학자들은 여전히 근대화와 관련한 학술적 문제를 일종의 전략적 요소로 활용하고 있기도 하다. 예를 들어, 포스트모더니즘의 사고방식을 취하고 있는 학자들에게 포스트모더니즘 주의자라는 꼬리표를 달고 빈근대화론자로 취급하여 소강사회小康社會[21]를 향해 달려가는 중국의 인민이라는 이미지를 구축하고자 하고 있다. 이러한 심리는 1990년대에 이르러 각 매체를 분류하는 새로운 방식인 '꼬리표 달기'가 성행하는 데 있어서 가장 분명한 원인제공을 하였다.

근대화라는 문제에 기초한 또 다른 중요한 표현은 근대화에 대한 요구를 개인의 경험을 통해 신념화하고 이를 기준으로 다른 학문적인 이념의 합법성을 규정한다는 것이다. 이처럼 근대화이론은 학자가 지식 분야의 중요한 위치에서 근대적인 태도를 보이고 근대화이론을 토대로 연구와 분석을 진행하는 것이 상식적이라는 방향으로 자리를 잡게 됨과 동시에, 그 개개인의 학자가 어느 편에 서 있느냐를 구분하는 지표로 작용하게 되었다. 이러한 근대화에 관한 신념을 공감하는 행위는 근대화 과정에서 나타나는 충돌과 현상에 관련된 문제에 집중하지 못하게 만든다. 그래서 중국의 근대사라는 한 폭의 그림이 마치 창백

---

21) 1979년 12월 6일 등소평鄧小平이 일본의 수상 오히라 마사요시大平正芳가 방문했을 때 제시한 용어로 '온포溫飽(의식주의 문제가 해결되는 수준의 단계)'에서 부유한 단계의 중간 단계에 위치한 생활수준의 사회.

하고 단조롭게 보일 수밖에 없었으며, 앙상한 나뭇가지와 같은 몇 가지 단서만이 존재한 것이다. 포스트모더니즘의 사고방식은 역사의 파편들을 모아서 새로운 그림으로 복원한다는 의미에서 여전히 많은 의문점을 가지고 있지만, 구체적인 연구는 근대화서술법으로 왜곡된 역사적 오류를 교정하고 풍부하게 만들 수 있음과 동시에, 비판적인 태도에 있어서 방해를 받지 않아야 한다는 점을 제시하고 있다.

필자는 여기서 포스트모더니즘의 이론을 변호하고자 하는 것도 아니며, 앞서 논한 관점에 대해서 전적으로 동의하는 것도 아니다. 다만, 학계가 교만한 태도를 고수하고 상식적인 비판이라는 미사여구를 달아가면서 실질적이고 구체적인 문제에 대한 논쟁과 토론을 회피하는 것보다, 당시의 사조에 감추어진 핵심적인 논의의 영역을 직시하는 것이 마땅하다고 생각한다. 현재, 주류사상과 비주류사상이 혼재된 흐름 속에서, 규범을 논하는 것은 사상과 학설의 주장을 논하기보다 어렵고 또한 본인이 어느 편에 서야 하는지를 고민하는 것보다 더욱 어려울 것이다. 현재 그럴듯한 사상과 번득이는 이론을 주장하는 유명학자들이 끊임없이 배출되고 있는 학계의 상황 속에서, 필자는 그들보다 '주장은 적게, 연구는 더욱 깊게 하는 학자'들이 많이 필요하다고 생각한다.

저자 주석

[1] 徐卉, 『走向后现代和后殖民』, 中国社会科学出版社, 1996, p222-223.

[2] Benjamin A. Elman, 「中国文化史的新方向 : 一些有待讨论的意见」, 『学术思想评论』, 辽宁大学出版社, 1998.

[3] 杨念群, 「常识性批判与中国学术的困境」, 『读书』, 1992.

[4] Prasenjit Duara, 「Why Is History Antitheoretical?」, 『Modern China』, 1998,

p105-120. Frederic Wakeman, JR, 「Telling Chinese History」, 『Modern China』, 1998.

[5] Prasenjit Duara, 「Why Is History Antitheoretical?」, 『Modern China』, 1998, p105-120. Frederic Wakeman, JR, 「Telling Chinese History」, 『Modern China』, 1998.

[6] Prasenjit Duara, 「Why Is History Antitheoretical?」, 『Modern China』, 1998, p105-120. Frederic Wakeman, JR, 「Telling Chinese History」, 『Modern China』, 1998.

[7] James L Hevia, 「从朝贡体制到殖民研究」, 『读书』, 1998. James L Hevia, 『Cherishing Men From Afar: Qing Guest Ritual and the Macartney Embassy of 1793』, Duke University , 1995.

[8] Pauline Marie Rosenau, 『Post-modernism and the social sciences』, 张国清 译문, 『后现代主义与社会科学』, 上海译文出版社, 1998, p63-83.

[9] 邓晓芒, 「后现代状态与后现代主义」, 『中华读书报』, 1999.

[10] Carravetta, Peter, 「on Gianni Vattimo's Postmodern Hermeneutic's Theory: Culture and Society」 중 발췌, Pauline Marie Rosenau, 『Post-modernism and the social sciences』, p16.

[11] Benjamin A. Elman, 「中国文化史的新方向：一些有待讨论的意见」, 『学术思想评论』, 辽宁大学出版社, 1998.

[12] Dennis Potter, 「东方主义及其问题」, 『后殖民主义文化理论』, 中国社会出版社, 1999, p43-58.

[13] 竹内好, 「何谓现代——就日本和中国而言」, 『后殖民理论和文化批评』, 北京大学出版社, 1999, p449

[14] 竹内好, 「何谓现代——就日本和中国而言」, 『后殖民理论和文化批评』, 北京大学出版社, 1999, p450.

[15] 酒井直树, 「现代性及其批判：普遍主义和特殊主义的问题」, 『后殖民理论和文化批评』, 1999, p384.

[16] 王岳川, 『后现代主义文化研究』, 北京大学出版社, 1992, p4-17.

[17] Paul A. Cohen, 「以人类学观点看义和团」, 『二十一世纪』, 1998.

[18] Paul A. Cohen, 『History in Three Keys: The Boxers as Event, Experience, and Myth』, Columbia University Press, 1997.

[19] Gail Hershatter, 『Dangerous Pleasures: Prostitution and Modernity in

Twentieth Century Shanghai』, University of California Press, 1997.

[20] Joseph W. Esherick, 「把社会、经济、政治放回20世纪中国史」, 『中国学术』, 商务印书馆, 2000.

[21] Joseph W. Esherick, 「把社会、经济、政治放回20世纪中国史」, 『中国学术』, 商务印书馆, 2000.

[22] Joseph W. Esherick, 「后现代式研究：望文生义，方为妥善」, 『二十一世纪』, 1997.

[23] Joseph W. Esherick, 「后现代式研究：望文生义，方为妥善」, 『二十一世纪』, 1997.

[24] 罗志田, 「后现代主义与中国研究：〈怀柔远人〉的史学启示」, 『历史研究』, 1999.

[25] 罗志田, 「后现代主义与中国研究：〈怀柔远人〉的史学启示」, 『历史研究』, 1999.

[26] 罗志田, 「后现代主义与中国研究：〈怀柔远人〉的史学启示」, 『历史研究』, 1999.

[27] Joseph W. Esherick, 「后现代式研究：望文生义，方为妥善」, 『二十一世纪』, 1997.

[28] Joseph W. Esherick, 「后现代式研究：望文生义，方为妥善」, 『二十一世纪』, 1997.

[29] Xiaomei Chen, 『Occidentalism: A Theory of Counter-discourse in Post-Mao China』, Oxford University Press, 1995

[30] Joseph W. Esherick, 「后现代式研究：望文生义，方为妥善」, 『二十一世纪』, 1997.

[31] Joseph W. Esherick, 「后现代式研究：望文生义，方为妥善」, 『二十一世纪』, 1997.

[32] Joseph W. Esherick, 「后现代式研究：望文生义，方为妥善」, 『二十一世纪』, 1997.

[33] Paul A. Cohen, 『History in Three Keys: The Boxers as Event, Experience, and Myth』, Columbia University Press, 1997, p123.

[34] 曹树基, 「中国村落研究的东西方对话——评王铭铭〈社区的历程〉」, 『中国社会科学』, 1999.

[35] James L Hevia, 「档案帝国与污染恐怖：从鸦片战争到傅满楚」, 『视界』, 2000, p98.

[36] James L Hevia, 「档案帝国与污染恐怖：从鸦片战争到傅满楚」, 『视界』, 2000, p108.

[37] James L Hevia, 「档案帝国与污染恐怖 : 从鸦片战争到傅满楚」, 『视界』, 2000, p92.

[38] Paul A. Cohen, 『History in Three Keys: The Boxers as Event, Experience, and Myth』, Columbia University Press, 1997, p132.

[39] 李陀, 『语际书写——现代思想史写作批判纲要·序』, 上海三联书店, 1999

[40] James Clifford, 「论东方主义」, 『后殖民主义文化理论』, 1999, p22-42.

[41] Edward W. Said, 『Culture and Imperialism』, 李琨 역문, 「文化与帝国主义·导言」, 『萨义德自选集』, 中国社会科学出版社, 1999, p162-182.

[42] Lydia Liu, 『语际书写——现代思想史写作批判纲要』, 上海三联书店, 1999, p70.

[43] Lydia Liu, 『语际书写——现代思想史写作批判纲要』, 上海三联书店, 1999, p75-85.

[44] Lydia Liu, 『语际书写——现代思想史写作批判纲要』, 上海三联书店, 1999, p91.

[45] Lydia Liu, 「普遍性的历史建构——〈万国公法〉与19世纪国际法的流通」, 『视界』, 1999, p67.

[46] Lydia Liu, 「普遍性的历史建构——〈万国公法〉与19世纪国际法的流通」, 『视界』, 1999, p67.

[47] Lydia Liu, 「普遍性的历史建构——〈万国公法〉与19世纪国际法的流通」, 『视界』, 1999, p69.

[48] Lydia Liu, 「普遍性的历史建构——〈万国公法〉与19世纪国际法的流通」, 『视界』, 1999, p67.

[49] Prasenjit Duara, 『Rescuing History from the Nation: Questioning Narratives of Modern China』, The University of Chicago Press, 1995.

[50] 吴飞, 「"分叉历史"中的"大写历史"」, 『社会理论论坛』, 1997. 李猛, 「拯救谁的历史」, 『社会理论论坛』, 1997

[51] 杨念群, 「儒学内在批判的现实困境——余英时〈现代儒学论〉简评」, 『二十一世纪』, 1997.

[52] James L. Hevia, 『Culture and Postwar American Historiography of China』, Duke University , 1993.

[53] Dorothy Ko, 『Teachers of the Inner Chambers: Women and Culture in Seventeenth Century』, Stanford University Press, 1994.

中文

艾尔曼,《中国文化史的新方向:一些有待讨论的意见》,载《学术思想评论》第3辑,辽宁大学出版社,1998年版。

艾恺,《世界范围的反现代化思潮——论文化守成主义》,贵州人民出版社,1991年版。

安东尼·吉登斯,《民族——国家与暴力》,胡宗泽等译,三联书店,1998年版。

安东尼·吉登斯,《社会的构成——结构化理论大纲》,三联书店,1998年版。

波林·罗斯诺,《后现代主义与社会科学》,上海译文出版社,1998年版。

布莱克编,《比较现代化》,上海译文出版社,1996年版。

曹树基,《中国村落研究的东西方对话——评王铭铭《社区的历程》》,载《中国社会科学》,1999年第1期。

陈来,《有无之境——王阳明哲学的精神》,人民出版社,1991年版。

陈支平,《近五百年来福建的家族社会与文化》,上海三联书店,1991年版。

程农,《重构空间:1919年前后中国激进思想里的世界观念》,载《二十一世纪》(香港),1997年10月号。

程农,《吉尔茨与20世纪的中国文化话语》,载《中国社会科学季刊》(香港),1994年秋季卷。

程美宝,《区域研究取向的探索——评杨念群《儒学地域化的近代形态》》,载《历史研究》,2001年第1期。

程美宝,《地域文化与国家认同——晚清以来广东文化"观的形成》,载《中国社会科学季刊》(香港),1998年夏季卷。

R·V·戴福士,《中国历史类型:一种螺旋理论》,刘东等译,《走向未来》第2卷第1期,1987年3月。

德里克,《革命之后的史学：中国近代史研究中的当代危机》,载《中国社会科学季刊》(香港),1995年春季卷。

邓晓芒,《后现代状态与后现代主义》,载《中华读书报》,1999年3月10日。

邓正来,《台湾民间社会语式的研究》,载《中国社会科学季刊》(香港),1993年冬季卷。

邓正来、亚历山大编,《国家与市民社会——一种社会理论的研究路径》,中央编译出版社,1999年版。

E．迪尔凯姆,《社会学方法的准则》,商务印书馆,1995年版。

范仄,《90年代 VS 80年代——汪晖论》,载《中国图书商报·书评周刊》,2000年9月19日。

费孝通,《乡土中国》,三联书店,1985年版。

费孝通,《费孝通选集》第4卷,群言出版社,1999年版。

费正清(John King Fairbank),《美国与中国》,世界知识出版社,1999年版。

冯客,《近代中国之种族观念》,杨立华译,江苏人民出版社,1999年版。

冯耀明,《儒家传统与本质主义》(近代中国历史的社会学阐释讨论会论文)。

格尔茨,《文化的解释》,纳日毕力格等译,上海人民出版社,1998年版。

沟口雄三,《中国与日本 公私"观念之比较》,载《二十一世纪》(香港) 1994年2月号。

沟口雄三,《中国前近代思想史的曲折与展开》,中华书局 1997年版。

郭湛波,《近五十年中国思想史》,山东人民出版社,1991年版。

郭沫若,《中国古代社会研究》,人民出版社,1954年版。

哈耶克,《自由秩序原理》,邓正来译,三联书店,1997年版。

哈耶克,《个人主义与经济秩序》,贾湛等译,北京经济学院出版社,1991年版。

哈贝马斯,《关于公共领域问题的答问》,载《社会学研究》,1999年第3期。

哈贝马斯,《公共领域的结构转型》,曹卫东等译,学林出版社,1998年版。

哈贝马斯,《交往行动理论——论功能主义理性批判》第2卷,洪佩郁等译,重庆出版社 1994年版。

哈贝马斯,《合法性危机》,陈学明译,时报文化出版公司,1994年版。

何怀宏,《一个问题的变迁——从中国封建社会长期延续"的问题谈起》,载《学术思想评论》第2辑,辽宁大学出版社,1997年版。

何顺果,《社会形态不等于生产方式》,载《读书》,1999年第6期。

何伟亚,《档案帝国与污染恐怖：从鸦片战争到傅满楚》,载《视界》第1辑。

450

贺跃夫，《晚清士绅与近代社会变迁——兼与日本士族比较》，广东人民出版社，1994年版。

黑格尔，《历史哲学》，王造时译，上海书店出版社 1999年版。

侯且岸，《当代美国的 显学"——美国现代中国学研究》，人民出版社 1995年版。

黄东兰，《近代中国地方自治话语的形成与演变》(未刊稿)。

黄东兰，《清末地方自治制度的推行与地域社会的反应——川沙自治风潮"的个案研究》(未刊稿)。

黄兴涛，《文化怪杰辜鸿铭》，中华书局，1995年版。

黄兴涛编，《旷世怪杰——名人笔下的辜鸿铭辜鸿铭笔下的名人》，东方出版中心，1998年版。

黄宗智，《中国农村的过密化与现代化：规范认识危机及出路》，上海社会科学院出版社，1992年版。

黄宗智，《华北的小农经济与社会变迁》，中华书局，2000年版。

黄宗智，《长江三角洲小农家庭与乡村发展》，中华书局，2000年版。

黄宗智，《学术理论与中国近现代史研究——四个陷阱和一个问题》，载《学术思想评论》第5辑，辽宁大学出版社，1999年版。

吉尔伯特 罗兹曼，《中国的现代化》，中国社会科学基金比较现代化"课题组译，江苏人民出版社，1988年版。

翦伯赞，《翦伯赞史学论文选集》第3辑，人民出版社，1980年版。

蒋庆，《再论政治儒学》，载刘军宁等编：《经济民主与经济自由》，三联书店，1997年版。

金耀基，《从传统到现代》，中国人民大学出版社，1999年版。

金耀基，《中国人的公"、私"观念》，载《中国社会科学季刊》(香港)，1994年春季卷。

金重远编，《现代西方史学流派文选》，上海人民出版社，1982年版。

景军，《定县实验——西医与华北农村，1927-1937》(未刊稿)。

景军，《知识组织与象征资本——中国北方两座孔庙之实地考察》，载《社会学研究》，1998年第1期。

卡西勒，《启蒙哲学》，山东人民出版社，1988年版。

柯文，《在中国发现历史——中国中心观在美国的兴起》，林同奇译，中华书局，1989年版。

柯文，《以人类学从观点看义和团》，载《二十一世纪》(香港)，1998年2月号。

柯文，《理解过去的三条途径：作为事件、经验和神话的义和团》，载《世界汉

学》创刊号。

克雷莫夫，《马克思主义关于社会形态的学说和对亚细亚形态说的批判》，载《史学理论》，1987年第2期。

J.勒高夫等主编，《新史学》，上海译文出版社，1989年版。

李伯重，《资本主义萌芽情结》，载《读书》，1996年第8期。

李华兴等编，《梁启超选集》，上海人民出版社，1984年版。

李怀印，《20世纪早期华北乡村的话语与权力》，载《二十一世纪》(香港) 1999年10月号。

李怀印，《20世纪30年代河北获鹿县乡长制研究》(未刊稿)。

梁启超，《梁启超史学论著四种》，岳麓书社，1985年版。

梁启超，《饮冰室合集·专集之二十三·欧游心影录》，中华书店，1989年版。

梁元生，《史学的终结与最后的中国通"——从现代美国思潮谈到近来的中近史研究》，载《学人》第5辑，江苏文艺出版社，1994年版。

梁治平，《清代习惯法：社会与国家》，中国政法大学出版社，1996年版。

梁治平，《梁治平自选集》，广西师范大学出版社，1997年版。

林耀华，《柯莱论生活研究法与农村社会研究》，载《社会研究》第4期，1934年9月27日。

林毓生，《中国意识的危机——"五四"时期激烈的反传统主义》，穆善培译，贵州人民出版社，1988年版。

林毓生，《中国传统的创造性转化》，三联书店，1988年版。

刘禾，《语际书写——现代思想史写作批判纲要》，上海三联书店，1999年版。

刘禾，《普遍性的历史建构——〈万国公法〉与19世纪国际法的流通》，载《视界》第1辑。

刘俊文主编，《日本学者研究中国史论著选译》第2卷，中华书局，1993年版。

刘师培，《国粹与西化——刘师培文选》，上海远东出版社，1996年版。

刘小枫，《个体信仰与文化理论》，四川人民出版社，1997年版。

刘小枫，《现代性社会理论绪论》，上海三联书店，1997年版。

刘志伟，《在国家与社会之间——明清广东里甲赋役制度研究》，中山大学出版社，1997年版。

罗钢等主编，《后殖民主义与文化理论》，中国社会科学出版社，1999年版。

罗兰·罗伯森，《全球化：社会理论和全球文化》，梁光严译，上海人民出版社，2000年版。

罗梅君,《政治与科学之间的历史编纂——30和40年代中国马克思主义历史学的
　　　　形成》, 山东教育出版社, 1997年版。

罗志田,《夷夏之辨与道治之分》, 载《学人》第11辑, 江苏文艺出版社, 1997年版。

罗志田,《历史记忆中忘却的五四新文化传统》, 载《读书》, 1999年第5期。

罗志田,《后现代主义与中国研究:《怀柔远人》的史学启示》, 载《历史研究》,
　　　　1999年第1期。

马克·布洛赫,《历史学家的技艺》, 上海社会科学院出版社, 1992年版。

马克斯·韦伯,《新教伦理与资本主义精神》, 于晓陈维纲等译, 三联书店, 1987
　　　　年版。

马克斯·韦伯,《社会科学方法论》, 朱红文等译, 中国人民大学出版社 1992年
　　　　版。

牟宗三,《政道与治道》, 台湾学生书局, 1988年版。

尼采,《历史的用途与滥用》, 上海人民出版社, 2000年版。

南开大学历史系中国古代史教研室编,《中国封建社会土地所有制形式问题讨
　　　　论集》(下), 三联书店, 1962年版。

欧达伟,《中国民众思想史论——20世纪初期至1949年华北地区的民间文献及其
　　　　思想观念研究》, 中央民族大学出版社, 1995年版。

皮埃尔·布迪厄,《实践与反思——反思社会学导引》, 李猛等译, 中央编译出版
　　　　社, 1998年版。

钱大昕,《潜研堂文集》上海古籍出版社, 1989年版。

乔纳森·H·特纳,《社会学理论的结构》, 浙江人民出版社, 1987年版。

乔治·E·马尔库斯等著, 《作为文化批评的人类学:一个人文学科的实验时
　　　　代》, 王铭铭等译, 三联书店, 1998年版。

乔志强主编,《近代华北农村社会变迁》, 人民出版社, 1998年版。

全炯俊,《相同与相异——作为方法的东亚细亚论》, 载《东方文化》, 2000年第1期。

秦晖、苏文,《田园诗与狂想曲——关中模式与前近代社会的再认识》, 中央编译
　　　　出版社, 1996年版。

庆堃,《介绍地位学方法》, 载《社会研究》第2期(1934年9月13日)。

饶宗颐,《中国史学上之正统论》, 上海远东出版社1996年版。

萨义德《东方学》, 王宇根译, 三联书店1999年版。

史景迁讲演,《文化类同与文化利用》, 北京大学出版社, 1997年版。

苏力,《法治及其本土资源》,中国政法大学出版社,1997年版。

孙歌,《亚洲意味着什么?》,载《台湾社会研究季刊》,1999年3月号。

孙立平,《过程一事件分析"与当代中国国家一农民关系的实践形态》,载《清华社会学评论》(特辑),鹭江出版社,2000年版。

唐纳德·特雷德戈德,《苏联历史学家对 亚细亚生产方式"的看法》,杨品泉译,载《史学理论》,1987年第2期。

王笛,《晚清长江上游地区公共领域的发展》,载《历史研究》,1996年第1期。

王笛,《街头、邻里和社区自治——清末民初的城市公共空间与下层民众》(未刊稿)。

王国斌,《转变的中国——历史变迁与欧洲经验的局限》,李伯重等译,江苏人民出版社,1998年版。

王铭铭,《社区的历程——溪村汉人家族的个案研究》,天津人民出版社,1997年版。

王铭铭,《社会人类学与中国研究》,三联书店,1997年版。

王晴佳,《后殖民主义与中国历史学》,载《中国学术》第3辑,商务印书馆,2000年版。

王先明,《近代绅士——一个封建阶层的历史命运》,天津人民出版社,1997年版。

王学典《20世纪后半期中国史学主潮》,山东大学出版社,1996年版。

王岳川,《后现代主义文化研究》,北京大学出版社,1992年版。

王正毅,《世界经济历史体系与文明——评沃勒斯坦的 世界体系论"》,载《中国书评》,1996年5月。

汪晖,《死火重温》,人民文学出版社,2000年版。

汪晖,《汪晖自选集》,广西师范大学出版社,1997年版。

汪晖,《天理之成立》,载《中国学术》第3辑,商务印书馆,2000年版。

汪晖、陈燕谷主编,《文化与公共性》,三联书店,1998年版。

魏特夫,《东方专制主义——对于极权力量的比较研究》,中国社会科学出版社,1989年版。

魏丕信,《近代中国与汉学》,载《法国汉学》(三),清华大学出版社,1998年版。

吴飞,《分叉历史"中的 大写历史"》;李猛,《拯救谁的历史》,载《社会理论论坛》,1997年第3期。

吴晗、费孝通等,《皇权与绅权》,天津人民出版社,1988年版。

武汉大学历史系编,《中国前近代史理论国际学术研讨会论文集》,湖北人民

出版社, 1991年版。

夏明方,《生态变迁与 斯密型动力”过密化理论——多元视野下的旧中国农村商品化问题》(1999年9月南开大学明清以来的中国社会国际学术讨论会”论文)。

《现代知识论可以为中国历史学提供什么？——《儒学地域化的近代形态》研讨会观点汇录》, 载《中国书评》, 1998年2月号。

徐贲,《走向后现代和后殖民》, 中国社会科学出版社, 1996年版。

许纪霖编,《20世纪中国思想史论》上卷, 东方出版中心, 2000年版。

许明龙,《18世纪欧洲中国热”退潮原因初探》, 载《中国社会科学季刊》(香港), 1994年春季卷。

阎步克,《士大夫政治演生史稿》, 北京大学出版社, 1996年版。

杨念群,《北京 卫生示范区”的建立与城市空间功能的转换》, 载《北京档案史料》2000年第1期。

杨念群《常识性批判与中国学术的困境》, 载《读书》1999年第2期。

杨念群,《儒学地域化的近代形态——三大知识群体互动的比较研究》, 三联书店1997年版。

杨念群,《儒学内在批判的现实困境——余英时(现代儒学论)简评》, 载《二十一世纪》(香港)1997年4月号。

殷海光,《中国文化的展望》, 中国和平出版社1988年版。

应星,《社会支配关系与科场场域的变迁——1895-1913年的湖南社会》, 载《中国社会科学季刊》(香港), 1997年春季卷。

余英时,《历史与思想》, 联经出版公司, 1977年版。

余英时,《钱穆与中国文化》, 上海远东出版社, 1994年版。

余英时,《士与中国文化》, 上海人民出版社, 1987年版。

俞旦初,《爱国主义与中国近代史学》, 中国社会科学出版社, 1996年版。

D.P.约翰逊著,《社会学理论》, 国际文化出版公司, 1988年版。

赵世瑜,《社会史：历史学与社会科学的对话》, 载《社会学研究》, 1998年第5期。

张广生,《从国家与社会关系的视角看康有为地方自治思想的现代品格》(中国人民大学硕士学位论文)。

张广生,《从帝国到民族国家：一个晚清村庄的冲突控制与自治——梨园屯讼争的一种历史叙事》(未刊稿)。

张京媛主编，《后殖民理论和文化批评》，北京大学出版社，1999年版。

张京媛编，《新历史主义与文学批评》，北京大学出版社，1993年版。

张静主编，《国家与社会》，浙江人民出版社，1998年版。

张立文等主编，《传统文化与现代化》，中国人民大学出版社，1987年版。

章学诚，《文史通义》，辽宁教育出版社，1998年版。

张仲礼，《中国绅士——关于其在19世纪中国社会中作用的研究》，李荣昌译，上海社会科学院出版社，1991年版。

郑振满，《明清福建家族组织与社会变迁》，湖南教育出版社，1992年版。

周勤，《本土经验的全球意义——为《世界汉学》创刊访杜维明教授》，载《世界汉学》创刊号。

周锡瑞，《义和团运动的起源》，张俊义等译，江苏人民出版社，1994年版。

周锡瑞，《把社会、经济、政治放回20世纪中国史》，载《中国学术》第1辑，商务印书馆，2000年版。

周锡瑞，《后现代式研究：望文生义，方为妥善》，载《二十一世纪》(香港)，1997年12月号。

朱德新，《20世纪30年代河南冀东保甲制度研究》，中国社会科学出版社，1994年版。

朱秋霞，《家族、网络家族和家族网络在村庄行政权力分配中的作用》，载《中国社会科学季刊》(香港)，1998年夏季卷。

朱苏力，《发现中国的知识形态——《儒学地域化的近代形态》读后》，载《学术思想评论》第4辑，辽宁大学出版社，1998年版。

朱英，《转型时期的社会与国家——以近代中国商会为主体的历史透视》，华中师范大学出版社，1996年版。

西文

Anderson, Benedict: *Imagined Communities: Reflections on the Origin and Spread of Nationalism*, Verso, New York, 1983.

Chen, Xiaomei, *Occidentalism: A Theory of Counter-discourse in Post-Mao China*, New York: Oxford University Press, 1995.

Cohen, Paul A, *Between Tradition and Modernity: Wang T'ao and Reform in Late Ching China*, Cambridge, Mass: Harvard University Press, 1974.

Cohen, Paul A, *History in Three Keys: The Boxers as Event, Experience, and Myth*, Columbia University Press, 1997.

Connerton, Paul, *How Societies Remember*, Cambridge Universtiy Press, 1989.

Crossley, Pamela Kyle, "Chaos and Civilization: Imperial Sources of Post-Imperial Models of the Polity", 《思与言》第36卷第1期(1998年3月)。

Dirlik, Arif, *The Problem of Class Viewpoint versus Historicism in Chinese Histori-ography.In: Modern China*, Oct, 1977.

Dirlik, Arif, *Revolution and History: The Origins of Marxist Historiography in China, 1919-1937*, Berkeley, 1978.

Dirlik, Arif, *Anarchism in the Chinese Revolution*, University of Califormia Press, 1991.

Dirlik, Arif, *Anarchism in the Chinese Revolution*, University of Califomia Press, 1991.

Dirlik, Arif: *Civil Society/Public Sphere in Modern China: As Critical Concepts Versus Heralds of Bourgeois Modernity*, 载《中国社会科学季刊》(香港)1993年第三卷(总第4期)。

Duara, Prasenjit, *Culture, Power, and the State Rural North China, 1900-1942*, Stanford University Press, 1988.

Duara, Prasenjit, *Rescuing History from the Nation: Questioning Narratives of Modern China*, The University of Chicago Press, 1995.

Duara, Prasenjit, *Why Is History Antitheoretical? in: Modern China*, Vol.24, No.2 (April 1998).

Durkheim, Emile, *The Division of Labor in Society*, trans.by W.D.Halls, Free Press, 1984.

Elman, Benjamin A, *Classicism, Politics, and Kinship: The Ch'ing-chou School of New Text Confucianism in Late Imperial China*, University of Califormia Press, 1990.

Esherick, Joseph W.and Rankin, Mary Backus edited, *Chinese Local Elites and Patterns of Dominance*, University of Califomia Press, 1990.

Foucault, Michel, *Nietzsche, Genealogy, History, The Foucault Reader, Patterns of Dominance*, University of Califomia Press, 1910.

Foucault, Michel, "Nietzsche, Genealogy, History", *The Foucault Reader*, Pan-theon House, 1984.

Habermas, Jurgen, "On the Internal Retween the Rule of Law and Democracy",

载《中国社会科学季刊》，1994年秋季卷。

Halbwachs, Maurice, *The Collective Memory*, New York: Harpers/Row, 1980.

Halbwachs, Maurice, *On Collective Memory*, Chicago University Press, 1992.

Hershatter, Gail, *Dangerous Pleasures: Prostitution and Modernity in Twentieth-Century Shanghai*, University of California Press, 1997.

Hevia, James L., *Cherishing Men From Afar: Qing Guest Ritual and the Macart-ney Embassy of 1793*, Durham and London: Duke University Press, 1995.

Hevia, James L: "Culture and Postwar American Historiography of China", in: *Positions*, 1993.

Huang, Philip C.C.: "Public Sphere/Civil Society in China?The Third Realm between State and Society", in: *Modern China*, Vol.19, No.2(April 1993).

Jing, Jun, *The Temple of Memories: History, Power, and Morality in a Chinese Village*, Stanford University Press, 19.

Ko, Dorothy, *Teachers of the Inner Chambers: Women and Culture in Seventeenth Century China*, Stanford University Press, 1994.

Kuhn, Philip A.: "Local Self-Goverment Under the Republic: Problems of Con-trol, Autonomy, and Mobilization", in Wakeman Frederic, Jr and Grand, Carloyn eds, *Conflict and Control in Late Imperial China*, Berkeley: University of Califomia Press, 1970.

Madsen, Richard, The Public Sphere, Civil Society and Moral Community: A Re-search Agenda for Contemporary China Studies", in: *Modern China*, Vol.19, No.2 (April 1993).

Merton, Robert K, *On Sociological Theories of The Middle Range*, in: *On Social Structure and Science*, edited and introductied by Piotr Sztompka, The University of Chicago Press, 1996.

Metzger, Thomas A, *The Western Concept of the Civil Society in the Content of the Civil Society in the Conent of Chinese History*, Hover Institution on War Revolution and Peace, Stanford University Press, 1998.

Parsons, T, *The Evolution of Societies*, Prentice-Hall, Inc, 1977.

Rankin, Mary Backus, *Elite Activism and Political Transformation in China: Zhe-jiang Province, 1865-1911*;Stanford University Press 1986.

Rankin, Mary Backus, "Some Observations on a Chinese Public Sphere", in: *Modern China*, Vol.19, No.2(April 1993).

Rowe, William T., "The Public Sphere in Modem China", in: *Modern China*, Vol.16, No.3(July 1990).

Rowe, William T, "The Promblem of Civil Society in Late Imperial China", in: *Modern China*, Vol.19, No.2(April 1993).

Rowe, William T, *Hankow: Commerce and Society in a Chinese City, 1786-1889*, Stanford: Stanford Universtiy Press, 1984.

Rowe, William T, *Hankow: Conflict and Community in a Chinese City, 1796-1895*, Stanford University Press, 1989.

Schoppa, Keith R, *Chinese Elites and Political Change: Zhejiang Province in the Early Twentieth Century*, Cambridge Mass: Harvard University Press, 1982.

Shils, Edward, "The Intellectuals and the Powers: Some Perspectives for Compar-ative Analysis", in Philip Rieff(ed), *On intellectuals: Theoretical Studies Case Studies*, Doubledey/Company, Inc.New York, 1969.

Strand, David G, *Rickshaw Beijing: City People and Politics in 1920s China*, Uni-versity of Califormia Press, 1989.

Wakeman, Frederic JR, "Telling Chinese History", in: *Modern China*, Vol 24, No.2, (April 1998).

Wakeman, Frederic JR, "The Civil Society and Public Sphere Debate: Westem Reflections in Chinese Political Culture", in: *Modern China*, Vol.19, No.2(April 1993).

Wang, Mingming, "Place, Administration, and Teritorial Cults in Late Imperial China: A Case Study From South Fujian", in: *Late Imperial China*, Vol.16, No.1(June 1995).

| 저자 |

양녠췬楊念群

중국 인민대학 청사淸史연구소 교수이며, 주요 저서로는
『유학儒学지역화의 근대적 형태: 3대 지식집단 상호작용의
비교연구』, 『양녠췬 선집』, 『중층 이론: 동서양 사상의 기
초에 의한 중국사 연구』, 『설역구법기: 한 라마의 구술사』
(합편), 『환자-중서의 충돌 속 공간정치 1832~1985』, 『강
남은 어디인가: 청나라 정통관 확립과 사림 정신세계의 변
이』, 『감각주의의 계보: 신사학新史学 10년 동안의 반성의
여행』 등 "신사학" 총간 및 "신사학&다원대화 시리즈"를
주관하였다. 주요 학술적 연구방향은 중국 징치사·사회사
연구이며, 또한 오랫동안 분야가 다른 학문인 중국사 연구
에서도 새로운 경로를 탐구하는 데 주력하였다.

| 역자 |

임향란

• 박사, 사천외국어대학교 한국어 학과 주임교수(2급교수)
• 조선-한국학 연구소 소장, 전국 제1회CATTI조선어시
  험전문가, 국가사회기금중외번역프로젝트 심사위원, 중
  국 중외비교문학학회 상무이사, 중국조선-한국문학 학
  회 상무이사, 충칭시 과학보급전문가, 충칭시고등학교 외
  국어직함심사위원, 충칭시 번역학회상무이사

• 연구성과
  국가 사회과학 프로젝트 1개, 교육부, 충칭시 사회과학연
  구 항목 4개, 학교급 과학연구 프로젝트 6개
  충칭시 고등학교 "한국어학과 세가지 특색" 책임, 충칭
  시 고등학교 "한국어학과 일류학과" 책임, 국가 교육부
  고등학교 "한국어학과 일류학과" 책임
  저서 8부, 역서 3부, 편저 11부, 교재 5부, 논문 수십 편

김태철

- 쓰촨외국어대학교 동양어대학 한국어학과 원어민 교수
- 우송대학교 솔아시아학부 일본학과 졸업
  일본 하고로모국제대학교 현대사회학부 국제경영학과
  졸업(2+2)
  쓰촨외국어대학교 동양어대학 한중통번역대학원(MTI)
  중한번역전공 석사학위 취득
- 중국 충칭시 화룡왕華龍網 인터넷신문 중한번역팀 활동
- 저서
  중국에서 출판한 한국어회화 교육 교재《한국어 말하기》
  1,2권 공동 저자

| 감수자 |

우상렬

- 연변대학교 교수, 박사지도교수, 연변작가협회부주석
- 연변대학교 조문학부 졸업
  연변대학교 조문학부 대학원 졸업
  한국학중앙연구원 박사졸업
  사천대학중문학과 포닥
- 전) 한국배재대학 객좌교수
      조선김일성종합대학교 방문학자
      한국연세대학교 방문학자
      프랑스 제7대학교 객좌교수

- 수상경력
  윤동주문학상 대상평론부분(2009)
  연변진달래문학상(2016)
  제3기도문강문학상 금상(2016)

중범위이론

동서양 사상이론에 기초한 중국사연구

中層理論：東西方思想會通下的中國史研究

초판 인쇄 2022년 4월 1일
초판 발행 2022년 4월 10일

저　　자ㅣ양녠췬(楊念群)
역　　자ㅣ임향란 · 김태철
감 수 자ㅣ우상렬
펴 낸 이ㅣ하운근
펴 낸 곳ㅣ**學古房**

주　　소ㅣ경기도 고양시 덕양구 통일로 140 삼송테크노밸리 A동 B224
전　　화ㅣ(02)353-9908 편집부(02)356-9903
팩　　스ㅣ(02)6959-8234
홈페이지ㅣwww.hakgobang.co.kr
전자우편ㅣhakgobang@naver.com, hakgobang@chol.com
등록번호ㅣ제311-1994-000001호

ISBN 979-11-6586-442-2 93910

값 40,000원

■ 파본은 교환해 드립니다.